Wirtschaft für Dummies – Schummelseite

Die großen Definitionen

Die *Ökonomik* studiert, wie Menschen Ressourcen auf alternative Verwendungszwecke verteilen. Der Grund, warum Menschen eine Wahl treffen müssen, ist die *Knappheit*, die Tatsache, dass wir nicht genügend Ressourcen haben, um alle unsere Bedürfnisse zu befriedigen.

Die *Mikroökonomik* studiert das maximierende Verhalten einzelner Personen und Unternehmen. Ökonomen nehmen an, dass Menschen versuchen, ihren *Nutzen* oder ihr Glück zu maximieren, während Unternehmen handeln, um ihre Gewinne zu maximieren.

Die *Makroökonomik* studiert nationale Wirtschaften insgesamt. Sie konzentriert sich auf das wirtschaftliches Wachstum sowie auf die Frage, wie Rezessionen verhindert und abgeschwächt werden können.

Marktformen

Die Interaktion von Unternehmen kann in folgende grundlegende Marktformen eingeteilt werden:

- ✔ *Vollkommener Wettbewerb* liegt in einer Branche vor, wenn zahlreiche kleine Unternehmen miteinander konkurrieren. Unternehmen in einer wettbewerbsstarken Branche produzieren die sozial optimale Produktionsmenge zum möglichen Minimum der Kosten pro Einheit.
- ✔ Ein *Monopol* liegt vor, wenn ein Unternehmen in seiner Branche keine Wettbewerber hat. Es reduziert den Output, um seine Preise und Gewinne zu steigern. Dadurch produziert es weniger als die sozial optimale Produktionsmenge und es produziert zu höheren Kosten als konkurrierende Unternehmen.
- ✔ Ein *Oligopol* liegt vor, wenn es in einer Branche nur wenige Unternehmen gibt. Falls sie sich absprechen, reduzieren sie den Output und treiben die Gewinne wie im Monopol hoch. Doch wegen der starken Anreize, Absprachen zu hintergehen, konkurrieren oligopolistische Unternehmen letztlich häufig doch miteinander.
- ✔ *Monopolistischer Wettbewerb* liegt vor, wenn viele Unternehmen mit etwas unterschiedlichen Produkten konkurrieren. Die Produktionskosten liegen höher als bei einer vollkommenen Konkurrenz, aber die Gesellschaft profitiert von der Produktdifferenzierung.

Marktgleichgewicht

Käufer und Verkäufer interagieren auf Märkten. Der Marktgleichgewichtspreis P^* und die Gleichgewichtsmenge Q^* werden durch den Punkt bestimmt, an dem sich die Nachfragekurve D des Käufers und die Angebotskurve S des Verkäufers schneiden.

Wenn keine *externen Effekte* (Kosten oder Nutzen, die auf Marktteilnehmer fallen, die an einer Aktivität nicht direkt beteiligt sind) wirken, ist die Marktgleichgewichtsmenge Q^* zugleich auch die sozial optimale Produktionsmenge. Für jede Einheit von 0 bis zu Q^* liegt die Nachfragekurve über der Angebotskurve, was bedeutet, dass Konsumenten bereit sind, mehr für diese Einheiten zu bezahlen, als es kostet, diese zu produzieren. Es bringt Vorteile, diese Einheiten zu produzieren und dann zu konsumieren.

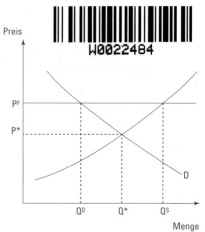

Wirtschaft für Dummies – Schummelseite

Marktscheitern

Es müssen mehrere Voraussetzungen erfüllt sein, bevor ein vollkommener Wettbewerb und freie Märkte unbehindert funktionieren und die sozial optimale Produktionsmenge erzeugen können. Zu den häufigeren Problemen zählen:

- ✔ **Externe Effekte, die durch unvollständige oder nicht vorhandene Eigentumsrechte verursacht werden:** Ohne volle und umfassende Eigentumsrechte können Märkte nicht alle wirtschaftlichen Kosten berücksichtigen.
- ✔ **Asymmetrische Information:** Wenn ein Käufer oder Verkäufer über private Informationen verfügt, die ihm bei Verhandlungen einen Vorteil verschaffen, ist die Gegenpartei möglicherweise misstrauisch, ob sie sich auf einen für beide akzeptablen Preis einigen können. Der Markt bricht eventuell zusammen, sodass gar kein Handel zustande kommt.
- ✔ **Öffentliche Güter:** Einige Güter müssen vom Staat oder von Philanthropen zur Verfügung gestellt werden. Private Unternehmen können durch die Produktion dieser Güter kein Geld verdienen, weil es nicht möglich ist, diejenigen von der Nutzung dieser Produkte auszuschließen, die nicht bereit sind, dafür zu zahlen.

Makroökonomik und Regierungspolitik

Ökonomen verwenden das *Bruttoinlandsprodukt* (BIP), um das Wohlergehen einer Wirtschaft zu messen. Das BIP misst den Wert aller Güter und Dienste, die innerhalb einer gegebenen Zeitspanne (normalerweise ein Quartal oder Jahr) in einer Wirtschaft produziert worden sind.

Eine *Rezession* findet statt, wenn das BIP fällt. Ein *Aufschwung* findet statt, wenn das BIP steigt.

Die *Arbeitslosenquote* misst den Anteil der dem Arbeitsmarkt zur Verfügung stehenden Arbeitskräfte, die keine Arbeitsplätze finden können. Die Arbeitslosenquote steigt während einer Rezession und nimmt während eines Aufschwungs ab.

Rezessionen können wirtschaftspolitisch mit zwei Maßnahmen bekämpft werden:

- ✔ Mit der *Geldpolitik* kann die Geldmenge ausgeweitet werden, um die Zinssätze zu senken. Niedrigere Zinssätze verbilligen die Kredite für Autos, Eigenheime und Investitionsgüter, was bedeutet, dass die kreditfinanzierten Konsumausgaben von Haushalten und die Investitionsausgaben von Unternehmen tendenziell steigen.
- ✔ Mit der *Fiskalpolitik* können die staatlichen Ausgaben für Güter und Dienste gesteigert und/oder die Steuern gesenkt werden, um die Wirtschaft anzuregen. Die staatlichen Ausgaben steigern die wirtschaftliche Aktivität direkt, während Steuersenkungen die Ausgaben der privaten Haushalte erhöhen sollen, indem sie den Haushalten ein größeres verfügbares Einkommen überlassen.

*Wirtschaft
für Dummies*

Sean Masaki Flynn

Wirtschaft für Dummies

*Übersetzung aus dem Amerikanischen
von Reinhard Engel*

*Fachkorrektur
von Dr. Bend Nolte, Steinbeis University Berlin*

WILEY-VCH Verlag GmbH & Co. KGaA

Bibliografische Information Der Deutschen Bibliothek
Die Deutsche Bibliothek verzeichnet diese Publikation
in der Deutschen Nationalbibliografie;
detaillierte bibliografische Daten sind im Internet über
http://dnb.ddb.de abrufbar.

1. Auflage 2006

© 2006 WILEY-VCH Verlag GmbH & Co. KGaA, Weinheim

Original English language edition Copyright © 2005 by Wiley Publishing, Inc.
All rights reserved including the right of reproduction in whole or in part in any form. This translation published by arrangement with John Wiley and Sons, Inc.

Copyright der englischsprachigen Originalausgabe © 2005 by Wiley Publishing, Inc.
Alle Rechte vorbehalten inklusive des Rechtes auf Reproduktion im Ganzen oder in Teilen und in jeglicher Form. Diese Übersetzung wird mit Genehmigung von John Wiley and Sons, Inc. publiziert.

The For Dummies trade dress and trademarks are registered trademarks of Wiley Publishing, Inc. in the United States and/or other countries. Used by permission.

»For Dummies« sind Marken oder eingetragene Marken von Wiley Publishing, Inc. in den USA und in anderen Ländern. Benutzt mit Genehmigung.

Das vorliegende Werk wurde sorgfältig erarbeitet. Dennoch übernehmen Autoren und Verlag für die Richtigkeit von Angaben, Hinweisen und Ratschlägen sowie eventuelle Druckfehler keine Haftung.

Printed in Germany

Gedruckt auf säurefreiem Papier

Korrektur Petra Heubach-Erdmann und Jürgen Erdmann, Düsseldorf
Satz Typomedia GmbH, Ostfildern
Druck und Bindung Media-Print GmbH, Paderborn
ISBN-13: 978-3-527-70213-8
ISBN-10: 3-527-70213-X

Cartoons im Überblick
von Rich Tennant

Seite 29

Seite 79

Seite 179

Seite 349

Fax: 001-978-546-7747
Internet: www.the5thwave.com
E-Mail: richtennant@the5thwave.com

Über den Autor

Sean Flynn erwarb seinen Ph. D. in Ökonomik an der University of California, Berkeley. Dort studierte er bei den Nobelpreisträgern George Akerlof und Daniel McFadden.

Er ist Mitglied der *American Economic Association*, der *American Finance Association*, der *Economic Science Association* und der *Society for the Advancement of Behavioral Economics*.

Seine Forschung konzentriert sich auf das oft rätselhafte und scheinbar irrationale Verhalten von Kapitalanlegern an der Börse; er hat aber auch diverse andere Themen untersucht – beispielsweise die Faktoren, die das Trinkgeldgeben in Restaurants beeinflussen, oder die Frage, warum sich ein Großteil der gewerkschaftlich organisierten Arbeitnehmer auf bestimmte Branchen konzentriert. Außerdem zählt er zu den führenden Experten für geschlossene Investmentfonds.

Seine große Leidenschaft ist der japanische Kampfsport Aikido, den er seit mehr als einem Jahrzehnt Tausenden von Schülern in den USA und in Übersee beigebracht hat. Wenn Sie Kampfsportarten lieben, könnte Ihnen sein Buch *Shodokan Aikido: Basics Through 6th Kyu* gefallen, das Einsichten sowohl in die mentalen als auch die physischen Aspekte des Aikido vermittelt.

Schließlich hat er keine Mühen gescheut, um im Web umfangreiches ergänzendes Material zu diesem Buch und zahlreiche weiterführende Links zu veröffentlichen. Falls Sie Interesse haben, sollten Sie die (englischsprachige) Website www.learn-economics.com besuchen.

Über den Fachkorrektor

Dr. Bernd Nolte studierte Wirtschaftswissenschaften an den Universitäten Hohenheim, Houston/Texas und Toulouse. Heute ist er Partner und Geschäftsführer der 4P Consulting. Er wurde mehrfach ausgezeichnet (unter anderem mit dem *Jahreswissenschaftspreis des Verbandes der Metallindustrie* und mit dem *TOP 100-Preis*) und lehrt »Economics« sowie »Competition Strategies and Marketing« an der Steinbeis University Berlin, an der Hochschule St. Gallen und an der SAP University.

Widmung

Für meinen Vater, Thomas Ray Flynn, der mir die Bedeutung einer guten Wirtschaftspolitik als Mittel nahe brachte, um sowohl die Lebensqualität zu verbessern als auch Milliarden von Menschen von Armut und Krankheit zu befreien.

Danksagung

Ich möchte den vielen großartigen Wirtschaftswissenschaftlern danken, die es geschafft haben, trotz meines Dickschädels die Wirtschaftswissenschaften in meinen Kopf zu bringen.

Insbesondere möchte ich meinen Lehrern und Lehrerinnen Caroline Betts, Tim Cason, Richard Ciccetti, Michael DePrano, Richard Easterlin, Robert Kalaba, Timur Kuran, Jeffrey Nugent und Morton Shapiro für die ausgezeichnete Ausbildung danken, die ich als Student an der University of Southern California erhalten habe.

An der UC Berkeley war ich gleichermaßen gesegnet, dass ich meine Doktorarbeit unter der Anleitung einiger wahrhaftiger intellektueller Giganten abschließen konnte, darunter George Akerlof, David Card, J. Bradford DeLong, Jan deVries, Barry Eichengreen, Richard Gilbert, Daniel McFadden, Maurey Obstfeld, Matthew Rabin, David Romer, Christina Romer und Janet Yellen. Es war ein besonderes Ereignis, als die Professoren McFadden und Akerlof während meiner letzten beiden Jahre an der Cal jeweils den Nobelpreis gewannen.

Doch oft erklärten mir meine Studienkollegen im Fach Wirtschaftswissenschaften besser als meine Professoren Dinge, die ich nicht verstand. Und das passiert sogar noch heute. Deshalb möchte ich Corinne Alexander, Lorenzo Blanco, Mark Carlson, Carlos Dobkin, Tim Doede, Mike Enriquez, Fabio Ghironi, Petra Geraats, Aaron Green, Galina Hale, Alan Marco, Carolina Marquez, Marcelo Moreira, Petra Moser, Marc Muendler, Stefan Palmqvist, Doug Park, Raj Patel, Steve Puller, Desiree Schaan, Doug Schwalm, Mark Stehr, Sam Thompson, Carla Tully, Jeff Weinstein und Marta Wosinska herzlich danken.

Außerdem muss ich meinen Studenten am Vassar College danken. Ihr seid intelligent, fleißig und arbeitet unglaublich hart. Eure zahlreichen schwierigen, einsichtsvollen Fragen haben aus mir einen viel besseren Wirtschaftswissenschaftler gemacht.

Einen großen Dank schulde ich auch meiner Literaturagentin Linda Roghaar und meinem alten Freund Mike Jones dafür, dass sie diesen Verlagsvertrag für mich in die Wege leiteten. Als sie *Dummies* hörten, dachten sie sofort an mich.

Alissa Schwipps, Joan Friedman und das gesamte Produktionsteam bei Wiley muss ebenfalls ausdrücklich gelobt werden. Ihre Lektoratsarbeit, Vorschläge und Formatierung haben das Buch viel besser gemacht, als ich es alleine je hätte machen können.

Ich muss auch Dr. Robert Harris, dem technischen Lektor dieses Buches, meinen tiefen Dank aussprechen. Seine Kommentare und Vorschläge haben das Buch erheblich verbessert.

Schließlich muss ich Melissa Lape danken. Sie hat jeden einzelnen Buchstaben gelesen und zahlreiche Vorschläge gemacht, die dazu beitragen, den Text von *Wirtschaft für Dummies* zugleich klar und knapp zu formulieren.

Wenn Sie die Geduld aufgebracht haben, bis hierher zu lesen, sind Sie wahrscheinlich auch geneigt, die Webseite www.learn-economics.com zu besuchen, auf der ich umfangreiches Zusatzmaterial zu *Wirtschaft für Dummies* veröffentlicht habe. Sie können sicher nicht genug bekommen, nicht wahr?

Inhaltsverzeichnis

Über den Autor 9
Über den Fachkorrektor 9
Widmung 9
Danksagung 11

Einführung 23

Über dieses Buch 23
Konventionen in diesem Buch 25
Was Sie nicht lesen müssen 25
Törichte Annahmen über den Leser 26
Wie dieses Buch aufgebaut ist 26
Symbole, die in diesem Buch verwendet werden 28
Wie es weitergeht 28

Teil I: VWL – die Wissenschaft vom Umgang mit der Knappheit 29

Kapitel 1
Was untersucht die Volkswirtschaftslehre? Und warum sollten Sie dies wissen? 31

Ein kurzer Blick auf die Wirtschaftsgeschichte 32
    Das Leben früher: hässlich, brutal und kurz ... 32
    Warum es zu einem höheren Lebensstandard kam 33
    Ein Blick in die Zukunft 34
Makroökonomik und Mikroökonomik trennen 35
Die Wirtschaftswissenschaft als Wissenschaft von der Knappheit begründen 35
Der Blick auf das Gesamtbild: Makroökonomik 36
    Die Wirtschaft messen 36
    Erkennen, was Rezessionen auslöst 37
    Rezessionen mit Geld- und Fiskalpolitik bekämpfen 37
Der Blick auf das Einzelne: Mikroökonomik 38
    Angebot und Nachfrage ausgleichen 38
    Abschätzen, warum Wettbewerb so großartig ist 38
    Probleme untersuchen, die durch Mangel an Wettbewerb entstehen 39
    Die Reformation der Eigentumsrechte 39
    Andere häufige Formen von Marktversagen 40

Verstehen, wie Wirtschaftswissenschaftler Modelle und Grafiken verwenden	40
Von der Wirklichkeit zu abstrahieren, ist nützlich	40
Ihr erstes Modell: Die Nachfragekurve	41
Eine eigene Nachfragekurve zeichnen	43

Kapitel 2
Kekse oder Eis? Konsumentenentscheidungen nachvollziehen — 45

Das menschliche Verhalten darstellen	45
Glücksmaximierung ist das Ziel	46
Der Nutzen als Maßstab für das Glück	47
Altruismus und Großzügigkeit berücksichtigen	47
Erkennen, dass Eigennutz das Gemeinwohl fördern kann	48
Rotes Licht: Untersuchen Sie Ihre Beschränkungen	48
Beschränkte natürliche Ressourcen	49
Beschränktes technisches Wissen	49
Beschränkte Zeit	50
Opportunitätskosten: die unvermeidbare Einschränkung	50
Die endgültige Entscheidung treffen	51
Die Beschränkungen und Mängel des ökonomischen Entscheidungsmodells	53
Entscheidungsverhalten bei unvollkommener Information verstehen	54
Die Irrationalität rational betrachten	54

Kapitel 3
Die richtigen Güter auf die richtige Weise produzieren, um das menschliche Glück zu maximieren — 57

An die Grenzen stoßen: feststellen, was produziert werden kann	58
Klassifikation der Ressourcen, die in der Produktion verwendet werden	59
Weniger von guten Sachen bekommen: abnehmende Erträge	60
Ein wenig hiervon, ein wenig davon: Ressourcen allozieren	61
Die Produktionsmöglichkeiten grafisch darstellen	61
Die Grenzen mit besserer Technik ausweiten	65
Was produziert werden sollte	66
Die Vor- und Nachteile von Märkten und Staatseingriffen abwägen	67
Eine Mischwirtschaft wählen	73
Technik und Innovationen anregen	77

Teil II:
Makroökonomik – die Wissenschaft vom wirtschaftlichen Wachstum und der Stabilität   79

Kapitel 4
Die Makroökonomik messen: Wie Wirtschaftswissenschaftler über alles Buch führen   81

Mit dem BIP Buch über die Wirtschaft führen   82
    Einige Dinge aus dem BIP weglassen   82
    Der Kreislauf: Was wird im BIP gezählt?   83
    Der Fluss von Einkommen und Vermögenswerten   84
    Dem Geld im Kreislauf folgen   86
    Produkte zählen, wenn sie hergestellt werden, nicht wenn sie verkauft werden   88
    Das Gute, das Böse und das Hässliche: Alle Dinge steigern das BIP   89
Die BIP-Gleichung   89
    C – der Konsum   91
    I – die Investition in Kapitalbestände   92
    G – die Staatsausgaben   94
    NX – der Nettoexport   95
Den Einfluss des internationalen Handels auf die Wirtschaft verstehen   96
    Handelsdefizite können gut für Sie sein!   96
    Vermögensgegenstände, nicht nur Bargeld berücksichtigen   98
    Einen komparativen Vorteil ausnutzen   99

Kapitel 5
Inflationsfrustration: Warum mehr Geld nicht immer nützlich ist   103

Eine Inflation kaufen: Die Risiken von zu viel Geld   104
    Geldmenge und Nachfrage ins Gleichgewicht bringen   104
    Der Versuchung der Inflation nachgeben   106
    Die Auswirkungen der Inflation im Überblick   111
Inflation messen: Preisindices   113
    Einen ganz persönlichen Warenkorb zusammenstellen   114
    Die Inflationsrate berechnen   115
    Einen Preisindex einführen   116
    Den echten Lebensstandard mit dem Preisindex bestimmen   117
    Probleme mit Preisindices   118
Der Preis der Zukunft: Nominale und reale Zinssätze   119
    Die Fisher-Gleichung verwenden   120
    Erkennen, dass Vorhersagen nicht perfekt sind   120

Kapitel 6
Warum es zu Rezessionen kommt — 123

- Untersuchung des Konjunkturzyklus — 124
- Nach dem Vollbeschäftigungsoutput streben — 125
- Rückkehr zu Y*: Die natürliche Folge von Preisanpassungen — 126
- Auf wirtschaftliche Schocks reagieren: kurzfristige und langfristige Auswirkungen — 127
  - Einige kritische Begriffe definieren — 127
  - Das Tao des P: langfristige Preisanpassungen — 129
  - Ein Schock für das System: Die Anpassung an eine Verschiebung der aggregierten Nachfragekurve — 130
  - Kurzfristig mit festen Preisen umgehen — 131
  - Lang- und kurzfristige Reaktionen kombinieren — 134
- Auf dem Weg in die Rezession: Durch starre Preise gefesselt — 136
  - Löhne kürzen oder Arbeitskräfte entlassen — 136
  - Die Kosten von Löhnen und Gewinnen addieren — 137
  - Mit und ohne Regierungseingriff zu Y* zurückkehren — 138
- Gleichgewicht bei starren Preisen erreichen: Das Modell von Keynes — 139
  - Lagerbestände statt Preise anpassen — 141
  - Das BIP in dem Modell von Keynes ankurbeln — 149

Kapitel 7
Rezessionen mit Geld- und Fiskalpolitik bekämpfen — 151

- Die Nachfrage anregen, um Rezessionen zu beenden — 152
  - Den Vollbeschäftigungsoutput anstreben — 152
  - Die AD-Kurve nach rechts verschieben – oder Menschen zu Arbeit verhelfen — 154
- Inflation erzeugen: Das Risiko einer Überstimulation — 154
  - Ein hoffnungsloses Unterfangen: versuchen, den Output über Y* hinaus zu steigern — 155
  - Ein temporäres Hoch: Die Bewegung der realen Löhne — 156
  - Ein Scheitern der Anregung: Was passiert, wenn ein Reiz erwartet wird — 158
- Die Fiskalpolitik verstehen — 162
  - Staatsausgaben steigern, um dazu beizutragen, Rezessionen zu beenden — 163
  - Mit Defiziten umgehen — 164
- Die Geldpolitik analysieren — 166
  - Der Nutzen von Papiergeld — 167
  - Erkennen, dass man zu viel Geld haben kann! — 168
  - Die Grundlagen über Schuldverschreibungen — 170
  - Die Verbindung zwischen Preisen für Schuldverschreibungen und Zinssätzen erkennen — 171
  - Die Geldmenge ändern, um die Zinssätze zu ändern — 172

Die Wirtschaft mit niedrigen Zinssätzen anregen ... 174
Verstehen, wie rationale Erwartungen die Geldpolitik einschränken können ... 175

Teil III:
Mikroökonomik – die Wissenschaft vom Verhalten der Konsumenten und Unternehmen ... 179

Kapitel 8
Angebot und Nachfrage leicht gemacht ... 181

Märkte verstehen ... 182
Die Nachfrage verstehen ... 182
    Die wesentlichen Begriffe klären ... 183
    Die Nachfragekurve grafisch darstellen ... 184
    Opportunitätskosten: Die Steigung der Nachfragekurve bestimmen ... 186
    Die Nachfrageelastizität definieren ... 188
Das Angebot verstehen ... 189
    Die Angebotskurve grafisch darstellen ... 190
    Extreme Angebotsfälle verstehen ... 193
Wie Angebot und Nachfrage zusammenspielen, um das Marktgleichgewicht zu finden ... 195
    Das Marktgleichgewicht finden ... 195
    Die Stabilität des Marktgleichgewichts demonstrieren ... 197
Bei Änderungen von Angebot oder Nachfrage an neue Marktgleichgewichte anpassen ... 199
    Auf eine Steigerung der Nachfrage reagieren ... 199
    Auf ein Sinken des Angebots reagieren ... 200
Hindernisse für die Bildung des Marktgleichgewichts schaffen ... 202
    Höchstpreise anheben ... 202
    Mindestpreise unterstützen ... 204

Kapitel 9
Homo oeconomicus, der Konsument, der Nutzen maximiert ... 207

Der Name des Spiels: Beschränkte Optimierung ... 207
Einen gemeinsamen Nenner als Maß des Glücks finden: Nutzen ... 208
Mehr bringt weniger: Abnehmender Grenznutzen ... 209
Bei einem begrenzten Budget unter vielen Optionen wählen ... 212
    Versuchen, so viel (Grenz-)Nutzen zu kaufen wie möglich ... 212
    Geld auf zwei Güter verteilen, um den Gesamtnutzen zu maximieren ... 214
    Den Grenznutzen pro Euro aller Güter und Dienste ausgleichen ... 216
Nachfragekurven aus dem abnehmenden Grenznutzen ableiten ... 219

Wie Preisänderungen die Nachfragemengen beeinflussen	220
Preis- und Mengenänderungen grafisch darstellen, um eine Nachfragekurve zu bilden	221

Kapitel 10
Der Kern des Kapitalismus: Das gewinnmaximierende Unternehmen — 225

Gewinnmaximierung: Das Ziel eines Unternehmens	226
Im Angesicht des Wettbewerbs	227
Die Merkmale des vollkommenen Wettbewerbs	227
Als Mengenanpasser reagieren	228
Gewinne aus der Sicht eines Buchhalters und der Sicht eines Ökonomen	229
Die Kostenstruktur eines Unternehmens analysieren	231
Die Kosten pro Outputeinheit	232
Die durchschnittlichen variablen Kosten	234
Das Sinken der durchschnittlichen fixen Kosten	234
Die Bewegung der durchschnittlichen Gesamtkosten verfolgen	235
Auf die Grenzkosten konzentrieren	236
Die Schnittpunkte der GK-Kurve mit den DVK- und DTK-Kurven	237
Grenzerlöse und Grenzkosten vergleichen	239
Die magische Formel: Der Punkt, an dem P = GK ist	240
Gewinne grafisch darstellen	242
Verluste grafisch darstellen	244
Das Geschäft aufgeben: Wenn nichts zu produzieren die beste Lösung ist	246
Die Bedingung für eine kurzfristige Produktionseinstellung: Die variablen Kosten übersteigen den Gesamterlös	246
Die Bedingung für eine langfristige Produktionseinstellung: Die Gesamtkosten übersteigen den Gesamterlös	248
Dem Marktpreis ausgeliefert	248

Kapitel 11
Warum Ökonomen freie Märkte und Wettbewerb lieben — 251

Die Schönheit von Wettbewerbsmärkten: Gewährleisten, dass der Nutzen die Kosten übersteigt	252
Die Voraussetzungen für richtig funktionierende Märkte	252
Die Effizienz freier Märkte analysieren	254
Vorteile anhand der Gesamtwohlfahrt messen	256
Wenn freie Märkte ihre Freiheit verlieren: Mit Wohlfahrtsverlusten umgehen	262
Den Wohlfahrtsverlust aufgrund von Höchstpreisen analysieren	262
Den Wohlfahrtsverlust aufgrund von Steuern analysieren	263
Kennzeichen des vollkommenen Wettbewerbs: Keine Extra-Gewinne und geringstmögliche Kosten	267
Die Ursachen und Folgen des vollkommenen Wettbewerbs verstehen	267

Der Prozess des vollkommenen Wettbewerbs — 268
Markteintritt und Marktaustritt – grafisch dargestellt — 269

Kapitel 12
Monopole: Wie schlecht würden Sie sich verhalten, wenn Sie keinen Wettbewerb hätten? — 275

Eine Analyse gewinnmaximierender Monopole — 275
    Probleme, die durch Monopole verursacht werden — 276
    Die Quelle des Problems: abnehmender Grenzerlös — 276
    Eine Outputmenge zur Maximierung des Gewinns wählen — 282
Monopole mit Wettbewerbsunternehmen vergleichen — 285
    Produktionsmengen und Preise — 286
    Wohlfahrtsverluste: Den Schaden quantifizieren, der durch Monopole verursacht wird — 287
    Der Einfluss des Monopols auf die Effizienz — 288
Beispiele für »gute« Monopole — 289
    Erfindungen und Investitionen durch Patente anreizen — 289
    Ärger mit redundanten Konkurrenten reduzieren — 290
    Die Kosten bei natürlichen Monopolen niedrig halten — 290
Monopole regulieren — 291
    Ein Monopol subventionieren, um den Output zu steigern — 291
    Mindestoutputmengen festlegen — 292
    Monopolpreise regulieren — 292
    Ein Monopol in mehrere Wettbewerbsunternehmen zerschlagen — 295

Kapitel 13
Oligopol und monopolistischer Wettbewerb: der Mittelbereich — 297

Konkurrieren oder Absprachen treffen — 298
    Erkennen, dass oligopolistische Unternehmen sich strategisch gegenseitig beeinflussen — 298
    Die Folgen von Wettbewerb und Absprachen vergleichen — 299
Kartellverhalten: der Versuch, Monopolisten zu imitieren — 299
    Ein Kartell zu koordinieren, ist harte Arbeit — 300
    Die OPEC als Beispiel für die Schwierigkeit, zusammenzuarbeiten — 300
Das Modell des Gefangenendilemmas — 301
    Ein lebensnahes Gefangenendilemma — 302
    Das Gefangenendilemma durch das Gesetz der Omerta lösen — 305
Das Gefangenendilemma auf Kartelle anwenden — 306
    Wie die OPEC in einem Gefangenendilemma steckt — 308
    Den OPEC-Mitgliedern mit einem Vollstrecker helfen, ihre Quoten einzuhalten — 309
Oligopole regulieren — 310

Mit dominanten Unternehmen umgehen	311
Antitrust-Gesetze anwenden	311
Eine hybride Marktform: Monopolistischer Wettbewerb	312
Vorteile der Produktdifferenzierung	312
Mit begrenzten Gewinnen umgehen	313

Kapitel 14
Eigentumsrecht und -unrecht   319

Märkten ermöglichen, sozial optimale Ergebnisse hervorzubringen	320
Externe Effekte: Kosten und Nutzen, die andere aufgrund unserer Aktionen tragen oder haben	321
Positive und negative externe Effekte definieren	322
Die Auswirkungen externer Kosten erkennen	322
Erkennen, dass positive Mengen negativer externer Effekte wünschenswert sind	324
Mit negativen externen Effekten umgehen	325
Die Folgen positiver externe Effekte berechnen	326
Das Dilemma des Gemeineigentums (Tragedy of the Commons)	328
Eine Kuh halten: Eine Gemeinschaftsweide übergrasen	328
Artensterben durch unzureichende Eigentumsrechte	329

Kapitel 15
Marktversagen: Asymmetrische Information und öffentliche Güter   333

Das Problem asymmetrischer Informationen	334
Erkennen, dass asymmetrische Information den Handel begrenzt	334
Das Problem der »Zitronen«: der Gebrauchtwagenmarkt	335
Versicherungen abschließen, wenn man die Risiken nicht unterscheiden kann	339
Öffentliche Güter zur Verfügung stellen	343
Bereitstellung öffentlicher Güter durch Besteuerung	344
Bereitstellung öffentlicher Güter durch Philanthropen	345
Ein öffentliches Gut durch den Verkauf eines verwandten privaten Gutes zur Verfügung stellen	345
Neue Technologie als öffentliches Gut einstufen	346

Teil IV:
Der Top-Ten-Teil   349

Kapitel 16
Zehn (plus zwei) berühmte Ökonomen   351

Adam Smith	351
David Ricardo	352
Karl Marx	352
Alfred Marshall	353
John Maynard Keynes	353
Kenneth Arrow und Gerard Debreu	354
Milton Friedman	354
Paul Samuelson	355
Robert Solow	355
Gary Becker	356
Robert Lucas	356

Kapitel 17
Zehn verführerische wirtschaftliche Trugschlüsse   359

Der Irrglaube der Arbeitsmenge	359
Die Welt hat ein Überbevölkerungsproblem	360
Der Trugschluss, zeitliche Folgen mit Kausalbeziehungen zu verwechseln	361
Protektionismus ist die beste Lösung bei ausländischer Konkurrenz	361
Der Trugschluss der Verallgemeinerung	362
Was wert ist, getan zu werden, sollte 100-prozentig getan werden	363
Freie Märkte sind gefährlich instabil	363
Niedrige ausländische Löhne bedeuten, dass die reichen Länder nicht konkurrieren können	364
Steuersätze beeinflussen die Arbeitsanstrengung nicht	365
Vergessen, dass auch die Politik unbeabsichtigte Folgen haben kann	365

Kapitel 18
Zehn wirtschaftliche Ideen, die Ihnen lieb und teuer sein sollten   367

Der Gesellschaft geht es besser, wenn die Menschen ihre eigenen Interessen verfolgen	367
Freie Märkte erfordern Regulation	368
Wirtschaftliches Wachstum hängt von Innovationen ab	368
Freiheit und Demokratie machen uns reicher	368
Bildung steigert den Lebensstandard	368
Der Schutz des Rechts am geistigen Eigentum fördert Innovationen	369

Schwache Eigentumsrechte verursachen Umweltprobleme — 369
Internationaler Handel ist nützlich — 370
Freie Unternehmen haben es schwer, öffentliche Güter bereitzustellen — 370
Inflation zu verhindern, ist einfach — 371

Teil V: Anhang — 373

Glossar — 375

Stichwortverzeichnis — 381

Einführung

Die Wirtschaftswissenschaft befasst sich mit dem grundlegenden Problem, wie Menschen ihr Glück in einer Welt erreichen können, die voller Beschränkungen ist. Es gibt niemals genug Zeit oder Geld, um alles zu tun, was man tun will. Und bestimmte Dinge sind immer noch unmöglich, weil die erforderlichen technischen Verfahren noch nicht entwickelt wurden.

Aber Menschen sind erfinderisch. Sie entwickeln und erfinden immer neue Dinge. Sie gehen von dem aus, was sie haben und was sie damit machen können, und unternehmen Schritte, um sicherzustellen, dass sie, wenn sie schon nicht alles haben können, doch wenigstens so viel wie möglich bekommen.

Der Schlüssel liegt darin, die Möglichkeiten gegeneinander abzuwägen. Weil ein Mensch nicht alles bekommen kann, muss er Entscheidungen treffen. Beispielsweise müssen Sie entscheiden, ob Sie Ihr Geld sparen oder ausgeben wollen, ob Sie studieren oder arbeiten gehen wollen; und Ihre Regierung muss wählen, ob sie mehr Geld für die Schulbildung oder für die Krebsforschung ausgeben soll.

Entscheiden ist ein grundlegender Bestandteil unseres alltäglichen Lebens. Die Wissenschaft, die studiert, *wie* Menschen entscheiden – die Wirtschaftswissenschaft –, ist unerlässlich, wenn Sie Menschen sowohl als Einzelpersonen als auch als Mitglieder größerer Organisationen wirklich verstehen wollen.

Doch leider wurde die Wirtschaftswissenschaft normalerweise so schlecht erklärt, dass die meisten sie entweder als unverständliches Kauderwelsch übergangen oder aber in falscher Ehrfurcht bestaunt haben – denn was schwer zu verstehen ist, muss wichtig sein, nicht wahr?

Ich habe dieses Buch geschrieben, damit Sie die Wirtschaftswissenschaft schnell und leicht als das begreifen können, was sie ist: eine ernst zu nehmende Wissenschaft, die ein ernst zu nehmendes Thema studiert und die einige ernst zu nehmende, brauchbare Methoden entwickelt hat, um menschliches Verhalten in der (sehr ernst zu nehmenden) realen Welt zu erklären. Wenn Sie dieses Buch lesen, werden Sie Menschen, Ihre Regierung, internationale Beziehungen, das Wirtschaftsleben und sogar Umweltprobleme wie die globale Erwärmung oder Artensterben viel besser verstehen. Die Wirtschaftswissenschaft berührt fast alle Lebensbereiche, sodass Sie aus diesem Buch einen riesigen Nutzen ziehen können.

Über dieses Buch

In diesem Buch finden Sie die wichtigsten ökonomischen Theorien, Hypothesen und Entdeckungen. Dabei verzichte ich auf obskure Details, überholte Beispiele oder komplizierte mathematische »Beweise«. Unter anderem werden folgende Themen behandelt:

✔ wie die Regierung Rezessionen und Arbeitslosigkeit mit Ihrer Geld- und Finanzpolitik bekämpft

- ✔ wie und warum internationaler Handel gut für uns ist
- ✔ warum unzureichend konstruierte Eigentumsrechte für Umweltprobleme wie die globale Erwärmung, Umweltverschmutzung und das Artensterben verantwortlich sind
- ✔ wie Gewinne Unternehmen dazu bringen, die Güter und Dienste zu produzieren, die wir für selbstverständlich halten
- ✔ warum konkurrierende Unternehmen für die Gesellschaft fast immer besser sind als Monopole
- ✔ wie die Zentralbank gleichzeitig die Geldmenge, die Zinssätze und die Inflation kontrollieren kann
- ✔ warum eine Regierungspolitik mit Preiskontrollen und Subventionen normalerweise viel mehr Schaden anrichtet als Nutzen stiftet
- ✔ wie das einfache Modell von Angebot und Nachfrage die Preise für alles und jedes erklären kann – angefangen von Comics bis hin zu Operationen am offenen Herzen

Ich habe mich bemüht, diese Dinge und vieles mehr klar und deutlich zu erklären. Außerdem habe ich dieses Buch so aufgebaut, dass *Sie* bestimmen können, was Sie lesen wollen. Sie können die Kapitel in beliebiger Reihenfolge lesen; das heißt, Sie können sofort zu den Themen springen, über die Sie etwas wissen wollen, ohne vorher viel zu lesen, was Sie weniger interessiert.

Wirtschaftswissenschaftler lieben den Wettbewerb; deshalb sollten Sie nicht überrascht sein, dass es innerhalb der Wirtschaftswissenschaft viele konkurrierende Ansichten und Paradigmen gibt. Tatsächlich lernen wir nur durch eine lebhafte Debatte und eine sorgfältige Analyse der vorliegenden Daten besser zu verstehen, wie die Welt funktioniert.

In diesem Buch habe ich versucht, Modeansichten oder Ideen zu vermeiden, die zu tief greifenden Meinungsverschiedenheiten führen. Dieses Buch enthält Kerngedanken und -begriffe, die nach Meinung der meisten Wirtschaftswissenschaftler richtig und wichtig sind. (Wenn Sie meine persönlichen Meinungen und Lieblingstheorien hören wollen, müssen Sie mich schon auf ein Bier einladen.)

Doch selbst bei den Kernbegriffen gibt es unter den Wirtschaftswissenschaftlern begründete, unterschiedliche Auffassungen darüber, wie die Begriffe präsentiert werden sollten, sodass ich einige Entscheidungen über die Organisation und Struktur des Materials treffen musste. Beispielsweise stelle ich die Makroökonomik in einem Keynesianischen Kontext dar, selbst wenn ich einige Begriffe erkläre, die nicht aus diesem Kontext stammen. (Falls Sie nicht wissen, wer dieser Keynes ist oder was *Keynesianisch* bedeutet, sollten Sie sich keine Sorgen machen – ich werde Keynes und seine Begriffswelt später in dem Buch vorstellen.) Einige Leute mögen damit nicht einverstanden sein, aber dies ermöglicht meiner Meinung nach eine prägnante Darstellung des Themas.

Konventionen in diesem Buch

Die Wirtschaftswissenschaften enthalten zwei Dinge, die für Sie möglicherweise weniger attraktiv sind: Fachbegriffe und Algebra. Um die Verwirrung möglichst gering zu halten, werde ich, wenn ich einen neuen Terminus einführe, diesen *kursiv* darstellen und danach eine leicht verständliche Definition geben. Algebraische Elemente (also Namen für Variablen oder Teile einer Formel) werden ebenfalls *kursiv* dargestellt, um sie besser vom Rest des Textes abzuheben. Beispielsweise steht I für Investition und wird wie folgt in einem Satz verwendet: Nach meiner Meinung ist I zu groß.

Ich versuche, so wenig Gleichungen wie möglich zu verwenden, aber manchmal helfen sie, Sachverhalte zu klären. In solchen Fällen muss ich manchmal mehrere Gleichungen nacheinander verwenden. Um deutlich zu machen, auf welche Gleichung ich mich im Text beziehe, habe ich die Gleichungen nummeriert. Die Nummern stehen rechts neben den Gleichungen. Ein Beispiel:

$$MTV = ESPN + CNN2 \qquad (1)$$

Schließlich werden in allen *Für-Dummies*-Büchern die folgenden Konventionen verwendet, um den Text konsistent und leicht verständlich darzustellen:

- ✔ Alle Webadressen werden in `dieser Schriftart` dargestellt.
- ✔ Die nummerierten Schritte von Aktionsfolgen werden **fett** hervorgehoben.

Was Sie nicht lesen müssen

Für-Dummies-Bücher sollen Ihnen vor allem einen schnellen Zugang zu den wesentlichen Punkten eines Themas verschaffen, damit Sie sich nicht durch einen Wust von Geschichten, Fakten und Anekdoten zum Kern der Sache durchwühlen müssen. Andererseits können Geschichten, Fakten und Anekdoten manchmal sowohl lustig als auch erhellend sein.

Doch selbst das soll nicht bedeuten, dass Sie sie unbedingt lesen müssen. Deswegen habe ich alles, was Sie getrost überlesen können, klar gekennzeichnet. Es handelt sich um Informationen, die zwar interessant und themenbezogen sind, aber für das Verständnis des Gesamtthemas nicht erforderlich sind:

- ✔ **Text in Einschüben:** Die Einschübe sind grau unterlegte Kästen mit interessanten Geschichten und Beobachtungen, die Sie aber nicht unbedingt kennen müssen.
- ✔ **Alles, was mit einem Vorsicht-Technik-Symbol gekennzeichnet ist:** Diese Informationen sind interessant, aber nicht unbedingt notwendig, um das jeweilige Thema zu verstehen.
- ✔ **Der Text auf der Seite der Danksagungen:** Wenn Sie nicht zu meinen Freunden gehören, die eine Streicheleinheit brauchen, bringt Ihnen der Text nichts.

Natürlich möchte ich gerne glauben, dass Sie *alles* lesen werden, was ich geschrieben habe; doch keine Bange: Ich werde es nie erfahren.

Törichte Annahmen über den Leser

Ich habe beim Schreiben dieses Buches einige Dinge über Sie angenommen:

- ✔ Sie sind intelligent und wachsam und wollen wissen, wie die Welt funktioniert.
- ✔ Sie gehen noch zur Schule oder zur Uni und wollen Ihren Lehrstoff ergänzen, oder Sie sind ein Weltbürger und haben erkannt, dass Ihnen solide Grundkenntnisse der Wirtschaftswissenschaften helfen können, zentrale wirtschaftliche, politische und soziale Konfliktthemen wie Unternehmensgewinne, Arbeitslosigkeit, Armut und Umweltzerstörung zu verstehen.
- ✔ Sie möchten zwar mehr über Wirtschaftswissenschaften lernen, aber Sie sind in Ihrem Leben auch sonst schon ausgelastet. Deswegen möchten Sie die wesentlichen Fakten kennen lernen, ohne sie in einem Haufen von Kleinigkeiten suchen zu müssen.
- ✔ Sie lassen sich von Zahlen, Fakten und Grafiken nicht ganz einschüchtern. Tatsächlich schätzen Sie sie, weil Sie lieber Beweise sehen, als Aussagen gläubig zu übernehmen, bloß weil sie irgendein Strohkopf mit einem Doktortitel von sich gegeben hat.
- ✔ Sie möchten nicht nur das *Was*, sondern auch das *Warum* lernen. Das heißt: Sie wollen wissen, warum Dinge passieren und wie sie funktionieren, statt nur Fakten auswendig zu lernen.
- ✔ Schließlich sehen Sie überdurchschnittlich gut aus und haben einen guten Geschmack. Insbesondere hat es Ihnen der superschicke gelbschwarze Einband angetan, und Sie fühlen sich fast hypnotisch gezwungen, ein Exemplar zu kaufen.

Wie dieses Buch aufgebaut ist

Dieses Buch besteht aus vier Teilen, die das Material verständlicher und leichter zugänglich machen. Teil I behandelt die großen Begriffe, mit denen Wirtschaftswissenschaftler die Welt betrachten. Die Teile II und III folgen der traditionellen Aufteilung der Volkswirtschaftslehre (VWL) in zwei große Teilgebiete: *Makroökonomik* behandelt Probleme, die die Wirtschaft als Ganzes betreffen – beispielsweise Rezessionen oder der internationale Handel. *Mikroökonomik* beschäftigt sich mit einzelnen Menschen, Unternehmen und Branchen innerhalb einer Wirtschaft. Teil IV ist der Top-Ten-Teil; er enthält einige Top-Ten-Listen mit manchmal amüsanten, aber immer wissenswerten Informationen.

Teil I: VWL – die Wissenschaft vom Umgang mit der Knappheit

Zentrales Thema der Wirtschaftswissenschaften ist der Umgang des Menschen mit der Knappheit. Es gibt nie genug Zeit, und es gibt nur einen endlichen Vorrat an natürlichen Ressourcen wie Öl oder Eisenerz. Folglich müssen sich die Menschen intelligent verhalten, um das Beste aus ihrem Leben zu machen – indem sie klug darüber entscheiden, wie die gegebenen begrenzten Ressourcen eingesetzt werden sollen. Teil I erklärt, wie Menschen mit Knappheit umgehen und welche Kompromisse ihnen durch die Knappheit aufgezwungen werden. Der restliche Teil der Wirtschaftswissenschaften untersucht einfach nur, welche Kompromisse aufgrund der Knappheit in spezielleren Situationen eingegangen werden müssen.

Teil II: Makroökonomik – die Wissenschaft vom wirtschaftlichen Wachstum und der Stabilität

Die Makroökonomik betrachtet die Wirtschaft insgesamt, und zwar auf nationaler und auf internationaler Ebene. Sie behandelt die Entscheidungen, die Länder im Hinblick auf ihr wirtschaftliches Wachstum, ihre wirtschaftliche Entwicklung und über die beste Verwaltung ihrer Wirtschaft treffen müssen, um Rezessionen zu vermeiden. Sie untersucht auch das Elend, das durch Dinge wie Arbeitslosigkeit und Inflation verursacht wird. In diesem Teil lernen Sie die Geld- und Finanzpolitik, die Zentralbank, die Auswirkungen der Besteuerung auf die Wirtschaft und den internationalen Handel und die Handelspolitik kennen.

Teil III: Mikroökonomik – die Wissenschaft vom Verhalten der Konsumenten und Unternehmen

Die Mikroökonomik konzentriert sich auf das Verhalten einzelner Menschen und Unternehmen. Sie studiert, welche Motive ihrem Verhalten zugrunde liegen und wie sie sich verhalten, um ihre Ziele unter den gegebenen Beschränkungen zu erreichen. In diesem Teil erfahren Sie, was Unternehmen dazu veranlasst, einen Output (Sammelbegriff für hergestellte Dinge) zu produzieren, wie Käufer und Verkäufer auf Märkten miteinander umgehen, um diesen Output zu allozieren (verteilen), und wie Märkte zusammenbrechen und sich irrational verhalten können, wenn sie nicht richtig verwaltet werden. Außerdem lernen Sie Angebot und Nachfrage, Wettbewerb, Monopole, die »Unsichtbare Hand« von Adam Smith und zahlreiche raffinierte Anwendungen der Wirtschaftswissenschaften auf diverse Probleme wie beispielsweise Versicherungsmärkte und Umweltfragen kennen. Die Wirtschaftswissenschaften können wirklich zu allem etwas Wesentliches beitragen.

Teil IV: Der Top-Ten-Teil

Jedes *Für-Dummies*-Buch endet mit Top-Ten-Listen, die zugleich hilfreich und amüsant sind. In diesem Teil lesen Sie Kurzbiografien berühmter Wirtschaftswissenschaftler und erfahren, was sie entdeckt haben und warum dies so wichtig war. Sie lernen ökonomische Konzepte kennen, die Sie hoch schätzen sollten, und falsche ökonomische Behauptungen, die Sie wahrscheinlich immer wieder in den Medien und von Politikern hören, die ihre eigene Karriere fördern wollen.

Symbole, die in diesem Buch verwendet werden

Um dieses Buch leichter lesbar und gefälliger zu machen, finden Sie am Rand einige Symbole, die Ihnen helfen sollen, Schlüsselgedanken und Informationen zu finden.

Dieses Symbol weist Sie auf einen wirklich grundlegenden wirtschaftlichen Begriff oder eine wichtige Tatsache hin. Es erspart Ihnen die Zeit und Mühe, den Text mit einem Textmarker hervorzuheben.

Die Wirtschaftswissenschaften enthalten zahlreiche Theorien, und manchmal ist es hilfreich, diese Theorien an der Wirklichkeit zu messen, um zu sehen, wie sie tatsächlich funktionieren. Dieses Symbol weist Sie auf ein hilfreiches Beispiel mit einer Praxisanwendung hin.

Dieses Symbol sagt Ihnen, dass die zugehörigen Begriffe und Informationen etwas technischer oder mathematischer als andere Abschnitte des Buches sind. Diese Informationen können interessant und informativ sein, aber ich habe das Buch so konzipiert, dass Sie diese Abschnitte nicht verstehen müssen, um das betreffende Thema insgesamt zu begreifen. Sie können diesen Text bedenkenlos übergehen.

Dieses Symbol weist Sie auf Zeit- und Energiesparer hin. Ich habe mit diesem Symbol Dinge gekennzeichnet, die Sie tun oder über die Sie nachdenken können, um sich Mühe zu ersparen.

Wie es weitergeht

Dieses Buch ist so konzipiert, dass Sie an einer beliebigen Stelle einsteigen und verstehen können, was Sie lesen. Einige Beispiele:

- ✔ Wollen Sie kurz und knapp wissen, wie die Zentralbank Zinssätze ändert, um die Wirtschaft anzuregen und Rezessionen zu bekämpfen? Springen Sie direkt zu Kapitel 7.

- ✔ Wollen Sie die Umweltökonomie kennen lernen und erfahren, wie die meisten Umweltprobleme durch unzureichend konstruierte Eigentumsrechte verursacht werden? Öffnen Sie das Buch bei Kapitel 14.

- ✔ Möchten Sie herausfinden, warum jeder über Angebot und Nachfrage redet? Lesen Sie Kapitel 8.

Außerdem sind die Teile des Buches voneinander unabhängig, sodass Sie beispielsweise alles über Mikroökonomik lesen können, ohne sich mit der Makroökonomik befassen zu müssen. Und mit dem Inhaltsverzeichnis und dem Index können Sie leicht auf spezielle Themen zugreifen.

Doch wenn Sie nicht wissen, wo Sie beginnen sollen, hält Sie nichts davon ab, das Buch ganz altmodisch von Anfang an zu lesen. Am Anfang anzufangen, war noch nie verkehrt …

Teil I

VWL – die Wissenschaft vom Umgang mit der Knappheit

»Ich glaube, diese ökonomische Strategie kann jeder unterstützen: Sie bekämpft Arbeitslosigkeit und Inflation und enthält außerdem wenig Kohlenhydrate.«

In diesem Teil ...

Die Wirtschaftswissenschaft untersucht, wie Menschen mit Knappheit und der unentrinnbaren Tatsache umgehen, dass unsere Bedürfnisse normalerweise die Mittel übersteigen, die uns zur Befriedigung dieser Bedürfnisse zur Verfügung stehen. Die Tatsache, dass dem Leben Grenzen gesetzt sind, mag auf den ersten Blick nicht wie eine tragfähige Basis für eine ganze Sozialwissenschaft aussehen, aber alle Regierungsentscheidungen, alle Geschäftsentscheidungen und ein großer Teil Ihrer persönlichen Entscheidungen laufen letzten Endes darauf hinaus zu entscheiden, wie aus begrenzten Ressourcen das meiste herausgeholt werden kann. Folglich ist die Wirtschaftswissenschaft, wie ich in diesem Teil erklären werde, für fast alle Aspekte des Lebens grundlegend.

Was untersucht die Volkswirtschaftslehre? Und warum sollten Sie dies wissen?

In diesem Kapitel

- Die Bezeichnungen *Volkswirtschaftslehre* und *Wirtschaftswissenschaften* verstehen
- Einen kurzen Blick auf die Wirtschaftsgeschichte werfen
- Beobachten, wie Menschen mit Knappheit umgehen
- Makroökonomik und Mikroökonomik trennen
- Wirtschaftswachstum fördern und Rezessionen vermeiden
- Das Verhalten von einzelnen Menschen und Unternehmen verstehen
- Die Grafiken und Modelle verstehen, die Wirtschaftswissenschaftler gerne anwenden

---

Die *Wirtschaftswissenschaft* ist die Wissenschaft, die untersucht, wie Menschen und Gesellschaften Entscheidungen treffen, um das Beste aus ihren begrenzten Ressourcen zu machen. Und weil jedes Land, jedes Unternehmen und jeder Mensch Beschränkungen und Grenzen unterworfen ist, durchdringen wirtschaftliche Überlegungen praktisch das ganze Leben.

Beispielsweise könnten Sie gerade etwas anderes tun, als dieses Buch zu lesen. Sie könnten Ihr Fitnessprogramm absolvieren, ins Kino gehen oder mit einem Freund reden. Der einzige Grund, warum Sie dieses Buch lesen sollten, liegt darin, dass dies für Sie die bestmögliche Verwendung Ihrer sehr begrenzten Zeit ist.

Aus derselben Überlegung heraus sollten Sie hoffen, dass das Papier und die Druckfarbe, mit denen dieses Buch hergestellt worden ist, bestmöglich eingesetzt worden sind und dass jeder Steuer-Euro, den Ihre Regierung ausgibt, auf die bestmögliche Weise ausgegeben wird und nicht in Projekten versickert, die von untergeordneter Bedeutung sind.

Die Wirtschaftswissenschaft dringt zum Kern dieser Fragen vor und analysiert das Verhalten von Einzelpersonen und Unternehmen sowie von sozialen und politischen Institutionen, um festzustellen, wie gut sie die begrenzten Ressourcen der Menschheit in die Güter und Dienste umwandeln, die die menschlichen Bedürfnisse und Lebensnotwendigkeiten am besten befriedigen.

Bis jetzt habe ich etwas allgemein von *der Wirtschaftswissenschaft* gesprochen. Tatsächlich besteht die Wirtschaftswissenschaft aus mehreren Teilgebieten, sodass auch der Sammelbegriff

Wirtschaftswissenschaften (im Plural) benutzt wird. Dieses Buch behandelt einen speziellen Zweig der Wirtschaftswissenschaften: die *Volkswirtschaftslehre*, kurz *VWL* genannt. Die anderen großen Zweige sind die *Betriebswirtschaftslehre – BWL –* und die *Finanzwissenschaft*, wobei letztere oft der VWL zugerechnet wird. Andere Bezeichnungen für *Volkswirtschaftslehre* sind: *Nationalökonomie, Politische Ökonomie, Sozialökonomie, Sozialökonomik* oder *Staatswirtschaftslehre*. Wenn ich im Folgenden von den *Wirtschaftswissenschaften* spreche, meine ich immer die *Volkswirtschaftslehre*; oft werde ich aus Bequemlichkeit die Abkürzung *VWL* verwenden.

Ein kurzer Blick auf die Wirtschaftsgeschichte

Um die heutige wirtschaftliche Situation besser zu verstehen und herauszufinden, welche Politik und institutionellen Änderungen die größten Verbesserungen bringen könnten, müssen Sie einen Blick zurück in der Wirtschaftsgeschichte werfen, um zu erfahren, wie die Menschheit dorthin gekommen ist, wo sie heute steht. Bitte bleiben Sie hier: Ich weiß, dass viele von Ihnen Geschichtsunterricht hassen, und werde dieses Thema so schmerzlos wie möglich behandeln.

Das Leben früher: hässlich, brutal und kurz ...

Im größten Teil der menschlichen Geschichte verstanden es die Menschen kaum, viel aus ihren begrenzten Ressourcen herauszuholen. Der Lebensstandard war ziemlich niedrig, und die meisten führten ein kurzes und recht schmerzvolles Leben in Armut. Die folgenden Tatsachen galten bis vor wenigen Jahrhunderten:

✔ Die Lebenserwartung bei der Geburt betrug etwa 25 Jahre.

✔ Mehr als 30 Prozent aller Neugeborenen erreichten nicht ihren fünften Geburtstag.

✔ Das Risiko einer Frau, bei einer Geburt zu sterben, betrug 1:10.

✔ Die meisten Menschen machten persönliche Erfahrungen mit schrecklichen Krankheiten und/oder Hunger.

✔ Der Lebensstandard einer Generation war nicht höher als der vorangegangener Generationen. Abgesehen vom Adel lebten alle Menschen jahrhundertelang am oder nahe am Existenzminimum.

 Doch in den letzten 250 Jahren änderte sich alles. Zum ersten Mal in der Geschichte fanden oder erfanden die Leute Mittel und Wege, um die Elektrizität, Motoren, komplizierte Maschinen, Computer, Rundfunk und Fernsehen, die Biotechnologie, die Agrarwissenschaft, Antibiotika, die Luftfahrt und zahlreiche andere technische Verfahren zu nutzen. Jedes dieser Verfahren hat es uns ermöglicht, mehr aus den begrenzten Mengen an Luft, Wasser, Land und Meer zu machen, die uns auf diesem Planeten Erde gegeben sind.

Das Ergebnis war eine Explosion des Lebensstandards und ein Ansteigen der Lebenserwartung (bei der Geburt) auf heute weltweit gut über 60 Jahre. Viele können sich heute viel bessere Häuser, Wohnungen, Kleidung und Nahrung leisten, als man sich vor wenigen hundert Jahren überhaupt vorstellen konnte.

Natürlich ist nicht alles perfekt. Ein großer Teil der Welt lebt immer noch in bedrückender Armut, und selbst die reichsten Nationen müssen sich mit dringlichen wirtschaftlichen Problemen wie die Arbeitslosigkeit auseinander setzen und Wege finden, um Arbeiter aus sterbenden Industriezweigen in Wachstumsbranchen »umzusiedeln«.

Doch die Tatsache bleibt, dass die moderne Welt viel reicher ist als die Welt in früheren Zeiten; und heute haben wir in den meisten Nationen ein stetiges wirtschaftliches Wachstum. Dies bedeutet, dass ihr Lebensstandard von Jahr zu Jahr zunimmt.

Warum es zu einem höheren Lebensstandard kam

Der offensichtliche Grund für einen höheren Lebensstandard, der laufend weiter zunimmt ist, dass in jüngerer Zeit zahlreiche neue technische Verfahren entwickelt wurden und werden. Aber wenn Sie etwas tiefer schürfen, müssen Sie sich fragen, warum sich eine technologisch innovative Gesellschaft nicht bereits früher entwickelt hat.

Die alten Griechen erfanden eine einfache Dampfmaschine und den mit Münzen betriebenen Verkaufsautomaten. Sie entwickelten sogar die Grundidee, die dem programmierbaren Computer zugrunde liegt. Aber es kam bei ihnen niemals zu einer industriellen Revolution, und sie fanden keinen Weg zu einem stetigen wirtschaftlichen Wachstum.

Obwohl es in jeder menschlichen Gesellschaft immer wieder wirklich intelligente Leute gegeben hat, dauerte es bis zum späten 18. Jahrhundert, bis in England die Industrielle Revolution begann und sich der Lebensstandard in vielen Ländern beträchtlich erhöhte und dann Jahr für Jahr weiter zunahm.

Damit stellt sich die Frage, warum sich im späten 18. Jahrhundert das wirtschaftliche Wachstum so radikal zu änderte. Die kurze Antwort lautet, dass folgende Faktoren zusammentrafen:

✔ **Demokratie:** Weil es viel mehr »normale« Menschen als Adlige gab, bedeutete die Einführung der Demokratie, dass Regierungen zum ersten Mal die Interessen des größeren Teils der Gesellschaft repräsentierten. Eine Hauptfolge davon war die Einführung einer Regierungspolitik, die nicht dem Adel, sondern den Händlern und Produzenten zugute kam.

✔ **Unternehmen mit beschränkter Haftung:** Bei dieser Unternehmensstruktur konnten Investoren nur den Betrag ihrer Investition verlieren und nicht für Schulden haftbar gemacht werden, die das Unternehmen nicht bezahlen konnte. Die Beschränkung der Haftung reduzierte das Risiko einer Investition in Unternehmen beträchtlich und führte folglich zu sehr viel mehr Investitionen.

✔ **Patentrechte zum Schutz der Erfinder:** Vor der Einführung von Patenten mussten Erfinder normalerweise mit ansehen, wie ihre Ideen gestohlen wurden, bevor sie damit Geld verdienen konnten. Dadurch dass Patente den Erfindern das exklusive Recht einräumen, ihre Erfindungen zu vermarkten und zu verkaufen, schufen sie einen finanziellen Anreiz, zahlreiche Erfindungen zu produzieren. Tatsächlich sah die Welt, nachdem Patente geschaffen worden waren, ihre ersten vollberuflichen Erfinder – Leute, die ihren Lebensunterhalt damit verdienten, Dinge zu erfinden.

✔ **Allgemeine Verbreitung von Lese- und Schreibfähigkeiten und eine bessere Ausbildung:** Ohne hoch qualifizierte Erfinder werden keine neuen Produkte erfunden. Und ohne eine ausgebildete Arbeitnehmerschaft ist keine Massenproduktion dieser Produkte möglich. Folglich ebnete die Entscheidung vieler Nationen, eine Schul- und Berufsausbildung zur Pflicht zu machen, den Weg für ein schnelles und stetiges wirtschaftliches Wachstum.

Institutionen und politische Entscheidungen wie diese haben uns eine Welt des Wachstums und der Möglichkeiten und einen derartigen, in der Weltgeschichte noch nie da gewesenen Überfluss gebracht, dass heute in vielen Ländern die Fettleibigkeit das größte Gesundheitsproblem ist.

Ein Blick in die Zukunft

Die Herausforderung der weiteren Entwicklung besteht darin, mit den begrenzten Ressourcen dieser Welt noch mehr menschliche Bedürfnisse zu befriedigen. Die Herausforderung muss gemeistert werden, weil in der Welt noch zahlreiche Probleme existieren, die durch einen höheren Lebensstandard beseitigt oder gemildert werden könnten.

Einige Probleme wie beispielsweise die bedrückende Armut können dadurch beseitigt werden, dass die Institutionen, die nachweislich in den reicheren Nationen bereits zu einem höheren Lebensstandard geführt haben, auch in den ärmeren Nationen eingeführt werden. Aber andere Probleme wie beispielsweise die Umweltverschmutzung und die Erschöpfung von Ressourcen, die eine Folge der institutionellen Strukturen der reicheren Nationen sind, werden neue Erfindungen und neue Institutionen erforderlich machen.

Folglich gibt es zwei zusammenhängende und sehr gute Gründe für Sie, dieses Buch zu lesen und etwas über die Wirtschaftswissenschaften zu lernen:

✔ Erstens: Sie werden entdecken, wie moderne Wirtschaften funktionieren. Dadurch werden Sie nicht nur verstehen, wie sie den Lebensstandard so stark angehoben haben, sondern auch, wo sie verbessert werden müssen.

✔ Zweitens: Dadurch, dass Sie lernen die grundlegenden wirtschaftlichen Prinzipien zu verstehen, werden Sie selbst beurteilen können, was von den wirtschaftspolitischen Maßnahmen zu halten ist, die von Politikern und anderen propagiert werden. Nach der Lektüre dieses Buches werden Sie gute von schlechten Vorschlägen viel besser unterscheiden können.

Makroökonomik und Mikroökonomik trennen

Ich habe dieses Buch so aufgebaut, dass ich Ihnen viel VWL so schnell und mühelos wie möglich vermitteln kann, ohne Sie zu langweilen. Der englische Dichter Thomas Carlyle hat die Wirtschaftswissenschaft eine »trostlose Wissenschaft« genannt, aber das berührt mich nicht, und ich werde mein Bestes geben, damit Sie seiner Meinung nicht folgen.

Die Hauptunterteilung dieses Buchs folgt der klassischen Gliederung der Volkswirtschaftslehre in zwei große Teilgebiete: Makroökonomik und Mikroökonomik:

- ✔ Die *Makroökonomik* betrachtet die Wirtschaft als ein organisches Ganzes und konzentriert sich auf wirtschaftsweit relevante Faktoren wie Zinssätze, Inflation und Arbeitslosigkeit. Außerdem studiert sie das wirtschaftliche Wachstum und untersucht, wie Regierungen mit ihrer Geld- und Fiskalpolitik versuchen, den Schaden zu begrenzen, der durch Rezessionen verursacht wird.

- ✔ Die *Mikroökonomik* konzentriert sich auf einzelne Menschen und Unternehmen. Sie erklärt, wie sich einzelne Personen verhalten, wenn sie entscheiden müssen, ob und wie sie ihr Geld ausgeben oder sparen wollen; und sie erklärt, wie sich auf Gewinnmaximierung bedachte Unternehmen einzeln und als Konkurrenten anderer Unternehmen auf Märkten verhalten.

Sowohl die Mikroökonomik als auch die Makroökonomik gehen von einigen grundlegenden Prinzipien wie der Knappheit und der abnehmenden Erträge aus. Deshalb werde ich im Rest von Teil I zunächst diese Grundlagen erklären, bevor ich in Teil II die Makroökonomik und in Teil III die Mikroökonomik beschreibe.

Der Rest dieses Kapitels soll Sie hauptsächlich auf die anderen Themen des Buches neugierig machen. Wenn Sie sich später überraschen lassen wollen, können Sie jetzt einige Seiten überblättern. Nur den letzten Abschnitt sollten Sie unbedingt lesen: Dort erkläre ich, wie Wirtschaftswissenschaftler Diagramme und Grafiken verwenden. Falls Sie Ihr Wissen auffrischen wollen, wie Diagramme und Grafiken gelesen werden, sollten Sie diesen Abschnitt lesen, bevor Sie zu anderen Kapiteln springen.

Die Wirtschaftswissenschaft als Wissenschaft von der Knappheit begründen

Knappheit ist das grundlegende und unvermeidliche Phänomen, das eine Wissenschaft von der Wirtschaft erforderlich macht. Ohne Knappheit an Zeit, Knappheit an Ressourcen, Knappheit an Informationen, Knappheit an konsumierbaren Gütern und Knappheit an Frieden und Wohlwollen auf der Erde würde es uns an nichts fehlen.

Tatsächlich wäre das Leben ohne Knappheit wie ein Leben im Schlaraffenland: Sie könnten jederzeit alles haben.

Doch leider ist die Knappheit eine Tatsache. Es gibt nicht annähernd genügend Zeit oder Mittel, um alle Bedürfnisse zu befriedigen, sodass die Menschen entscheiden müssen, was sie produzieren und konsumieren wollen, damit sie, wenn sie schon nicht alles bekommen können, unter den gegebenen Umständen so viel wie möglich erhalten. Kapitel 2 behandelt eingehend die Knappheit und die Kompromisse, die wegen der Knappheit eingegangen werden müssen.

Kapitel 3 baut auf Kapitel 2 auf und zeigt, wie Wirtschaftswissenschaftler das Verhalten von Menschen analysieren, wenn diese entscheiden, wie sie ihr Glück in einer Welt der Knappheit am besten optimieren können. Es wird sich zeigen, dass dieser Prozess eng mit einem Phänomen verbunden ist, das als *Ertragsgesetz* oder *Gesetz von den abnehmenden Erträgen* bezeichnet wird. Dieses Gesetz beschreibt, dass jede zusätzliche Einheit einer Ressource, die in einem Produktionsprozess eingesetzt wird, einen fortlaufend kleineren Output zur Folge hat.

Abnehmenden Erträgen kann man wie der Knappheit nicht entrinnen. In Kapitel 3 erkläre ich, wie Menschen sehr intelligent mit diesem Phänomen umgehen, um aus den begrenzten Ressourcen das Beste zu machen.

Der Blick auf das Gesamtbild: Makroökonomik

Teil II dieses Buches behandelt die Makroökonomik, die die Wirtschaft als ein einheitliches Ganzes untersucht. Mit der Makroökonomik muss man sich beschäftigen, weil bestimmte Faktoren wie beispielsweise die Zinssätze oder die Steuerpolitik Auswirkungen auf die gesamte Wirtschaft haben. Außerdem sind alle Menschen und Unternehmen von einer Rezession oder in einem Aufschwung betroffen.

Die Wirtschaft messen

In Kapitel 4 zeige ich Ihnen, wie Wirtschaftswissenschaftler das *Bruttoinlandsprodukt* (BIP) messen. Das BIP ist ein Maß für die wirtschaftliche Leistung einer Volkswirtschaft in einem bestimmten Zeitraum, normalerweise einem Quartal oder einem Jahr. Es misst den Wert der im Inland hergestellten Waren und Dienstleistungen (Wertschöpfung), soweit diese nicht als Vorleistungen für die Produktion anderer Waren und Dienstleistungen verwendet werden. Die Berechnung dieser Zahl ist unbedingt erforderlich; denn wenn man nicht messen kann, wie es der Wirtschaft geht, kann man auch nicht beurteilen, ob die Maßnahmen der Regierung, um die Wirtschaft zu verbessern, tatsächlich helfen oder schaden.

Die *Inflationsrate* misst, wie sich das Preisniveau in der Wirtschaft im Zeitablauf ändert. Dieses Thema, das in Kapitel 5 eingehend behandelt wird, ist so wichtig, weil hohe Inflationsraten normalerweise mit riesigen wirtschaftlichen Problemen einschließlich tiefer Rezessionen und der Zahlungsunfähigkeit ganzer Länder verbunden sind.

Es ist auch deshalb wichtig die Inflation zu untersuchen, weil allein eine schlechte Regierungspolitik Schuld an hohen Inflationsraten ist. Das bedeutet, dass Regierungen die gesamte Verantwortung dafür tragen, dass große Inflationen entstehen können.

Erkennen, was Rezessionen auslöst

Rezessionen dauern nur deswegen an, weil in der Wirtschaft institutionelle Faktoren existieren, die es sehr schwer machen, dass die Preise fallen. In Kapitel 6 erkläre ich, wie sich Rezessionen schnell selbst auflösen würden, wenn die Preise schnell und leicht fallen *könnten*. Aber weil die Preise nicht schnell und leicht fallen können, mussten Wirtschaftswissenschaftler politische Instrumente entwickeln, um der Wirtschaft zu helfen, Rezessionen so schnell wie möglich zu überwinden.

Rezessionen mit Geld- und Fiskalpolitik bekämpfen

Der Mann, der den größten Beitrag zur Entwicklung von politischen Instrumenten zur Bekämpfung von Rezessionen geleistet hat, war der englische Wirtschaftswissenschaftler John Maynard Keynes, der 1936 das erste makroökonomische Buch über die Bekämpfung von Rezessionen schrieb. In Kapitel 6 lernen Sie sein Wirtschaftsmodell kennen und erfahren, wie es ausdrücklich berücksichtigt, dass Preise nicht schnell und leicht fallen können, um eine Rezession zu überwinden. Deshalb ist es perfekt dazu geeignet, die beiden Instrumente zu erklären, die helfen *können*, eine Rezession zu überwinden.

Diese beiden Instrumente sind die Geldpolitik und die Fiskalpolitik, die in Kapitel 7 eingehend behandelt werden:

- ✔ Die *Geldpolitik* arbeitet mit Änderungen der Geldmenge, um Zinssätze zu beeinflussen und so die wirtschaftliche Aktivität anzuregen. Wenn die Regierung beispielsweise dafür sorgt, dass die Zinssätze fallen, leihen sich die Konsumenten mehr Geld, um sich Güter wie Häuser und Autos zu kaufen. Dadurch wird die wirtschaftliche Aktivität angeregt und die Wirtschaft beschleunigt.

- ✔ Die *Fiskalpolitik* bezieht sich auf Maßnahmen der Regierung, bei denen die öffentlichen Ausgaben gesteigert und/oder niedrigere Steuersätze verwendet werden, um zur Bekämpfung von Rezessionen beizutragen. Wenn die Regierung beispielsweise mehr Güter und Dienste kauft, nimmt die wirtschaftliche Aktivität zu. Analog dazu haben die Konsumenten ein höheres Einkommen nach Steuern, wenn die Regierung die Steuersätze senkt. Wenn die Konsumenten dieses zusätzlich verfügbare Einkommen ausgeben, wird die wirtschaftliche Aktivität ebenfalls gesteigert.

In den ersten Jahrzehnten, in denen Keynes' Ideen von zur Bekämpfung von Rezessionen in die Praxis umgesetzt wurden, schienen sie wirklich gut zu funktionieren. Doch in den 1970er Jahren wurden sie weniger erfolgreich eingesetzt, und es zeigte sich, dass die Geld- und Fiskalpolitik zwar mächtige Instrumente zur Bekämpfung von Rezessionen waren, aber auch ihre Grenzen hatten.

Deshalb wird in Kapitel 7 beschrieben, wie und warum Geld- und Fiskalpolitik nur beschränkt wirksam sind. Schlüsselbegriff sind die so genannten *rationalen Erwartungen*. Dieser Begriff erklärt, wie rational denkende Menschen ihr Verhalten als Reaktion auf politische Maßnahmen sehr oft in einer Weise ändern, die die Wirksamkeit dieser Maßnahmen zunichte macht. Diesen Begriff müssen Sie verstehen, wenn Sie sich eine begründete Meinung über aktuelle wirtschaftspolitische Maßnahmen und Streitfragen bilden wollen.

Der Blick auf das Einzelne: Mikroökonomik

Während sich die Makroökonomik mit regierungspolitischen Entscheidungen befasst, die die Wirtschaft insgesamt verbessern sollen, betrachtet die Mikroökonomik die grundlegenden kleinsten Einheiten, Elemente oder Akteure des Wirtschaftsgeschehens: Einzelpersonen und Unternehmen.

Angebot und Nachfrage ausgleichen

In einer modernen Wirtschaft produzieren und konsumieren Einzelpersonen und Unternehmen alles, was hergestellt wird. Deshalb beginnt die Darstellung der Mikroökonomik in Teil III, Kapitel 8, damit, wie Angebot und Nachfrage Preise und Produktionsmengen in Wettbewerbsmärkten bestimmen. Dies ist ein logisch richtiger Startpunkt, weil Produzenten das Angebot und Konsumenten die Nachfrage festlegen und ihre Interaktion auf Märkten bestimmt, was hergestellt und zu welchen Preisen angeboten wird.

In Kapitel 9 wird näher untersucht, wie sich Einzelpersonen nach wirtschaftlichen Gesichtspunkten entscheiden, um mit begrenzten Einkommen das größtmögliche Glück zu erzielen. Diese Entscheidungen bilden die Basis für die Nachfragekurven, die die Preise und Produktionsmengen auf Märkten beeinflussen.

Analog dazu bilden die gewinnmaximierenden Entscheidungen von Unternehmen die Angebotskurven, die die Märkte beeinflussen. In Kapitel 10 erkläre ich, wie dies abläuft und wie gewinnmaximierende Unternehmen tatsächlich vorgehen, um ihre Gewinne zu maximieren. Falls Sie jemals finstere Gedanken über den Kapitalismus gehegt haben, werden Sie dem »Feind« in diesem Kapitel Auge in Auge gegenüberstehen.

Abschätzen, warum Wettbewerb so großartig ist

Vielleicht betrachten Sie gewinnmaximierende Unternehmen nicht mit Wohlwollen, aber Wirtschaftswissenschaftler lieben sie – jedenfalls solange sie in ihren Branchen miteinander konkurrieren. Kurz gesagt: Der Grund dafür ist, dass Unternehmen, die gezwungen sind zu konkurrieren, zwei Bedingungen erfüllen müssen:

- ✓ Erstens: Sie sind *allokationseffizient*, das heißt, dass sie die Güter und Dienste produzieren, die die Konsumenten am dringendsten konsumieren wollen.

- ✓ Zweitens: Sie *produktionseffizient*, das heißt, dass sie diese Güter und Dienste zu den kleinstmöglichen Kosten produzieren.

Diese beiden Aussagen über konkurrierende Unternehmen bilden die Basis der berühmten *unsichtbaren Hand* von Adam Smith – der Vorstellung, dass die Gier von Unternehmen, die durch den Wettbewerb angetrieben werden, dazu führt, dass sie sich gesellschaftlich gesehen optimal verhalten, als würden sie durch eine unsichtbare Hand geleitet, das Richtige zu tun. Diese Vorstellung und viele weitere Vorteile des Wettbewerbs werden in Kapitel 11 eingehend behandelt.

Probleme untersuchen, die durch Mangel an Wettbewerb entstehen

Leider nehmen nicht alle Unternehmen am Wettbewerb teil; dies führt dazu, dass sich Unternehmen nicht gesellschaftlich optimal verhalten.

Den extremsten Fall stellt das *Monopol* dar: eine Situation, in der es in einer Branche nur ein Unternehmen gibt, was bedeutet, dass es absolut keinen Wettbewerb gibt. Wie ich in Kapitel 12 erkläre, verhalten sich Monopole sehr negativ: Sie beschränken die Produktionsmengen, um die Preise und Gewinne in die Höhe zu treiben. Diese für den Konsumenten schmerzlichen Aktionen werden zeitlich unbegrenzt fortgesetzt, falls nicht die Regierung Schritte unternimmt, um das Verhalten des Unternehmens zu regulieren.

Ein weniger extremer Fall fehlenden Wettbewerbs ist das *Oligopol*: eine Situation, in der in einer Branche nur einige wenige Unternehmen existieren. In solchen Situationen treffen Unternehmen oft Absprachen, um nicht gegeneinander zu konkurrieren und so höhere Preise halten und größere Gewinne erzielen zu können.

In Kapitel 13 behandele ich oligopolistische Unternehmen ausführlich. Ich erkläre nicht nur, wie sie sich falsch verhalten, sondern gehe auch darauf ein, dass es für sie oft schwierig ist, ihre Absprachen einzuhalten, um die hohen Preise und Gewinne zu halten. Dies führt oft dazu, das oligopolistische Unternehmen letztlich doch miteinander konkurrieren, obwohl sie sich, so gut es geht, bemühen, diese Konkurrenz zu vermeiden. Deshalb ist es hier nicht immer erforderlich, dass die Regierung regulierend eingreift.

Die Reformation der Eigentumsrechte

Märkte und Wettbewerb können nur dann zuverlässig sozial vorteilhafte Ergebnisse bringen, wenn die Gesellschaft ein brauchbares System von Eigentumsrechten einführt. Fast alle Umweltverschmutzungsprobleme sowie alle Fälle von Artensterben sind die direkte Folge unzureichend konstruierter Eigentumsrechte, die merkwürdige Anreize schaffen, nachteilige Dinge zu tun. Wirtschaftswissenschaftler nehmen dieses Problem sehr ernst und haben ihr Bestes getan, um die Eigentumsrechte zu reformieren und so die Umweltverschmutzung zu verringern und das Artensterben zu beenden. Ich behandele diese Fragen in Kapitel 14 ausführlich.

Andere häufige Formen von Marktversagen

Monopole, Oligopole und unzureichend konstruierte Eigentumsrechte führen zu einem Zustand, den Wirtschaftswissenschaftler als *Marktversagen* bezeichnen – Situationen, in denen Märkte gesellschaftlich nicht optimale Ergebnisse hervorbringen. Zwei andere häufige Ursachen von Marktversagen sind asymmetrische Information und öffentliche Güter:

- ✔ *Asymmetrische Information* liegt vor, wenn entweder der Käufer oder der Verkäufer mehr über die Qualität des verhandelten Gutes weiß als die Gegenpartei. Weil dadurch das Spielfeld uneben ist und Misstrauen geweckt wird, kommen viele potenziell vorteilhafte wirtschaftliche Transaktionen niemals zustande.

- ✔ *Öffentliche Güter* sind Güter oder Dienste, deren Leistung nicht auf einen bestimmten Empfänger beschränkt werden können. Das bedeutet: Wenn Sie das Gut oder den Dienst für eine Person erstellen oder leisten, kommt sein Nutzen jedem zugute. (Denken Sie beispielsweise an ein Feuerwerk.) Das Problem ist, dass die meisten versuchen, daraus einen Nutzen zu ziehen, ohne dafür zu bezahlen.

Ich behandele den Umgang mit diesen Situationen und Möglichkeiten in Kapitel 15.

Verstehen, wie Wirtschaftswissenschaftler Modelle und Grafiken verwenden

Wirtschaftswissenschaftler möchten sich gerne logisch und präzise ausdrücken; deshalb verwenden sie viel Algebra und Mathematik. Aber sie stellen ihre Ideen auch gerne in leicht verständlicher und intuitiver Form vor und benutzen deshalb viele Grafiken. Um zu vermeiden, dass Sie beim Durchblättern dieses Buches wegen der Grafiken in Panik geraten, möchte ich einige Seiten darauf verwenden, Sie mit dem vertraut zu machen, was Ihnen in anderen Kapiteln begegnet. Atmen Sie tief durch; ich verspreche, dass es nicht wehtut.

Von der Wirklichkeit zu abstrahieren, ist nützlich

Die Grafiken, die Wirtschaftswissenschaftler verwenden, sind fast immer Abbildungen wirtschaftlicher Modelle. Ein *wirtschaftliches Modell* ist eine mathematische Vereinfachung der Wirklichkeit. Es lässt zahlreiche irrelevante Details weg, damit Sie sich auf das das Wesentliche konzentrieren können.

1 ➤ Was untersucht die Volkswirtschaftslehre?

(Zwischenbemerkung des Übersetzers: Im folgenden Text kommt immer wieder das Hohlmaß *Gallone* vor, für das wir im Deutschen keine Entsprechung haben. Eine amerikanische Gallone entspricht 3,7853 Litern, eine britische Gallone 4,5459 Litern. In amerikanischen Supermärkten werden Fruchtsäfte unter anderem in Kunststoffbehältern mit einem Fassungsvermögen von einer Gallone angeboten. Entsprechende Gebindegrößen sind in Deutschland unüblich. Eine Umrechnung in Liter hätte nichts zur Klarheit der Beispiele beigetragen. Der Einfachheit halber wurde bei der Übersetzung ein Wechselkurs von 1:1 zwischen US-Dollar und Euro zugrunde gelegt.)

Beispielsweise konzentriert sich das wirtschaftswissenschaftliche Modell der Konsumentennachfrage darauf, wie Preise die Mengen der Güter und Dienste beeinflussen, die Kunden kaufen wollen. Offensichtlich beeinflussen auch andere Dinge wie beispielsweise die Mode oder Geschmacksänderungen die Konsumentennachfrage, aber der Preis ist der Schlüsselfaktor. Betrachten wir beispielsweise Orangensaft. Der Preis von Orangensaft ist der Hauptfaktor, der den Kauf von Orangensaft beeinflusst. (Es interessiert mich nicht, welche Diät gerade in Mode ist – wenn Orangensaft 50 Euro pro Gallone kosten würde, würden Sie wahrscheinlich auf eine andere Diät umsteigen.) Deshalb ist es hilfreich, wenn wir von diesen anderen Dingen abstrahieren und uns nur darauf konzentrieren, wie der Preis von Orangensaft die Menge an Orangensaft beeinflusst, die Konsumenten kaufen wollen.

Ihr erstes Modell: Die Nachfragekurve

Angenommen, Wirtschaftswissenschaftler wollen das Verhalten von Konsumenten untersuchen und sie fragen sich, wie viele Gallonen Orangensaft wir bei drei hypothetischen Preisen jeden Monat kaufen würden: 10 Euro pro Gallone, 5 Euro pro Gallone und 1 Euro pro Gallone. Die Ergebnisse sind in Tabelle 1.1 zusammengefasst.

Preis	Gallonen
10 Euro	1
5 Euro	6
1 Euro	10

Tabelle 1.1: Gallonen Orangensaft, die Konsumenten kaufen wollen

Wirtschaftswissenschaftler bezeichnen die Menge, die bei einem bestimmten Preis gekauft würde, als *Nachfragemenge* oder kurz *die Nachfrage* bei dem jeweiligen Preis. Die Daten in Tabelle 1.1 zeigen Ihnen, dass der Preis von Orangensaft und die Nachfragemenge an Orangensaft in einer *umgekehrten Beziehung* zueinander stehen – das heißt: Wenn der eine Wert zunimmt, nimmt der andere ab.

 Weil diese Umkehrbeziehung zwischen Preis und Nachfragemenge so universell ist und für fast alle Güter und Dienste gilt, bezeichnen Wirtschaftswissenschaftler diese Beziehung als das *Nachfragegesetz*. Doch offen gesagt wird das Nachfragegesetz sehr viel klarer, einsichtiger und interessanter, wenn Sie es *sehen* können, statt nur darüber nachzudenken.

Die Nachfragekurve durch grafische Darstellung der Daten erstellen

Die beste Methode, um die Daten in Tabelle 1.1 zu *sehen*, besteht darin, sie in einem Diagramm darzustellen. In Abbildung 1.1 habe ich drei Punkte markiert und mit *A*, *B* und *C* bezeichnet. Die horizontale Achse von Abbildung 1.1 gibt die verschiedenen möglichen Mengen an Orangensaft (gemessen als Anzahl an Gallonen) an, die jeden Monat nachgefragt werden kann. Die vertikale Achse gibt die möglichen Preise (gemessen in Euro) an. Die Punkte in der Ebene repräsentieren alle möglichen Kombinationen von Preisen und Mengen.

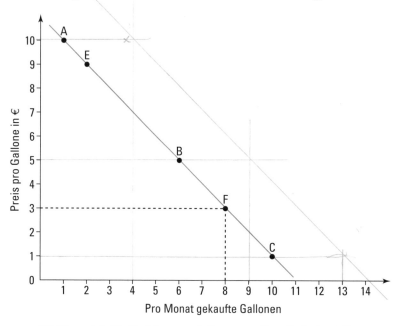

Abbildung 1.1: Die Nachfrage nach Orangensaft grafisch darstellen

Punkt *A* bildet die Zahlen aus der oberen Zeile von Tabelle 1.1 ab. Er zeigt Ihnen, dass die Kunden bei einem Preis von 10 Euro pro Gallone nur eine Gallone Orangensaft pro Monat kaufen wollen. Analog dazu sagt Ihnen Punkt *B*, dass sie zu einem Preis von 5 Euro sechs Gallonen pro Monat nachfragen werden; und Punkt *C* sagt Ihnen, dass sie bei einem Preis von 1 Euro pro Gallone zehn Gallonen pro Monat nachfragen werden.

Beachten Sie, dass ich die Punkte *A*, *B* und *C* mit einer Linie verbunden habe. Damit möchte ich die Tatsache ausgleichen, dass die Wirtschaftswissenschaftler die Konsumenten nur nach ihrem Verhalten bei drei Preisen befragt haben. Falls es ihr Budget erlaubt hätte, die Konsumenten über jeden möglichen Preis (8,46 Euro pro Gallone, 2,23 Euro pro Gallone usw.) zu befragen, würde der Graph aus einer sehr großen Anzahl von Punkten bestehen. (Die Zahl wäre allerdings nicht unendlich groß, da die Preise nicht unendlich teilbar sind: Bei Cents ist Schluss!) Da aber nur drei Preis-Mengen-Kombinationen vorliegen, interpoliere ich die anderen Werte, indem ich einfach eine gerade Linie ziehe. Diese Linie sollte recht gut geeignet sein, um die nachgefragten Mengen bei den Preisen abzuschätzen, die von den Wirtschaftswissenschaftlern nicht untersucht worden sind.

Die gerade Linie, die die Punkte in Abbildung 1.1 verbindet, wird als *Nachfragekurve* bezeichnet. Ich weiß, dass es keine Kurve im eigentlichen Sinne ist, aber der Einfachheit halber verwenden Wirtschaftswissenschaftler die Bezeichnung *Nachfragekurve*, um alle grafisch dargestellten Beziehungen zwischen Preisen und Nachfragemengen zu bezeichnen, egal, ob diese Linien nun gerade oder gekrümmt sind.

Ob gerade oder krumm – Sie können jetzt erkennen, dass die Preise und Nachfragemengen in einer umgekehrten Beziehung zueinander stehen. Die umgekehrte Beziehung impliziert, dass Nachfragekurven (von links nach rechts) nach unten geneigt sind. Sie können jetzt sehen, dass die Nachfragemenge abnimmt, wenn der Preis zunimmt, und umgekehrt.

Anhand der Nachfragekurve Vorhersagen machen

Die grafische Darstellung der Nachfragekurve erleichtert es auch sehr, schnell Vorhersagen zu machen. Beispielsweise können wir die gerade Linie aus Abbildung 1.1 verwenden, um abzuschätzen, dass die Kunden bei einem Preis von 9 Euro pro Gallone etwa zwei Gallonen Orangensaft pro Monat kaufen würden. Ich habe diesen Punkt in dem Diagramm mit *E* bezeichnet.

Angenommen, Sie könnten nur die Daten in Tabelle 1.1 und nicht die Abbildung 1.1 sehen. Könnten Sie mir eine schnelle Schätzung geben, wie viele Gallonen Orangensaft pro Monat bei einem Preis von 3 Euro pro Gallone wahrscheinlich nachgefragt werden? Wenn Sie sich die zweite und dritte Zeile von Tabelle 1.1 anschauen, müssten Sie daraus schließen, dass die Nachfrage irgendwo zwischen sechs und zehn Gallonen pro Monat liegen wird. Aber genau herauszufinden, wie viele Gallonen wahrscheinlich nachgefragt werden, würde einige Zeit dauern und einige lästige Algebra erfordern.

Wenn Sie sich Abbildung 1.1 anschauen, können Sie leicht herausfinden, wie viele Gallonen pro Monat nachgefragt würden. Sie beginnen einfach auf der vertikalen Achse bei dem Preis 3 Euro, gehen waagerecht nach rechts, bis Sie bei Punkt *F* auf die Nachfragekurve treffen, und gehen von dort senkrecht nach unten bis zu der horizontalen Achse. Dort können Sie ablesen, dass die Nachfrage acht Gallonen pro Monat betragen wird. (Um das Vorgehen zu verdeutlichen, habe ich eine gestrichelte Linie in das Diagramm eingefügt.)

Wie Sie sehen, macht eine Grafik modellbasierte Vorhersagen sehr viel einfacher als eine Tabelle.

Eine eigene Nachfragekurve zeichnen

Um sicherzustellen, dass Sie mit der Verwendung von Grafiken vertraut sind, rate ich Ihnen, eine einfache Übung durchzuführen, bei der Sie einige Punkte in eine Grafik eintragen und durch Linien verbinden sollen. Hört sich nicht zu schwer an, oder?

Stellen Sie sich vor, dass die Regierung einen Forschungsbericht veröffentlicht hat, der zeigt, dass Leute, die Orangensaft trinken, niedrigeren Blutdruck, weniger Herzinfarkte und ein besseres Sexualleben als diejenigen haben, die keinen Orangensaft zu sich nehmen. Was glauben Sie, wird mit der Nachfrage nach Orangensaft passieren? Offensichtlich sollte sie zunehmen.

Um dies zu verifizieren, geht unser unerschrockenes Forschungsteam erneut auf die Straße und befragt Menschen, wie viel Orangensaft sie jetzt jeden Monat bei den drei Preisen in Tabelle 1.1 kaufen würden: 10 Euro, 5 Euro und 1 Euro. Die neuen Antworten werden in Tabelle 1.2 gezeigt.

Preis	Gallonen
10 Euro	4
5 Euro	9
1 Euro	13

Tabelle 1.2: Gallonen Orangensaft, die Konsumenten kaufen wollen, nachdem sie den neuen Forschungsbericht der Regierung gelesen haben

Ihre Aufgabe (wenn Sie wollen) besteht darin, diese drei Punkte in Abbildung 1.1 einzutragen und dann mit einer geraden Linie zu verbinden. (Ja, Sie dürfen in dieses Buch schreiben!)

Sie haben gerade eine neue Nachfragekurve erstellt, die die neuen Präferenzen für Orangensaft zeigt, nachdem die Kunden den Forschungsbericht der Regierung gelesen haben. Die gesteigerte Nachfrage drückt sich in der Tatsache aus, dass sie jetzt bei jedem gegebenen Preis eine größere Menge Saft nachfragen als vorher. Wenn sie beispielsweise bei einem Preis von 10 Euro vorher nur eine Gallone pro Monat nachgefragt haben, wären sie jetzt bereit, zu diesem Preis vier Gallonen pro Monat zu kaufen.

Natürlich besteht immer noch eine umgekehrte Beziehung zwischen Preis und Nachfragemenge. Das bedeutet: Auch wenn die gesundheitlichen Vorteile von Orangensaft die Konsumenten veranlassen, mehr Orangensaft nachzufragen, reagieren sie immer noch auf höhere Orangensaftpreise. Bei höheren Preisen werden immer noch niedrigere Mengen nachgefragt, und auch Ihre neue Nachfragekurve ist nach unten geneigt.

Seien Sie bereit für eine letzte Übung, bevor Sie in den Rest des Buches eintauchen. Ermitteln Sie anhand Ihrer neuen Nachfragekurve, wie viele Gallonen pro Monat jetzt bei einem Preis von 7 Euro beziehungsweise von 2 Euro gekauft würden. Diese Mengen aus den Daten in Tabelle 1.2 abzuleiten wäre schwierig, aber sie an Ihrer neuen Nachfragekurve abzulesen sollte leicht sein.

Kekse oder Eis? Konsumentenentscheidungen nachvollziehen

In diesem Kapitel

- Entscheiden, was das größte Glück bringt
- Die Beschränkungen festhalten, die die Entscheidung begrenzen
- Das Entscheidungsverhalten wie ein Wirtschaftswissenschaftler darstellen
- Die Beschränkungen des Entscheidungsmodells bewerten

Die Wirtschaftslehre befasst sich damit, *wie* Gruppen und Einzelpersonen entscheiden und *warum* sie die Dinge wählen, die sie wählen. Wirtschaftswissenschaftler haben sehr viel Zeit darauf verwendet zu analysieren, wie Gruppen Entscheidungen treffen; aber weil das Entscheidungsverhalten von Gruppen normalerweise dem Entscheidungsverhalten von Einzelpersonen sehr ähnlich ist, konzentriere ich mich in diesem Kapitel auf Einzelpersonen.

Um es nicht zu kompliziert zu machen, konzentriert sich meine Erklärung des individuellen Entscheidungsverhaltens auf das *Konsumentenverhalten*, weil die meisten Entscheidungen, die täglich getroffen werden, Güter und Dienste betreffen, die sie konsumieren wollen. Doch natürlich betreffen Entscheidungen im wirklichen Leben auch sehr viele andere und oft sehr wichtige Dinge. Beispielsweise müssen Menschen langfristig wirksame Entscheidungen über ihren Arbeitsplatz und ihre Ausbildung treffen; und andere Entscheidungen – wie beispielsweise die Entscheidung, Verhandlungen fortzusetzen oder einen Krieg zu beginnen – können gar nicht ernster sein.

Wir sind laufend gezwungen zu entscheiden, weil unsere Bedürfnisse fast immer unsere Mittel übersteigen. Begrenzte Ressourcen oder *Knappheit* sind das zentrale Thema nicht nur in den Wirtschaftswissenschaften, sondern auch in der Ökologie und in der Biologie. Das Kernthema der Evolutionslehre von Darwin sind Tiere und Pflanzen, die um begrenzte Ressourcen konkurrieren, um die größtmögliche Zahl von Nachkommen zu produzieren. Die Wirtschaftslehre betrachtet den Menschen, wie er unter begrenzten Möglichkeiten wählt, um sein Glück zu maximieren.

Das menschliche Verhalten darstellen

Menschen können komplizierte Wesen sein, die sich manchmal recht rätselhaft verhalten, aber die meisten sind normalerweise ziemlich vorhersagbar. Deshalb können wir sehr viel lernen, wenn wir ihr Entscheidungsverhalten studieren; denn wenn wir die Entscheidungen verstehen, die Menschen in der Vergangenheit getroffen haben, verstehen wir sehr wahrscheinlich auch die Entscheidungen, die sie in der Zukunft treffen werden.

Das künftige Entscheidungsverhalten zu verstehen (und sogar vorherzusagen), ist sehr wichtig, weil größere Umwälzungen in der wirtschaftlichen Umgebung normalerweise die Folge von Millionen kleiner einzelner Entscheidungen sind, die sich zu einem größeren Trend summieren. Beispielsweise haben die Umstände, unter denen Millionen von Einzelpersonen entscheiden, ob sie einen Arbeitsplatz suchen oder sich fortbilden sollen, zusammengenommen größere Auswirkungen auf die Arbeitslosenquote. Und wie sich diese Einzelpersonen über die Verwendung ihres Einkommens entscheiden, das heißt, ob sie es ausgeben oder sparen, beeinflusst die Höhe der Zinssätze und ob das Bruttoinlandsprodukt (BIP) und der gesamte wirtschaftliche Output wächst oder schrumpft. (Das BIP wird in Kapitel 4 behandelt.)

Um vorherzusagen, wie eigennützige Einzelpersonen Entscheidungen treffen, haben Wirtschaftswissenschaftler ein Modell des menschlichen Verhaltens entwickelt, das von der Rationalität und der Möglichkeit, die oft feinen Unterschiede zwischen möglichen Entscheidungen zu berechnen, ausgeht. Dieses Modell besteht aus drei Prozessstufen:

1. **Bewerten Sie, wie viel Glück jede Möglichkeit Ihnen bringen kann.**
2. **Untersuchen Sie die Beschränkungen und Kompromisse, die Ihre Möglichkeiten begrenzen.**
3. **Wählen Sie die Möglichkeit, die Ihr gesamtes Glück maximiert.**

Dieses Modell beschreibt zwar nicht alle Aspekte des menschlichen Entscheidungsverhaltens, es ermöglicht aber im Allgemeinen genaue Vorhersagen. Doch viele stellen diese Erklärung menschlichen Verhaltens in Frage. Hier sind drei häufig genannte Einwände:

✔ Handeln Menschen wirklich so eigennützig? Werden Menschen nicht oft durch das motiviert, was für andere am besten ist?

✔ Kennen Menschen wirklich jederzeit alle ihre Möglichkeiten? Wie können sie rational unter neuen Dingen wählen, die sie vorher noch niemals ausprobiert haben?

✔ Können Menschen wirklich frei Entscheidungen treffen? Sind sie nicht durch gesetzliche, moralische und soziale Standards eingeschränkt?

In den folgenden Abschnitten dieses Kapitels gehe ich näher auf das dreistufige wirtschaftliche Entscheidungsmodell ein und beantworte diese Einwände.

Glücksmaximierung ist das Ziel

Wirtschaftswissenschaftler gehen davon aus, dass Menschen aus einem freien Willen heraus entscheiden und handeln können. Für Wirtschaftswissenschaftler verhalten sich Menschen vollkommen rational und können für sich selbst entscheiden. Das führt zu der Frage, was die Menschen motiviert, und weiter, was die Menschen aus ihrem freien Willen heraus tun werden.

Kurz gesagt: Wirtschaftswissenschaftler nehmen an, dass das Grundmotiv für das Verhalten der meisten Menschen meistens der Wunsch ist, glücklich zu sein. Aus dieser Annahme folgt, dass Menschen Entscheidungen so treffen, dass sie unter den gegebenen Umständen so glücklich wie möglich werden.

Der Nutzen als Maßstab für das Glück

Wenn Menschen die Dinge wählen, die ihnen das größte Glück bringen, müssen sie irgendwie messen können, wie viel Glück jede Möglichkeit bringt. Deshalb nehmen Wirtschaftswissenschaftler an, dass Menschen eine Befriedigung oder ein Vergnügen aus den Dingen ziehen, die das Leben bietet. Sonnenuntergänge sind schön. Eis essen ist schön. Freundschaft ist schön. Und ich fahre gerne schnell mit dem Auto.

 Wirtschaftswissenschaftler nehmen an, dass man alle möglichen Dinge aus dem menschlichen Erfahrungsbereich mit einem gemeinsamen Maß des Glücks oder der Befriedigung messen kann, das als *Nutzen* bezeichnet wird. Dinge, die Sie mögen, haben einen hohen Nutzen, während Dinge, die Sie gering schätzen, nur einen kleinen oder sogar einen negativen Nutzen haben.

Der Begriff des Nutzens ist sehr umfassend. Für einen Hedonisten kann Nutzen das körperliche Vergnügen sein, das er bei der Ausführung diverser Dinge hat. Aber für eine auf sittliche Werte ausgerichtete Person kann Nutzen etwas sein, das die moralische Befriedigung vermittelt, in einer gegebenen Situation das Richtige zu tun. Für den Wirtschaftswissenschaftler ist wichtig, dass Menschen den Nutzen verschiedener möglicher Aktivitäten feststellen und vergleichen können. Der Nutzen dient als gemeinsamer Nenner, der es ermöglicht, sehr unterschiedliche Dinge vernünftig zu vergleichen.

Altruismus und Großzügigkeit berücksichtigen

Wirtschaftswissenschaftler nehmen es als gegeben hin, dass Menschen ihre Entscheidungen im Leben so treffen, dass sie ihr persönliches Glück maximieren. Dieser Standpunkt ruft sofort Widerspruch hervor, weil manche oft bereit sind, erhebliche persönliche Nachteile auf sich zu nehmen, um anderen zu helfen.

Doch nach Ansicht eines Wirtschaftswissenschaftlers kann man den Wunsch, anderen zu helfen, als eine persönliche Präferenz auffassen. Die Mutter, die hungert, um das Wenige, was sie zum Essen hat, ihrem Kind zu geben, kann damit ein Ziel verfolgen (nämlich ihrem Kind zu helfen), mit dem sie ihr eigenes Mutterglück maximiert. Dasselbe kann über Personen gesagt werden, die Wohlfahrtsorganisationen unterstützen. Die meisten betrachten eine solche Großzügigkeit als »selbstlos«, aber dieses Verhalten steht nicht im Widerspruch zu der Annahme, dass Menschen Dinge tun, die sie selbst glücklich machen. Wenn Menschen spenden, weil sie sich dadurch gut fühlen, ist ihre selbstlose Aktion durch eine eigennützige Absicht motiviert. Weil Wirtschaftswissenschaftler die menschliche Motivation als eigennützig ansehen, werden die Wirtschaftswissenschaften oft beschuldigt, unmoralisch zu sein.

Doch die Wirtschaftswissenschaften befassen sich damit, wie Menschen ihre Ziele erreichen, und fragen nicht, ob diese Ziele moralisch sind. Beispielsweise mögen einige Menschen Honig, andere dagegen nicht. Wirtschaftswissenschaftler unterscheiden diese beiden Gruppen nicht danach, ob ihre Präferenzen richtig oder falsch sind, sondern sie fragen sich, wie sich jede Gruppe bei ihren gegebenen Präferenzen verhält. Folglich sind die Wirtschaftswissenschaften amoralisch, aber nicht unmoralisch.

Doch auch Wirtschaftswissenschaftler sind Menschen und machen sich große Sorgen um Dinge wie die soziale Gerechtigkeit, die globale Erwärmung oder die Armut. Doch sie neigen einfach dazu, den Wunsch nach Moral und Gerechtigkeit als persönliches Ziel zu interpretieren, das das Glück eines Einzelnen maximiert, statt als Gruppenziel, das verfolgt werden sollte, um irgendeine Art kollektiver Wohlfahrt zu fördern.

Erkennen, dass Eigennutz das Gemeinwohl fördern kann

Adam Smith, einer der Väter der modernen Wirtschaftswissenschaften, vertrat die folgende Überzeugung: Wenn die Gesellschaft richtig geordnet ist, sorgen Menschen, die ihr persönliches Glück verfolgen, auch für das Glück der anderen. In seinem Standardwerk von 1776, *Inquiry into the Nature and Causes of the Wealth of Nations* (Untersuchung über die Natur und Ursache des Wohlstands der Nationen), findet sich ein berühmter Satz: »Wir dürfen nicht erwarten, dass unser Essen durch das Wohlwollen des Fleischers, Brauers oder Bäckers auf unseren Tisch kommt, sondern dadurch, dass sie ihre eigenen Interessen verfolgen.«

Anders ausgedrückt: Der Fleischer, der Brauer und der Bäcker stellen ihre Produkte nicht her, weil sie Sie mögen, sondern weil Sie Ihr Geld wollen. Doch weil sie Ihr Geld wollen, produzieren sie letztlich alles für Sie, was Sie für ein gutes Mahl benötigen. Wenn Sie Ihr Geld gegen ihre Güter tauschen, ist jeder glücklicher. Für Sie ist die Tatsache, dass Sie diese Nahrungsmittel nicht alle selbst herstellen müssen, mehr wert, als Ihr Geld zu behalten. Und für die Hersteller dieser Nahrungsmittel ist es mehr wert, Ihr Geld zu bekommen, als die Mühe, die mit ihrer Herstellung verbunden ist.

Adam Smith erweiterte diesen Gedankengang, indem er sagte, dass eine eigennützig handelnde Person durch eine »unsichtbare Hand« zu einem Ziel geführt wird, das nicht zur ursprünglichen Absicht dieser Person gehörte. Weil Wirtschaftswissenschaftler diese »unsichtbare Hand« akzeptieren, interessieren sie sich weniger für die Absichten, sondern mehr für das Ergebnis; sie kümmern sich weniger darum, was die Menschen glücklich macht, sondern mehr darum, wie sie die Dinge zu bekommen suchen, die sie glücklich machen.

Rotes Licht: Untersuchen Sie Ihre Beschränkungen

Das Leben ist voller Beschränkungen. Beispielsweise sind die Zeit und die natürlichen Ressourcen immer begrenzt. Die zweite Stufe des wirtschaftlichen Entscheidungsmodells untersucht die Beschränkungen, die Sie zwingen, unter den Optionen zu wählen, die Sie glücklich machen.

Beispielsweise kann Öl zur Herstellung von lebensrettenden Medikamenten verwendet werden. Es kann aber auch zur Herstellung von Benzin dienen, mit dem Krankenwagen angetrieben werden, wodurch ebenfalls Leben gerettet werden können. Sowohl Medikamente als auch Benzin sind sinnvolle Verwendungen für Öl und so muss die Gesellschaft eine Methode finden, um zu entscheiden, wie viel Öl jeder dieser beiden guten Verwendungen zugeführt wird, wobei immer das Wissen mitspielt, dass jeder Liter Öl, der für den einen Zweck verwendet wird, für den anderen nicht mehr zur Verfügung steht.

Dieser Abschnitt stellt die verschiedenen Beschränkungen sowie die unvermeidlichen Kosten – die so genannten *Opportunitätskosten* – dar, die Sie aufwenden müssen, um zu bekommen, was Sie wollen. Nähere Einzelheiten, wie Märkte im Angesicht von Einschränkungen durch Angebot und Nachfrage Ressourcen allozieren, finden Sie in Kapitel 8.

Beschränkte natürliche Ressourcen

Die offensichtlichsten Beschränkungen des menschlichen Glücks sind die physischen Beschränkungen der Natur. Nicht nur die Vorräte an Öl, Wasser oder Fisch sind begrenzt, sondern auch die Anzahl der Radiofrequenzen, um Signale zu übertragen, oder die Sonnenscheindauer, um solargetriebene Autos zu fahren. Die meisten natürlichen Ressourcen sind einfach nicht in genügender Menge vorhanden, dass jeder so viel davon haben kann, wie er will.

Das begrenzte Angebot an natürlichen Ressourcen wird auf vielen verschiedenen Wegen verteilt. In einigen Fällen (beispielsweise bei einigen bedrohten Arten) garantieren Gesetze, dass niemand diese Ressource nutzt. Das elektromagnetische Spektrum wird von nationalen Regierungen in Frequenzbereiche unterteilt, die Rundfunk- und Fernsehsendern oder Mobilfunkunternehmen zur Verfügung stehen. Aber meistens wird die Verteilung natürlicher Ressourcen durch Privateigentum und Preise gesteuert.

Bei einem solchen System darf der höchste Bieter über die Ressource entscheiden. Möglicherweise benachteiligt dieses System die Armen, weil sie keine Mittel haben, um mitzubieten. Es gewährleistet jedoch, dass das begrenzte Angebot an Ressourcen wenigstens von denjenigen verwendet wird, die es hoch schätzen, oder anders ausgedrückt: von den Menschen, die diese Ressourcen gewählt haben, um ihr Glück zu maximieren.

Beschränktes technisches Wissen

Es gibt heute nicht mehr Öl oder Sonnenlicht oder Holz als vor tausend Jahren, aber Sie haben einen viel höheren Lebensstandard als Ihre Vorfahren. Ihr Leben ist sicherer und bequemer, weil die technischen Verfahren verbessert worden sind, um Rohstoffe in Dinge umzuwandeln, die wir gern benutzen.

Die entscheidenden Fortschritte sind gerade erst während der letzten 200 Jahre gemacht worden. Wir haben gelernt, wie wir Kinder gegen tödliche Krankheiten impfen können, wie wir mit Elektrizität Licht machen können, wie wir mechanische Kräfte so beherrschen können, dass wir Menschen mit Raketen zum Mond schicken können, und wie wir die Ernteerträge so drastisch steigern können, dass wir viel mehr Menschen damit ernähren können. Und erst während der letzten 20 Jahre haben das Internet und billige Handys die gesamte Kommunikation revolutioniert – angefangen von der Unterhaltungsindustrie bis hin zum elektronischen Einwohnermeldeamt.

In dem Maße, wie die technischen Verfahren im Laufe der Zeit verbessert werden, können wir mit dem begrenzten Angebot an Ressourcen auf unserem Planeten mehr produzieren. Oder etwas anders ausgedrückt: Je weiter die technische Entwicklung fortschreitet, desto zahlreicher und besser werden die Optionen, unter denen wir auswählen können.

Doch weil sich der technische Fortschritt nur schwer vorhersehbar vollzieht, sind unsere Entscheidungen zu jedem gegebenen Zeitpunkt durch das jeweilige technische Niveau begrenzt. Deshalb ist es natürlich, den Stand der Technik als Beschränkung zu betrachten, die unsere Entscheidungen einschränkt. Glücklicherweise wird die Technik im Laufe der Zeit verbessert – dies bedeutet, dass wir, wenn wir nur ein wenig warten, unter mehr und besseren Optionen wählen können.

Beschränkte Zeit

Zeit ist eine kostbare Ressource. Noch schlimmer: Zeit ist eine Ressource, deren Angebotsmenge unveränderlich ist. Deshalb ist das Beste, was die Technik für uns tun kann, uns zu ermöglichen, in der begrenzten Menge an Zeit, die wir haben, mehr zu produzieren oder aufgrund besserer medizinischer Technik einige Jahre länger zu leben.

Aber selbst, wenn Sie länger leben, können Sie nicht an zwei Orten gleichzeitig sein. Falls dies möglich wäre, wäre die Zeit keine wirkliche Einschränkung, weil Sie dann in derselben Zeit die doppelte Arbeit leisten könnten. Aber weil Sie jederzeit nur an einer Stelle sein können, sind Sie in jedem Moment gezwungen, die Sache zu wählen, mit der Sie ihre Zeit in dem jeweiligen Moment bestmöglich verwenden.

Opportunitätskosten: die unvermeidbare Einschränkung

Das wirtschaftliche Konzept der *Opportunitätskosten* ist eng mit dem Konzept der zeitlichen Beschränkungen verbunden. Sie können nur eine Sache gleichzeitig tun; dies bedeutet, dass es unvermeidlich ist, dass Sie immer eine Reihe anderer Dinge aufgeben.

Die Opportunitätskosten einer Aktivität sind der Wert der nächstbesten Alternative, die Sie stattdessen hätten wählen können. Beispielsweise hatte ich heute morgen die Wahl, mit einem Freund zu telefonieren, Fernsehen zu gucken oder zu arbeiten, um dieses Kapitel zu schreiben. Ich entschied mich für das Gespräch mit meinem

Freund, weil mich dies am glücklichsten machte. (Sagen Sie es bitte nicht meinem Verleger!) Unter den beiden Dingen, die ich nicht wählte, schätzte ich das Arbeiten an diesem Kapitel höher ein, als Fernsehen zu gucken. Deshalb bestanden die Opportunitätskosten des Telefongesprächs in der Zeit, die nicht mit der Arbeit an diesem Kapitel verbracht wurde.

Opportunitätskosten hängen nur vom Wert der nächstbesten Alternative ab. Es spielt keine Rolle, ob Sie drei oder 3.000 Alternativen haben. Die Opportunitätskosten sind einfach der Wert der nächstbesten Alternative, weil man eine komplizierte Wahl unter vielen Optionen immer auf eine einfache Wahl zwischen zwei Dingen reduzieren kann: Option X im Gegensatz zu der besten Alternative unter allen anderen Alternativen.

Die Opportunitätskosten können Ihnen nicht nur sagen, wann Sie etwas tun sollten, sondern auch, wann Sie etwas *nicht* tun sollten. Beispielsweise esse ich gerne Eis, aber Schokoladenkekse schmecken mir noch viel besser. Wenn Sie mir nur Eis anbieten würden, würde ich sie nehmen. Aber wenn Sie mir Eis oder Schokoladenkekse anbieten würden, würde ich mich für die Kekse entscheiden. Die Opportunitätskosten von Eis bestehen in einem Verzicht auf die Schokoladenkekse. Weil die Kosten des Verzichts auf die Kekse höher sind als der Nutzen von Eis, macht es für mich keinen Sinn, das Eis zu wählen.

Natürlich muss ich, wenn ich die Schokoladenkekse wähle, die Opportunitätskosten tragen, die mit dem Verzicht auf das Eis verbunden sind. Aber ich bin bereit, dies zu tun, weil die Opportunitätskosten von Eis niedriger sind als der Nutzen der Schokoladenkekse. Opportunitätskosten sind unvermeidbare Beschränkungen des Verhaltens, weil man immer entscheiden muss, was das Beste ist, und die nächstbeste Alternative aufgeben muss.

Die endgültige Entscheidung treffen

Auf ihren Kern reduziert besteht der dritte Schritt des wirtschaftlichen Entscheidungsmodells nur aus einer reinen Kosten-Nutzen-Analyse. Beim ersten Schritt bewerten Sie Ihre Optionen nach dem Glück, das sie Ihnen bringen. Zu diesem Zweck messen Sie den Nutzen, den Ihnen jede Alternative bringen würde. Beim zweiten Schritt ermitteln Sie die Beschränkungen und Opportunitätskosten jeder Option. Beim dritten Schritt wählen Sie einfach die Option, deren Nutzen die Kosten um den größten Betrag übersteigt.

Das Kosten-Nutzen-Modell der menschlichen Entscheidungsfindung ist insofern sehr leistungsstark, als es korrekt zu beschreiben scheint, wie die meisten Entscheidungen getroffen werden. Doch diese Version der Kosten-Nutzen-Analyse kann Ihnen nur sagen, ob eine gegebene Option gewählt würde. Anders ausgedrückt: Es eignet sich nur, um Alles-oder-nichts-Entscheidungen zu beschreiben – beispielsweise ob Sie Eis essen sollten oder nicht.

Eine viel leistungsstärkere Version der Kosten-Nutzen-Analyse arbeitet mit dem Konzept des so genannten *Grenznutzens*, um Ihnen nicht nur zu sagen, ob ich Eis essen werde, sondern auch, *wie viel* ich essen werde.

Um zu sehen, wie der Grenznutzen funktioniert, müssen Sie in Betracht ziehen, dass der Nutzen eines gegebenen Gutes normalerweise davon abhängt, wie viel dieses gegebenen Gutes eine Person bereits hat. Wenn Sie beispielsweise wirklich hungrig sind, bringt Ihnen das erste Stück Pizza, das Sie essen, einen großen Nutzen. Das zweite Stück schmeckt auch noch gut, aber nicht ganz so gut wie das erste, weil Sie nicht mehr drohen zu verhungern. Desgleichen bringt das dritte Stück weniger Nutzen als das zweite. Und wenn Sie sich zwingen, weiterzuessen, werden Sie wahrscheinlich feststellen, dass Ihnen nach dem 12. oder 13. Stück Pizza tatsächlich übel wird; das heißt, dass es Ihnen einen negativen Nutzen bringt.

Wirtschaftswissenschaftler bezeichnen dieses Phänomen als *abnehmenden Grenznutzen*. Jedes zusätzliche oder *marginale* Stück Pizza bringt weniger Nutzen als das vorangegangene Stück; das heißt, der zusätzliche Nutzen oder *Grenznutzen* jedes folgenden Stückes nimmt ab, wenn Sie mehr und mehr Stücke essen.

Um zu sehen, wie Sie mit dem abnehmenden Grenznutzen vorhersagen können, wie Menschen Entscheidungen über die Mengen der Güter treffen, die sie konsumieren wollen, nehmen Sie an, dass Sie über 10 Euro verfügen, die Sie entweder für Pizza oder Pommes ausgeben können. Nehmen Sie an, dass ein Stück Pizza 2 Euro und eine Portion Pommes ebenfalls 2 Euro kostet.

Wirtschaftswissenschaftler nehmen an, dass das Ziel von Personen mit einem begrenzten Budget darin besteht, die Mengen aller möglichen Dinge, die sie konsumieren können, so anzupassen, dass sie ihren *Gesamtnutzen* maximieren. In diesem Beispiel bedeutet dies Folgendes: Weil ich weiß, dass der Grenznutzen von Pizza mit jedem zusätzlichen Stück schnell abnimmt, gebe ich nicht die gesamten 10 Euro für Pizza aus, weil das fünfte Stück Pizza mir einfach keinen großen Grenznutzen mehr bringen würde. Ich habe mehr davon, wenn ich einen Teil meiner Ausgaben für Pommes verwende.

Wenn ich nur vier Stücke Pizza kaufe, habe ich 2 Euro übrig, die ich für Pommes verwenden kann. Und weil dies meine erste Portion Pommes ist, bringt sie mir wahrscheinlich einen großen Grenznutzen. Falls der Grenznutzen der ersten Portion Pommes tatsächlich größer als der Grenznutzen ist, den ich verliere, wenn ich auf das fünfte Stück Pizza verzichte, werde ich ganz bestimmt die Pommes wählen. Auf diese Weise werde ich die Mengen jedes Nahrungsmittels so lange verändern, bis ich die Kombination gefunden habe, die meinen Gesamtnutzen maximiert, den ich mit meinen 10 Euro erzielen kann.

Weil verschiedene Menschen unterschiedliche Präferenzen haben, unterscheiden sich normalerweise die Mengen der Güter, die den Gesamtnutzen der jeweiligen Person maximieren. Jemand, der keine Pommes mag, wird die gesamten 10 Euro für Pizza ausgeben. Eine Person, die keine Pizza mag, gibt ihr gesamtes Geld für Pommes aus. Und bei Menschen, die etwas von beidem haben möchten, hängen die optimalen Mengen jedes Einzelnen von seiner individuellen Einschätzung der beiden Güter und der Schnelligkeit ab, mit der der Grenznutzen dieser Güter für ihn abnimmt. In Kapitel 9 werden der abnehmende Grenznutzen und sein Einfluss auf das Absinken der Nachfragekurven ausführlicher behandelt.

Wenn wir den abnehmenden Grenznutzen in Betracht ziehen, wird unser Modell des Entscheidungsverhaltens sehr leistungsstark. Es sagt uns nicht nur, was, sondern auch, wie viel von jedem Gut gewählt wird. Doch das Modell ist nicht perfekt. Beispielsweise nimmt es an, dass Menschen eine klare Vorstellung vom Nutzen verschiedener Dinge haben und ziemlich genau wissen, wie schnell deren Grenznutzen abnimmt. Außerdem setzt es voraus, dass Menschen keine Schwierigkeiten haben, Vergleiche anzustellen. Ich behandle diese ernstzunehmenden Einwände im folgenden Abschnitt.

Grenznutzen ist für die Vögel!

Wirtschaftswissenschaftler sind sich sehr sicher, dass die Kosten-Nutzen-Analyse und der abnehmende Grenznutzen das Entscheidungsverhalten zutreffend beschreiben, weil es zahlreiche Belege dafür gibt, dass sich auch andere Arten konform zu diesen Begriffen verhalten.

Beispielsweise können Wissenschaftler Vögel dressieren, auf einen Knopf zu picken, um Futter zu erhalten, und einen anderen Knopf, um Zeit in einem Tretrad zu bekommen. Wenn die Wissenschaftler den Aufwand einer der Optionen erhöhen, indem sie die Anzahl der Klicks erhöhen, die erforderlich sind, um das Gewünschte zu bekommen, reagieren die Vögel rational, indem sie nicht so häufig auf diesen Knopf picken. Noch interessanter ist, dass sie auch wechseln und häufiger auf den Knopf der anderen Option picken.

Die Vögel scheinen zu verstehen, dass sie nur über eine begrenzte Zahl von Klicks verfügen, bevor sie erschöpft sind, und sie verteilen diese Klicks auf die beiden Optionen, als wollten sie ihren Gesamtnutzen maximieren. Wenn sich also die relativen Kosten und Nutzen der Optionen ändern, ändern die Vögel als Reaktion darauf ihr Verhalten recht rational.

Die meisten Arten scheinen auch von dem abnehmenden Grenznutzen betroffen zu sein und reagieren gleichgültig auf marginale Einheiten eines Gutes, wenn sie kurz zuvor größere Mengen davon genießen konnten. Sogar Bakterien scheinen dieses Verhalten zu zeigen. Das heißt, auch wenn die ökonomischen Modelle des menschlichen Verhaltens einige relevante Faktoren zu ignorieren scheinen, berücksichtigen sie doch einige sehr grundlegende und universelle Verhaltensweisen.

Die Beschränkungen und Mängel des ökonomischen Entscheidungsmodells

Wirtschaftswissenschaftler nehmen an, dass die Menschen vollkommen informiert und absolut rational sind, wenn sie Entscheidungen treffen. Dies ist eine gewagte Annahme. Das Modell des menschlichen Verhaltens, das von den Wirtschaftswissenschaftlern bevorzugt wird, funktioniert meistens gut, aber es sagt das künftige Verhalten der Menschen nicht immer genau voraus. In Wirklichkeit sind die Menschen nicht immer vollkommen informiert, wenn sie Entscheidungen treffen müssen, und sie sind nicht immer so rational oder logisch, wie die Wirtschaftswissenschaftler annehmen.

Entscheidungsverhalten bei unvollkommener Information verstehen

Wenn Wirtschaftswissenschaftler das Entscheidungsmodell anwenden, nehmen sie eine Situation an, in der eine Person alle möglichen Optionen kennt und weiß, wie viel Nutzen jede Option bringen wird und welche Opportunitätskosten mit jeder Option verbunden sind. Aber wie schätzen Sie ab, ob es besser wäre, fünf Minuten auf dem Mount Everest zu sitzen oder zehn Minuten mit einem Gleitschirm über dem Amazonas zu schweben? Da Sie keins von beiden jemals gemacht haben, verfügen Sie nicht über genügend Informationen über die Beschränkungen und Kosten der Optionen und wissen wahrscheinlich nicht einmal, welchen Nutzen die beiden Optionen Ihnen bringen.

Politiker mit neuen Programmen fordern uns oft auf, ähnlich uninformiert Entscheidungen zu treffen. Sie formulieren ihre Vorschläge so, dass sie sich so gut wie möglich anhören, aber in vielen Fällen weiß niemand wirklich, worauf er sich da einlässt.

Ähnlich nebulös sind Entscheidungen über zufallsabhängige Ereignisse. Menschen, die Lotterielose kaufen, haben weder eine Vorstellung von der Höhe des möglichen Gewinns noch von seiner Wahrscheinlichkeit, weil sowohl die Höhe des Gewinns als auch seine Wahrscheinlichkeit davon abhängen, wie viele Lose vor der Ziehung verkauft worden sind.

Wirtschaftswissenschaftler ziehen diese Gegebenheit in Betracht, indem sie annehmen, dass Personen, wenn sie uninformiert Entscheidungen treffen müssen, nach bestem Wissen und Gewissen sowohl die zufallsabhängigen Ergebnisse abschätzen als auch, wie sehr sie die Dinge bevorzugen oder ablehnen, mit denen sie vorher noch keine Erfahrung gemacht haben. Dies mag wie ein billiger Trick aussehen; doch weil die Menschen in der realen Welt in solchen Situationen offensichtlich Entscheidungen treffen (tatsächlich werden sehr viele Lotterielose gekauft), müssen sie auch die möglichen Ergebnisse irgendwie abschätzen.

Ob man richtige Entscheidungen trifft, wenn man uninformiert ist, ist schwer zu sagen. Offensichtlich würden wir bessere Informationen vorziehen, bevor wir uns entscheiden. Und einige Menschen schrecken vor weniger sicheren Optionen zurück. Aber im Ganzen scheint das ökonomische Modell des Entscheidungsverhaltens recht leistungsfähig zu sein, um mit Situationen mit unvollständigen Informationen und der Unsicherheit bei zufallsabhängigen Ergebnissen umzugehen.

Die Irrationalität rational betrachten

Selbst wenn Menschen über ihre Optionen vollkommen informiert sind, machen sie oft logische Fehler, wenn sie die Kosten und den Nutzen der Optionen bewerten. In den folgenden Abschnitten beschreibe ich die drei häufigsten Entscheidungsfehler, aber Sie sollten beim Lesen nicht zu sehr in Sorge geraten. Sobald diese logischen Fehler erklärt worden sind, hört man normalerweise auf, diese Fehler zu machen, und beginnt sich so zu verhalten, dass man den Grenznutzen und die Grenzkosten rational gegeneinander abwägt.

Was weg ist, ist weg! (Versenkte Kosten)

Nehmen Sie an, dass Sie gerade 15 Euro in einem So-viel-Sie-essen-können-Sushi-Restaurant bezahlt haben. Wie viel sollten Sie essen? Oder genauer: Wenn Sie entscheiden, wie viel Sie essen sollten, sollten Sie dabei daran denken, wie viel Sie bezahlt haben, um in das Restaurant zu kommen?

Ein Wirtschaftswissenschaftler beantwortet die erste Frage folgendermaßen: Essen Sie genau die Menge, die Sie am glücklichsten macht. Und die Antwort auf die zweite Frage lautet: Wie viel es Sie gekostet hat, um in das Restaurant zu kommen, spielt keine Rolle; denn, ob Sie ein Stück Sushi oder 80 Stücke Sushi essen, die Kosten waren dieselben. Anders ausgedrückt: Weil die Kosten, um in das Restaurant zu kommen, jetzt in der Vergangenheit liegen, sollten sie absolut nichts mehr mit Ihrer gegenwärtigen Entscheidung zu tun haben, wie viel Sie essen wollen.

Wirtschaftswissenschaftler bezeichnen Kosten, die bereits angefallen sind und die deshalb nicht mehr Ihr gegenwärtiges und künftiges Entscheidungsverhalten beeinflussen sollten, als *versenkte Kosten* (es wird auch der englische Terminus *Sunk Cost* verwendet). Rational betrachtet, sollten Sie nur die Zukunft sowie die potenziellen Grenzkosten und Nutzen Ihrer gegenwärtigen Optionen berücksichtigen.

Überlegen Sie: Wenn Ihnen plötzlich 1.000 Euro angeboten würden, um das Sushi-Restaurant zu verlassen und in der Nachbarschaft bei einem Mitbewerber zu essen, würden Sie einfach aus dem Grund ablehnen, weil Sie das Gefühl haben, Sie müssten erst eine ganze Menge Sushi in dem ersten Restaurant essen, um den Gegenwert Ihrer ausgegebenen 15 Euro wieder hereinzuholen? Natürlich nicht.

Leider neigen die meisten Menschen dazu, ihr Entscheidungsverhalten durch versenkte Kosten beeinflussen zu lassen, bis ein Wirtschaftswissenschaftler ihnen aufzeigt, dass versenkte Kosten irrelevant sind, oder wie Wirtschaftswissenschaftler nicht müde werden zu sagen: »Versenkte Kosten sind versenkt!« oder griffiger: »Weg ist weg!« (Andererseits sind es Nicht-Wirtschaftswissenschaftler schnell leid, diesen Satz zu hören.)

Einen hohen Prozentsatz mit einem hohen Eurobetrag verwechseln

Nehmen Sie an, Sie beschließen bei einem Kauf eines Fernsehgerätes zehn Prozent zu sparen, indem Sie eine einstündige Rundreise zu einem Geschäft in einer anderen Stadt unternehmen, um das Gerät dort für nur 90 Euro statt bei Ihrem lokalen Händler für 100 Euro zu kaufen. Fragen Sie sich dann, ob Sie ebenfalls bereit wären, eine Stunde zu fahren, um in der Nachbarstadt ein Heimtheatersystem für 1.990 Euro statt für 2.000 Euro bei Ihrem lokalen Händler zu kaufen. Sie rechnen ein wenig, und weil Sie nur 0,5 Prozent sparen würden, beschließen Sie, das System für 2.000 Euro bei einem lokalen Händler zu kaufen.

Vielleicht halten Sie sich für besonders klug, aber Sie haben sich gerade ungeheuer inkonsistent und irrational verhalten. Im ersten Fall waren Sie bereit, eine Stunde zu fahren, um 10 Euro zu sparen. Im zweiten Fall waren Sie dazu nicht bereit. Kosten und Nutzen sind absolut, aber Menschen machen den Fehler, die Kosten und den Nutzen der Fahrt in die Nachbarstadt als Prozentsätze oder anteilige Werte zu betrachten. Stattdessen sollten Sie die Gesamtkosten mit dem Gesamtnutzen vergleichen, weil der Nutzen der Fahrt in die Nachbarstadt der absolute Eurobetrag ist, den Sie sparen, und nicht der Anteil am Kaufpreis des Gutes, den Sie sparen.

Grenzwerte und Durchschnittswerte verwechseln

Nehmen Sie an, dass Ihre Landesregierung vor kurzem drei Brücken für Gesamtkosten in Höhe von 30 Millionen Euro gebaut hat. Die Durchschnittskosten pro Brücke betragen also 10 Millionen Euro. Ein Wirtschaftswissenschaftler führt eine Studie durch und schätzt, dass die drei Brücken der einheimischen Wirtschaft einen Gesamtnutzen von 36 Millionen Euro oder durchschnittlich 12 Millionen Euro pro Brücke bringen werden.

Dann startet ein Politiker den Versuch, eine vierte Brücke zu bauen. Sein Argument lautet: Weil Brücken durchschnittlich 10 Millionen Euro kosten, aber durchschnittlich 12 Millionen Euro an Nutzen bringen, wäre es dumm, nicht noch eine weitere Brücke zu bauen. Sollten Sie ihm glauben? Denn wenn jede Brücke der Gesellschaft einen Nettogewinn von 2 Millionen Euro bringt, sollte man doch bis in alle Ewigkeit Brücken bauen.

Doch was bei dieser Entscheidung wirklich eine Rolle spielt, sind die *Grenzkosten* und der *Grenznutzen*, nicht die *Durchschnittskosten*. (Im Abschnitt *Die endgültige Entscheidung treffen* weiter oben wird der Grenznutzen näher erläutert.) Wen interessiert es, welche Kosten und welchen Nutzen alle vorangegangenen Brücken gebracht haben? Sie müssen die Kosten dieser zusätzlichen, marginalen Brücke mit dem Nutzen dieser zusätzlichen, marginalen Brücke vergleichen. Wenn der Grenznutzen die Grenzkosten übersteigt, sollten Sie die Brücke bauen. Und wenn die Grenzkosten den Grenznutzen übersteigen, sollten Sie die Brücke nicht bauen.

Nehmen Sie an, dass eine unabhängige Bürgervereinigung einen Ingenieur damit beauftragt, die Kosten des Baus einer weiteren Brücke zu schätzen, und einen Wirtschaftswissenschaftler, um den Nutzen des Baus einer weiteren Brücke zu schätzen. Der Ingenieur stellt fest, dass die vierte Brücke viel länger sein muss, weil die drei kürzesten Wege über den Fluss bereits von den ersten drei Brücken belegt worden sind. Tatsächlich wird die zusätzliche Länge die Baukosten auf 15 Millionen Euro ansteigen lassen.

Gleichzeitig führt der Wirtschaftswissenschaftler eine Untersuchung durch und stellt fest, dass eine vierte Brücke nicht wirklich erforderlich ist. Bestenfalls wird sie pro Jahr einen Nutzen von 8 Millionen Euro bringen. Folglich sollte diese vierte Brücke nicht gebaut werden, weil ihre Grenzkosten von 15 Millionen Euro ihren Grenznutzen von 8 Millionen Euro übersteigen. Wenn die Politiker, die das Projekt unterstützen, ihren Wählern nur die *durchschnittlichen* Kosten und Nutzen der bereits gebauten Brücken mitteilen, führen sie sie grob in die Irre. Deshalb sollten Sie aufpassen, wenn Ihnen jemand eine Brücke verkaufen möchte.

Die richtigen Güter auf die richtige Weise produzieren, um das menschliche Glück zu maximieren

In diesem Kapitel

- Ihre Produktionsmöglichkeiten ermitteln
- Ressourcen angesichts abnehmender Erträge allozieren
- Outputs wählen, die das menschliche Glück maximieren
- Die Rollen des Staates und der Märkte bei der Produktion und Verteilung verstehen

Es stimmt, dass wir unter Knappheit leiden und nicht alles haben können, was wir wollen (siehe Kapitel 2). Es stimmt allerdings auch, dass wir zahlreiche Optionen haben. Die Produktionstechnik ist heute so fortgeschritten, dass die Menschen die begrenzten Ressourcen des Planeten in eine erstaunliche Vielfalt von Gütern und Diensten umwandeln können: Autos, Computer, Flugzeuge, Medikamente, Videospiele und sogar absolut Ehrfurcht einflößende *Für-Dummies*-Bücher wie dieses.

Tatsächlich sind die Leute dank der fortgeschrittenen technischen Verfahren verwöhnt, was ihre Auswahlmöglichkeiten angeht. Bei der riesigen Vielfalt an Gütern und Diensten, die produziert werden können, müssen die Menschen weise entscheiden, wenn sie die begrenzten Ressourcen des Planeten in die Güter und Dienste umwandeln wollen, die beim Konsum das größtmögliche Glück bringen.

In diesem Kapitel erkläre ich, wie Wirtschaftswissenschaftler den Prozess analysieren, durch den Gesellschaften genau bestimmen, was produziert werden soll, um menschliches Glück zu maximieren. In jeder Gesellschaft kann der Prozess in zwei einfache Schritte zerlegt werden:

1. **Die Gesellschaft muss alle möglichen Kombinationen von Gütern und Diensten ermitteln, die sie mit ihren gegebenen begrenzten Ressourcen und dem gegenwärtigen Stand der Technik produzieren kann.**
2. **Die Gesellschaft muss eine dieser Output-Kombinationen wählen – nämlich die Kombination, die vermutlich das Glück maximiert.**

Wirtschaftswissenschaftler bewerten den Erfolg dieser beiden Schritte mit Hilfe von zwei speziellen Typen der Effizienz:

✔ *Produktionseffizienz* bedeutet: Alle gegebenen Güter oder Dienste werden mit den geringstmöglichen Ressourcen hergestellt oder erbracht.

✔ *Allokationseffizienz* (auch *Verteilungseffizienz*) bedeutet: Es werden die Arten von Gütern und Diensten in genau den Mengen produziert, die die Menschen am glücklichsten machen.

In diesem Kapitel wird gezeigt, wie eine Gesellschaft sowohl Produktionseffizienz als auch Allokationseffizienz erreicht – das heißt, wie eine Gesellschaft feststellt, was sie überhaupt produzieren kann und was sie idealerweise produzieren soll. Sie erhalten einen Überblick über abnehmende Erträge, Transformationskurven (jawohl, noch mehr Grafiken!) und das Zusammenspiel zwischen Märkten und Staat.

An die Grenzen stoßen: feststellen, was produziert werden kann

Um festzustellen, was in einer Wirtschaft produziert werden kann, betrachten Wirtschaftswissenschaftler zwei Hauptfaktoren, die sowohl die maximalen Mengen als auch die Arten der Güter betreffen, die produziert werden:

✔ Begrenzte Ressourcen

✔ Abnehmende Erträge

Der erste Faktor ist offensichtlich: Wenn die Ressourcen nicht begrenzt wären, wären auch die Güter und Dienste nicht begrenzt. Der zweite Faktor wird von den meisten nicht verstanden, obwohl fast jeder bekannte Produktionsprozess von ihm betroffen ist. Im Kern bedeuten *abnehmende Erträge* Folgendes: Je mehr Sie von einem Gut produzieren, desto teurer wird die Produktion. Obwohl die ersten wenigen Einheiten zu niedrigen Kosten produziert werden können, kosten zusätzliche Einheiten immer mehr. Schließlich übersteigen die Kosten den Nutzen. Dadurch wird die Menge begrenzt, die Sie produzieren wollen, selbst wenn es sich um Ihr Lieblingsprodukt handelt. Sie sollten Ihre Ressourcen zur Produktion zusätzlicher Einheiten der Dinge verwenden, deren Nutzen immer noch die Kosten übersteigt.

Dieses »Gesetz« der abnehmenden Erträge liefert uns eine Schlüsselerkenntnis: Normalerweise geht es Gesellschaften insgesamt besser, wenn sie mit ihren begrenzten Ressourcen vernünftige Mengen vieler Güter statt eine riesige Menge nur eines einzigen Gutes produzieren.

In diesem Abschnitt erhalten Sie einen Überblick darüber, wie begrenzte Ressourcen und abnehmende Erträge die Produktionsmöglichkeiten bestimmen. Er zeigt Ihnen auch, wie Sie diese Möglichkeiten grafisch repräsentieren können.

3 ➤ Die richtigen Güter auf die richtige Weise produzieren

Klassifikation der Ressourcen, die in der Produktion verwendet werden

Ohne einen Input an Ressourcen kann man keinen Output erzielen. Die Volkswirtschaftslehre unterscheidet traditionell drei Klassen von Inputs, die so genannten *Produktionsfaktoren*:

- ✔ **Boden:** Nicht nur Land im Sinne von Grundstücken, sondern alle natürlich vorkommenden Ressourcen, die verwendet werden können, um Dinge zu produzieren, die Menschen konsumieren wollen. Der Boden umfasst das Wetter, das Pflanzen- und Tierleben, geothermische Energie, das elektromagnetische Spektrum und natürlich Bodenschätze wie Öl und Eisenerz.

- ✔ **Arbeit:** Die Arbeit, die Menschen leisten müssen, um Dinge zu produzieren. Aus einem Baum wird ohne menschlichen Eingriff kein Haus.

- ✔ **Kapital:** Von Menschen hergestellte Maschinen, Werkzeuge und Strukturen, die nicht direkt konsumiert, sondern investiert werden, um andere Dinge zu produzieren, die Menschen direkt konsumieren. Beispielsweise ist ein Auto, das Sie zum Vergnügen fahren, ein Konsumgut, während ein gleichartiges Auto, mit dem Sie Baumaterial für Ihr Bauunternehmen transportieren, zum Kapital gehört. Das Kapital umfasst Fabriken, Straßen, Abwassersysteme, die Stromversorgung, das Internet usw.

Zusätzlich zu diesen drei traditionellen Faktoren sprechen Wirtschaftswissenschaftler heute oft von dem so genannten *Humankapital*. Dieser Begriff fasst das Wissen und die Fähigkeiten zusammen, das beziehungsweise die Menschen benutzen, um den Output zu produzieren. Beispielsweise verfüge ich über große Menge an Humankapital im Hinblick auf das Lehren der Wirtschaftswissenschaften, habe aber ein extrem geringes Humankapital, was das Malen oder Singen angeht. (Seien Sie froh, dass Sie mich noch nie haben singen hören!)

Wenn Sie eine Person mit einer Arbeit betreuen, für die sie über ein hohes Humankapital verfügt, wird diese Person bei derselben Menge an Arbeitsstunden einen viel besseren und/oder größeren Output produzieren als eine Person mit einem geringen Humankapital. Folglich erhalten gelernte Arbeiter (hohes Humankapital) einen höheren Lohn als ungelernte Arbeiter (niedriges Humankapital). Deshalb ist es für Gesellschaften, die reicher werden wollen, empfehlenswert, die Fähigkeiten ihrer Arbeitskräfte durch schulische und berufliche Ausbildung zu verbessern. Wenn eine Gesellschaft das Humankapital ihrer Arbeitskräfte anheben kann, kann sie mit demselben Input an begrenztem Boden, Arbeit und Kapital nicht nur mehr produzieren, sondern ihre Arbeitskräfte verdienen auch mehr und genießen einen höheren Lebensstandard.

Aber der Aufbau von Humankapital ist teuer, und zu jedem gegebenen Zeitpunkt sollten Sie das Niveau des Humankapitals in einer Gesellschaft als fixiert ansehen. Kombiniert mit den Beschränkungen der Mengen an Boden, Arbeit und Kapital bedeutet die Beschränkung an Humankapital, dass die Gesellschaft nur eine begrenzte Menge an Output produzieren kann. Deshalb sind die Entscheidungen, wo und wie diese begrenzten Ressourcen am besten alloziert werden, von kritischer Bedeutung, weil die Ressourcen für die Produktion der Güter und Dienste verwendet werden müssen, die die größte Menge an Glück bringen. (Mehr über begrenzte Ressourcen und Produktionsmöglichkeiten finden Sie in dem weiter unten stehenden Abschnitt *Ein wenig hiervon, ein wenig davon: Ressourcen allozieren*.)

Weniger von guten Sachen bekommen: abnehmende Erträge

Abnehmende Erträge sind wahrscheinlich der wichtigste wirtschaftliche Faktor, um genau zu bestimmen, was bei dem gegebenen begrenzten Angebot an Ressourcen und allen Produktionsmöglichkeiten tatsächlich produziert werden soll. Der Begriff bezieht sich darauf, dass praktisch bei allem, was Menschen produzieren, die Menge des zusätzlichen Outputs, die sie mit einer zusätzlichen Input-Einheit herstellen können, immer weiter abnimmt, je größer der Input wird.

Abnehmende Erträge werden manchmal als das »Prinzip der niedrig hängenden Früchte« bezeichnet. Stellen Sie sich vor, Sie werden zur Erntezeit in eine Apfelplantage geschickt, um Äpfel zu pflücken. In der ersten Stunde ernten Sie zahlreiche Äpfel, weil Sie die niedrig hängenden pflücken, die am leichtesten zu erreichen sind. Doch in der zweiten Stunde können Sie nicht so viele Äpfel pflücken, weil Sie anfangen müssen, sich mühsam nach Früchten zu recken, die höher hängen. In der dritten Stunde pflücken Sie noch weniger Äpfel; jetzt müssen Sie für jeden Apfel hochspringen, weil nur noch die sehr hoch hängenden Äpfel übrig sind. Tabelle 3.1 zeigt, wie Ihre Produktivität – Ihr Output bei einer gegebenen Menge an Input – mit jeder zusätzlichen Arbeitsstunde abnimmt.

Arbeitsstunde	Gepflückte Äpfel	Arbeitskosten pro Apfel
1.	300	2 Cent
2.	200	3 Cent
3.	120	5 Cent

Tabelle 3.1: Abnehmende Erträge beim Apfelpflücken

Eine andere Möglichkeit, um die Auswirkungen der abnehmenden Erträge zu erkennen, besteht darin, die wachsenden Kosten der Produktion des Outputs festzuhalten. Wenn Sie einem Arbeiter 6 Euro pro Stunde bezahlen, um Äpfel zu pflücken, betragen Ihre Kosten für 300 gepflückte Äpfel in der ersten Stunde zwei Cent pro Apfel (siehe Tabelle 3.1). In der zweiten Stunde werden nur 200 Äpfel geerntet, sodass die Kosten drei Cent pro Apfel betragen (weil Sie immer noch 6 Euro pro Arbeitsstunde bezahlen müssen). In der dritten Stunde werden sogar nur 120 Äpfel gepflückt, sodass die Arbeitskosten pro Apfel auf fünf Cent steigen.

Schließlich treiben die Auswirkungen der abnehmenden Erträge die Preise so hoch, dass Sie keine weiteren Arbeitsressourcen darauf verwenden, zusätzliche Äpfel zu pflücken.

Praktisch alle Produktionsprozesse zeigen abnehmende Erträge und zwar nicht nur bei der

Arbeit. Zusätzliche Mengen eines bestimmten Inputs führen normalerweise zu immer kleiner werdenden Output-Mengen, wenn alle anderen Inputs konstant gehalten werden.

Ein wenig hiervon, ein wenig davon: Ressourcen allozieren

Weil der Faktor der abnehmenden Erträge dafür sorgt, dass ein Produktionsprozess irgendwann zu teuer wird, alloziert eine Gesellschaft ihre begrenzten Ressourcen normalerweise auf viele verschiedene Produktionsprozesse.

Um zu verstehen, warum dies passiert, stellen Sie sich vor, dass Sie einen Arbeiter damit beauftragen können, entweder Äpfel oder Apfelsinen zu pflücken. Sie können sowohl Äpfel als auch Apfelsinen für 1 Euro pro Stück verkaufen, aber die Produktion beider Früchte unterliegt den abnehmenden Erträgen, sodass zusätzliche Arbeiter, die als Pflücker eingesetzt werden, immer kleiner werdende Mengen an Output erzeugen, und zwar unabhängig davon, welche Frucht sie pflücken.

Beispielsweise ist es unproduktiv, alle Arbeiter zum Pflücken von Apfelsinen einzuteilen, weil der Output des letzten Apfelsinenpflückers viel geringer sein wird als der Output des ersten Apfelsinenpflückers.

Hier ist es klug, einen Arbeiter vom Apfelsinenpflücken abzuziehen und zum Apfelpflücken einzuteilen. Als letzter Apfelsinenpflücker hat er nicht viel produziert; aber als erster Apfelpflücker erntet er sehr viele Früchte. Weil Sie ihm unabhängig von den Früchten, die er erntet, denselben Lohn bezahlen, setzen Sie Ihre Arbeit intelligenter ein, wenn sie ihn zum Apfelpflücken einsetzen, da ein Apfel für genauso viel Geld verkauft wird wie eine Apfelsine.

Möglicherweise wollen Sie auf diese Weise einen zweiten Arbeiter und vielleicht einen dritten oder vierten anders einteilen. Aber weil die abnehmenden Erträge nicht nur für das Pflücken von Apfelsinen, sondern auch für das Pflücken von Äpfeln gelten, sollten Sie nicht alle Arbeiter neu einteilen. Jeder zusätzliche Arbeiter, den Sie zum Apfelpflücken einteilen, produziert weniger als der vorangegangene Apfelpflücker. Irgendwann wird Ihnen ein zusätzlicher Arbeiter, der vom Apfelsinenpflücken abgezogen und dem Apfelpflücken zugeteilt wird, keinen zusätzlichen Nutzen mehr bringt; dann haben Sie erreicht, was Wirtschaftswissenschaftler als *optimale Allokation* Ihrer Arbeitsressourcen bezeichnen. Sobald Sie dieses Optimum gefunden haben, haben Sie keinen weiteren Anreiz, Arbeiter vom Pflücken einer Frucht abzuziehen und zum Pflücken einer anderen Frucht einzuteilen, weil Sie den Früchte-Gesamt-Output durch eine weitere Umverteilung der Arbeit nicht weiter steigern können. An diesem Punkt haben Sie Ihr Früchte-Output-Potenzial maximiert.

Die Produktionsmöglichkeiten grafisch darstellen

Volkswirtschaftler verwenden eine praktische Kurve, die als *Transformationskurve* oder *Produktionsmöglichkeitenkurve* bezeichnet wird, um die Auswirkungen von abnehmenden Erträgen zu visualisieren und die Kompromisse zu zeigen, die Sie machen, wenn Sie Inputs von der Produktion eines Gutes abziehen und der Produktion eines anderen Gutes zuweisen. Die Transformationskurve zeigt auch, wie begrenzte Ressourcen Ihre Fähigkeit begrenzen, Output zu produzieren. Abbildung 3.1 zeigt eine Transformationskurve, die den Daten aus Tabelle 3.2 entspricht.

Tabelle 3.2 zeigt, wie sich der Gesamt-Output an Äpfeln und Apfelsinen ändert, wenn Sie fünf verfügbare Arbeiter in verschiedenen Kombinationen zum Pflücken von Äpfeln und/oder Apfelsinen einsetzen. Wenn Sie beispielsweise alle fünf Arbeiter nur zum Pflücken von Äpfeln einteilen, werden 700 Äpfel und null Apfelsinen geerntet. Wenn Sie einen Arbeiter zum Apfelsinenpflücken einteilen (sodass vier Arbeiter Äpfel pflücken und ein Arbeiter Apfelsinen pflückt), werden 680 Äpfel und 300 Apfelsinen geerntet. Wegen der abnehmenden Erträge wird der Äpfel-Output nur um 20 Stück reduziert, wenn Sie einen Arbeiter vom Apfelpflücken abziehen und zum Apfelsinenpflücken zuteilen, während gleichzeitig der Apfelsinen-Output um 300 Stück steigt, weil dieser Arbeiter der erste ist, der Apfelsinen erntet, und deshalb die niedrig hängenden Früchte pflücken kann.

	Komb. 1	Komb. 2	Komb. 3	Komb. 4	Komb. 5	Komb. 6
Apfelsinenpflücker	0	1	2	3	4	5
Apfelpflücker	5	4	3	2	1	0
Apfelsinen-Output	0	300	500	620	680	700
Äpfel-Output	700	680	620	500	300	0

Tabelle 3.2: Outputs an Äpfeln und Apfelsinen, wenn die Zuordnung der Arbeit geändert wird

Abbildung 3.1 stellt die sechs Output-Kombinationen grafisch dar, die den verschiedenen Allokationskombinationen der Arbeiter aus Tabelle 3.2 entsprechen. Damit werden alle Ihre Produktionsmöglichkeiten und zugehörigen Output-Mengen visualisiert. Bei Punkt A setzen Sie alle Ihre Arbeiter zum Apfelpflücken ein. Bei Punkt B setzen Sie vier Apfelpflücker und einen Apfelsinenpflücker ein. Punkt C und D erläutere ich später.

Jeder der sechs Punkte auf der Kurve ist *erreichbar* oder stellt eine Produktionsmöglichkeit dar. Sie können tatsächlich die entsprechenden Mengen Obst produzieren, wenn Sie die fünf Arbeiter entsprechend einteilen. Andererseits ist ein Punkt wie C nicht erreichbar. Sie können Ihre fünf Arbeiter nicht so einteilen, dass sie die zugehörigen Mengen an Äpfeln und Apfelsinen pflücken können. Vielleicht könnten Sie eine solche Output-Kombination produzieren, wenn Sie mehr Arbeiter hätten, aber Sie sind auf fünf Arbeiter begrenzt.

Stellen Sie sich vor, dass Sie die Arbeit nicht nach Arbeitern, sondern nach Zeit verteilen. Die fünf Arbeiter arbeiten jeweils einen Tag, sodass Sie die Arbeit von fünf *Arbeitertagen* verteilen können. Jetzt können Sie beispielsweise 3,2 Arbeitertage auf das Pflücken von Äpfeln und 1,8 Arbeitertage auf das Pflücken von Apfelsinen verwenden. Sie können die Grafik leicht ergänzen und eine Linie zeichnen und so die sechs Punkte verbinden, die den Output-Kombinationen entsprechen, die Sie bei einer Verteilung der Arbeit nach Arbeitern erhalten.

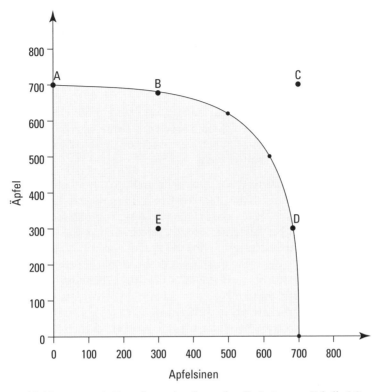

Abbildung 3.1: Die Transformationskurve für die Daten aus Tabelle 3.2

 Diese Linie wird auch als *Kurve der Produktionsmöglichkeiten* oder *Transformationskurve* bezeichnet, weil sie die Fläche der Grafik in zwei Teile teilt: Die Output-Kombinationen, die Sie bei Ihrem begrenzten Angebot an Arbeit produzieren können, befinden sich unterhalb der Kurve; und die Kombinationen, die Sie nicht produzieren können, befinden sich oberhalb der Kurve. Auf diese Art stellt diese Kurve die Auswirkungen knapper Ressourcen auf die Produktion dar. Einige Output-Kombinationen können bei dem begrenzten Angebot an Arbeit einfach nicht produziert werden.

Die gewölbte Form der Transformationskurve zeigt die Auswirkungen der abnehmenden Erträge. Die Änderung der Kurvenneigung zeigt, dass das so genannte *Austauschverhältnis* zwischen der Apfelproduktion und der Apfelsinenproduktion von Ihrem Ausgangspunkt abhängt. Wenn Sie sich am Punkt *A* befinden, an dem Sie alle Ressourcen für die Produktion von Äpfeln einsetzen, können Sie durch eine Reallozierung der Ressourcen sehr viel mehr Apfelsinen produzieren und verringern die Apfelernte nur geringfügig. Aber wenn Sie bei Punkt *D* beginnen, an dem Sie bereits sehr viele Apfelsinen ernten, müssen Sie auf eine große Menge Äpfel verzichten, nur um einige Apfelsinen mehr zu bekommen.

In Fachtermini ausgedrückt, zeigt die sich ändernde Neigung der Transformationskurve, dass die Opportunitätskosten der Produktion aufgrund der abnehmenden Erträge von der gegenwärtigen Allokation der Ressourcen abhängig sind. (In Kapitel 2 finden Sie mehr über Opportunitätskosten.) Falls Sie bereits viele Äpfel produzieren, sind die Opportunitätskosten, um die Apfelproduktion durch noch mehr Arbeit zu steigern, sehr hoch, weil Sie auf eine große potenzielle Apfelsinenproduktion verzichten. Andererseits sind die Opportunitätskosten, um die Apfelsinenproduktion zu steigern, sehr niedrig, weil Sie nur auf einige wenige Äpfel verzichten müssen. Es ist ganz klar, dass Sie die Arbeit zur Ernte des Obstes einsetzen sollten, das die niedrigeren Opportunitätskosten hat, weil in diesem Beispiel beide Früchte denselben Nutzen bringen: 1 Euro pro verkaufte Frucht.

Die Transformationskurve ist auch sehr praktisch, weil alle Punkte, die auf der Transformationskurve selbst (auf der Grenze) liegen, klar die Output-Kombinationen darstellen, die Sie realisieren können, wenn Sie *produktionseffizient* arbeiten, das heißt, wenn Sie keine Ressourcen verschwenden. Sie können die Produktion von Äpfeln nicht steigern, ohne die Produktion von Apfelsinen zu verringern und umgekehrt. Wenn Sie beispielsweise bei Punkt B beginnen, können Sie die Apfelproduktion nur steigern, wenn sie die Grenze heraufgehen, was bedeutet, die Apfelsinenproduktion zu reduzieren. Sie müssen diesen Austausch vollziehen, weil Sie nicht über Arbeitsreserven verfügen, mit denen Sie mehr Äpfel ernten könnten. Sie müssen einfach die Menge an Arbeit reduzieren, die bereits zur Apfelsinenernte eingesetzt wird.

Alle Punkte unter der Linie sind produktionsineffizient. Betrachten Sie Punkt E in Abbildung 3.1, der einer Produktion von 300 Äpfeln und 300 Apfelsinen entspricht. An einem Punkt wie E stehen Sie nur, wenn Sie produktionsineffizient arbeiten. Tatsächlich können Sie der Tabelle 3.2 entnehmen, dass Sie diese Mengen produzieren können, indem Sie nur jeweils einen Arbeiter zum Pflücken von Äpfeln und Apfelsinen einteilen. Sie setzen nur zwei Ihrer fünf Arbeiter ein; die Arbeit der anderen drei Arbeiter wird entweder verschwendet oder überhaupt nicht verwendet.

In der Praxis werden Situationen, die durch Punkte wie E repräsentiert werden, durch ineffiziente Produktionstechniken und/oder schlechtes Management verursacht. Aus dem einen oder anderen Grund werden die verfügbaren Ressourcen nicht benutzt, um so viel Output zu produzieren, wie es möglich wäre.

Jeder Manager, der fünf Arbeiter zur Verfügung hat, aber nur die Output-Kombination E produziert, sollte gefeuert werden! Effiziente Wirtschaften sollten immer an einem Punkt auf ihrer Grenzlinie produzieren, weil sie bei allen Punkten innerhalb der Grenzlinie ihre begrenzten Ressourcen verschwenden und nicht das Glück maximieren, das mit diesen Ressourcen erzielt werden könnte.

Die Grenzen mit besserer Technik ausweiten

Die Transformationskurve ist eine Vereinfachung der Realität; sie zeigt nur die möglichen Allokationen eines Inputs zur Produktion zweier Outputs. Die Realität ist natürlich komplizierter: Viele verschiedene Ressourcen können zur Produktion vieler verschiedener Outputs alloziert werden. Aber die Prinzipien der begrenzten Ressourcen und der abnehmenden Erträge, die auf der Transformationskurve so deutlich erkennbar sind, gelten auch für die viel größere Vielfalt von Inputs und Outputs in der Realität.

Eine weitere Vereinfachung der Transformationskurve besteht darin, dass sie abgesehen von dem speziellen Input, den Sie allozieren, implizit alle anderen produktiven Inputs einschließlich der Technik konstant halten. Doch die Menschheit macht laufend technische Fortschritte und kann deshalb mit gegebenen Ressourcen viel mehr produzieren als früher.

Wirtschaftswissenschaftler zeigen diese Steigerung der Produktivität dadurch, dass sie die Transformationskurve nach außen verschieben. In Abbildung 3.2 repräsentiert der grau unterlegte Bereich neue Output-Kombinationen, die jetzt dank einer besseren Technik mit derselben Menge an Ressourcen wie vorher produziert werden können. Die Transformationskurve ist immer noch gekrümmt, weil auch bessere technische Verfahren nichts gegen die Abnahme der Erträge machen können. Auch bei einer besseren Technik wächst der Output immer weniger, wenn Sie die Menge eines speziellen Inputs vergrößern.

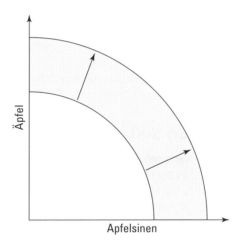

Abbildung 3.2: Eine technologisch ausgewogene Verschiebung der Transformationskurve nach außen

In Abbildung 3.2 ist die Verschiebung der Transformationskurve durch die neue Technik *ausgewogen* in dem Sinne, dass Sie durch die neue Technik von beiden Gütern mehr produzieren können. Ein Beispiel für eine ausgewogene technische Änderung wäre eine Verbesserung von Düngern oder Pestiziden, die den Ernteertrag sowohl bei Äpfeln als auch bei Apfelsinen steigert.

Aber die meisten technischen Innovationen sind *verzerrt*. (Man sagt auch: Sie unterliegen einem so genannten *Bias*.) Nehmen Sie beispielsweise an, dass Sie eine Transformationskurve untersuchen, die die zwei Output-Güter Weizen und Stahl darstellt. Eine Verbesserung des Verfahrens zur Stahlproduktion ermöglicht es Ihnen offensichtlich, mit den begrenzten Ressourcen mehr Stahl zu produzieren, aber es hat absolut keine Auswirkung auf Ihre Fähigkeit, Weizen anzubauen. Folglich wird die Transformationskurve nicht gleichmäßig nach außen verschoben (siehe Abbildung 3.3), sondern sie wird nur an dem Ende verschoben, an dem der spezielle Input (beispielsweise die Arbeit) insgesamt zur Produktion von Stahl verwendet wird, während sie an dem anderen Ende, an dem dieser spezielle Input insgesamt zur Weizenproduktion eingesetzt wird, konstant bleibt.

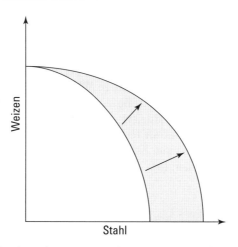

Abbildung 3.3: Eine technologisch verzerrte Verlagerung der Transformationskurve nach außen

Was produziert werden sollte

Wenn eine Gesellschaft die Kurve der effizienten Output-Kombinationen ermittelt hat, besteht der nächste Schritt darin, den Punkt auf dieser Kurve zu wählen, an dem die Kombination von Gütern und Diensten produziert wird, die die Menschen am glücklichsten macht. Die Wahl eines beliebigen Punktes auf der Kurve garantiert lediglich, dass die Kombination *produktionseffizient* ist. Nur wenn der eine Punkt auf der Kurve gewählt wird, an dem die Kombination das Glück maximiert, ist diese auch *allokationseffizient*.

Weil die Ermittlung der genauen Lage der Kurve hauptsächlich ein Ingenieurproblem und eine Anwendung der gegenwärtigen Technik auf verfügbare Ressourcen ist, gibt es in dieser Hinsicht kaum Kontroversen. Aber zu entscheiden, welche spezielle Kombination von Outputs eine Gesellschaft insgesamt wählen sollte, ist viel komplizierter. Menschen haben sowohl als Einzelpersonen als auch als Gruppen unterschiedliche Präferenzen hinsichtlich der Produkte, die sie am glücklichsten machen. Eine Einzelperson, die einen Punkt auf ihrer persönlichen Transformationskurve wählt, gerät nicht in Konflikte. Sie wählt für sich nur die Output-Kombination, die sie am glücklichsten macht, und konsumiert dann diese Kombination.

Der Entscheidungsprozess wird sehr viel komplizierter, wenn Sie die Transformationskurve einer ganzen Gesellschaft betrachten. In diesem Fall können Sie sicher sein, dass es grundlegende Meinungsverschiedenheiten über die Output-Kombinationen gibt, die die Gesellschaft mit ihren begrenzten Ressourcen produzieren sollte. Beispielsweise mag Ihrem Nachbarn die Umweltverschmutzung egal sein, die er dadurch verursacht, dass er Tag und Nacht mit seinem Geländewagen fährt. Wenn er in seiner eigenen Welt leben würde, würde die Umweltverschmutzung keine Rolle spielen, aber weil Sie neben ihm wohnen, sind Sie von der Umweltverschmutzung betroffen und wehren sich dagegen. Vielleicht suchen Sie die Unterstützung des Staates, damit dieser das Fahrverhalten Ihres Nachbarn gesetzlich einschränkt. Auf ähnliche Weise streitet auch der Staat darüber, was er mit seinen begrenzten Ressourcen produzieren soll: Einige Politiker möchten gerne die Landwirtschaft subventionieren, während andere mehr für die Verteidigung oder für die Unterstützung der Armen ausgeben möchten.

Wegen dieser konkurrierenden Prioritäten muss ein bestimmter Entscheidungsprozess festgelegt werden, um zu ermitteln, was tatsächlich produziert werden soll, und sicherzustellen (oder jedenfalls zu versuchen sicherzustellen), dass damit die meisten Menschen die meiste Zeit zufrieden sind.

In modernen Wirtschaften ist dieser Prozess das Ergebnis von sowohl privaten als auch öffentlichen Entscheidungen, die durch eine Kombination freier Märkte und Staatsaktionen zustande kommen. Die Märkte sorgen idealerweise dafür, dass genau der Punkt auf der Transformationskurve realisiert wird, an dem die Wünsche der Konsumenten mit den technischen Produktionsmöglichkeiten der Anbieter übereinstimmen. Damit ist aber keinesfalls immer sicher gestellt, dass die dringendsten Bedürfnisse aller Menschen befriedigt werden. Denn die Möglichkeit, die eigenen Bedürfnisse auf Märkten in Form von Nachfrage zu artikulieren hängt ganz stark vom eigenen Einkommen ab. Wenn also die Einkommensverteilung in einem Land sehr ungleich ist, können viele Menschen und ihre Bedürfnisse mangels Kaufkraft gar nicht befriedigt werden. In der Folge können bei vielen Menschen extreme Versorgungsmängel und eine große Unzufriedenheit aufkommen. Die Frage der richtigen Aufteilung der Versorgung durch Märkte auf der einen Seite und den Staat mit seinen Gerechtigkeitsvorstellungen und finanziellen Möglichkeiten auf der anderen Seite ist deshalb auch heute noch von größter Bedeutung. Der Entscheidungsprozess zwischen beiden Alternativen läuft nicht immer reibungslos ab, aber er hat uns zu einem Höchstmaß an Lebensstandard in der Weltgeschichte geführt.

Die Vor- und Nachteile von Märkten und Staatseingriffen abwägen

Wenn Sie analysieren wollen, wie in modernen Wirtschaften und Gesellschaften eine Kombination von zu produzierenden Gütern und Diensten ausgewählt wird, müssen Sie sich bewusst machen, dass die gegenwärtigen wirtschaftlichen Gesetze und Institutionen das Ergebnis von widerstreitenden Kräften sind. Die einen wollen die Märkte sich selbst überlassen, um Ressourcen in Output umzuwandeln, und die anderen die Macht des Staates einsetzen, um auf Märkten zu intervenieren und so die Produktion bestimmter Outputs zu gewährleisten.

Denken Sie an die folgenden drei Faktoren, wenn Sie den Kampf zwischen den Befürwortern reiner Märkte und Interventionisten betrachten:

- ✔ Moderne Wirtschaften sind unglaublich kompliziert; mit den begrenzten Mengen an Boden, Arbeit und Kapital werden buchstäblich Millionen von Gütern und Diensten produziert. Märkte bewältigen diese Komplexität leichter, Staatseingriffe dagegen normalerweise selten. Das bedeutet, dass Sie oft erhebliche Verluste an produktiver und allokativer Effizienz riskieren.

- ✔ Einige Güter und Dienste wie Kokain oder Kohlekraftwerke haben negative Folgen. Diese negativen Folgen führen zu einem erheblichen Druck auf den Staat, in die Wirtschaft einzugreifen, weil diese Märkte, falls sie sich selbst überlassen werden, große Mengen dieser Güter und Dienste produzieren werden.

- ✔ Letztlich konsumieren einige Menschen einen sehr großen Teil der produzierten Güter und Dienste, während andere nur sehr wenig bekommen. Eine solche ungleiche Verteilung führt ebenfalls zu einem erheblichen Druck auf den Staat, in die Wirtschaft einzugreifen, um den Lebensstandard anzugleichen.

Diese Faktoren sind sowohl eine Folge als auch eine Ursache dafür, dass unsere modernen Wirtschaften hauptsächlich aus einer Mischung von Marktproduktion und Staatseingriffen bestehen. Die meisten Entscheidungen darüber, was in welcher Menge produziert werden soll und wer den Output bekommt, werden durch freiwillige Transaktionen zwischen Einzelpersonen und/oder Unternehmen getroffen. Aber manchmal nutzt der Staat seine Staatsgewalt, um in die Wirtschaft einzugreifen und Ergebnisse hervorzubringen, die sich nicht einstellen würden, wenn Einzelpersonen und Unternehmen sich selbst überlassen blieben.

In beiden Fällen hilft ein riesiger Apparat aus Gesetzen und Gepflogenheiten, mit dem wirtschaftliche Transaktionen geregelt werden, der Gesellschaft eine Output-Kombination zu produzieren, die – hoffentlich – sowohl produktionseffizient (damit keine Ressourcen verschwendet werden) als auch allokationseffizient ist (damit die Wirtschaft die Dinge produziert, die am stärksten begehrt werden). Als Nächstes gebe ich einen Überblick über den Nutzen und die Nachteile, die sowohl Märkte als auch staatliche Eingriffe für eine Wirtschaft haben.

Die Magie der Märkte: Hingehen, wo ein Einzelner nie hinkommen kann

Mit dem Terminus *Marktproduktion* erfassen Wirtschaftswissenschaftler, was passiert, wenn ein einzelnes Subjekt einem anderen einzelnen Subjekt anbietet, etwas zu einem Preis herzustellen oder zu verkaufen, der für beide akzeptabel ist. Märkte sind sehr leistungsfähig, wenn es darum geht, Dinge zu produzieren, für die Menschen zu zahlen bereit sind. Außerdem neigen Märkte zu einer hohen Effizienz, wenn es viele Anbieter eines Gutes oder Dienstes gibt.

Ein *Wettbewerbsmarkt* ist ein Markt, in dem viele Verkäufer miteinander konkurrieren, um Kunden anzuziehen. In einer solchen Situation hat jeder Verkäufer einen Anreiz, zu dem geringstmöglichen Preis zu verkaufen, um seine Wettbewerber zu unterbieten und ihnen Kunden wegzunehmen. Weil jedes Unternehmen diesen Anreiz hat, neigen die Preise dazu, so weit zu sinken, dass die Unternehmen kaum noch einen Gewinn machen.

Ein Wettbewerbsmarkt neigt auch dazu, Produktionseffizienz zu garantieren, weil die beste Methode, Preise niedrig zu halten, darin besteht, dass die Anbieter alle ihre Ressourcen effizient einsetzen und nichts verschwendet wird. Weil der Wettbewerb nicht aufhört, bleibt der Druck zur Effizienz permanent bestehen. Außerdem haben Anbieter einen großen Anreiz, ihre Effizienz zu verbessern, um ihre Rivalen zu unterbieten und ihnen Kunden abzujagen.

Im Sinne der Transformationskurve (die ich weiter oben im Abschnitt *Die Produktionsmöglichkeiten grafisch darstellen* beschreibe) stellt eine Marktproduktion mit einem starken Wettbewerb tendenziell nicht nur sicher, dass Wirtschaften entlang der Kurve produzieren, sondern auch, dass sie ihre Grenzen permanent weiter nach außen verschieben, da die Unternehmen die Effizienz verbessern.

Märkte bieten auch den Vorteil, dass sie automatisch die Dinge herausfinden, die begehrt sind. Um zu verstehen, warum dies so erstaunlich ist, sollten Sie sich vor Augen führen, dass wir in einer Welt mit fast sieben Milliarden Menschen leben. Es wäre sehr schwierig für mich oder Sie oder jeden anderen, genügend Informationen zu sammeln, um herauszufinden, was jeder Mensch am liebsten kaufen möchte. Selbst wenn Sie jeden befragen wollten, was er zu Abend essen will, würden Sie mehrere »Leben« benötigen, ganz zu schweigen von all den anderen Dingen, die sie an einem ganz normalen Tag kaufen.

Aber weil Produktion und Verteilung in modernen Wirtschaften nicht zentralisiert sind, muss niemand alles wissen. Tatsächlich besteht die eigentliche Magie von Marktwirtschaften darin, dass sie nur aus einer Sammlung von Millionen und Milliarden kleiner Transaktionen besteht, die von Angesicht zu Angesicht zwischen Käufern und Verkäufern stattfinden.

Beispielsweise hat der Verkäufer, der Ihnen im Fachgeschäft um die Ecke ein Fernsehgerät verkauft, keine Vorstellung von der weltweiten Gesamtnachfrage nach Fernsehgeräten. Er weiß nicht, wie viele Tonnen Stahl oder Kunststoff benötigt werden, um diese Geräte zu produzieren, oder wie viele andere Dinge *nicht produziert* worden sind, weil der Stahl und der Kunststoff, der zur Produktion der Fernsehgeräte benötigt wurde, eben für diese Geräte und nicht für andere Dinge verwendet wurde. Er weiß nur, dass Sie bereit sind, ihm für ein Fernsehgerät Geld zu geben. Und wenn er durch den Verkauf von Fernsehern Gewinn macht, bestellt er mehr Fernsehgeräte bei dem Hersteller. Dieser steigert seinerseits die Produktion und beansprucht dadurch Ressourcen, die folglich nicht mehr zur Produktion anderer Dinge zur Verfügung stehen. Auch die Reallokation von Ressourcen erfolgt auf Märkten, weil jede Ressource einen Preis hat; und wer bereit ist, diesen Preis zu bezahlen, erhält die Ressource.

Tatsächlich werden Marktwirtschaften oft als *Preissysteme* bezeichnet, weil Preise als Signal dienen, um Ressourcen zu verteilen. Dinge mit einer hohen Nachfrage haben hohe Preise, und Dinge mit einer geringen Nachfrage haben niedrige Preise.

Weil Unternehmen gerne Geld verdienen, folgen sie den Preissignalen und produzieren mehr von den Gütern, die einen hohen Preis haben, und weniger von den Gütern, die einen niedrigen Preis haben. Auf diese Art tendieren Märkte dazu, mit unseren begrenzten Ressourcen das zu produzieren, was wir am stärksten begehren – oder wenigstens das, wofür wir am meisten zu zahlen bereit sind. Und das alles läuft vollkommen dezentralisiert ab.

Was Märkte falsch machen

Märkte sind nicht perfekt. Insbesondere leiden sie unter drei größeren Problemen:

- ✔ Märkte produzieren alles, wofür Menschen zu zahlen bereit sind, selbst wenn diese Dinge nicht unbedingt gut für die Menschen oder die Umgebung sind.
- ✔ Märkte sind amoralisch: Sie garantieren in keiner Weise Fairness oder Gerechtigkeit.
- ✔ Märkte können sehr volatil sein: Diese Schwankungen können zum Beispiel als Konjunkturschwankung die politische Stabilität in einer Rezession mit hoher Arbeitslosigkeit gefährden.

Die Tatsache, dass illegale Drogen verfügbar sind, obwohl sich der Staat nachhaltig bemüht, ihre Produktion und ihren Verkauf einzudämmen, ist wahrscheinlich das beste Beispiel für die Robustheit von Märkten. Solange Gewinne zu erzielen sind, können Sie ziemlich sicher sein, dass sich das Angebot einstellen wird, um jede Nachfrage zu befriedigen. Aber obwohl es angenehm ist, dass Märkte so wild entschlossen sind, den Menschen alles zu geben, wofür sie zu zahlen bereit sind, sind illegale Drogen ein ausgezeichnetes Beispiel dafür, dass Märkte Dinge liefern, ohne sich um deren sozialen Wert oder negative Folgen zu kümmern.

Ähnliches gilt auch für Produzenten, die oft dubiose Sachen machen, um uns zu geben, was wir haben wollen. Kinderarbeit und Ausbeutung sind hier die Hauptbeispiele. Oft muss der Staat eingreifen, um diese Praktiken zu ändern, wenn das Preissystem den Produzenten nicht genügend Anreiz bietet, solche fragwürdigen Praktiken zu ändern.

Das andere große Problem bei Märkten ist, dass sie auf diejenigen Menschen ausgerichtet sind, die Geld ausgeben können. Das Preissystem liefert einen Anreiz, nur die Dinge zu produzieren, für die Menschen zahlen können und wollen. Wenn jemand sehr arm ist, kann er Produzenten nicht einmal einen Anreiz geben, sie mit grundlegenden Notwendigkeiten wie Medikamenten und Nahrung zu versorgen. Unter einem reinen Preissystem werden Ressourcen stattdessen in die Produktion von Sachen gelenkt, die von denen gewünscht werden, die Geld ausgeben können.

Ein Problem, das mit Märkten zusammenhängt, ist die Ungleichheit der Einkommen und Vermögen. Weil Marktsysteme diejenigen belohnen, die die gewünschten Güter und Dienste am besten zur Verfügung stellen, werden einige Verkäufer sehr reich, weil sie besser als andere das Begehrte liefern können. Dies führt zwangsläufig zu großen Vermögensungleichheiten, was für viele anstößig ist, selbst wenn das Geld auf ehrliche Weise verdient worden ist und obwohl hochproduktive Personen solche riesigen Beiträge leisten, um den Output zu erhöhen und das Glück zu maximieren.

3 ➤ Die richtigen Güter auf die richtige Weise produzieren

Kommunismus, lange Schlangen und Toilettenpapier

In einer *Planwirtschaft* werden alle wirtschaftlichen Aktivitäten durch Anweisungen des Staates gesteuert. Bis zum Fall der Berliner Mauer und dem nachfolgenden Zusammenbruch des Kommunismus in den späten 1980er- und frühen 1990er-Jahren lebte ein großer Teil der Weltbevölkerung in Ländern mit zentraler Planwirtschaft. Traurigerweise lebten sie nicht besonders gut.

Ständig waren alle möglichen Dinge wie Zucker, Kleidung, Toilettenpapier knapp. Was noch schlimmer war: Ärzte hatten oft nicht genügend Spritzen und Medikamente für ihre Patienten; und oft wurden nicht genügend Nahrungsmittel angeboten.

Güter und Dienste wurden nicht mit einem Preissystem alloziert, bei dem der Output an die geht, die dafür zahlen wollen und können. Stattdessen versuchten die Staaten, weil in einem kommunistischen Land ideologisch ja alle gleich sind, jedem einen gleichen Anteil an den produzierten Gütern und Diensten zu geben. Die Folge davon war jedoch keine gleichmäßige Verteilung, sondern es bildeten sich lange Schlangen; und wer am längsten in der Schlange warten konnte, bekam mehr als seinen ihm zustehenden Anteil. Die Schlangen waren so lang, dass manche einen ganzen Tag warteten, nur um eine Rolle Toilettenpapier zu bekommen. Wenn sie sahen, dass sich irgendwo eine Schlange bildete, stellten sie sich so schnell wie möglich mit an, selbst wenn sie gar nicht wussten, wofür die Massen anstanden. Doch weil alles knapp war, konnten sie fast immer sicher sein, dass es etwas war, was sie gebrauchen konnten.

Wodurch wurde dieses Chaos verursacht? Zentralplanwirtschaft. In Moskau versuchten Beamte, so genannte *zentrale Planer*, die richtigen Produktionsmengen für 24 Millionen verschiedene Artikel zu ermitteln! Die Aufgabe war unlösbar. Betrachten Sie beispielsweise Toilettenpapier. Erstens: Sie schätzen, wie viele Millionen Rollen Toilettenpapier benötigt werden. Dann müssen Sie berechnen, wie viele Bäume gefällt werden müssen, um die entsprechende Menge an Papier herzustellen, und wie viele Eisenbahnwaggons benötigt werden, um diese Bäume zu den Papierfabriken zu transportieren, und wie viele Arbeiter benötigt werden, um diese Fabriken zu betreiben. Gleichzeitig müssen Sie versuchen, die Produktion von Toilettenpapier gegen Millionen anderer Dinge abzuwägen, für die ebenfalls Bäume, Eisenbahnwaggons und Arbeiter benötigt werden.

Das gesamte Problem ist viel zu komplex und erfordert zu seiner Lösung viel zu viele Informationen. Die Folge davon war, dass Ressourcen permanent falsch eingesetzt und verschwendet wurden. Beispielsweise verrotteten Nahrungsmittel oft auf den Bauernhöfen, weil keine Eisenbahnwaggons eingeplant worden waren, um die Ernten in die Städte zu transportieren; die Offiziellen hatten nicht mit einer möglichen frühen Ernte gerechnet, und die Eisenbahnwaggons waren an anderer Stelle eingesetzt. In einem Preissystem hätten die Bauern einfach so viel geboten, dass die Eisenbahnwaggons von den anderen Verwendungen abgezogen worden wären. Diese Lösung war in einer Planwirtschaft nicht möglich, da keine Preise verwendet wurden, um Ressourcen zu allozieren.

Was für einen Staatseingriff spricht

Viele Gesellschaften greifen von Staatsseite ein, um die Probleme zu lösen, die durch Märkte verursacht werden oder von ihnen nicht gelöst werden können. Staatseingriffe in die Wirtschaft finden normalerweise in einer von drei Formen statt:

- ✔ **Strafen oder Verbote, Güter oder Dienste zu produzieren oder zu konsumieren, die als gefährlich oder unmoralisch eingestuft werden:** Beispielsweise kann der Staat Drogen verbieten oder Dinge wie Alkohol oder Tabak mit »Strafsteuern« belegen, um vom Konsum dieser Produkte abzuschrecken, obwohl diese gesetzlich zugelassen sind. Doch diese Verbote funktionieren oft nur partiell, weil der Markt immer große Anreize hat, solche Güter und Dienste zur Verfügung zu stellen.

- ✔ **Subventionen, um die Produktion von Gütern und Diensten anzuregen, die als wünschenswert eingestuft werden:** Beispielsweise subventioniert der Staat die Ausbildung von Kindern und eine medizinische Versorgung in hohem Maße, weil er fürchtet, dass ohne die Subventionen nur eine unzureichende Ausbildung und eine unangemessene medizinische Versorgung angeboten wird.

- ✔ **Besteuerung der Besserverdienenden, um die weniger Glücklichen mit Gütern und Diensten zu versorgen und die Ungleichheiten in Einkommen und Vermögen zu verringern:** Diese Steuern werden für Parkanlagen, saubere Luft, Kultur sowie für Güter und Dienste für die Armen ausgegeben. Der Staat besteuert Einzelpersonen und Unternehmen, um das Geld zur Bereitstellung dieser Dinge zu beschaffen.

Mehr Geld für Mohair

Mohair ist eine außerordentlich warme Wolle, die von einer speziellen Ziegenart stammt. Während des Zweiten Weltkriegs entschied die US-Regierung, dass für die wärmenden Jacken, die von den Bomberpiloten in ihren ungeheizten Cockpits getragen wurden, mehr Mohair verwendet werden sollte. Deshalb begann die Regierung, Mohair zu subventionieren, um die Produktion anzuregen. Heute werden Flugzeuge beheizt, und die Jacken von Bomberpiloten werden aus Kunstfasern hergestellt. Aber die Mohair-Subvention bleibt, und Mohair-Produzenten erhalten jedes Jahr Millionen von Dollars. Warum? Weil die Mohair-Produzenten eine sehr starke Lobby haben, die die US-Regierung jedes Jahr bedrängt, die Subvention zu verlängern. Für jeden Produzenten ist die Subvention sehr viel Geld wert. Und weil nur ein Bruchteil eines Cents der durchschnittlichen Besteuerung in die Mohair-Subvention fließt, protestiert niemand dagegen. Folglich überlebt die Mohair-Subvention nicht, weil sie für die Gesellschaft nützlich ist, sondern weil sich Lobbying in einer Demokratie auszahlt. Viele andere Staatsprogramme haben einen ähnlich geringen gesamtgesellschaftlichen Nutzen.

Unter dem Aspekt der Transformationskurve betrachtet, führen alle diese Staatseingriffe dazu, dass die Wirtschaft eine Output-Kombination produziert und verteilt, die sich von der Kombination unterscheidet, die die Gesellschaft gewählt hätte, wenn allein die Märkte über die Produktion und Verteilung entschieden hätten.

Abhängig von der Situation kann die Output-Kombination, die durch einen Staatseingriff zustande kommt, gemessen an der Produktionseffizienz, der Allokationseffizienz oder beidem, besser oder schlechter sein als die Marktkombination. Welche Kombination tatsächlich besser ist, hängt vom jeweiligen Fall ab.

Was gegen Staatseingriffe spricht

Staatseingriffe sind ein starkes Instrument, um die wirtschaftliche Aktivität umzulenken, aber sie machen die Wirtschaft nicht unbedingt besser. Tatsächlich gibt es wenigstens drei gute Gründe, um zu fürchten, dass Staatseingriffe in die Wirtschaft die Dinge verschlimmern:

- ✔ Staatsprogramme sind oft die Folge der Lobby-Arbeit einer speziellen Interessengruppe, die versucht, einer kleinen Gruppe zu helfen, statt das Glück der allgemeinen Bevölkerung zu maximieren. Die Lobby-Arbeit von Interessengruppen zieht Ressourcen von anderen Verwendungen ab, die oft für zahlreiche Menschen nützlich sind, um nur einigen wenigen Vorteile zu verschaffen.

- ✔ Selbst bei dem Versuch, das Allgemeinwohl zu fördern, leisten Staatsprogramme oft schlechte Dienste, weil es keinen Wettbewerb gibt, der Anreize schafft, Staatsgüter und -dienste effizient zu produzieren.

- ✔ Staatseingriffen fehlt normalerweise die Flexibilität des Preissystems, das in der Lage ist, die Ressourcen immer wieder neu zu verteilen, um das System den Änderungen der Bereitschaft anzupassen, für ein Gut mehr als für ein anderes zu bezahlen. Bis politische Regierungsentscheidungen umgesetzt werden, vergehen oft Jahre, und Gesetze sind normalerweise so präzise formuliert, dass sie kaum an sich ändernde Umstände und schnelle Innovationen angepasst werden können – lauter Dinge, die das Preissystem mit Leichtigkeit handhabt.

Obwohl Märkte manchmal nicht alles liefern, was die Gesellschaft wünscht, sind Staatseingriffe kein Allheilmittel. Märkte sind sehr gut, wenn es um die Bereitstellung der überwiegenden Mehrzahl der gewünschten Dinge geht; und normalerweise können sie dies zu den geringstmöglichen Kosten tun. Folglich sollten Staatseingriffe gut durchdacht sein, um die Dinge nicht schlimmer, sondern besser zu machen.

Eine Mischwirtschaft wählen

In Wirklichkeit entscheiden sich nur wenige Gesellschaften für eine Extremform der Wirtschaft, die entweder vollkommen auf Märkten basiert oder die laufend und umfassend durch Staatseingriffe gesteuert wird. Stattdessen haben sich die meisten Gesellschaften für eine Mischung aus Märkten, Staatseingriffen und der (von Wirtschaftswissenschaftlern so genannten) *traditionellen Produktion* entschieden. In ihren Reinformen können diese drei Wirtschaftstypen folgendermaßen definiert werden:

✔ **Eine Marktwirtschaft** (auch *Verkehrswirtschaft*) ist eine Wirtschaft, in der fast alle wirtschaftlichen Aktivitäten ohne oder nur mit geringen Staatseingriffen auf Märkten passieren. Weil es keine Staatseingriffe gibt, wird dieses System oft auch als *Laissez Faire* bezeichnet, was im Französischen »in Ruhe lassen« bedeutet.

✔ **Eine Planwirtschaft** (auch *Befehlswirtschaft*, *Zentralplanwirtschaft* oder *Zentralverwaltungswirtschaft*) ist eine Wirtschaft, in der alle wirtschaftlichen Aktivitäten vom Staat gelenkt werden.

✔ **Eine traditionelle Wirtschaft** ist eine Wirtschaft, in der Produktion und Verteilung anhand seit langem eingeführter kultureller Traditionen erfolgen. Beispielsweise konnte in Indien bis zur Abschaffung des Kastensystems im letzten Jahrhundert die Produktion fast jeden Gutes oder Dienstes nur durch jemanden erfolgen, der in die entsprechende Kaste geboren war. Ähnlich konnte im mittelalterlichen Europa normalerweise nur ein von Geburt an Adliger Teil der Regierung werden oder einen hohen militärischen Rang erreichen.

Weil fast jede moderne Wirtschaft eine Mischung aus diesen drei reinen Formen ist, können die meisten modernen Wirtschaften der sehr umfassenden Kategorie der *Mischwirtschaft* zugeordnet werden. Mit Ausnahme einiger weniger isolierter traditioneller Gesellschaften hat jedoch der Anteil der traditionellen Wirtschaft an der Mischung tendenziell an Bedeutung verloren, weil der größte Teil der Produktion auf Märkte übergegangen ist und weil traditionelle wirtschaftliche Restriktionen für Dinge wie Alter und Geschlecht weniger wichtig (und ungesetzlich) geworden sind.

Folglich sind die meisten Mischwirtschaften heute eine Mischung der anderen beiden reinen Typen: der Planwirtschaft und der Marktwirtschaft. Normalerweise überlassen es die meisten Länder hauptsächlich den Märkten, zu bestimmen, was produziert werden soll, und arbeiten mit begrenzten Eingriffen, um zu versuchen, die Dinge zu verbessern, die ein sich selbst überlassener Markt nicht leisten würde.

Die genaue Natur der Mischung ist von Land zu Land unterschiedlich: Die Vereinigten Staaten und Großbritannien wichten Märkte stärker, während beispielsweise Frankreich und Deutschland Staatseingriffe stärker betonen. Andererseits haben einige wenige totalitäre Staaten wie Nordkorea immer noch eine reine Planwirtschaft als Teil ihres allumfassenden autoritären Regimes.

Wie ich in dem Einschub *Kommunismus, lange Schlangen und Toilettenpapier* in diesem Kapitel erläutere, sind alle Planwirtschaften kläglich gescheitert. Sogar wohlmeinende Regierungen können zentral nicht genügend Informationen über die Produktion und Verteilung sammeln, um das Problem der Allokation der Ressourcen dezentral zufrieden stellend zu lösen. Tatsächlich lösen sie diese Aufgabe viel schlechter als Preissysteme.

3 ➤ Die richtigen Güter auf die richtige Weise produzieren

Schnelles Aufholen

Menschen in den Vereinigten Staaten, Westeuropa und Japan sind reicher als in anderen Ländern. Interessant daran ist jedoch, wie lange diese Länder brauchten, um so reich zu werden.

Weil diese Länder beim technischen Fortschritt schon lange führend sind, besteht ihre einzige Möglichkeit, ihre Transformationskurve nach außen zu verschieben und mit denselben Ressourcen mehr zu produzieren, darin, ständig neue technische Verfahren zu erfinden. Historisch gesehen bedeutet diese Anpassung, dass der Lebensstandard in reichen Ländern nur etwa zwei Prozent pro Jahr wächst, weil sie neue technische Verfahren erfinden müssen, um den Lebensstandard anzuheben. Bei dieser Wachstumsrate dauert es über 30 Jahre, bis sich der Lebensstandard verdoppelt.

Es ist jedoch wichtig zu erkennen, dass diese Länder nicht deswegen so viel reicher als andere sind, weil sie außergewöhnliches Glück gehabt haben, sondern weil sie auf eine lange Geschichte langsamen, aber stetigen Fortschritts zurückblicken können. Doch diese Langsamkeit bedeutet auch, dass andere Länder, die noch nicht so reich sind, sehr schnell wachsen und den Lebensstandard der reichsten Nationen einholen können.

Entwicklungsländer wie China und Indien können viel schneller wachsen, weil sie von älteren, weniger produktiven technischen Verfahren direkt zu den produktivsten technischen Verfahren an der Spitze der technischen Entwicklung springen können. Folglich weisen sie Wachstumsraten von sechs bis acht Prozent pro Jahr auf. Bei diesen Raten verdoppelt sich der Lebensstandard in weniger als einem Jahrzehnt, und es wird nur wenige Generationen dauern, bis China und Indien einen vergleichbaren Lebensstandard wie die Vereinigten Staaten, Westeuropa und Japan haben.

Deshalb ist das entgegengesetzte Extrem, absolut keine Staatseingriffe, eine attraktive Option. Solche *Laissez-Faire*-Systeme wurden zuerst von französischen Wirtschaftswissenschaftlern vor mehreren hundert Jahren als Reaktion auf die Gepflogenheiten der damaligen Regierungen geschaffen, sehr nachhaltig in wirtschaftliche Aktivitäten einzugreifen.

Doch reine Laissez-Faire-Wirtschaften haben nie existiert und können wahrscheinlich auch nie existieren. Die einfache Grund dafür ist, dass richtig funktionierende Marktwirtschaften, die mit dem Preismechanismus arbeiten, um Ressourcen zu allozieren, von den Regierungen nachhaltig unterstützt werden müssen. Unter anderem müssen Regierungen von Marktwirtschaften

- ✔ Eigentumsrechte durchsetzen, damit Menschen nicht stehlen
- ✔ gesetzliche Systeme zur Verfügung stellen, damit Menschen Verträge ausfertigen und durchsetzen können, um Güter und Dienste zu kaufen und zu verkaufen
- ✔ standardisierte Systeme von Gewichten und Maßen durchsetzen, damit Menschen sicher sein können, nicht betrogen zu werden

✔ eine stabile Geldmenge bereitstellen, die gegen Fälschungen gefeit ist

✔ Patente und Urheberrechte durchsetzen, um Innovationen und die Kreativität anzuregen

✔ stabilisierend in die Wirtschaftsschwankungen eingreifen

Beachten Sie, dass alle diese Dinge institutionalisiert sein müssen, damit Märkte funktionieren können. Deshalb sagt eine moderate, moderne Version des *Laissez Faire*, dass eine Regierung den institutionellen Rahmen bereitstellen soll, der erforderlich ist, damit Marktwirtschaften funktionieren können, und sich dann zurückziehen und es den Kunden überlassen soll, zu produzieren und zu verkaufen, was nachgefragt wird.

Doch die überwiegende Mehrheit der Bürger möchte, dass Regierungen mehr tun sollten, als nur die ordnungspolitischen Institutionen zu schaffen, die erforderlich sind, damit Märkte funktionieren können. Sie möchten, dass Regierungen die Produktion und den Verkauf von Dingen wie Drogen unterdrücken oder die Produktion von Dingen subventionieren, die die Marktwirtschaft möglicherweise nicht in ausreichender Menge produziert wie beispielsweise Wohnmöglichkeiten für die Armen. Oft möchten sie auch, dass die Besserverdienenden besteuert werden, um Geld für die Staatsprogramme für Bedürftige zu bekommen.

Viele Staatsprogramme sind so alltäglich, dass man sie gar nicht als Staatseingriffe betrachtet. Beispielsweise sind kostenlose öffentliche Schulen, Sicherheitsmaßnahmen in Autos, Warnhinweise auf Medikamenten, Steuern auf Alkohol und Tabak und Zwangsbeiträge zu Alterssicherungssystemen Staatseingriffe in die Wirtschaft.

Die Staatseingriffe, die benötigt werden, um solche Programme zu implementieren, sind in vielen Fällen nicht effizient. Aber viele Leute würden einwenden, dass zum Leben doch einiges mehr gehört als Effizienz und dass die Ineffizienzen, die durch viele Staatseingriffe verursacht werden, durch den durch sie produzierten Nutzen gerechtfertigt sind. Für solche Menschen steigern die fraglichen Staatseingriffe, obwohl sie streng genommen ineffizienter sind, das Glück insgesamt.

Weil reine Marktwirtschaften nicht alles liefern, was viele Menschen wünschen, haben sich die meisten Gesellschaften für wenigstens einige – und in einigen Fällen recht umfangreiche – Staatseingriffe in die Wirtschaft entschieden. Deshalb sind die meisten Wirtschaften heute Mischwirtschaften, die einige Aspekte der direkten Lenkung und Kontrolle wirtschaftlicher Aktivitäten mit einem überwiegenden marktwirtschaftlichen Anteil kombinieren, der Ressourcen mit einem Preissystem alloziert.

Letztlich sind alle Staatseingriffe – sowohl gute als auch schlechte – das Ergebnis eines politischen Prozesses. In Demokratien ist der Umfang der Staatseingriffe, grob gesehen, ein Ausdruck des Willens der Bürger. Nationen wie beispielsweise die Vereinigten Staaten oder Großbritannien, in denen Menschen Märkten stärker vertrauen, tendieren zu einer Mischwirtschaft mit weniger Staatseingriffen als Nationen wie Frankreich oder Deutschland, in denen die Bevölkerung Unternehmen und unpersönliche Marktkräfte misstrauischer betrachtet.

Technik und Innovationen anregen

Eine der wichtigsten Aufgaben einer Regierung besteht darin, die Erfindung neuer technischer Verfahren zu unterstützen, damit wir alle einen höheren Lebensstandard erreichen können.

Technische Verfahren sind in vieler Hinsicht mit anderen Gütern vergleichbar, die von einem Markt zur Verfügung gestellt werden können. Wenn es einen Gewinnanreiz gibt, ein neues technisches Verfahren zu entwickeln, werden Geschäftsleute einen Weg finden, diese Verfahren zu erfinden, so wie sie Wege gefunden haben, alle anderen Dinge zu liefern, für die Kunden bereit sind zu zahlen.

Unternehmen und Regierungen geben jedes Jahr Hunderte Milliarden Euro für Forschung und Entwicklung aus, um neue technische Verfahren zu erfinden. Regierungen leisten häufig direkte Unterstützung, indem sie Forschungsbeihilfen geben und Universitäten subventionieren. Aber ein entscheidender Faktor, um Innovationen zu verstehen, ist die indirekte Rolle, die Regierungen spielen, indem sie neue technische Verfahren nicht subventionieren, sondern indem sie sie schützen.

Insbesondere die Patente, die von Regierungen erteilt werden, bieten einen riesigen wirtschaftlichen Anreiz sowohl für Einzelpersonen als auch für Unternehmen, Innovationen hervorzubringen. Ein Patent garantiert Erfindern neuer Produkte oder Geschäftsmethoden das exklusive Recht, den Gewinn aus ihren Innovationen zu ernten; in den meisten Ländern beträgt die Schutzdauer für Patente normalerweise bis zu 20 Jahre.

Es ist kein Zufall, dass das wirtschaftliche Wachstum in den Vereinigten Staaten und Westeuropa vor 200 Jahren begann, direkt nachdem Patente auf breiter Basis durchgesetzt worden waren. Zum ersten Mal in der Weltgeschichte gab es einen sicheren finanziellen Anreiz, den eigenen Verstand zu benutzen, um Innovationen hervorzubringen. Davor war es extrem riskant, etwas zu erfinden, weil nach der harten Arbeit des Erfinders andere einfach die Erfindung kopieren und ohne seine Erlaubnis verkaufen konnten.

Das Urheberrecht für literarische, musikalische und filmische Werke dient einem ähnlichen Zweck. Es wird sehr viel mehr Kunst produziert, wenn Künstler wissen, dass sie von ihren Produkten leben können. Unter diesem Aspekt ist die leichte Duplizierung und Verteilung digitaler Medien über das Internet eine beunruhigende Entwicklung, weil sie die Möglichkeiten eines Künstlers geschwächt hat, für die Kunst Geld zu verlangen, für deren Produktion er so hart gearbeitet hat.

Regierungen spielen auch eine Schlüsselrolle bei der Ausbildungsförderung. So verwundert es nicht, dass jedes reiche Land auf der Welt eine allgemeine Schulpflicht eingeführt hat und gute Universitäten unterstützt. Intelligente neue technische Verfahren erfordern intelligente, gut ausgebildete Forscher; und die bekommt man nicht ohne gute Ausbildungssysteme.

Fortgeschrittene Wirtschaften benötigen auch intelligente, gut ausgebildete Arbeiter, um die neuen technischen Verfahren zu implementieren. Deshalb ist es sehr wichtig, dass die Ausbildung für jeden verfügbar ist, falls die Wirtschaft in der Lage sein soll, den permanenten Fluss neuer innovativer Prozesse und Werkzeuge zu nutzen, die von den Forschern entwickelt werden.

Teil II

Makroökonomik – Die Wissenschaft vom wirtschaftlichen Wachstum und der Stabilität

»Das Geschäft hier läuft gut, aber der schwache Euro macht meine Überseemärkte kaputt.«

In diesem Teil ...

Die Kapitel in diesem Teil führen Sie in die *Makroökonomik* ein – dem Studium der Wirtschaft insgesamt. Die Makroökonomik konzentriert sich auf wirtschaftsweite Faktoren wie Zinssätze, die Inflation und die Arbeitslosenquote. Ich erkläre, was nach Überzeugung der Ökonomen Rezessionen verursacht, und verwende das berühmte Modell von Keynes, um die politischen Entscheidungen zu erläutern, mit denen Rezessionen nach Auffassung der Wirtschaftswissenschaftler am besten bekämpft werden können. Schließlich gehe ich auf die Faktoren ein, die nach Meinung der Ökonomen entscheidend sind, um ein stetiges wirtschaftliches Wachstum und einen steigenden Lebensstandard zu fördern.

Die Makroökonomik messen: Wie Wirtschaftswissenschaftler über alles Buch führen

In diesem Kapitel

- Das BIP messen: Der Gesamtwert der Güter und Dienste
- Das BIP in $C + I + G + NX$ zerlegen
- Verstehen, warum Freihandelsbewegung gut für Sie ist

Die *Makroökonomik* studiert die Wirtschaft insgesamt. Aus der Vogelperspektive werden Güter und Dienste entweder von Unternehmen oder vom Staat produziert. Unternehmen produzieren den größten Teil der Güter, die konsumiert werden, aber viele Güter und Dienste werden vom Staat zur Verfügung gestellt: öffentliche Sicherheit, Landesverteidigung und öffentliche Güter wie Straßen und Brücken. Außerdem stellt der Staat die gesetzliche Struktur zur Verfügung, in der Unternehmen arbeiten; und sie greift auch in die Wirtschaft ein, um beispielsweise die Umweltverschmutzung zu regulieren, Sicherheitsvorschriften zu erlassen und Einkommen von den Reichen an die Armen umzuverteilen. (Mehr über die Aufteilung von Aufgaben zwischen privaten Unternehmen und dem Staat finden Sie in Kapitel 3.)

Um den Prozess der Produktion, Verteilung und Konsumption realistisch verstehen und studieren zu können, müssen Wirtschaftswissenschaftler Buch darüber führen, wie viel genau produziert wird und bei wem die Produkte letztlich landen. Deshalb haben Wirtschaftswissenschaftler einen riesigen Buchhaltungsapparat, die so genannte *Volkswirtschaftliche Gesamtrechnung* (VGR), entwickelt, um die wirtschaftliche Aktivität zu messen. Dieses System erzeugt zahlreiche nützliche Statistiken einschließlich des berühmten *Bruttoinlandsprodukts* (BIP), das die Gesamtmenge der Güter und Dienste misst, die in einem Land in einer gegebenen Zeitspanne produziert werden.

Das System wirkt sehr schwer zugänglich, aber diese Buchführung zu kennen, ist unerlässlich, weil sie die Grundlage für alle mathematischen Modelle bildet, mit denen die Wirtschaftswissenschaftler versuchen, Dinge wie die Konjunkturzyklen, die Inflation, das wirtschaftliche Wachstum und die Auswirkungen der Geld- und Finanzpolitik zu verstehen und vorherzusagen. (Einige dieser Modelle werden in den Kapiteln 6 und 7 vorgestellt.) Deshalb bitte ich Sie, bei diesem Thema besonders aufmerksam zu sein.

Mit dem BIP Buch über die Wirtschaft führen

 Das Bruttoinlandsprodukt oder BIP ist ein statistisches Maß, das den Wert aller Güter und Dienste misst, die in einem gegebenen Land in einer gegebenen Zeitspanne produziert werden. In Deutschland wird das BIP vom Statistischen Bundesamt für das ganze Jahr und alle Quartale berechnet, um uns eine Vorstellung davon zu geben, welchen Umfang die wirtschaftlichen Aktivitäten in dem vorangegangenen Quartal oder Jahr hatten.

Das BIP ist ein sehr wichtiger Indikator, weil, wenn alles andere gleich bleibt, reichere Menschen glücklichere Menschen sind. Ich will nicht behaupten, dass Geld das Einzige ist, was im Leben zählt, aber Wirtschaftswissenschaftler bewerten Wirtschaften danach, wie erfolgreich sie Glück maximieren; und obwohl Sie mit Geld keine Liebe kaufen können, können Sie damit ganz sicher viele andere Dinge kaufen, die Sie glücklich machen, beispielsweise Nahrungsmittel, Ausbildung oder Urlaubsreisen. Deshalb ist ein hohes und schnell wachsendes BIP vorzuziehen, weil es ausdrückt, dass zahlreiche wirtschaftliche Transaktionen stattgefunden haben, die Menschen mit den Gütern und Diensten versorgt haben, die sie sich gewünscht haben. (Es gibt auch Gründe, warum das BIP möglicherweise *nicht* immer ein gesteigertes Glück ausdrückt. Sie finden diese Gründe im Abschnitt *Das Gute, das Böse und das Hässliche: Alle Dinge steigern das BIP* weiter unten.)

In den Kapiteln 2 und 3 beschreibe ich, dass das grundlegende wirtschaftliche Ziel darin besteht, mit den gegebenen begrenzten Ressourcen, die sie einschränken, ihr Glück beziehungsweise ihren persönlichen Nutzen zu maximieren. Weil Menschen gerne Güter und Dienste konsumieren, können Wirtschaftswissenschaftler mit dem BIP in gewisser Weise quantifizieren, wie gut es ein Land schafft, mit seinen begrenzten Ressourcen das Glück seiner Bewohner zu maximieren. Ein steigendes BIP zeigt an, dass ein Land Wege findet, um mehr Güter und Dienste zur Verfügung zu stellen, die seine Bevölkerung glücklich machen.

In diesem Abschnitt zeige ich Ihnen, wie und warum die Wirtschaftswissenschaftler, die die Volkswirtschaftliche Gesamtrechnung (VGR) aufstellen, das BIP in seine konstituierenden Teile, die so genannten *Sektoren*, zerlegen. Wenn man das BIP zerlegt, kann man jeden Teil separat analysieren und die Hauptfaktoren gut in den Griff bekommen, die die Produktion von Gütern und Diensten beeinflussen. Doch zuerst erkläre ich Ihnen kurz, was das BIP *nicht* berücksichtigt.

Einige Dinge aus dem BIP weglassen

Die BIP-Statistik zählt nur Transaktionen, an denen Geld beteiligt ist; das heißt, wenn Sie freiwillig für Ihre Eltern arbeiten oder wenn eine Mutter zu Hause bleibt, um für ein Kind zu sorgen, werden diese wirtschaftlichen Aktivitäten – obwohl sie sehr produktiv und sozial vorteilhaft sind – im BIP nicht gezählt.

In Wirtschaften wie den Vereinigten Staaten ist das BIP ein sehr gutes Maß, um fast den gesamten Output zu erfassen, der produziert wird, weil fast alles, was dort produziert wird, danach auch dort verkauft wird. Aber in einer hauptsächlich ländlichen und agrarischen Gesellschaft mit kleinen Landwirtschaften erfolgt der größte Teil des Wirtschaftens für den Konsum im eigenen Haushalt; dies bedeutet, dass der Output niemals in die offiziellen BIP-Statistiken eingeht, die von den Wirtschaftswissenschaftlern dieses Landes erstellt werden. Wenn sich Länder von ländlichen agrarischen wirtschaftlichen Strukturen mit zahlreichen für den eigenen Bedarf produzierenden Haushalten zu Marktwirtschaften weiterentwickeln, in denen fast die gesamte Produktion für Geld verkauft wird, scheint das BIP zu steigen, weil ein großer Teil des Outputs zum ersten Mal gezählt wird. Doch diese offensichtliche Änderung bedeutet möglicherweise keine tatsächliche Steigerung des Outputs. Diese Beschränkungen können zu einem irreführenden Vergleich der BIPs verschiedener Länder führen.

Der Kreislauf: Was wird im BIP gezählt?

Verkäufe zu zählen, bei denen Geld die Hände wechselt, kann etwas schwierig sein, weil an jeder derartigen Transaktion sowohl ein Käufer als auch ein Verkäufer beteiligt ist. Das Geld, das der Käufer ausgibt, muss gleich dem Geld sein, das der Verkäufer empfängt. Übersetzt in die Sprache der Wirtschaftswissenschaftler bedeutet dies: Das Einkommen muss gleich den Ausgaben sein.

Deshalb können Sie das BIP messen, indem Sie alle Ausgaben in der Wirtschaft messen oder indem Sie alle Einkommen in der Wirtschaft addieren. Falls Ihre Berechnungen korrekt sind, erhalten Sie auf beiden Wegen denselben Wert für das BIP.

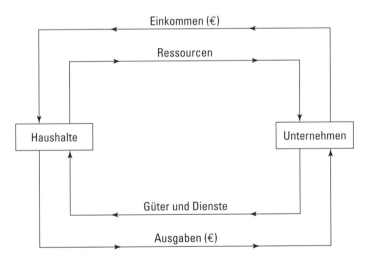

Abbildung 4.1: Das einfache Diagramm des Wirtschaftskreislaufs

Wenn Sie über das BIP nachdenken, müssen Sie auch die Güter und Dienste berücksichtigen, die gegen Geld gehandelt werden. Wirtschaftswissenschaftler vereinfachen das Leben, indem sie sagen, dass alle Ressourcen oder Produktionsfaktoren einer Gesellschaft – Boden, Arbeit und Kapital (siehe Kapitel 3) – das Eigentum von privaten Haushalten sind. *Private Haushalte* oder kurz *Haushalte* können aus einer Person oder aus mehreren Personen bestehen – denken Sie an Einzelpersonen oder Familien. *Unternehmen* kaufen oder mieten die Produktionsfaktoren von den Haushalten und verwenden sie, um Güter und Dienste zu produzieren, die dann zurück an die Haushalte verkauft werden. Dieser Prozess entspricht einem *kreisförmigen Fluss* von Zahlungsströmen, dem so genannten *Wirtschaftskreislauf*: Die Ressourcen fließen als Zahlungsströme von den Haushalten zu den Unternehmen, und umgekehrt fließen die Güter und Dienste zurück (siehe Abbildung 4.1).

Gegen die Richtung der Ressourcen und Güter fließt ein weiterer Strom: die Bezahlungen in Euro. Wenn die Unternehmen Produktionsfaktoren von Haushalten kaufen, müssen sie Geld an die Haushalte bezahlen. Dieses Geld ist das Einkommen der Haushalte. Und wenn die Haushalte Güter und Dienste von den Unternehmen kaufen, bezahlen sie diese Güter und Dienste mit ihrem Einkommen. Dieses Geld sind in dem Diagramm die Ausgaben der Haushalte.

Es ist wichtig, dass Sie den folgenden Schlüsselpunkt verstehen: Die Unternehmen gehören den Haushalten (zum Beispiel den privaten Aktionären oder GmbH-Gesellschaftern, Einzelunternehmern); sie existieren nicht eigenständig. Folglich fließt alles Geld, das ein Unternehmen erhält, wenn es als Aktiengesellschaft oder GmbH ein Gut oder einen Dienst verkauft, als Einkommen an eine Einzelperson oder an eine Gruppe von Einzelpersonen weiter. Wegen dieses Flusses muss das Einkommen in Abbildung 4.1 genauso groß wie die Ausgaben sein.

Der Fluss von Einkommen und Vermögenswerten

Obwohl man das BIP entweder anhand der Einkommen oder der Ausgaben messen kann, ziehen Wirtschaftswissenschaftler die Einkommen vor, weil sowohl Einzelpersonen als auch Unternehmen gesetzlich gezwungen sind, zum Zweck der Besteuerung bis zum letzten Cent über ihr Einkommen Buch zu führen. Aufgrund dieser Gesetzeslage existieren umfangreiche und genaue Daten über die Einkommen.

Den Fluss der Einkommen verfolgen

Alle Einkommen in der Wirtschaft fließen zu einer von vier Kategorien:

✔ Die Arbeit erhält Löhne.

✔ Der Boden erhält Bodenrenten (oder kurz »Renten«).

✔ Das Kapital erhält Zinsen.

✔ Das Unternehmertum erhält Gewinne.

Vielleicht erkennen Sie die ersten drei Kategorien als die drei traditionellen Produktionsfaktoren, die ich in Kapitel 3 beschreibe. Offensichtlich müssen Sie, weil Sie Boden, Arbeit und Kapital benötigen, um Dinge herzustellen, für sie bezahlen.

Deshalb fließen einige Einkommen in der Wirtschaft in ihre Richtung. Aber in einer dynamischen Wettbewerbswirtschaft werden auch Menschen benötigt, die bereit sind, ein unternehmerisches Risiko zu übernehmen und in riskante neue technische Verfahren zu investieren. Um diesen Personen einen Anreiz zu geben, dies auch zu tun, müssen Sie sie bezahlen; deshalb muss auch ein Teil der Einkommen in Form von Gewinnen zu den Risiko tragenden Unternehmern fließen. Tatsächlich betrachte ich (zusammen mit vielen anderen Wirtschaftswissenschaftlern) das Unternehmertum gerne als vierten Produktionsfaktor, das heißt als einen Faktor, der bezahlt werden muss, wenn in einer Marktwirtschaft etwas produziert werden soll.

Jeder der vier Zahlungsströme besteht aus einem Fluss von Geld, der den Gegenwert für einen Fluss von Gütern und Diensten darstellt, die bei der Produktion benötigt werden:

✓ Arbeiter berechnen Löhne für die Arbeitsdienste, die sie zur Verfügung stellen.

✓ Eigentümer von Gebäuden und Boden berechnen den Mietern oder Pächtern für die Dienste, die die Immobilien und physischen Strukturen zur Verfügung stellen, Mieten (in der Sprache der VWL: *Renten*).

✓ Unternehmen, die die Dienste von Kapital (beispielsweise Maschinen oder Computer) nutzen wollen, müssen dafür bezahlen. Diese Bezahlung wird als ein Zins betrachtet, weil beispielsweise die Kosten, um die Dienste eines 1.000 Euro teuren Stücks Kapitalausrüstung in Anspruch zu nehmen, aus den Zinsen bestehen, die ein Unternehmen für einen 1.000 Euro hohen Kredit zahlen muss, um diesen Ausrüstungsgegenstand zu kaufen.

✓ Und schließlich müssen die Gewinne des Unternehmens zu den Unternehmern und Eigentümern der Unternehmen fließen, die das Risiko auf sich nehmen, dass die Unternehmen schlechte Geschäfte machen oder sogar Bankrott gehen.

Vermögensgegenstände in Betracht ziehen

Was passiert mit dem Fluss der Einkommen, wenn ein Unternehmen Boden und Geschäftsräume kauft, statt sie zu mieten? Oder wenn ein Unternehmen von Anfang an Eigentümer seines Kapitals ist, statt Geld zu borgen, um es zu kaufen? Wenn ein Unternehmen Eigentümer dieser Dinge ist, muss es kein Geld in einen Fluss einspeisen, um einen Fluss von Diensten zu erhalten. Sind die Ausgaben immer gleich den Einkommen?

Kein Grund zur Sorge: Die Einkommen sind immer noch gleich den Ausgaben. Doch Sie müssen einige fortgeschrittene Buchhaltungsschritte nachvollziehen, um zu sehen, warum dies so ist. Der Schlüssel zu diesem Balanceakt besteht darin zu verstehen, was ein Vermögensgegenstand ist.

Ein *Vermögensgegenstand* (auch *Aktivposten*) ist etwas Dauerhaftes, das nicht direkt konsumiert wird, sondern einen Fluss von Diensten abgibt, die Sie konsumieren. Beispielsweise ist ein Haus ein Vermögensgegenstand, weil es Schutzdienste zur Verfügung stellt. Sie konsumieren das Haus nicht, sondern Sie konsumieren die Dienste, die es zur Verfügung stellt. Ähnlich ist auch ein Auto ein Vermögensgegenstand, weil Sie das Auto selbst nicht konsumieren, sondern die Transportdienste in Anspruch nehmen, die es zur Verfügung stellt.

Sie haben oft die Wahl, einen Vermögensgegenstand direkt zu kaufen und auf diese Weise Eigentümer aller künftigen Dienste zu werden, die der Vermögensgegenstand zur Verfügung stellen wird, oder sie lassen den Vermögensgegenstand von jemand anderem erwerben und kaufen die Dienste von ihm, wenn sie produziert werden. Beispielsweise können Sie ein Haus kaufen und auf diese Weise alle künftigen Schutzdienste erwerben, die das Haus zur Verfügung stellen wird, oder Sie können das Haus mieten und dieselben Dienste bekommen, indem Sie jeden Monat für sie bezahlen. Aus diesem Grund wird ein Vermögensgegenstand als *Bestandsgröße* betrachtet, während die Dienste, die er zur Verfügung stellt, als *Flussgröße* bezeichnet werden.

Buchhalter weisen allen Vermögensgegenständen, die ein Unternehmen besitzt, einen Euro-Wert zu, der die Dienste repräsentiert, die diese Vermögensgegenstände zur Verfügung stellen. Dieser Wert entspricht den Zahlungsströmen, die das Unternehmen für dieselben Dienste hätte aufwenden müssen, wenn es sie gemietet hätte. Sie können die gesamten Einkommen des Unternehmens aufteilen und einige den Mieten (VWL: Renten), einige den Zinsen und einige den Gewinnen zuordnen, als ob die Eigentümer des Unternehmens drei Einkommensströme erhalten würden.

Weil die Eigentümer des Unternehmens das Geld zur Verfügung gestellt haben, um die Vermögensgegenstände des Unternehmens zu kaufen, ist ein Teil ihrer Einkommen eine Gegenleistung für die Bereitstellung dieser Güter und Dienste, und der Rest ihres Einkommens wird als Gegenleistung dafür betrachtet, dass sie die unternehmerische Leistung zur Verfügung stellen und das Risiko auf sich nehmen. Deshalb fließt das gesamte Geld, das für Güter und Dienste ausgegeben wird, als Einkommen an jemanden, der Boden, Arbeit, Kapital und/oder Unternehmertum (die vier bekannten Produktionsfaktoren) zur Verfügung stellt. Mit dieser Methode können Wirtschaftswissenschaftler weiterhin sagen, dass die Einkommen gleich den Ausgaben sind, selbst wenn die Unternehmen Eigentümer ihrer eigenen Vermögensgegenstände sind.

Dem Geld im Kreislauf folgen

Das einfache Diagramm des Wirtschaftskreislaufs aus Abbildung 4.1 gibt wieder, dass es für jede Ausgabe ein entsprechendes Einkommen gibt. Doch weil das Diagramm die Wirtschaft nur in Unternehmen und Haushalte unterteilt, gehen viele Aktionen verloren, die in der Praxis anzutreffen sind. Abbildung 4.2 zeigt ein viel realistischeres und ausführlicheres Modell des Wirtschaftskreislaufs, bei dem die Wirtschaft in Unternehmen, Haushalte und den Staat unterteilt ist und diese Wirtschaftsteilnehmer Transaktionen auf den folgenden drei Märkten abwickeln:

✔ **Märkte für Produktionsfaktoren:** Dort wird Geld getauscht, um die Faktoren (Boden, Arbeit, Kapital und Unternehmertum) zu kaufen oder zu mieten, die in der Produktion verwendet werden.

4 ➤ Die Makroökonomik messen

✔ **Finanzmärkte:** Dort interagieren Menschen, die Geld verleihen (Sparer), mit den Leuten, die Geld leihen wollen (Kreditnehmer). In diesem Markt bestimmen das Angebot an und die Nachfrage nach Krediten den *Zinssatz*; dies ist der Preis, den Sie bezahlen müssen, damit Ihnen jemand sein Geld für eine gewisse Zeit ausleiht. Weil die meisten Staaten Schulden machen (anders ausgedrückt: immer in der Klemme sitzen) und viel Geld leihen müssen, sind sie die Hauptteilnehmer an den Finanzmärkten.

✔ **Märkte für Güter und Dienste:** Dort kaufen die Bürger und der Staat die Güter und Dienste, die von den Unternehmen produziert werden.

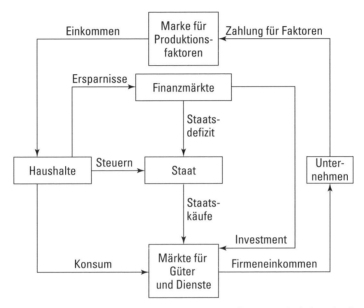

Abbildung 4.2: Das ausführlichere Diagramm des Wirtschaftskreislaufs

In Abbildung 4.2 zeigen Pfeile den Fluss des Geldes durch die Wirtschaft. Unternehmen leisten Faktorzahlungen (Miete, Löhne, Zinsen und Gewinne) an Haushalte, um die Produktionsfaktoren (Boden, Arbeit, Kapital und Unternehmertum) zu bekommen. (Näheres finden Sie in dem vorangegangenen Abschnitt *Der Fluss von Einkommen und Vermögenswerten*.) Haushalte bezahlen mit den Einkommen aus dem Verkauf dieser Faktoren Güter und Dienste sowie Steuern oder sparen sie. Der Staat kauft Güter und Dienste und bezahlt sie entweder mit seinen Steuererträgen oder dem Geld, das er sich auf den Finanzmärkten leiht. Die Finanzmärkte stellen auch das Geld zur Verfügung, das Unternehmen für ihre Investitionen benötigen. Dieses Geld erhöht den Geldbetrag, den die Unternehmen aus dem Verkauf von Gütern und Diensten an die Haushalte und den Staat erlösen.

Anmerkung: Nicht alle Transaktionen in den Finanzmärkten sind für die Berechnung des BIP relevant. Das BIP misst den gegenwärtig produzierten Output, und die meisten Transaktionen auf den Finanzmärkten bestehen aus dem Handel mit Eigentumsrechten an Dingen, die viel früher produziert worden sind. (Beispielsweise hat ein Haus, das vor 30 Jahren gebaut wurde, nichts mit der gegenwärtigen Produktion zu tun und somit wird ein Verkauf des Hauses nicht in das BIP dieses Jahres eingehen. Nur Verkäufe von neu gebauten Häusern gehen in das BIP dieses Jahres ein.)

Produkte zählen, wenn sie hergestellt werden, nicht wenn sie verkauft werden

Neu produzierter Output wird dem BIP hinzugerechnet, sobald er produziert worden ist, das heißt: auch bevor er verkauft worden ist. Dadurch wird es etwas komplizierter, über das Geld Buch zu führen, das mit einer neuen Produktion verbunden ist.

Beispielsweise wird, sobald der Bau eines neuen Hauses abgeschlossen ist, sein Marktwert von zum Beispiel 300.000 Euro geschätzt und sofort dem BIP zugerechnet, auch wenn das Haus möglicherweise monatelang nicht verkauft wird. Das heißt: Wenn der Bau am 29. Dezember 2004 beendet ist, gehen 300.000 Euro in das BIP des Jahres 2004 ein. Wenn das Haus danach am 21. Februar 2005 verkauft wird, zählt der Verkauf nicht zum BIP des Jahres 2005, weil eine Doppelzählung unzulässig ist.

Wenn das Haus verkauft wird, wird es dem alten Eigentum und nicht der neuen Produktion zugerechnet. Wirtschaftswissenschaftler sagen einfach, dass das Eigentumsrecht an diesem jetzt alten Haus von dem Erbauer auf den neuen Eigentümer übergegangen ist. Weil der Handel mit alten Vermögensgegenständen offensichtlich nichts mit einer neuen Produktion zu tun hat, wird er nicht dem BIP zugerechnet.

Diese Buchhaltungskonvention gilt unabhängig von der Art des produzierten Outputs für alle Unternehmen. Wenn Sony am 31. Dezember 2004 einen Fernseher produziert, geht der Wert dieses Gerätes in das BIP des Jahres 2004 ein, auch wenn das Gerät erst im folgenden Jahr an einen Kunden verkauft wird. Man kann sich diese Situation veranschaulichen, indem man sich vorstellt, dass Sony den Fernseher produziert und danach gewissermaßen an sich selbst verkauft, wenn es das Gerät zu seinem Lagerbestand hinzufügt. Es ist dieser »Verkauf«, der dem BIP für das Jahr 2004 zugerechnet wird. Wenn der Fernseher später aus dem Lagerbestand an einen Kunden verkauft wird, handelt es nur um einen Austausch von Vermögensgegenständen (ein Austausch eines Fernsehers gegen Bargeld).

Dass Output gezählt wird, wenn er produziert, und nicht, wenn er verkauft wird, ist ein Stoppsignal, wenn BIP-Statistiken interpretiert werden, um die Gesundheit der Wirtschaft abzuschätzen. Eine hohes BIP bedeutet nur, dass viel produziert und dem Lagerbestand hinzugefügt worden ist. Es bedeutet nicht unbedingt, dass Unternehmen viel verkaufen.

Tatsächlich ist es durchaus möglich, dass das BIP hoch ist, aber die Wirtschaft am Rande einer Rezession steht, weil die Lagerbestände anwachsen und die Manager bald die Produktion zurückfahren werden, um die Lagerbestände wieder auf ihre

Soll-Höhen abzubauen. Deshalb achten Wirtschaftswissenschaftler, die versuchen, die weitere wirtschaftliche Entwicklung vorherzusagen, viel stärker auf die Höhe der Lagerbestände als auf das BIP des letzten Quartals.

Das Gute, das Böse und das Hässliche: Alle Dinge steigern das BIP

Im Allgemeinen ist ein höheres BIP besser als ein niedrigeres BIP, weil ein höherer Output einen höheren potenziellen Lebensstandard bedeutet, einschließlich einer besseren Gesundheitsversorgung für die Kranken und mehr Geld zur Unterstützung der Bedürftigen.

Aber ein höheres BIP garantiert nicht, dass das Glück zunimmt, weil das BIP oft zunimmt, wenn schlimme Dinge passieren. Wenn beispielsweise Sturmböen große Teile einer Stadt zerstören, wächst das BIP, weil der Wiederaufbau forciert wird und zahlreiche neue Dinge produziert werden, um die zerstörten Güter zu ersetzen. Aber wäre es nicht besser gewesen, wenn die Sturmböen gar nicht erst stattgefunden hätten?

Ähnlich kann das BIP in bestimmten Situationen möglicherweise nur wachsen, wenn Sie bereit sind, mehr Umweltverschmutzung oder eine größere Einkommensungleichheit in Kauf zu nehmen. Länder mit einem schnellen wirtschaftlichen Wachstum und einem rasch steigenden Lebensstandard leiden oft auch unter einer größeren Umweltverschmutzung und größeren sozialen Ungleichgewichten, weil einige Leute viel schneller reich werden als andere. Der Zahlenwert des BIP spiegelt diese negativen Bedingungen nicht wider.

Das BIP zählt auch nicht den Wert der Freizeit. Viele meiner liebsten Erfahrungen betreffen Situationen, in ich weder etwas produzierte noch konsumierte, das im BIP gezählt wird: am Strand sitzen, einen Berg besteigen, spazieren gehen, mit Freunden Sport treiben usw. Außerdem wird das BIP oft auf Kosten von weniger Freizeitaktivitäten gesteigert. Das bedeutet, dass eine Steigerung des BIP nicht unbedingt bedeutet, dass das Wohlbefinden oder Glück in einer Gesellschaft insgesamt verbessert oder gesteigert worden sind.

Deshalb müssen bei politischen Entscheidungen, die das BIP steigern und im Allgemeinen vorteilhaft für die Gesellschaft sind, immer auch die Kosten untersucht werden, die mit der Steigerung des Outputs verbunden sind.

Die BIP-Gleichung

Bis jetzt habe ich Sie in diesem Kapitel mit dem BIP *bekannt* gemacht. Jetzt ist es Zeit, dass Sie mit dem BIP Freundschaft schließen, um alle seine kleinen Geheimnisse zu verstehen. Insbesondere sollen Sie seine konstituierenden Komponenten und ihr Verhalten kennen lernen. Die Beschreibung in diesem Abschnitt ist allein für sich wirklich interessant, aber sie ist doppelt nützlich, weil sie Ihnen hilft, das makroökonomische Standardmodell von Keynes (das ich in Kapitel 6 einführe) viel besser zu verstehen und zu manipulieren.

Das Modell von Keynes wurde von dem Wirtschaftswissenschaftler John Maynard Keynes der Cambridge University entwickelt und erstmals 1936 in seinen Buch *The General Theory of Employment, Interest and Money* (dt. *Allgemeine Theorie der Beschäftigung, des Zinses und des Geldes*) beschrieben. Dieser Text war unheimlich einflussreich. Tatsächlich war dieser Einfluss so groß, dass sich die Makroökonomik zu einem separaten Studienbereich der Wirtschaftswissenschaften entwickelte.

Das Buch von Keynes war eine Antwort auf die große Depression der 1930er-Jahre. Weil Keynes der Ansicht war, dass sich die regierungspolitischen Entscheidungen zur Bekämpfung dieses wirtschaftlichen Niedergangs darauf konzentrieren sollten, die Bürger zur Steigerung ihrer Ausgaben für Güter und Dienste zu bewegen, begann Keynes sein Modell mit einer Gleichung, in der das BIP durch Addition der Ausgaben gemessen wurde.

In dem Abschnitt *Der Kreislauf: Was wird im BIP gezählt?* weiter oben in diesem Kapitel habe ich erklärt, dass man das BIP entweder durch Addition aller Ausgaben für den Kauf von Gütern und Diensten oder durch Addition aller Einkommen messen kann, die durch die Produktion von Gütern und Diensten erzielt werden. Die beiden Zahlungsströme müssen wertgleich sein. Deshalb ist dieser Wechsel zur Ausgabenmethode der Ermittlung des BIP vollkommen in Ordnung. (Es ist auch für Sie die perfekte Gelegenheit zu verstehen, wer in der Wirtschaft wofür Geld ausgibt, statt zu betrachten, wer wofür Geld bekommt.)

Die Ausgabengleichung zur Berechnung des BIP addiert die vier traditionellen Ausgabekategorien Konsum (C), Investition (I), Staat (G) und Nettoexport (NX), um den Gesamtwert aller Güter und Dienste (in der Landeswährung) zu berechnen, die in der jeweilige Periode im Inland produziert worden sind. Dieser Wert ist das BIP (Y). Algebraisch ausgedrückt sieht die Gleichung folgendermaßen aus:

$$Y = C + I + G + NX$$

Die folgenden Abschnitte gegen tiefer ins Detail. Hier ist zunächst einmal ein schneller Überblick über die vier Ausgabenvariablen, die zu dem BIP addiert werden:

- ✔ **C steht für die Konsumausgaben** der Haushalte für Güter und Dienste, egal, ob diese im Inland oder Ausland produziert worden sind.

- ✔ **I steht für Investitionsausgaben** der Unternehmen für neue Kapitalgüter einschließlich der Gebäude, Fabriken und Ausrüstung. I enthält auch die Änderungen der Lagerbestände, da Güter, die in einer Periode zwar produziert, aber nicht verkauft worden sind, in die Lagerbestände der Unternehmen eingehen und als Investitionen in den Lagerbestand behandelt werden.

- ✔ **G steht für Staatsausgaben für Güter und Dienste** (auch Beamte brauchen Büroklammern).

- ✔ **NX steht für den Nettoexport,** der wie folgt definiert wird: alle Exporte (EX) eines Landes minus alle Importe (IM) des Landes, oder $NX = EX - IM$. EX ist der Wert des Outputs (in der Landeswährung), der von Ausländern gekauft wird. IM ist der Wert des ausländischen Outputs, den wir von Ausländern kaufen (ebenfalls in unserer Landeswährung).

Diese vier Ausgabenarten ergeben das BIP, weil sie zusammengenommen den gesamten Output kaufen, der in unserem Land in einer gegebenen Periode produziert wird.

C – der Konsum

Die Konsumausgaben der Haushalte machen über 70 Prozent des BIP aus – weit mehr als die anderen drei Komponenten zusammen. Viele Faktoren beeinflussen, ob und wie Haushalte ihre Einkommen verwenden, um Konsumgüter zu kaufen oder für die Zukunft zu sparen.

Mikroökonomen verbringen viel Zeit damit, die verschiedenen Faktoren zu studieren, die solche Entscheidungen beeinflussen. Dazu zählen beispielsweise die Erwartungen, ob die Zukunft hell oder dunkel aussieht, oder die Höhe der Renditen von Ersparnissen. (Siehe Teil III dieses Buches; dort erfahren Sie alles, was Sie je über Mikroökonomik wissen wollten.) Dagegen spielen diese Faktoren für Makroökonomen keine Rolle, weil beim Studium der Gesamtwirtschaft der Gesamtkonsum und nicht das Konsumverhalten einzelner Haushalte wichtig ist.

Makroökonomen arbeiten mit einem sehr einfachen Modell des Konsums: Er ist eine Funktion des verfügbaren Einkommens der Menschen (nachdem sie besteuert worden sind). Sie können das verfügbare Einkommen algebraisch mit dem folgenden praktischen dreistufigen Prozess berechnen:

1. **Beginnen Sie mit Y, dem Gesamteinkommen in der Wirtschaft.** In der Gleichung von Keynes entspricht Y den gesamten Ausgaben, aber weil die Einkommen gleich den Ausgaben sind, können Sie es auch für die Einkommen verwenden. Denken Sie daran, dass alles Geld, das Sie ausgeben, für jemand anderen ein Einkommen ist.

2. **Berechnen Sie, wie viel Steuern die Bürger zahlen müssen.** Nehmen Sie der Einfachheit halber an, dass nur das Einkommen besteuert wird und dass der Einkommenssteuersatz durch t gegeben ist. Beispielsweise würde *t = 0,25* bedeuten, dass das Einkommen mit einem Steuersatz von 25 Prozent belastet wird. Deshalb beträgt die gesamte Steuer T, die wir bezahlen müssen:

$$T = t \times Y$$

3. **Ziehen Sie die Steuern *T* der Bürger von ihrem Einkommen *Y* ab, um ihr Einkommen nach Steuern zu berechnen.** Wirtschaftswissenschaftler bezeichnen dieses Einkommen als das *verfügbare Einkommen* (oder *disponible Einkommen*) und schreiben es algebraisch als Y_D. Die Steuern werden wie folgt von dem Einkommen subtrahiert:

$$Y_D = Y - T = Y - t \times Y = (1 - t) \times Y$$

Nachdem Sie das verfügbare Einkommen berechnet haben, verwenden Sie ein sehr einfaches Modell, um die Konsumausgaben der Haushalte zu berechnen. Das Modell sagt, dass der Konsum C eine Funktion des verfügbaren Einkommens und einer Reihe anderer Variablen C_o und c ist:

$$C = C_o + c \times Y_D$$

Das kleine c wird als die *marginale Konsumneigung* (oder *marginale Konsumquote*) bezeichnet. Sie hat immer einen Wert zwischen 0 und 1 und gibt den Anteil des Einkommens an, den Sie lieber konsumieren als sparen wollen. Wenn beispielsweise c = 0,9 ist, konsumieren Sie 90 Cent Ihres zuletzt verdienten Euros Ihres Nettoeinkommens. (Sie sparen die anderen zehn Cent.)

Der tatsächliche Wert der marginale Konsumneigung c hängt davon ab, welchen Anteil seines verfügbaren Einkommens der Einzelne konsumiert oder spart, und unterscheidet sich von Person zu Person. Aber was ist C_o? Dies ist der Betrag, den Menschen konsumieren, auch wenn sie in diesem Jahr gar kein verfügbares Einkommen haben. (Wenn Sie annehmen, dass die Variable Y_D in der Gleichung $C = C_o + c \times Y_D$ den Wert 0 hat, dann reduziert sich diese Gleichung auf $C = C_o$.) Aber woher stammt das Geld, um für C_o zu bezahlen, wenn das verfügbare Einkommen null ist? Es stammt aus den persönlichen Ersparnissen, die im Laufe der Jahre angespart worden sind.

Die umfassende Gleichung $C = C_o + c \times Y_D$ sagt, dass Ihre gesamten Konsumausgaben in einer Wirtschaft aus so genanntem *Mindestkonsum* oder *autonomen Konsum* (wenn Sie null Einkommen haben) C_o plus dem Teil Ihres verfügbaren Einkommens besteht, der durch $c \times Y_D$ gegeben ist.

Für den Rest dieses Buches nehme ich an, dass die Gleichung $C = C_o + c \times Y_D$ als Modell gut genug ist, um zu beschreiben, wie Konsumausgaben in der Wirtschaft berechnet werden. Es ist nicht absolut realistisch, aber es zeigt, dass der Konsum bei höheren Steuersätzen abnimmt und dass jeder entscheidet, wie viel seines verfügbaren Einkommens er sparen oder konsumieren will. Die Gleichung ermöglicht es mir, die Auswirkungen politischer Entscheidungen zu analysieren, die Steuersätze zu ändern oder Anreize zu geben, höhere oder niedrigere Anteile des Einkommens auszugeben.

I – die Investition in Kapitalbestände

Investitionen sind lebenswichtig, weil die Produktionskapazität der Wirtschaft davon abhängt, wie viel Kapital zur Verfügung steht, um Output zu erzeugen. Der Kapitalbestand wächst, wenn Unternehmen neue Werkzeuge, Gebäude, Maschinen, Computer usw. kaufen, um die Produktion von Konsumgütern zu unterstützen. Die Investition ist ein Fluss, der den Kapitalbestand der Wirtschaft steigert.

Aber natürlich nutzt sich Kapital ab, wenn es gebraucht wird. Einige Dinge rosten. Andere Dinge gehen kaputt. Einige werden weggeworfen, wenn sie unnütz geworden sind. All diese Flüsse, die den Kapitalbestand verringern, werden von Wirtschaftswissenschaftler als *Wertminderungen* oder *Abschreibungen* bezeichnet.

Natürlich müssen Unternehmen einige Investitionen vornehmen, nur um das abgeschriebene Kapital zu ersetzen. Aber andere Investitionen, die über die Abschreibungen hinausgehen, steigern den Gesamtbestand des Kapitals und schaffen so einen größeren potenziellen Output für den Konsum.

Der Fluss der Investitionen im Laufe einer Periode hängt von den Vergleichen ab, die Unternehmen zwischen dem potenziellen Nutzen und den Kosten des Kaufs von Kapitalgütern anstellen. Der potenzielle Nutzen wird in Form des potenziellen Gewinns gemessen; die Kosten des Erwerbs werden durch den Zinssatz gemessen, und zwar unabhängig davon, ob das Unternehmen einen Kredit aufnimmt, um ein gegebenes Kapitalgut zu kaufen.

Warum spielt der Zinssatz eine so große Rolle? Natürlich wird ein Unternehmen sich überlegen, ob es einen Kredit aufnimmt, um ein Kapitalgut zu kaufen. Bei höheren Zinssätzen wird es weniger wahrscheinlich Geld leihen, weil die Kosten der Kreditrückzahlung höher sein werden. Doch selbst wenn ein Unternehmen über genügend Bargeld verfügt, um ein bestimmtes Kapitalgut zu kaufen, zwingen es höhere Zinssätze dazu, zu entscheiden, ob es mit dem Bargeld das Kapitalgut kaufen oder ob es das Geld an jemand anderen ausleihen soll. Je höher die Zinssätze, desto attraktiver wird es, das Geld zu verleihen. Deshalb halten höhere Zinssätze Unternehmen von Investitionen unabhängig davon ab, ob sie einen Kredit aufnehmen müssen, um die Investition zu finanzieren. (In Kapitel 2 werden die Gründe genannt, warum höhere Zinssätze die Opportunitätskosten von Investitionen steigern.)

Wirtschaftswissenschaftler modellieren den Betrag I der Investitionsausgaben, die Unternehmen tätigen wollen, als Funktion des Zinssatzes r, der als Prozentsatz angegeben wird. Die Gleichung, die ich hier verwende, findet sich in jedem einführenden Lehrbuch der Makroökonomik (obwohl die spezielle Notation von Buch zu Buch variiert):

$$I = I_o - I_r \times r$$

Diese Gleichung hat eine ähnliche Struktur wie die Gleichung für die Konsumausgaben in dem vorangegangenen Abschnitt, abgesehen von dem Minuszeichen, das anzeigt, dass I abnimmt, wenn der Zinssatz steigt.

Der Parameter I_r sagt Ihnen, wie stark I in einer Gesamtwirtschaft bei einer gegebenen Steigerung des Zinssatzes fällt. Nehmen Sie beispielsweise an, dass r um einen Prozentpunkt steigt. Falls I_r beispielsweise 10 Milliarden beträgt, wissen Sie, dass die Investition bei jeder Steigerung des Zinssatzes um einen Prozentpunkt um 10 Milliarden Euro abnimmt.

Der Parameter I_o sagt Ihnen, wie hoch die Investition bei einem Zinssatz von null wäre. In Wirklichkeit sinkt der Zinssatz niemals bis ganz auf null, aber nehmen Sie an, er würde es tun. Dann wäre der zweite Term in der Gleichung gleich null und somit würden Sie $I = I_o$ erhalten.

Die Gleichung insgesamt sagt Ihnen, dass die Investitionsausgaben den Maximalwert I_o erreichen würden, falls der Zinssatz null wäre. Aber wenn der Zinssatz größer als null wird und immer weiter wächst, nehmen die Investitionen immer mehr ab. Tatsächlich könnte der Zinssatz so hoch steigen, dass die Investitionsausgaben auf null sinken würden.

Die Beziehung zwischen dem Zinssatz und den Investitionen ist ein Grund, warum die Fähigkeit des Staates, den Zinssatz zu setzen, einen so großen Einfluss auf die Wirtschaft hat. Durch Setzen des Zinssatzes kann der Staat bestimmen, wie viel Unternehmen für den Kauf von Investitionsgütern ausgeben wollen. Insbesondere wenn sich die Wirtschaft in einer Rezession befindet, kann der Staat den Zinssatz senken, um die Unternehmensausgaben für Investitionen zu steigern und (hoffentlich) dazu beitragen, die wirtschaftliche Lage zu verbessern.

G – die Staatsausgaben

In den meisten Ländern wird ein riesiger Teil des BIP vom Staat konsumiert. In den Vereinigten Staaten konsumiert der Staat auf kommunaler, auf Landes- und auf Bundesebene über 35 Prozent des BIP. In vielen anderen Ländern ist der Anteil sogar noch höher. In den meisten Ländern Europas liegt er beispielsweise näher bei 50 Prozent.

Der Staat bekommt das Geld zum Kauf von Gütern durch Besteuerung und Kreditaufnahme. Falls die Steuererträge des Staates gleich seinen Ausgaben sind, hat er einen *ausgeglichenen Haushalt*. Falls die Steuererträge größer als die Ausgaben sind, hat er einen *Haushaltsüberschuss*; aber falls seine Ausgaben seine Steuererträge übersteigen, was möglich ist, wenn er sich die Differenz durch Kreditaufnahme auf den Finanzmärkten beschafft, liegt ein *Haushaltsdefizit* vor.

Regierungen nehmen Kredite auf, indem sie Anleihen verkaufen. Bei einer typischen Staatsanleihe gibt der Staat Ihnen dafür, dass Sie ihm heute 10.000 Euro überlassen, in zehn Jahren 10.000 Euro zurück und wird Ihnen für die dazwischen liegenden Jahre 1.000 Euro pro Jahr bezahlen. Falls Sie das Angebot annehmen und die Staatsanleihe kaufen, leihen Sie faktisch dem Staat heute 10.000 Euro und bekommen dafür pro Jahr eine Rendite von zehn Prozent, bis der Staat Ihnen in zehn Jahren Ihre 10.000 Euro zurückgibt.

Wie viel der Staat in einem gegebenen Jahr wofür ausgeben soll, ist jedes Jahr wieder Gegenstand einer intensiven politischen Rangelei. Viele Anspruchsgruppen betreiben Lobby-Arbeit für spezielle Programme, die ihren Heimatstädten oder Branchen zugute kommen sollen, und kümmern sich nicht darum, dass der Staat seine essenziellen Funktionen wie beispielsweise die Landesverteidigung oder die Aufrechterhaltung der Rechtsordnung erfüllen muss.

Doch die Wirtschaftswissenschaftler ignorieren im Wesentlichen die politischen Machenschaften, die mit der Festlegung des Staatshaushalts verbunden sind, weil die wirtschaftlichen Auswirkungen der Staatsausgaben G von der Höhe der Ausgaben abhängen und nicht davon, wie diese Höhe zustande gekommen ist. Deshalb mache ich für den Rest dieses Buches die vereinfachende Annahme, dass die Staatsausgaben durch die Gleichung

$$G = G_o$$

angegeben werden können. Das heißt, dass G gleich einem bestimmten Wert G_o ist, der durch den politischen Prozess festgelegt wird. Dieser Wert kann je nach Politik hoch oder niedrig sein, aber letztlich ist für uns nur interessant, wie groß oder klein er ist, nicht, wie er zustande kam.

G umfasst nur die Staatsausgaben für neu produzierte Güter und Dienste und nicht die Staatsausgaben, bei denen nur Geld von einer Person zu einer anderen transferiert wird. Wenn mich beispielsweise der Staat besteuert und das Geld einer bedürftigen Person gibt, hat dieser Transfer nichts mit den gegenwärtig produzierten Gütern und Diensten zu tun und wird folglich nicht den Staatsausgaben G zugerechnet. Deshalb sollten Sie daran denken, dass ich, wenn ich G erwähne, nur die Staatsausgaben für gegenwärtig produzierte Güter und Dienste meine.

NX – der Nettoexport

Wenn Ihr Land im Inland hergestellte Güter und Dienste an Personen oder Unternehmen in einem anderen Land verkauft, werden diese Verkäufe als *Exporte* bezeichnet. Wenn jemand in Ihrem Land etwas kauft, das im Ausland produziert worden ist, werden solche Käufe als *Importe* bezeichnet. Der *Nettoexport* oder *NX* ist einfach der Gesamtwert aller Exporte minus dem Gesamtwert aller Importe während einer gegebenen Zeitspanne. Wenn Sie das BIP mit der Ausgabenmethode berechnen, fügen Sie den Nettoexport *NX* hinzu.

Aber warum nur den *Nettoexport*? Gute Frage, und Wirtschaftswissenschaftler können normalerweise nicht gut erklären, warum Sie in dieser Gleichung die Importe von den Exporten subtrahieren sollen. Hier das Wesentliche:

Bei der Summierung der Ausgaben, um das BIP zu berechnen, geht es nur darum festzustellen, wie viel Geld insgesamt für Produkte ausgegeben wurde, die innerhalb der Grenzen des eigenen Landes produziert wurden. Der größte Teil dieser Ausgaben wird von Einheimischen getätigt, aber Ausländer können auch Geld für einheimische Produkte ausgeben. Genau das passiert, wenn Ausländer Sie für die Güter bezahlen, die Sie ins Ausland exportieren. Deshalb muss *EX* eingerechnet werden, wenn die Maßzahl der Ausgaben für einheimisch produzierte Güter korrekt sein soll.

Der Grund, warum Sie Ihre Importe ausländischer Güter abziehen müssen, ist folgender: Sie müssen die Gesamtausgaben der Inländer für alle Güter und Dienste von ihren Ausgaben für *im Inland hergestellte* Güter und Dienste unterscheiden. Die Gesamtausgaben für alle Güter und Dienste (sowohl einheimische als auch ausländische) sind C (siehe den Abschnitt *C – der Konsum* weiter oben). Wenn Sie nur den Teil ermitteln wollen, der für einheimische Produkte ausgegeben wurde, müssen Sie den Wert *IM* der Importe abziehen, weil das gesamte Geld, das für Importe ausgegeben wurde, eben nicht für im Inland hergestellte Güter und Dienste verwendet wurde. Deshalb liefert Ihnen die Differenz $C - IM$ den Geldbetrag, den Inländer für den im Inland produzierten Output ausgegeben haben.

Deshalb können Sie die BIP-Ausgabengleichung, die alle Ausgaben für im Inland produzierte Güter und Dienste summiert, folgendermaßen schreiben:

$$Y = C - IM + I + G + EX$$

Aber die Gleichung wird normalerweise umgestellt, um die Exporte und Importe nebeneinander zu stellen:

$$Y = C + I + G + EX - IM$$

Der Grund für die Umstellung liegt darin, dass *EX – IM* schnell die so genannte *Handelsbilanz* Ihres Landes verdeutlicht: Wenn *EX – IM* positiv ist, exportiert Ihr Land mehr, als es importiert; wenn die Differenz negativ ist, importiert Ihr Land mehr, als es exportiert. Wirtschaftswissenschaftler stellen gerne die Formeln so dar, dass sie kleine Geschichten erzählen.

Der internationale Handel ist immens wichtig, und Sie sollten nicht nur verstehen, warum Handelsbilanzen positiv oder negativ sein können, sondern auch, warum Sie sich nicht unbedingt sorgen sollten, wenn sie negativ statt positiv ist. Ich behandle dieses Thema im folgenden Abschnitt.

Den Einfluss des internationalen Handels auf die Wirtschaft verstehen

Die Industrienationen treiben in riesigem Umfang Handel mit anderen Ländern – tatsächlich ist der Handel so riesig, dass die Importe und Exporte bei vielen Ländern mehr als 50 Prozent ihres BIP ausmachen. Deshalb ist jetzt eine gute Gelegenheit, etwas näher auf den *NX*-Teil der BIP-Ausgabengleichung $Y = C + I + G + NX$ einzugehen.

Wenn Sie hoffen, die Makroökonomik umfassend zu verstehen, müssen Sie unbedingt begreifen, wie der internationale Handel die Wirtschaft beeinflusst. Dieses Verständnis ist auch wichtig, weil Politiker permanent politische Maßnahmen wie Zölle und Handelskontingente vorschlagen, die unmittelbar darauf abzielen, den internationalen Handel zu regulieren – aber deren Auswirkungen in der gesamten einheimischen Wirtschaft zu spüren sind.

Dieser Abschnitt erklärt, warum Handelsdefizite (negative Werte von *NX*) nicht unbedingt schlecht sind und warum gerade der internationale Handel normalerweise riesige Vorteile bringt – selbst wenn er langfristige Handelsdefizite mit sich bringt.

Handelsdefizite können gut für Sie sein!

Wenn Ihre Exporte Ihre Importe übersteigen, haben Sie einen *Handelsüberschuss*; wenn aber Ihre Importe Ihre Exporte übersteigen, haben Sie ein *Handelsdefizit*. Leider haben die Wörter *Überschuss* und *Defizit* starke Konnotationen (das bedeutet: »unausgesprochene, emotionale Nebenbedeutungen«, klingt aber so doch gebildeter), die dazu führen, dass Überschüsse auf jeden Fall besser als Defizite sind. Das ist einfach nicht wahr, aber aus der Rhetorik der Politiker können Sie dies nicht entnehmen. Politiker stellen die Sache so dar, als wären Handelsdefizite immer schlecht und würden immer ins Unheil führen.

Um zu verstehen, warum die Politiker falsch liegen (als ob Sie noch davon überzeugt werden müssten), betrachten Sie das Beispiel von zwei Personen, die miteinander handeln wollen. Jede Person beginnt mit 100 Euro Bargeld und jeder produziert ein Produkt für den Verkauf. Die erste Person baut Äpfel an und verkauft sie zu 1 Euro pro Stück. Die zweite Person baut Apfelsinen an und verkauft sie ebenfalls für 1 Euro pro Stück. Jeder produziert 50 Früchte.

Der Apfelproduzent isst wirklich gerne Apfelsinen und möchte 30 Apfelsinen für 30 Euro kaufen; der Apfelsinenproduzent möchte 20 Äpfel für 20 Euro kaufen. Jeder der beiden Produzenten ist glücklich darüber, die Wünsche des anderen befriedigen zu können.

Ihre Handelstransaktionen sollten keine Alarmglocken läuten lassen, aber wenn die Menschen anfangen, ihre Transaktionen unter den Gesichtspunkten *Handelsüberschuss* und *Handelsdefizit* zu betrachten, kommen sie zu dem falschen Schluss, dass nur einer der beiden Vorteile aus den Handelstransaktionen zieht, die in Wirklichkeit von beiden sehr bereitwillig vollzogen wurden.

Um zu sehen, woher die Verwirrung stammt, müssen Sie zunächst beachten, dass der Apfelproduzent im Vokabular des internationalen Handels nur Äpfel für 20 Euro exportiert, aber für 30 Euro Apfelsinen importiert. Umgekehrt exportiert der Apfelsinenproduzent für 30 Euro Apfelsinen, importiert aber nur für 20 Euro Äpfel. Folglich liegt eine Situation vor, in der der Apfelproduzent ein Handelsdefizit von 10 Euro und der Apfelsinenproduzent einen Handelsüberschuss von 10 Euro hat.

Bedeutet dies, dass es dem Apfelproduzenten schlechter geht als dem Apfelsinenproduzenten? Nein. Jede Person begann mit Dingen im Gesamtwert von 150 Euro: ihr jeweiliges Bargeld in Höhe von 100 Euro plus ihre jeweilige Obstmenge im Wert von 50 Euro. Wenn die Handelstransaktionen abgeschlossen sind, hat jeder immer noch Dinge im Wert von 150 Euro. Der Apfelproduzent hat 90 Euro Bargeld plus Äpfel im Wert von 30 Euro und Apfelsinen im Wert von 30 Euro. Der Apfelsinenproduzent hat 110 Euro Bargeld plus Apfelsinen im Wert von 20 Euro und Äpfel im Wert von 20 Euro.

Zu sagen, dass der Handel einen von ihnen ärmer gemacht habe, ist vollkommen falsch. Tatsächlich sind beide mit der Verteilung ihres Vermögens nach dem Handel glücklicher als vorher, weil ihre Handelstransaktionen freiwillig waren. Wenn der Apfelproduzent glücklicher damit gewesen wäre, seine ursprünglichen 100 Euro Bargeld und 50 Äpfel zu behalten, hätte er keinen Apfelsinen eingehandelt. Und dasselbe gilt für den Apfelsinenproduzenten.

Solange internationaler Handel freiwillig ist, vergrößern alle Handelstransaktionen das Glück. Sich darauf zu konzentrieren, ob ein Handelsdefizit oder ein Überschuss existiert, geht vollkommen an dem Punkt vorbei, dass internationaler Handel einfach eine Neuverteilung von Vermögensgegenständen zwischen Ländern ist, die jeden glücklicher macht. Sogar das Land, das das Handelsdefizit hat, ist glücklicher.

Vermögensgegenstände, nicht nur Bargeld berücksichtigen

Für diejenigen, die Handelsdefizite hassen, sieht die Tatsache, dass das Bargeld des Apfelproduzenten von 100 Euro vor dem Handel auf nur 90 Euro nach dem Handel abnimmt, nachteilig aus, weil sie vollkommen darauf fixiert sind, dass der Apfelproduzent nach dem Handel um 10 Euro ärmer ist, was das Bargeld angeht. Und sie regen sich noch mehr darüber auf, weil die 10 Euro bei dem Apfelsinenproduzenten landen und ihm den Vorteil verschaffen, jetzt über 110 Euro im Gegensatz zu 90 Euro Bargeld verfügen zu können.

Diese Sichtweise geht daran, dass das Gesamtvermögen des Apfelproduzenten immer noch 150 Euro beträgt und dass seine Vermögensgegenstände jetzt in einer Weise verteilt sind, die ihm besser gefällt als vor dem Handel. Aber wenn Sie auf diesen Punkt hinweisen, antworten Defizitgegner mit der Frage, was passiert, wenn der Apfelproduzent seine 30 Äpfel und 30 Apfelsinen und der Apfelsinenproduzent seine 20 Äpfel und 20 Apfelsinen gegessen haben. Letztlich haben die Obstproduzenten nur noch ihr jeweiliges Bargeld übrig. Weil der Apfelproduzent 20 Euro weniger Bargeld als der Apfelsinenproduzent hat, muss er benachteiligt sein, wenn er ein Handelsdefizit hat.

Auch dieses Argument geht an dem Punkt vorbei, dass der Apfelproduzent glücklicher war, den Handel abschließen zu können und 90 Euro Bargeld übrig zu haben, als er gewesen wäre, wenn er den Handel nicht hätte abschließen können und 100 Euro Bargeld übrig gehabt hätte. Wenn es den Handel nicht gegeben hätte, hätte er eine sehr langweilige Diät gehabt, die nur aus Äpfeln bestanden hätte.

Gegner von Handelsdefiziten malen ein wirklich Furcht einflößendes Bild, wenn sie anfangen, über den Verkauf von Grund und Boden zu sprechen, der durch den internationalen Handel verursacht wird. (Ach du meine Güte, die Ausländer übernehmen unser Land!) Um dieses Argument zu verdeutlichen, stellen Sie sich vor, dass die Obstproduzenten nicht mit jeweils 100 Euro Bargeld, sondern jeweils mit 100 Morgen Land beginnen, das 1 Euro pro Morgen wert ist. Die einzige Möglichkeit des Apfelproduzenten, 10 Euro Bargeld zu beschaffen, um sein Handelsdefizit zu bezahlen, besteht darin, zehn Morgen Land an den Apfelsinenproduzenten zu verkaufen. Das heißt, der Handel besteht insgesamt aus einem Austausch von 20 Äpfeln plus zehn Morgen Land, die zusammen 30 Euro wert sind, gegen 30 Apfelsinen, die ebenfalls 30 Euro wert sind. Weil zehn Morgen Land des Apfelproduzenten jetzt dem Apfelsinenproduzenten gehören, glauben Defizithasser, dass der Apfelproduzent sein Land – buchstäblich – ausverkauft.

Solche Transfers von Eigentum passieren im wirklichen Leben. In den 1980er-Jahren hatten die Vereinigten Staaten riesige Handelsdefizite gegenüber Japan. Dies führte dazu, dass japanische Unternehmen und Einzelpersonen Eigentümer vieler berühmter US-Gebäude und -Unternehmen wurden. Dies wurde vielen US-Politikern wirklich unheimlich, aber sie übersahen, dass alle Handelstransaktionen – sei es mit Ausländern oder mit Mitbürgern – das Ziel haben, die Beteiligten glücklich zu machen. Denn was ist schließlich gut daran, die 100 Morgen Land zu behalten, wenn es Sie glücklicher macht, zehn davon gegen Güter aus dem Ausland einzutauschen? Oder was wäre im Fall der Vereinigten Staaten während der 1980er-Jahre gut daran gewesen, den Times Square oder Columbia Pictures zu behalten, wenn die Leute sie lieber gegen Honda Accords oder Sony VCRs eintauschen wollten? (Die antijapanische Hysterie dieser Zeit erscheint noch dümmer, wenn man bedenkt, dass die größte Gruppe ausländischer Eigentümer von US-Eigentum Engländer waren und noch immer sind!)

Sehr zum Leidwesen der Wirtschaftswissenschaftler greift das Argument, dass es bei einem Handel darauf ankommt, die Beteiligten *glücklicher* zu machen, nicht immer. Viele betrachten den Handel als einen feindseligen Wettbewerb, um andere Länder zu beherrschen, indem laufend Handelsüberschüsse erzielt werden und somit irgendwann alle Vermögensgegenstände des anderen in den eigenen Besitz übergehen. Zu diesem Zweck plädieren sie für Restriktionen des Handels, die die Handelsbeziehungen so manipulieren sollen, dass ihr eigenes Land immer Überschüsse erzielt. Aber solche politischen Entscheidungen scheitern unvermeidlich, weil jede Zollbarriere oder Importbesteuerung zur Abwehr von Importen und zur Verbesserung der eigenen Handelsbilanz andere Länder zu ähnlichen Gegenmaßnahmen veranlasst. Solche *Handelskriege* haben zur Folge, dass alle beidseitig errichteten oder auferlegten Barrieren, Restriktionen und Steuern den internationalen Handel auf ein Minimum reduzieren. Niemand hat einen Vorteil vor den anderen, und niemand ist glücklich.

Deshalb haben die Regierungen während der letzten 50 Jahre zunehmend auf weniger und weniger Restriktionen des internationalen Handels gedrängt. Die *Freihandelsbewegung* hat zu Millionen neuen Arbeitsplätzen und zu einer erheblichen Verbesserung des Lebensstandards geführt, weil Menschen auf der ganzen Welt frei das handeln und kaufen können, was sie haben wollen, um glücklich zu werden – selbst wenn dies bedeutet, von einem Ausländer zu kaufen.

Einen komparativen Vorteil ausnutzen

Das Argument, dass sogar Länder mit Handelsdefiziten besser dastehen, weil sie eine Kombination von Gütern und Diensten konsumieren können, die sie sonst nicht hätten bekommen können, basiert allein auf dem Nutzen, mit Dingen zu handeln, die bereits produziert worden sind. Aber ein noch besseres Argument für den internationalen Handel ist, dass dadurch tatsächlich die Gesamtmenge des produzierten Outputs in der Welt gesteigert wird, was bedeutet, dass der Output pro Person größer ist und der Lebensstandard insgesamt zunimmt.

Dieses Argument, das als *komparativer Vorteil* bezeichnet wird, wurde von dem englischen Wirtschaftswissenschaftler David Ricardo 1817 als kraftvolles Argument gegen die Importzölle entwickelt, die als die *Corn Laws* bekannt wurden und damals ausländisches Getreide mit hohen Importzöllen belegten. Diese Gesetze hielten den Preis von Getreide hoch, sodass der Adel, der den größten Teil des Ackerlandes besaß, ihre Beibehaltung befürwortete. Natürlich waren die Armen gegen diese Gesetze, weil sie den Preis ihres Grundnahrungsmittels Brot in die Höhe trieben.

Ricardo zeigt auf, dass eine Abschaffung der Restriktionen des internationalen Handels nicht nur den Armen in England helfen würde, sondern außerdem England und alle Länder, mit denen es Handel trieb, reicher machen würde. Denn diesen Ländern wurden so Anreize gegeben, sich auf die Produktion von Gütern und Diensten zu spezialisieren, die das jeweilige Land zu den geringstmöglichen Kosten produzieren konnte. Ricardo zeigte, dass dieser Prozess der Spezialisierung den weltweiten Gesamt-Output steigern und damit den Lebensstandard anheben würde.

Die Logik hinter dem Argument des komparativen Vorteils lässt sich am leichtesten verstehen, wenn man nicht an Länder, sondern an Personen denkt: Heather ist Patentanwältin und ihre Bruder Adam arbeitet als Fahrradmechaniker. Heather ist nicht nur ziemlich gut darin, Erfindungen beim Patentamt anzumelden, sie kann auch sehr gut Fahrräder reparieren. Eigentlich kann sie sogar Fahrräder schneller als ihr Bruder reparieren. Dem gegenüber ist Adam ein intelligenter Mensch und kann auch Patente bearbeiten, obwohl er darin nicht so schnell wie Heather ist. Tabelle 4.1 gibt an, wie viele Fahrradreparaturen und Patenteinreichungen jeder von ihnen an einem Tag durchführen könnte, wenn er seine ganze Arbeit auf eine einzige Aktivität konzentrieren würde.

Person	Patenteinreichungen	Fahrradreparaturen
Heather	6	12
Adam	2	10

Tabelle 4.1: Produktivität von Heather und Adam pro Tag

Heather kann an einem Tag sechs Patente einreichen oder zwölf Fahrräder reparieren, während Adam zwei Patente einreichen oder zehn Fahrräder reparieren kann. Bei beiden Tätigkeiten ist Heather effizienter als ihr Bruder, weil sie die Arbeit eines Tages in mehr Einheiten jedes Gutes umwandeln kann als Adam.

Wirtschaftswissenschaftler sagen, dass Heather bei der Produktion beider Güter einen *absoluten Vorteil* gegenüber Adam hat. Das bedeutet, dass sie bei beiden Gütern der effizientere Produzent ist; mit demselben Arbeitsaufwand (ein Arbeitstag) kann sie mehr produzieren als ihr Bruder. Bevor David Ricardo den komparativen Vorteil entdeckte, hat jeder nur den absoluten Vorteil betrachtet, weil er nichts anderes kannte. Und bei der Betrachtung von Situationen wie der von Heather und Adam kam man zu dem (falschen) Schluss, dass Heather, weil sie bei beiden Aufgaben effizienter als Adam arbeitet, keinen Bedarf hat, mit ihm zu tauschen.

Anders ausgedrückt: Manche glaubten fälschlicherweise, dass Heather, weil sie Fahrräder schneller als Adam reparieren kann, nicht nur als Patentanwältin arbeiten sollte, sondern dass sie auch ihr Fahrrad selbst reparieren sollte, wenn dieses kaputt gehen würde. Ricardo zeigte auf, dass dieses Argument, das auf dem absoluten Vorteil basiert, falsch ist und dass Heather obwohl sie Fahrräder effizienter als Adam reparieren kann, niemals Fahrräder reparieren sollte. Denn Ricardo stellte fest, dass es der Welt insgesamt besser gehen würde, wenn sich jede Person (und jedes Land) auf das spezialisieren würde, was sie/es am besten kann.

Wenn man überlegt, ob Heather das eine oder das andere Gut produzieren soll, braucht man ein Maß, um die Produktion beider Güter zu vergleichen. Die Schlüsseleinsicht des komparativen Vorteils besteht nun darin, dass das richtige Maß der Kosten nicht in der Anzahl des Arbeitsaufwands besteht, der für eine Patenteinreichung oder eine Fahrradreparatur erforderlich ist (was die Logik hinter dem absoluten Vorteil ist). Stattdessen bestehen die tatsächlichen Kosten darin, auf welche Produktionsmenge des einen Gutes Sie verzichten müssen, um eine Einheit des anderen Gutes zu produzieren.

Während Heather ein Patent für die Einrichtung beim Patentamt vorbereitet, kann sie nicht zwei Fahrräder reparieren. Dagegen könnte Adam, wenn er ein Patent bearbeiten würde, nicht fünf Fahrrädern reparieren. Deshalb »produziert« Heather Patenteinreichungen zu den niedrigeren Kosten und sollte sich deshalb auf Patenteinreichungen spezialisieren. Und Adam sollte sich auf Fahrradreparaturen spezialisieren, weil er Fahrradreparaturen zu den niedrigeren Kosten »produziert«.

Im Allgemeinen betrachtet sollten sich Länder auf die Produktion von Gütern und Diensten spezialisieren, die sie zu niedrigeren Kosten als andere Länder liefern können. Wenn die Länder die Freiheit haben, dies zu tun, wird alles, was produziert wird, von den Produzenten mit den niedrigsten Kosten hergestellt. Weil diese Regelung zu der Produktion mit der größtmöglichen Effizienz führt, wird der Gesamt-Output gesteigert und damit der Lebensstandard angehoben.

Politiker warnen oft davor, dass Länder bei verschiedenen Gütern und Diensten von anderen Ländern »abhängig« werden könnten. Jede Politik, die diese Warnung ernst nimmt, indem sie den Handel und die Spezialisierung behindert, steigert die Kosten und verursacht ein Absinken des Gesamt-Outputs.

Die Freihandelsbewegung lässt den komparativen Vorteil entscheiden, wer was produziert, und steigert so den gesamten Welt-Output und hebt damit den Lebensstandard an. Unter der Freihandelsbewegung spezialisiert sich jedes Land auf die Bereiche, in denen es einen komparativen Vorteil hat, und handelt dann mit anderen Ländern, um die Güter und Dienste einzutauschen, die es konsumieren möchte.

Lassen Sie sich durch den absoluten Vorteil nicht verwirren. Wie das Beispiel dieses Abschnitts gezeigt hat, hat Heather bei allen Gütern einen absoluten Vorteil, aber nur bei der Patenteinreichung einen komparativen Vorteil. Wenn Sie einen absoluten Vorteil haben, bedeutet dies, dass Sie etwas zu niedrigeren Kosten (gemessen in Input-Einheiten) herstellen können. (Beispielsweise bearbeitet Heather eine Patentanmeldung schneller als Adam.) Doch im Leben zählt nicht der Input, sondern der Output – die Dinge, die Menschen tatsächlich konsumieren wollen. Wenn Sie sich darauf konzentrieren, die Kosten mit den alternativen Output-Arten zu messen, die Sie aufgeben müssen, um etwas zu produzieren, dann stellt der komparative Vorteil sicher, dass Sie im Hinblick auf das effizient sind, was wirklich zählt: der Output.

Inflationsfrustration: Warum mehr Geld nicht immer nützlich ist

In diesem Kapitel
- Eine Inflation durch Drucken von zu viel Geld riskieren
- Eine Inflation mit Preisindices messen
- Zinssätze anpassen, um eine Inflation zu berücksichtigen

Inflation ist eine Situation, in der das allgemeine Preisniveau in der Wirtschaft ansteigt. Dies bedeutet nicht, dass jeder Preis jeden Gutes nach oben geht – einige Preise können sogar fallen –, aber der allgemeine Trend zeigt nach oben. Üblicherweise geht der Trend der Preiserhöhungen jedes Jahr nur um einen kleinen Prozentsatz nach oben, aber die Leute mögen auch milde Inflationen nicht, weil ehrlich gesagt, niemand gerne höhere Preise zahlt. Eine milde Inflation verursacht auch Probleme: Beispielsweise erschwert sie die Planung der Alterssicherung. Denn wenn Sie nicht wissen, was die Dinge kosten werden, wenn Sie in Rente gehen, ist es schwierig, mit einiger Sicherheit zu berechnen, wie viel Geld Sie heute sparen müssen.

Und es kann richtig schlimm werden, wenn die Inflation wirklich außer Kontrolle gerät und die Preise anfangen, pro Monat 20 oder 30 Prozent zu steigen – dies ist im vergangenen Jahrhundert in mehr als nur ein paar Ländern passiert. Solche Situationen einer so genannten *Hyperinflation* begleiten normalerweise einen größeren wirtschaftlichen Zusammenbruch mit einer hohen Arbeitslosigkeit und einem stärkeren Nachlassen der Produktion von Gütern und Diensten. (Mehr über Preise und ihren Einfluss auf die Wirtschaft finden Sie in Kapitel 6.)

Doch es gibt auch eine gute Nachricht: Wirtschaftswissenschaftler kennen die Ursachen einer Inflation und wissen, wie sie gestoppt werden kann. Der Schuldige ist eine Geldmenge, die zu schnell wächst, und die Lösung besteht einfach darin, das Wachstum der Geldmenge zu verlangsamen oder zu stoppen. Leider gibt es immer einen gewissen politischen Druck zu Gunsten einer (milden) Inflation, sodass das Wissen, wie einer Inflation vorgebeugt werden kann, allein nicht unbedingt bedeutet, dass die entsprechenden Maßnahmen auch eingeleitet werden.

In diesem Kapitel erfahren Sie einiges über Geld und Inflation, was Sie möglicherweise noch nicht wissen. Unter anderem beschreibe ich, warum Regierungen oft versucht sind, viel Geld zu drucken, um Haushaltsdefizite zu bezahlen, warum eine solche Maßnahme tatsächlich eine Form der Besteuerung ist und warum es immer eine Wählerschaft gibt, die den Staat ermutigt, weiterzumachen und tonnenweise Geld zu drucken. Ich zeige Ihnen auch, warum das Drucken von viel Geld Inflationen verursacht, wie man Inflationen und die Auswirkung der Inflation auf die Zinssätze messen kann. Ich werde Ihnen eines jedoch nicht verraten– nämlich, wie Sie Ihr eigenes Geld drucken können; denn mein Buch heißt nicht *Geldfälschung für Dummies*.

Eine Inflation kaufen: Die Risiken von zu viel Geld

Man kann nicht deutlich genug sagen, wie wichtig Geld für das reibungslose Funktionieren der Wirtschaft ist. Ohne Geld würden Sie die meiste Zeit mit *Tauschhandel* verbringen, das heißt, Sie würden versuchen, Tauschgeschäfte abzuwickeln, bei denen Sie ein Gut gegen ein anderes eintauschen (*Tauschwirtschaft*). Sie erinnern sich vielleicht an Ihre Kindheit: »Ich gebe dir mein Butterbrot für deine Kekse.« Tauschhandel funktioniert nur unter dem seltenen Umstand gut, dass Sie auf jemanden treffen, der das hat, was Sie wollen, und der das will, was Sie haben. Diese Art des Tauschhandels wird auch als *Naturaltausch* bezeichnet.

Geld ist ein Tauschmittel, mit dem Sie die Kekse selbst dann von dem anderen Kind bekommen können, wenn Sie kein Butterbrot haben. Geld kann aus einem beliebigen Gut, Objekt oder Ding bestehen; doch sein definierendes Merkmal besteht darin, dass es als Bezahlung für alle anderen Güter und Dienste akzeptiert wird. In der heutigen Wirtschaft werden Dinge mit einer großen Vielfalt von Geldern bezahlt: vom Staat herausgegebene Münzen und Geldscheine, Schecks und elektronische Zahlungsströme, die durch Kreditkarten und Geldkarten erleichtert werden. Weil Geld an fast allen wirtschaftlichen Transaktionen beteiligt ist, gehört es zu den Kernthemen der *Makroökonomik*, dem Studium der Wirtschaft insgesamt.

Geldmenge und Nachfrage ins Gleichgewicht bringen

Wie bei allem im Leben ist das Gleichgewicht wesentlich. Wenn der Staat zu viel Geld druckt, gehen die Preise nach oben, und es kommt zu einer Inflation. Wenn der Staat zu wenig Geld druckt, gehen die Preise nach unten und es kommt zu einer Deflation. Aber welche Geldmenge ist die richtige? Und warum wird eine Inflation oder Deflation ausgelöst, wenn man zu viel oder zu wenig Geld druckt?

Im Grunde wird der Wert des Geldes von Angebot und Nachfrage bestimmt (was ich in Kapitel 8 ausführlich beschreibe):

✔ Das *Angebot* an Geld unterliegt staatlicher Kontrolle, und der Staat kann, wenn er will, jederzeit mehr Geld drucken.

✔ Die *Nachfrage* nach Geld ist davon abgeleitet, dass es ein Mittel ist, um Dinge zu bezahlen, sowie davon, dass der Besitz von Geld bedeutet, dass man keinen Tauschhandel suchen muss.

Bei jedem gegebenen Angebot an Geld wird der Wert einer Geldeinheit durch das Zusammenspiel von Angebot und Nachfrage bestimmt. Wenn Geld knapp ist, ist jedes Geldstück sehr wertvoll; weniger Geldstücke bedeuten, dass es weniger Gelegenheiten gibt, einen Tauschhandel zu vermeiden. Aber wenn der Staat das Angebot an Geld erheblich steigert, verliert jede einzelne Geldeinheit an Wert, weil es leicht ist, genügend Geld zusammenzubekommen, um Tauschhandel zu vermeiden.

5 ➤ Inflationsfrustration: Warum mehr Geld nicht immer nützlich ist

Besser als Naturaltausch: Zeig mir das Geld!

Im Laufe der Geschichte wurden verschiedenste Dinge als Geld verwendet:

- ✔ Im alten China, im Pazifik und auch bei den amerikanischen Ureinwohnern wurden Seemuscheln als Geld verwendet.
- ✔ In den Gefangenenlagern im Zweiten Weltkrieg dienten Zigaretten als Geld.
- ✔ In vielen Kulturen wurden Agrarprodukte wie Gerste oder Vieh als Geld verwendet.
- ✔ Auf der Insel Yap im Pazifik wurden riesige Steinräder benutzt.

Schließlich wurde in den meisten Ländern der alten Welt erkannt, dass sich Metall am besten als Geld eignet. Metall nutzt sich nicht ab und zerbricht nicht wie Seemuscheln; es schimmelt nicht wie Gerste; und im Gegensatz zu großen Steinrädern kann es leicht in der Tasche transportiert werden. Doch Metallgeld als Münzen zu prägen war eine spätere Erfindung. Das erste Metallgeld hatte andere Formen: Die Kelten bevorzugten Geldringe; in Mesopotamien wurden lange, spiralförmige Metallbänder gefunden; und die Chinesen hatten Metallgeld in Form von Messern und Schaufeln.

Doch unabhängig von der Form oder Substanz verwendete fast jede Gesellschaft das eine oder andere Gut ausdrücklich als Geld. Ohne diese Mittel wären sie auf der Stufe des Naturaltausches stehen geblieben – und das wollten alle vermeiden.

 Preise und der Wert von Geld stehen in einer *umgekehrten Beziehung* zueinander; das heißt, wenn der Wert des Geldes zunimmt, sinken die Preise (und umgekehrt). Um zu sehen, wie diese Beziehung funktioniert, nehmen Sie an, dass Geld knapp und folglich sehr wertvoll ist. Weil es sehr wertvoll ist, können Sie damit viele Dinge kaufen. Beispielsweise könnten Sie mit einem Euro zehn Pfund Kaffee kaufen (das sind zehn Cent pro Pfund). Aber wenn es sehr viel Geld gibt, dann ist jede Einheit nicht sehr wertvoll. In diesem Fall erhalten Sie für einen Euro möglicherweise nur ¼ Pfund Kaffee (das sind vier Euro pro Pfund). Das heißt: Je größer das Angebot an Geld, desto höher die Preise.

Die Nachfrage nach Geld nimmt im Laufe der Zeit tendenziell zu; wachsende Wirtschaften produzieren mehr Güter, und Konsumenten fragen mehr Geld nach, um die angebotenen Güter zu kaufen. Je nachdem, wie der Staat auf die Konsumentennachfrage nach mehr Geld reagiert, sind drei Szenarios möglich:

- ✔ Wenn der Staat das Angebot an Geld um *dieselbe Rate* steigert, wie die Nachfrage nach Geld wächst, ändern sich die Preise nicht. Anders ausgedrückt: Wenn das Angebot an und die Nachfrage nach Geld um die gleichen Raten wachsen, ändert sich der relative Wert des Geldes nicht.
- ✔ Wenn der Staat das Angebot an Geld *schneller* steigert, als die Nachfrage nach Geld wächst, kommt es zu einer Inflation, weil es relativ mehr Geld gibt und jedes Geldstück relativ

weniger wertvoll wird. Wenn ein Geldstück weniger wert ist, brauchen Sie mehr Geldstücke, um Dinge zu kaufen, das heißt, die Preise steigen.

✔ Wenn der Staat das Angebot an Geld *langsamer* steigert, als die Nachfrage nach Geld wächst, kommt es zu einer Deflation, weil jedes Geldstück relativ wertvoller wird. Um vorhandene Güter oder Dienste zu kaufen, benötigen Sie jetzt weniger Geld.

Vielleicht fragen Sie sich, ob es eine Möglichkeit gibt, genau zu sagen, wie viel Inflation zu erwarten ist, wenn eine bestimmte Menge zusätzlichen Geldes gedruckt wird. Sie haben Glück! Die *Quantitätstheorie des Geldes* sagt, dass das allgemeine Preisniveau in der Wirtschaft proportional zu der Menge des Geldes ist, das in der Wirtschaft umläuft. *Proportional* bedeutet einfach, dass Dinge um gleiche Sätze wachsen; deshalb kann die Quantitätstheorie auch folgendermaßen ausgedrückt werden: Wenn Sie die Geldmenge verdoppeln, verdoppeln Sie die Preise.

Aber *warum* sollte ein Staat überhaupt eine Inflation oder Deflation in irgendeiner Höhe auslösen wollen? Um die Antwort auf diese Frage zu bekommen, müssen Sie weiterlesen!

Der Versuchung der Inflation nachgeben

Eine Preisinflation wird hauptsächlich durch einen Staat verursacht, der mehr Papiergeld druckt oder eine große Menge von Münzen aus einem billigen Metall prägt. Dadurch wird das Angebot an Geld erheblich gesteigert und der Wert jedes einzelnen Geldstücks verringert. Wenn die Verkäufer höhere Preise verlangen, um zu kompensieren, dass jedes Geldstück weniger wert ist, haben Sie eine Inflation.

Doch warum um alles in der Welt sollten Staaten überhaupt zu viel Geld drucken wollen? Gute Frage. Im Laufe der Geschichte haben Staaten den Geldumlauf unter drei Umständen vergrößert:

✔ wenn Staaten nicht genügend Steuern einnehmen, um ihre Zahlungsverpflichtungen zu erfüllen

✔ wenn Staaten den Druck von Schuldnern spüren, die eine Inflation wollen, damit sie ihre Schulden mit weniger wertvollem Geld zurückzahlen können

✔ wenn Staaten versuchen, die Wirtschaft während einer Rezession oder Depression anzuregen

Wenn Sie diese drei Gründe für eine Vergrößerung der Geldmenge näher kennen lernen, sollten Sie stets bedenken, was Sie in dem vorangegangenen Abschnitt gelesen haben: Wenn das Angebot an Geld schneller als die Nachfrage nach Geld steigt, kommt es zu einer Inflation. Deshalb riskiert der Staat, egal aus welchem Grund er das Angebot an Geld steigert, immer eine Inflation. Und dies gilt sowohl für gute Gründe wie dem Wunsch, der Wirtschaft aus einer Rezession zu helfen, als auch für schlechte Gründe wie dem Wunsch, Schuldnern zu helfen, ihre Kredite mit weniger wertvollem Geld zurückzuzahlen.

Krösus und Kublai Khan: Die Könige des Geldes

König Krösus von Lydien wird normalerweise die Lösung des Problems des gefälschten Münzgelds zugeschrieben. Im sechsten Jahrhundert vor Christus gab Krösus die ersten staatlich zertifizierten Münzen mit einer garantierten Reinheit und einem garantierten Gewicht heraus. Lydien befand sich im Westen der heutigen Türkei, und bald verwendeten alle wichtigen Handelsnationen des Mittelmeers die neuen lydischen Münzen, weil sie das bei weitem vertrauenswürdigste Tauschmittel waren, das es gab. Die neuen Münzen verschafften lydischen Händlern einen größeren Vorteil, und das Königreich wurde bald sehr vermögend, sodass Krösus als der reichste Mann der Welt galt – noch reicher als König Midas (Mythos: »Was er anfasst, wird zu Gold.«), dessen Gold Krösus zu Münzen prägte.

Aber Münzen wiegen viel und können deshalb nicht in großen Mengen herumgetragen werden. Der chinesische Kaiser Kublai Khan erfand deshalb im 13. Jahrhundert das Papiergeld. Dieses Papiergeld war tatsächlich eine Art Edelmetallzertifikat; wer eines dieser Zertifikate besaß, konnte zu einer Staatsbank gehen und es gegen Gold eintauschen. Deshalb waren diese Papierstücke so wertvoll wie Gold, aber es war viel einfacher, einen Stapel Papier zu transportieren als einen schweren Sack mit Münzen.

Papiergeld war eine so radikale Erfindung, dass Marco Polo ausgelacht wurde, als er aus China zurückkam und den Europäern davon erzählte, weil diese sich nicht vorstellen konnten, dass etwas anderes als Gold- oder Silbermünzen als Geld dienen könnte. Ihr Unglauben war schwer zu überwinden, und nachdem Papiergeld in China an Ansehen verloren hatte, dauerte es Jahrhunderte, bevor ein anderer Staat wieder Papiergeld herausgab.

Rechnungen durch Drucken von Geldscheinen bezahlen: Auf dem Weg in die Hyperinflation

Staaten haben fast immer Schulden, und zusätzliches Geld zu drucken, kann eine verlockende Methode sein, sie zu bezahlen. Ziemlich oft möchte eine Regierung mehr Geld ausgeben, als sie durch Steuern einnimmt. Eine Lösung besteht darin, das Defizit durch Aufnahme von Krediten zu überbrücken, aber eine andere besteht darin, einfach neue Geldscheine zu drucken, um die Differenz auszugleichen.

Bis vor kurzem war es schwierig, neues Geld zu drucken, weil die meisten Papierwährungen auf der Welt durch ein wertvolles Metall wie beispielsweise Gold gedeckt waren. Bei einem solchen System konnte jedes Stück Papiergeld, das in der Wirtschaft zirkulierte, in eine bestimmte Menge Gold umgetauscht werden, sodass jeder, der über Bargeld verfügte, sein Bargeld jederzeit in Gold umtauschen konnte, wenn er dies wollte. Beispielsweise konnte man in den Vereinigten Staaten zum US-Schatzamt gehen und 35 US-Dollar Bargeld in eine Unze Gold umtauschen.

Dieser *Goldstandard* machte es dem Staat schwer, die Währung durch das Drucken von zu viel Geld abzuwerten, weil er sich zunächst mehr Gold beschaffen musste, um das neue Geld damit zu decken. Weil Gold teuer ist, wurden Regierungen wirksam daran gehindert, ihre Geldvorräte zu vergrößern.

Doch 1971 schaffte Präsident Nixon den Goldstandard in den Vereinigten Staaten ab und führt das so genannte *Fiat-System* ein, bei dem das Papiergeld durch nichts gedeckt ist. Die Währung muss einfach so akzeptiert werden, als hätte sie einen Wert. Das Wort *fiat* kommt aus dem Lateinischen und bedeutet so viel wie: »Es sei so!« Das heißt, wenn man von *Fiat-Geld* spricht, bezeichnet man ein Geld, dessen Wert vom Staat einfach durch eine entsprechende Erklärung begründet wird. Das Problem bei einem Fiat-Geldsystem liegt darin, dass im Grunde nichts die Anzahl der kleinen Papierstücke begrenzt, die der Staat drucken kann, um seine Schulden zu bezahlen.

Der Ärger, der durch das Drucken von Geld verursacht wird, um Schulden und Verpflichtungen zu bezahlen, rührt daher, dass Geld, sobald es im Umlauf ist, ausgegeben wird und die Preise in die Höhe treibt, was bedeutet, dass es eine Inflation verursacht. Und wenn der Staat immer mehr Geld druckt, bieten die Kunden den Händlern und Produzenten immer mehr Geld für dieselben Mengen an Gütern an. Es geht zu wie auf einer gigantischen Auktion, bei der jeder Bieter immer mehr Geld zum Bieten erhält.

Wenn sich eine Regierung angewöhnt, schnell neues Geld zu drucken, um ihre Rechnungen zu bezahlen, kann die Inflation bald 20 oder 30 Prozent pro Monat erreichen oder sogar überschreiten. Dann tritt die Situation ein, die als *Hyperinflation* bezeichnet wird. Wirtschaftswissenschaftler hassen Hyperinflationen, weil sie das tägliche Leben erheblich stören und das Wirtschaftsklima ruinieren.

Zunächst führt eine Hyperinflation dazu, dass die Menschen einen riesigen Teil ihrer Zeit darauf verwenden, die Auswirkungen steigender Preise zu vermeiden. Während der Hyperinflation zur Zeit der Weimarer Republik erhielten Fabrikarbeiter ihren Lohn zwei- oder sogar dreimal am Tag, weil das Geld seinen Wert so schnell verlor. Ihre Frauen warteten an den Fabriktoren, um das Geld sofort in den nächsten Laden zu tragen und den Lohn auszugeben, bevor dieser den größten Teil seines Wertes verloren hatte. Einkaufen kann Spaß machen, aber nicht, wenn Sie verzweifelt maßlos steigenden Preisen hinterher jagen!

Eine Hyperinflation zerstört auch den Anreiz zu sparen, weil das einzig Vernünftige, was man während einer Hyperinflation mit Geld tun kann, darin besteht, es so schnell wie möglich auszugeben, bevor es noch mehr an Wert verliert. Wer seine Lebensersparnisse in Reichsmark angesammelt hatte, stellte während der Hyperinflation sehr schnell fest, dass alles, für das er hart gearbeitet hatte, wertlos geworden war. Und wer für die Zukunft etwas sparen wollte, wurde nachhaltig entmutigt, weil er wusste, dass alles Geld, das er sparte, bald seinen gesamten Wert verlieren würde. Dies verursachte schwer wiegende Probleme. Denn wenn nicht mehr gespart wird, steht kein Geld zur Verfügung, um Unternehmen Kredite für neue Investitionen zu gewähren. Und ohne neue Investitionen kann die Wirtschaft nicht wachsen.

5 ▶ Inflationsfrustration: Warum mehr Geld nicht immer nützlich ist

Inflation, wütende Bauern und Der Zauberer von Oz

In der zweiten Hälfte des 19. Jahrhunderts standen US-Bauern in dem neu erschlossenen Westen als Folge der technischen Revolution, die damals die Landwirtschaft umkrempelte, tief in der Schuld der Bankiers von der Ostküste. Ernte- und Dreschmaschinen und andere große und teure Maschinen führten zu einer erheblichen Steigerung der Produktivität und des Outputs, aber die darauf folgende ungeheure Steigerung des Angebots bedeutete, dass die Preise für Agrarprodukte abstürzten.

Die Bauern befanden sich in einer Zwangslage, weil sie einerseits weniger für ihren Output bekamen, andersseits aber laufend hohe Zahlungen auf die Kredite leisten mussten, mit denen sie die neuen teuren Geräte und Maschinen gekauft hatten. Die meisten Bauern wollten dieser Lage entkommen, indem sie im Wahlkampf Politiker unterstützten, die eine Abkehr der Vereinigten Staaten von einem reinen Goldstandard zu einem *bi-metallischen Standard* – Gold und Silber – forderten. Der führende Politiker dieser Bewegung war ein Senator aus Nebraska, der zweimalige demokratische Präsidentschaftskandidat William Jennings Bryan. Er forderte nachdrücklich, das US-Papiergeld sowohl mit Silber als auch mit Gold zu decken, weil der Staat dann mehr Geld drucken könnte, als dies bei einer reinen Golddeckung möglich wäre. Er sprach es zwar nicht direkt aus, aber er wollte eine große Inflation anzetteln.

In diesem politischen Kampf standen sich die Bauern aus dem Westen und die Bankiers aus dem Osten gegenüber. Die Bankiers aus dem Osten gewannen letztlich den Kampf, und die Vereinigten Staaten blieben bei einem reinen Goldstandard. Doch die Amerikaner haben immer noch ein großartiges kulturelles Vermächtnis dieses politischen Kampfes um die Inflation – obwohl die meisten dies nicht wissen.

1964 vermutete ein Professor namens Henry Littlefield, dass das Buch *Der Zauberer von Oz* ein politisches Werk sei, um den Widerstand der Bauern gegen den Goldstandard zu unterstützen: Dorothy, ein junges Bauernmädchen aus Kansas, repräsentiert die Landbevölkerung. Der Blechmann repräsentiert den Arbeiter aus der Stadt; der feige Löwe steht für William Jennings Bryan, den der Autor als Führer nicht für stark genug hielt; und die Vogelscheuche repräsentiert den Bauern. Die vier reisen auf der gelben Straße nach Osten – einer Straße aus Gold –, um den Wizard von Oz zu treffen, der die bösen Bankiers aus dem Osten darstellt, die die Wirtschaft manipulieren, indem sie hinter einem Vorhang die Fäden ziehen und Hebel bewegen. Ihr Ziel, Oz, ist einfach die Abkürzung für *Ounce*, also für eine Unze Gold.

Als Dorothy und ihre Begleiter den Zauberer und den Goldstandard als Betrug entlarvt haben, ist die Welt wieder in Ordnung. Die Vogelscheuche ist intelligent, der Löwe findet seinen Mut wieder, und der Blechmann muss sich nie wieder Sorgen machen zu rosten (das heißt, keine Arbeit zu finden). Und in dem Buch kehrt Dorothy dank ihrer *silbernen* Schuhe nach Hause zurück. Nach Littlefield wurden in der Verfilmung rubinrote Schuhe verwendet, weil sie im Film besser aussehen – eine Entscheidung, die die Amerikaner möglicherweise dazu verleitet hat zu vergessen, dass die Geschichte viel mehr sein wollte als nur ein Märchen.

Öffentlichen Druck verspüren: Die Politik der Inflation

Selbst wenn der Staat nicht versucht, seine Steuererträge durch eine Inflation zu steigern, gibt es immer einen bestimmten Teil der politischen Wählerschaft, die darauf drängt, mehr Geld in Umlauf zu bringen. Vielleicht gehören sogar Sie zu dieser Gruppe – die Angehörigen dieser Gruppe heißen *Kreditnehmer*.

Um die Politik der Inflation zu verstehen, müssen Sie wissen, dass eine der Funktionen des Geldes darin besteht, als *Schuldentilgungsmittel* zu dienen. Was bedeutet das? Stellen Sie sich vor, dass Sie einen Kredit über 1.000 Euro aufnehmen, um in Ihren Bauernhof zu investieren, und versprechen, der Bank im nächsten Jahr 1.200 Euro zurückzuzahlen. In den letzten Jahren sind die Preise in der Wirtschaft stabil gewesen; insbesondere konnten Sie die Schweine, die Sie züchten, für 100 Euro pro Stück verkaufen. Im Wesentlichen entspricht Ihre Kreditaufnahme dem Gegenwert von zehn Schweinen, wobei Sie versprechen, im nächsten Jahr zwölf Schweine zurückzuzahlen.

Aber Sie haben eine Idee. Sie fordern Ihren Verband oder Bundestagsabgeordneten auf, seine Lobby-Arbeit zu verstärken, um den Staat dazu zu bringen, mehr Geld zu drucken. All das neue Geld verursacht eine Inflation, bei der der Preis von Schweinen auf 200 Euro pro Stück steigt. Jetzt müssen Sie nur sechs Schweine verkaufen, um ihre Kreditverpflichtung von 1.200 Euro einzulösen und somit können Sie mehr Schweine für sich behalten. Kein feines Benehmen ...

Kreditgeber sind natürlich gegen die Inflationswünsche der Kreditnehmer. Wenn Sie die Bank wären, würden Sie alles in Ihrer Macht Stehende unternehmen, um die Inflation zu stoppen. Denn wenn diese weitergeht, sind nicht nur Ihre Gewinne ruiniert, sondern sie könnten direkt zu den Verlierern gehören. Im ersten Jahr Ihrer Kreditvergabe ist der ausgeliehene Betrag von 1.000 Euro der Gegenwert von zehn Schweinen. Aber nach der Inflation erhalten Sie nur den Gegenwert von sechs Schweinen zurück. Sie haben mit dem Verleihen des Geldes einen Verlust von 40 Prozent gemacht. Zu viel Inflation, und ein Kreditgeber könnte daran bankrott gehen.

Solange Wirtschaften Geld verwenden, werden Kreditgeber und Kreditnehmer immer gegeneinander aufgestellt sein und beide versuchen, den Staat in ihrem Sinne zu beeinflussen.

Die Wirtschaft durch Inflation anregen

Ein wesentlich berechtigterer Grund für Regierungen, mehr Geld zu drucken, hat den sehr respektablen Namen *Geldpolitik*. Die *Geldpolitik* umfasst die Entscheidungen einer Regierung, die Geldmenge zu vergrößern oder zu verringern und so die Wirtschaft anzuregen oder abzukühlen.

Ich beschreibe die Geldpolitik in Kapitel 7 ausführlich. Ihr liegt die Idee zugrunde, dass der Staat, wenn sich die Wirtschaft in einer Rezession befindet, neues Geld drucken und ausgeben darf. Alle Güter und Dienste, die mit dem neuen Geld gekauft werden, regen die Wirtschaft sofort an. Außerdem können alle Unternehmen, die Geld vom Staat bekommen haben, damit andere Güter kaufen. Und wer dieses Geld von den Unternehmen erhält, kann damit selbst wieder Dinge kaufen. Theoretisch kann dieser Prozess endlos weiterlaufen und zahlreiche Käufer zum Ausgeben des »neu hinzugewonnenen« Geldes anregen.

 Wenn dies zu gut klingt, um wahr zu sein, ist es dies auch nicht. Warum? Wegen der Inflation. Wenn die Leute anfangen, das ganze neue Geld auszugeben, werden die Preise in die Höhe getrieben. Letztlich führen die guten Absichten der Regierung nur dazu, dass die Preise steigen und keine zusätzlichen Güter verkauft werden. Wenn der Staat beispielsweise die Geldmenge verdoppelt, werden die Unternehmen ihre Preise verdoppeln, weil jedes Geldstück nur noch halb so viel wert ist wie vorher. Deshalb wird die Gesamtmenge der verkauften Güter und Dienste dieselbe sein wie vorher, weil zwar doppelt so viel Geld ausgegeben wird, aber auch die Preise doppelt so hoch sind.

Das traurige Ergebnis ist, dass eine Steigerung der Geldmenge die Wirtschaft nur anregt, wenn sie überraschend erfolgt.

Wenn der Staat das Geld drucken und anfangen kann, es auszugeben, bevor die Händler ihre Preise anheben können, können sie die Menge der verkauften Güter und Dienste steigern. Natürlich kommen die Händler irgendwann dahinter und heben die Preise an; doch bis dahin funktioniert der monetäre Reiz.

Leider ist es schwierig, Leute längere Zeit hinters Licht zu führen. Sie können sie einmal überraschen, aber beim zweiten Mal ist es viel schwieriger und beim dritten Mal noch schwieriger. Falls der Staat weiterhin versucht, die Bürger zu überraschen, fangen diese sogar an, die Maßnahmen des Staates vorwegzunehmen und setzen die Preise bereits herauf, bevor der Staat mehr Geld druckt. Deshalb haben sich die meisten fortschrittlichen Regierungen gegen diese Art monetärer Reize entschieden und streben heute eine Inflationsrate von null oder nahe bei null an.

Die Auswirkungen der Inflation im Überblick

In den Vereinigten Staaten und im Euro-Raum steigen die Preise jedes Jahr nur um einen geringen Prozentsatz. Doch selbst eine moderate Inflation verursacht Probleme, weil sie den praktischen Nutzen beschneidet, mit Geld statt mit Naturalien zu handeln. Sie können dafür ein besseres Gefühl bekommen, wenn Sie sich die vier Funktionen anschauen, die Wirtschaftswissenschaftler im Allgemeinen dem Geld zuschreiben, und sehen, wie diese Funktionen durch eine Inflation unterlaufen werden:

✔ **Geld ist ein *Wertaufbewahrungsmittel*.** Wenn ich heute eine Kuh für eine Goldmünze verkaufe, dann sollte ich diese Situation umdrehen und diese Goldmünze morgen oder nächste Woche oder nächsten Monat wieder in eine Kuh umtauschen können. Wenn Geld seinen Wert behält, können Sie es anstelle von Kühen oder Immobilien oder irgendeinem anderen Vermögensgegenstand aufbewahren.

Inflationen schwächen die Verwendung des Geldes als Wertaufbewahrungsmittel, weil jede Einheit der Währung im Zeitablauf immer weiter an Wert verliert.

- ✔ **Geld ist eine *Recheneinheit*.** Wenn Geld in einer Wirtschaft allgemein akzeptiert wird, wird es oft als Recheneinheit verwendet, in der Menschen Verträge abschließen. Die Leute beginnen mit Ausdrücken um sich zu werfen wie »Holz im Wert von 50 Euro« und nicht mit »50 qm Holz« oder »Ein Lagerbestand mit Hemden im Wert von 1 Million Euro« statt »Ein Lagerbestand von 20.000 Hemden«.

  Dieses Verfahren ist sinnvoll, wenn Geld seinen Wert im Laufe der Zeit behält, aber wenn Inflation herrscht, ist es problematisch, Geld als Recheneinheit zu verwenden, weil der Wert des Geldes abnimmt. Wenn beispielsweise der Wert des Geldes schnell sinkt, weiß niemand genau, wie viel Holz mit »Holz im Wert von 50 Euro« gemeint ist.

- ✔ **Geld ist ein *Schuldentilgungsmittel*.** Wenn Sie eine Kuh haben wollen, würden Sie sich wahrscheinlich keine Kuh leihen und versprechen, im nächsten Jahr zwei Kühe zurückzugeben. Stattdessen ist es viel wahrscheinlicher, dass Sie den Kredit in Form von Geld aufnehmen und zurückzahlen. Das heißt, dass Sie einen Kredit in Höhe einer Goldmünze aufnehmen, um damit eine Kuh zu kaufen, und versprechen, im nächsten Jahr zwei Goldmünzen zurückzuzahlen.

  Die fortlaufende Entwertung des Geldes während einer Inflation lässt Kreditgeber zögern, Geld als Schuldentilgungsmittel zu verwenden. Nehmen Sie an, dass ein Freund Sie um einen Kredit von 100 Euro bittet und verspricht, Ihnen in einem Jahr 120 Euro zurückzuzahlen. Das sieht wie ein gutes Geschäft aus – schließlich beträgt der Zinssatz 20 Prozent. Aber wenn die Preise sehr schnell steigen und der Wert des Geldes sinkt, wissen Sie nicht, was Sie im nächsten Jahr mit diesen 120 Euro kaufen können.

  Inflationen lassen Menschen zögern, Geld zu verleihen. Sie fürchten, dass das Bargeld bei der Rückzahlung der Kredite nicht mehr dieselbe Kaufkraft hat wie das Bargeld zum Zeitpunkt des Verleihens. Diese Unsicherheit kann verheerende Auswirkungen auf die Entwicklung neuer Unternehmen haben, die auf Kredite angewiesen sind, um ihren Betrieb zu finanzieren.

- ✔ **Geld ist ein *Tauschmittel*.** Geld ist ein *Mittel* (buchstäblich »etwas, das in der Mitte steht«) des Handels zwischen Käufern und Verkäufern, weil es direkt gegen alles andere getauscht werden kann; dadurch wird der Kauf und Verkauf beliebiger Güter viel leichter. In einer Naturaltauschwirtschaft muss ein Apfelsinenanbauer, der Bier kaufen möchte, zuerst Apfelsinen gegen Äpfel und dann Äpfel gegen Bier eintauschen, weil der Mann, der das Bier verkauft, nur Äpfel haben will. Geld räumt solche Unbequemlichkeiten aus dem Weg.

  Aber wenn eine Inflation zu hoch ist, ist Geld kein wirksames Tauschmittel mehr. Während einer Hyperinflation kehren Wirtschaften oft zum Naturaltausch zurück, weil Käufer und Verkäufer sich dann nicht über den sinkenden Wert des Geldes Gedanken machen müssen. Beispielsweise kann der Apfelsinenverkäufer in einer gesunden Wirtschaft erst Apfelsinen gegen Bargeld verkaufen und dann das Bargeld gegen Bier eintauschen. Aber während einer Hyperinflation kann der Preis von Bier in der Zeitspanne zwischen dem Verkauf der

Apfelsinen gegen Bargeld und dem Kauf des Bieres so in die Höhe geschossen sein, dass der Apfelsinenverkäufer nicht mehr sehr viel Bier für das Bargeld bekommt. Während einer Hyperinflation müssen Wirtschaften zu dem umständlichen Tauschhandel zurückkehren.

 Eine weitere Auswirkung der Inflation ist, dass sie wie eine gigantische Steuererhöhung wirkt. Dies mag seltsam erscheinen, weil man normalerweise denkt, dass der Staat Steuern erhebt, indem er seinen Bürgern einen Teil ihres Geldes wegnimmt, und nicht, indem er mehr Geld druckt. Aber Steuern sind im Grunde genommen Privateigentum, das an den Staat übertragen wird. Eine Entwertung der Währung oder das Drucken von mehr Geld kann diese Auswirkung haben.

Nehmen Sie an, dass der Staat für 20.000 Euro einen Dienstwagen für eine Behörde kaufen möchte. Der ehrliche Weg, um dieses Geschäft abzuwickeln, besteht darin, den Wagen mit 20.000 Euro der Steuererträge zu kaufen. Der hinterhältige Weg besteht darin, 20.000 Euro neues Bargeld zu drucken, um den Wagen zu kaufen. Wenn der Staat das neue Bargeld druckt und ausgibt, hat er damit Privateigentum im Wert von 20.000 Euro – eben den Wagen – in öffentliches Eigentum umgewandelt. Deshalb funktioniert das Drucken von neuem Bargeld genau wie eine Besteuerung. Weil durch das Drucken neuen Geldes eine Inflation ausgelöst wird, wird diese Art von Besteuerung oft auch *Inflationssteuer* bezeichnet.

Eine Inflationssteuer ist nicht nur hinterhältig, sondern sie betrifft unfairerweise hauptsächlich die Armen, weil diese fast ihr gesamtes Einkommen für Güter und Dienste ausgeben, deren Kosten bei einer Inflation besonders stark steigen. Im Gegensatz dazu sind die Reichen, weil sie einen großen Teil ihres Einkommens sparen können, statt alles auszugeben, was sie einnehmen, proportional weniger stark von einer Inflationssteuer betroffen. Indem sie ihre Ersparnisse in Vermögensgegenstände (wie Immobilien) investieren, deren Preise während einer Inflation ebenfalls steigen, können sich die Reichen zu einem großen Teil vor dem Schaden schützen, der durch eine Inflation verursacht wird.

Inflation messen: Preisindices

Inflationen können zahlreiche Probleme verursachen; deshalb braucht der Staat, um die Inflation kontrollieren zu können, eine Methode, um die Inflation exakt zu messen.

In dem Abschnitt *Eine Inflation kaufen: Die Risiken von zu viel Geld* weiter oben erkläre ich, wie der Wert des Geldes durch eine Interaktion des *Angebots an* Geld mit der *Nachfrage nach* Geld bestimmt wird. Das Angebot an Geld unterliegt der Kontrolle des Staates. Aber der Staat kann die Nachfrage nach Geld direkt nicht genau bestimmen, und deshalb muss er untersuchen, wie Angebot und Nachfrage zusammenspielen, um zu bestimmen, um wie viel die Geldmenge vergrößert oder vermindert werden muss:

✔ Falls eine Inflation herrscht, weiß der Staat, dass das Angebot an Geld schneller wächst als die Nachfrage nach Geld. Wenn er die Inflation zähmen will, sollte er das Angebot an Geld verringern.

- ✔ Falls eine Deflation herrscht, weiß der Staat, dass die Nachfrage nach Geld schneller wächst als das Angebot an Geld. Wenn er die Deflation beenden will, sollte er das Angebot an Geld vergrößern.

Inflation ist eine *allgemeine* Steigerung der Preise und deshalb können inflationäre Tendenzen am besten bemerkt werden, wenn geprüft wird, ob sich die Kosten für viele verschiedene Dinge im Laufe der Zeit ändern. Wenn Sie nur ein oder zwei Preise beobachten, könnten Sie leicht eine *relative* Preisänderung mit einer allgemeinen Preisänderung verwechseln. (Eine relative Preisänderung liegt vor, wenn sich ein Preis im Verhältnis zu anderen ändert, die selbst konstant bleiben.)

Wirtschaftswissenschaftler stellen willkürlich eine große Sammlung von Gütern und Diensten zusammen, die sie als *Warenkorb* bezeichnen. Dann messen sie die Inflation, indem sie ermitteln, wie viel Geld benötigt wird, um diesen Warenkorb zu verschiedenen Zeitpunkten zu kaufen. Der bekannteste Warenkorb wird in Deutschland vom Statistischen Bundesamt überwacht. Dieser Warenkorb, der so genannte *Verbraucherpreisindex*, enthält Güter und Dienstleistungen, die nach Meinung des Statistischen Bundesamtes typisch für das Konsumverhalten der Deutschen sind.

In den folgenden Abschnitten zeige ich Ihnen, wie dieser Prozess funktioniert, indem wir einen Warenkorb erstellen und schauen, wie wir damit eine Inflation messen können. Wir werden den Warenkorb mit einem bestimmten Basisjahr normalisieren und somit leicht die Inflationsraten zwischen zwei beliebigen Jahren berechnen. (Falls ich Ihr Interesse an Warenkörben und dem Verbraucherindex geweckt habe, können Sie im Web direkt vom Statistischen Bundesamt Näheres darüber erfahren: http://www.destatis.de. Suchen Sie nach *Warenkorb* oder *Preisindex*.)

Einen ganz persönlichen Warenkorb zusammenstellen

Der Verbraucherpreisindex enthält viele Produkte und Dienste – er basiert auf einem großen Warenkorb. Sie können Preisindices leichter verstehen, wenn Sie einen vereinfachten Index mit einem sehr kleinen Warenkorb erstellen. In diesem Abschnitt verwenden wir einen sehr kleinen Warenkorb, der Pizza, Bier und Lehrbücher enthält. Weil diese drei Produkte zu den Standardprodukten gehören, die Studenten einkaufen, nenne ich den Index den *Studentenpreisindex*.

Für jedes Produkt in dem Studentenpreisindex habe ich Preise für 2003, 2004 und 2005 festgelegt (siehe Tabelle 5.1).

Produkt	Kaufmenge	2003	2004	2005
Pizza	10	10 €	9 €	9 €
Bier	60	2 €	2 €	2,25 €
Lehrbücher	1	120 €	160 €	170 €

Tabelle 5.1: Der Studentenpreisindex

5 ➤ Inflationsfrustration: Warum mehr Geld nicht immer nützlich ist

2003 kostete eine mittlere Käsepizza 10 Euro, eine kalte Flasche Bier 2 Euro und ein übermäßig langes, schlecht und unverständlich geschriebenes Lehrbuch der Wirtschaftswissenschaften 120 Euro. Im nächsten Jahr sinkt der Preis einer mittleren Käsepizza tatsächlich auf 9 Euro, weil neben dem alten Pizzabäcker ein neuer aufgemacht und einen Preiskrieg ausgelöst hat. Bier kostet immer noch 2 Euro, aber der Buchladen war der Meinung, dass Studenten das Wissen viel zu billig bekommen, und hat den Preis für das Lehrbuch auf 160 Euro angehoben. (Die Spalte für 2005 wollen wir im Moment außer Acht lassen. Sie werden später in diesem Kapitel Gelegenheit haben, die Inflation mit den Zahlen aus 2005 zu berechnen.)

So weit, so gut. Aber bei der Berechnung des Indexes müssen Sie auch ermitteln, welche Menge jedes Produkts von einem typischen Studenten pro Jahr gekauft wird. Nehmen Sie der Einfachheit halber an, dass ein typischer Student zehn Käsepizzas, 60 Flaschen Bier und ein wirtschaftswissenschaftliches Lehrbuch pro Jahr kauft.

Die Inflationsrate berechnen

Um die Inflationsrate der Universitätswirtschaft zu berechnen (oder Deflationsrate, falls die Lebenshaltungskosten zufällig auch einmal sinken), addieren Sie zunächst, was der Warenkorb pro Jahr kostet. 2003 kostet er 340 Euro: 100 Euro für Pizza (zehn Pizzas zu 10 Euro pro Stück), 120 Euro für Bier (60 Flaschen Bier zu 2 Euro pro Stück) und 120 Euro für Wirtschaftslehrbücher (ein Lehrbuch zu 120 Euro). 2004 kostet derselbe Warenkorb 370 Euro, das heißt, die Kosten für den Kauf desselben Warenkorbs sind um 30 Euro gestiegen.

Wenn Sie die Zahlen addiert haben, müssen Sie einige einfache algebraische Formeln anwenden. Wirtschaftswissenschaftler bezeichnen den Gesamtpreis des definierten Warenkorbs mit dem großen Buchstaben P. Deshalb bedeutet P_{2003} hier die Kosten für den Kauf des Warenkorbs in 2003 und P_{2004} die Kosten für den Kauf des Warenkorbs in 2004. Die Inflationsrate wird in der Ökonomie per Konvention mit dem griechischen Buchstaben π (ausgesprochen »pi«) bezeichnet.

Die Inflationsrate wird mit der folgenden sehr einfachen Formel berechnet:

$$\pi = (P_{ZweitesJahr} - P_{ErstesJahr}) / P_{ErstesJahr} \qquad (1)$$

In unserem speziellen Fall lautet die Formel:

$$= (P_{2004} - P_{2003}) / P_{2003} \qquad (2)$$

Wenn wir $P_{2003} = 340$ Euro und $P_{2004} = 370$ Euro einsetzen, ergibt sich eine Inflationsrate $\pi = 0{,}088$. Um diesen Wert als Prozentsatz auszudrücken, wird er mit 100 multipliziert. Daraus ergibt sich: Die Inflation in dem Studentenpreisindex beträgt zwischen 2003 und 2004 8,8 Prozent. Das heißt, laut dieser Zahl benötigen Studenten 2004 8,8 Prozent mehr Geld als 2003, um den einfachen Warenkorb zu kaufen.

Einen Preisindex einführen

Der studentische Warenkorb ist ein einfaches Beispiel, aber wenn die Statistiker des Statistischen Bundesamtes den Verbraucherpreisindex berechnen, tun sie im Grunde dasselbe, nur mit erheblich mehr Gütern. Sie führen auch das Konzept eines *Preisindexes* (oder *Preisniveauindexes*) ein, um die Inflationsraten über mehrere Jahre hinweg leichter berechnen und interpretieren zu können. Um einen Preisindex einzuführen, setzen sie zunächst ein Basisjahr oder Indexjahr fest. In unserem Beispiel wollen wir annehmen, dass 2003 das Basisjahr für den Studentenpreisindex ist. Sie können dann eine praktische mathematische Transformation durchführen, damit das Preisniveau des Jahres 2003 der festen Größe 100 entspricht und die Preisniveaus aller anderen Jahre relativ auf den Wert 100 dieses Basisjahrs bezogen werden.

Um P_{2003} = 340 Euro zum Basisjahr zu machen, teilen wir die Zahl durch sich selbst. Dadurch erhalten wir natürlich 1. Wir multiplizieren dann diesen Wert mit 100 und erhalten unseren Basiswert 100 (100 × 1 = 100). Dies mag auf den ersten Blick etwas dümmlich aussehen, bis Sie erkennen, dass Sie, ein sehr nützliches Ergebnis erhalten, wenn Sie mit allen anderen Jahren dasselbe machen. Wenn Sie P_{2004} durch P_{2003} teilen und das Ergebnis mit 100 multiplizieren, erhalten Sie 108,8. Dieses Zahl ist leicht zu interpretieren: Sie ist 8,8 Prozent größer als 100. Oder anders ausgedrückt: Das Preisniveau 2004 ist 8,8 Prozent größer als das Preisniveau 2003. (Natürlich haben Sie diese Inflationsrate bereits mit der Gleichung (1) in dem vorangegangenen Abschnitt entdeckt.)

Sie können mit den Zahlen für 2005 aus Tabelle 5.1 fortfahren. Beispielsweise ist P_{2005} = 395 Euro. Wenn Sie P_{2005} durch P_{2003} teilen und das Ergebnis mit 100 multiplizieren, erhalten Sie 116,2; das Preisniveau in 2005 ist 16,2 Prozent höher als das Preisniveau 2003.

Die Inflationsrate zwischen 2004 und 2005 mit diesen Indexzahlen zu berechnen, ist ebenfalls einfach. Weil der Preisindex für 2004 den Wert 108,8 und der Preisindex für 2005 den Wert 116,2 hat, ist die Inflation einfach (116,2 − 108,8) / 108,8 = 0,068 oder 6,8 Prozent. (Sie verwenden hier Gleichung (1), geben aber Indexzahlen anstelle der tatsächlichen Kosten des Warenkorbs ein.)

Abbildung 5.1 zeigt die tatsächlichen Werte des Verbraucherpreisindexes der USA von 1983 bis 2003. Der Basiswert 100 wurde aus den Preisen berechnet, die Konsumenten durchschnittlich während der beiden Jahre zwischen 1982 und 1984 bezahlen mussten. (Anmerkung des Übersetzers: Wegen der Wiedervereinigung gibt es für Deutschland keine so schöne, langfristige Kurve; das tut den hier dargelegten Berechnungsverfahren aber keinen Abbruch.)

Sie können sehen, dass der Verbraucherpreisindex von seinem Anfangsniveau 100 in 1983 bis auf 185 in 2003 anstieg. Das bedeutet, dass die typische vierköpfige Familie (Anmerkung des Übersetzers: die dem amerikanischen Preisindex zugrunde liegt) für ihren Konsum im Jahre 2003 85 Prozent mehr Geld als im Jahre 1983 benötigte. Die Vergrößerung der Geldmenge hat die Preise in 20 Jahren um 85 Prozent in die Höhe getrieben.

5 ➤ *Inflationsfrustration: Warum mehr Geld nicht immer nützlich ist*

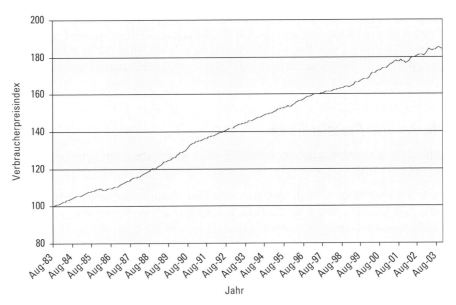

Abbildung 5.1: Verbraucherpreisindex der USA, 1983–2003

Den echten Lebensstandard mit dem Preisindex bestimmen

 Mit Preisindices kann nicht nur die Inflation leicht gemessen und interpretiert werden, sondern es kann auch die sehr wichtige Differenz zwischen realen und nominalen Preisen leicht bestimmt werden. *Nominale Preise* sind einfach Geldpreise, die sich im Zeitablauf aufgrund der Inflation ändern können. Weil sich die nominalen Preise ändern können, konzentrieren sich Wirtschaftswissenschaftler lieber auf die *realen Preise*, an denen man ablesen kann, auf welche Menge einer Art von Gütern man verzichten muss, um unabhängig von Änderungen der nominalen Preise eine andere Art von Gütern zu bekommen.

Stellen Sie sich vor, dass Sie in diesem Sommer in einem Jugendlager arbeiten und 10 Euro pro Stunde bekommen, während gleichzeitig eine DVD 20 Euro kostet. Für Sie betragen die *realen Kosten* einer DVD zwei Arbeitsstunden. Im folgenden Jahr verdoppeln sich die Preise aller Güter und Ihr Lohn: Sie verdienen somit 20 Euro pro Stunde und eine DVD kostet 40 Euro. Folglich müssen Sie immer noch zwei Stunden arbeiten, um eine DVD zu kaufen. Das heißt, obwohl sich der *nominale* Preis einer DVD verdoppelt hat, hat sich ihr *realer* Preis, gemessen in Arbeitsstunden – der Arbeitsaufwand, um eine DVD zu kaufen zu können – nicht geändert.

Durch die Konstruktion von Preisindices wie dem Verbrauchpreisindex können Wirtschaftswissenschaftler feststellen, wie sich der *reale Lebensstandard* von Jahr zu Jahr ändert. In dem Beispiel aus dem vorangegangenen Abschnitt (und den Daten aus Tabelle 5.1) beträgt die Inflation zwischen 2003 und 2004 8,8 Prozent, das heißt, dass die Lebenshaltungskosten eines Studenten um 8,8 Prozent gestiegen sind. Wenn also die Einkommen der Studenten in der gleichen Zeit nur um fünf Prozent zugenommen haben, stehen die Studenten tatsächlich schlechter da, weil die Kosten schneller als die Einkommen gewachsen sind. Der reale Lebensstandard – gemessen an der Kaufkraft des Einkommens – ist gefallen.

Probleme mit Preisindices

Das System, die Lebenshaltungskosten mit Preisindices zu messen, ist nicht fehlerlos. Die drei großen Probleme sind:

- ✔ **Der Warenkorb kann niemals den Konsum aller Verbraucher wiedergeben.** Das Statistische Bundesamt versucht das typische Konsumverhalten zu erfassen, wenn es den Verbraucherpreisindex berechnet. Aber Verbraucher unterscheiden sich nicht nur darin, was sie kaufen, sondern auch darin, wie viel sie von den jeweiligen Gütern kaufen.

- ✔ **Der Warenkorb altert.** Das Statistische Bundesamt wartet oft zu lange, bevor neue Arten von Gütern in den Warenkorb aufgenommen werden. So wurde beispielsweise die Internet-Nutzung erst 2001 berücksichtigt, obwohl der Durchbruch des Internets bereits 1993 erfolgte. Wenn der Verbraucherpreisindex nicht schnell genug beliebte neue Produkte aufnimmt, spiegelt er die Preisänderungen, die für Konsumenten wichtig sind, nicht genau (genug) wider. (Anmerkung des Übersetzers: In Deutschland wird der Warenkorb alle fünf Jahre gründlich überarbeitet. Dadurch werden viele aktuelle wichtige Umschichtungen im Markt wie beispielsweise DVDs und DVD-Player oder MP3-Player in der Unterhaltungselektronik nur langsam berücksichtigt.)

- ✔ **Der Warenkorb kann keine Auskunft über die Qualität geben.** Preise sind nicht das Einzige, was für Konsumenten wichtig ist. Beispielsweise kann der Preis von Bier konstant bleiben, während sich seine Qualität von einem Jahr zum nächsten verbessert. Sie erhalten besseres Bier für denselben Preis, aber dies wird in den Daten nicht widergespiegelt. Dieses Problem ist speziell bei Dingen wie Computern, Handys und Videospielen gravierend. Bei diesen Produkten verbessert sich die Qualität Jahr für Jahr drastisch, während die Preise entweder konstant bleiben oder sinken.

Die Statistiker des Bundesamtes bemühen sich laufend, diese Probleme zu lösen oder zu verringern, indem sie bessere Preisindices einführen und neue statistische Methoden erfinden. Die Federal Reserve Bank (die amerikanische staatliche Behörde, die die Aufgabe hat, die Geldmenge zu überwachen und festzulegen) hat vor kurzem eine Schätzung veröffentlicht, nach der der amerikanische Verbraucherpreisindex die Inflation um ein bis zwei Prozentpunkte pro Jahr zu hoch ansetzt. Der größte Teil der Überschätzungen ist darauf zurückzuführen, dass der Index neue Güter und qualitative Verbesserungen nicht genügend berücksichtigt.

Die Hauptfolge dieser Überschätzung ist, dass der Staat seinen Angestellten und Pensionären einen zu großzügigen Ausgleich für die Steigerung der Lebenshaltungskosten gewährt. Dieser Ausgleich wird jedes Jahr auf der Basis der Steigerung des Verbraucherpreisindexes gewährt, um zu gewährleisten, dass die Realeinkommen dieses Personenkreises nicht durch die Inflation sinken; doch weil der Verbraucherpreisindex höchstwahrscheinlich die Inflationsraten pro Jahr überschätzt, fällt der Ausgleich für die Steigerung der Lebenshaltungskosten übermäßig großzügig aus.

Der Preis der Zukunft: Nominale und reale Zinssätze

Weil die Inflation den Wert einer Kreditrückzahlung vermindert (für Details siehe *Die Auswirkungen der Inflation im Überblick* weiter oben in diesem Kapitel), müssen Wirtschaftswissenschaftler zwischen *nominalen Zinssätzen* und *realen Zinssätzen* unterscheiden. Nominale Zinssätze sind einfach die normalen Geldzinssätze, die Sie normalerweise verwenden; diese Sätze messen den Geldbetrag, den Sie zurückerhalten, wenn Sie einen bestimmten Geldbetrag ausleihen. Doch reale Zinssätze enthalten einen Ausgleich für die Inflation, indem sie bei der Rückgabe die Kaufkraft des ausgeliehenen Geldes mit der Kaufkraft des zurückerhaltenen Geldes vergleichen (wobei die Kaufkraft in Einheiten der Güter gemessen wird, die man für den jeweiligen Geldbetrag kaufen kann). Diese Unterscheidung ist sehr wichtig, weil uns der *reale* Zinssatz veranlasst zu sparen und zu investieren. Denn ein Kreditgeber ist nicht wirklich daran interessiert, wie viel Geld er zurückbekommt, sondern wie viel er damit kaufen kann.

Stellen Sie sich vor, dass Sie einen Kredit über 1.000 Euro aufnehmen und dem Kreditgeber versprechen, in einem Jahr 1.100 Euro zurückzuzahlen. Ihr nominaler Zinssatz beträgt zehn Prozent, weil Sie zusätzlich 100 Euro oder zehn Prozent mehr Euro zurückzahlen, als Sie an Kredit aufnehmen. Aber wenn eine Inflation eintritt, nimmt die Menge an Gütern, die man mit 100 Euro kaufen kann, im Laufe der Zeit ab.

Nehmen wir an, dass ein gutes Abendessen zu zweit mit einer Flasche Wein 100 Euro kostet, aber im folgenden Jahr 105 Euro kosten wird. Heute verzichtet der Kreditgeber auf zehn dieser sehr guten Abendessen (1.000 Euro geteilt durch 100 Euro pro Essen), um Ihnen den Kredit zu geben. Im nächsten Jahr, wenn er 1.100 Euro zurückerhält, kann er 10,47 Abendessen zu einem Preis von 105 Euro kaufen. Er verzichtet also heute auf zehn Abendessen im Austausch für 10,47 Abendessen im nächsten Jahr; dies bedeutet, dass der reale Zinssatz des Kredits 4,7 Prozent beträgt. Wegen der Inflation ist der reale Zinssatz des Kredits erheblich niedriger als der nominale Zinssatz.

Wenn Kreditgeber und Kreditnehmer einen nominalen Zinssatz eines Kredits aushandeln, versuchen sie, die Inflationsrate über die Laufzeit des Kredits abzuschätzen. Diese *erwartete Inflationsrate* wird algebraisch mit π^e bezeichnet. (Sie dürfen die erwartete Inflationsrate π^e nicht mit der tatsächlichen Inflationsrate π verwechseln. Die erwartete Inflationsrate bezieht sich auf erwartete Ereignisse, versucht also, die Zukunft vorwegzunehmen, während die tatsächliche Inflationsrate das tatsächliche Geschehen wiedergibt.) Die folgenden Abschnitte zeigen Ihnen, wie Sie die erwartete Inflationsrate schätzen und verwenden können.

Die Fisher-Gleichung verwenden

 Der Wirtschaftswissenschaftler entwickelte eine einfache Formel, die als *Fisher-Gleichung* bezeichnet wird und nominale und reale Zinssätze verbindet. Wenn i dem nominalen Zinssatz und r dem realen Zinssatz entspricht, gilt:

$$i = r + \pi^e \qquad (3)$$

Diese Gleichung besagt, dass der nominale Zinssatz gleich dem realen Zinssatz plus der erwarteten Inflationsrate ist. Diese Beziehung ist für Kreditnehmer und Kreditgeber sehr wichtig, weil zwar alle Kreditverträge einen nominalen Zinssatz festlegen, aber das Ziel der Verhandlungsparteien darin besteht, einen bestimmten realen Zinssatz zu erzielen, auch wenn eine zu erwartende Inflation den Wert des Geldes reduzieren sollte. Mit der Fisher-Gleichung können Kreditnehmer und Kreditgeber feststellen, wie hoch der nominale Zinssatz heute sein muss, um bei der erwarteten Inflationsrate die angestrebte reale Verzinsung zu erreichen.

Um zu sehen, wie dies funktioniert, nehmen Sie an, dass Kreditnehmer und Kreditgeber sich darauf einigen, dass sechs Prozent ein fairer realer Zinssatz ist, und dass sie auch darin übereinstimmen, dass die Inflationsrate im Laufe eines Jahres wahrscheinlich 3,3 Prozent betragen wird. Auf der Grundlage der Fisher-Gleichung schließen sie einen Kreditvertrag mit einem nominalen Zinssatz von 9,3 Prozent ab. Ein Jahr später, wenn der Kreditnehmer 9,3 Prozent mehr Geld an den Kreditgeber zurückzahlt, als er an Kredit erhalten hat, gehen beide davon aus, dass der zurückgezahlte Betrag bei der erwarteten Preissteigerung nur sechs Prozent mehr Kaufkraft hat als der aufgenommene Kreditbetrag.

Erkennen, dass Vorhersagen nicht perfekt sind

Verhandlungen der gerade beschriebenen Art hängen entscheidend von der Schätzung der erwarteten Inflationsrate πe ab, und es gibt zahlreiche Wirtschaftswissenschaftler, deren Aufgabe hauptsächlich darin besteht, Inflationsraten vorherzusagen. Ihre Vorhersagen werden in der Wirtschaftspresse veröffentlicht, aber jeder Mensch hat seine eigene Methode, um die Inflation vorherzusagen. Einige hören auf die Experten, während andere ihre Schätzungen aus ihren täglichen Erfahrungen ableiten.

Weil Vorhersagen nicht hundertprozentig genau sind, sollten Sie beachten, dass niemand sicher sein kann, wie hoch die reale Verzinsung eines Kredits tatsächlich sein wird. Wenn beispielsweise die Inflationsrate in dem vorangegangenen Beispiel letztlich 9,3 Prozent beträgt, beträgt die reale Verzinsung 0 Prozent. Andererseits, falls die Inflationsrate 0 Prozent beträgt, dann bekommt der Kreditgeber 9,3 Prozent mehr Geld zurück und kann 9,3 Prozent mehr Güter kaufen, das heißt, er erzielt eine reale Verzinsung von 9,3 Prozent. (Lesen Sie den Abschnitt *Öffentlichen Druck verspüren: Die Politik der Inflation* weiter oben: Dort wird beschrieben, warum Kreditnehmer die Inflation lieben und Kreditgeber nicht.)

Abbildung 5.2 stellt die tatsächlichen und die durchschnittlich erwarteten Inflationsraten dar. Die tatsächlichen Raten stammen aus den monatlichen Zahlen des Verbraucherindexes, und

5 ▶ Inflationsfrustration: Warum mehr Geld nicht immer nützlich ist

die erwarteten Inflationsraten stammen aus Befragungen der Konsumenten, die jeden Monat von der University of Michigan durchgeführt werden. Sie können sehen, dass die tatsächliche Inflationsrate zwischen Januar 1980 und Januar 1981 etwa bei 13 Prozent lag. Im Vergleich dazu sagten Konsumenten, die im Januar 1980 befragt wurden, welche Inflationsrate sie für die nächsten zwölf Monate durchschnittlich erwarteten, den Forschern, dass sie mit einer Inflationsrate von etwa zehn Prozent rechneten. Das heißt, in diesem speziellen Fall wichen die Inflationserwartungen typischer Konsumenten drei Prozent von den tatsächlichen Werten ab.

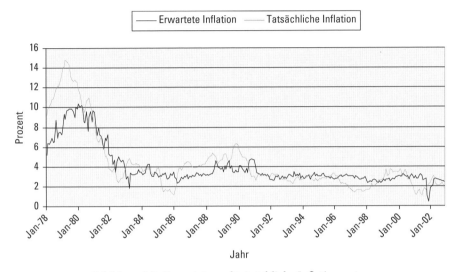

Abbildung 5.2: Erwartete und tatsächliche Inflationsraten

Seit 1980 liegen die beiden Zahlenreihen bemerkenswert dicht beieinander; das bedeutet, dass die Einschätzungen über die Inflationsraten in den vergangenen zwei Jahrzehnten normalerweise nie mehr als etwa ein Prozent danebenlagen. Natürlich entspricht die Periode auch einer Periode in der US-Geschichte, in der sich die Regierung bemühte, die Inflationsraten niedrig und stabil zu halten. Dann ist es nicht besonders schwer, solche Raten vorherzusagen; deshalb sollten Sie nicht überrascht sein, dass die Einschätzungen ziemlich genau waren. Dagegen sind bei Hyperinflationen Einschätzungen auch nicht annähernd so gut.

Warum es zu Rezessionen kommt

In diesem Kapitel

▸ Den Konjunkturzyklus darstellen

▸ Auf das Beste hoffen: durch Preisanpassungen Rezessionen beseitigen

▸ Mit der Realität umgehen: mit starren Preisen und anhaltenden Rezessionen fertig werden

▸ Langsame Preisanpassungen mit langsamen Lohnanpassungen verknüpfen

▸ Das Modell von Keynes einführen

Die wichtigste Aufgabe der Makroökonomen besteht darin, *Rezessionen* zu verhindern oder wenigstens zu verkürzen. Rezessionen sind Zeiten, in denen der Output der Wirtschaft an Gütern und Diensten abnimmt. Wirtschaftswissenschaftler, Politiker und der Rest der arbeitenden Bevölkerung verabscheuen Rezessionen, weil sie das menschliche Leiden vergrößern. Denn wenn der Output abnimmt, brauchen Unternehmen weniger Arbeitskräfte. Üblicherweise kommt es zu Massenentlassungen, die ein beträchtliches Ansteigen der Arbeitslosigkeit bedeuten. In großen Ländern wie den Vereinigten Staaten verlieren Millionen von Arbeitern ihre Arbeitsplätze sowie die Möglichkeit, sich und ihre Familien zu unterstützen.

In diesem Kapitel verwende ich das Modell der *aggregierten Angebotskurve* beziehungsweise der *aggregierten Nachfragekurve*, um Ihnen zu zeigen, wie Wirtschaftswissenschaftler Rezessionen analysieren. Normalerweise beginnen Rezessionen mit Ereignissen, die Wirtschaftswissenschaftler als *Schocks* bezeichnen – unerwartete schlimme Ereignisse wie Terroranschläge, Naturkatastrophen, nachteilige regierungspolitische Entscheidungen oder unerwartete Kostensteigerungen bei wichtigen natürlichen Ressourcen wie Öl.

Die erste Lektion dieses Kapitels lautet: Falls die Preise von Gütern und Diensten in der Wirtschaft frei wären, um sich an Änderungen von Nachfrage und Angebot anzupassen, die durch Schocks verursacht worden sind, könnte sich die Wirtschaft normalerweise schnell erholen. Doch leider lautet die zweite Lektion: In der Praxis sind nicht alle Preise vollkommen frei, um sich an Schocks anzupassen, sondern bei einigen sehr wichtigen Preisen erfolgt die Anpassung ziemlich langsam – sie sind, wie Wirtschaftswissenschaftler sagen, *starr*. Folglich können sich Rezessionen in die Länge ziehen und viel Schaden anrichten, wenn nicht der Staat eingreift, um der Wirtschaft zu helfen, sich schneller zu erholen. (In Kapitel 7 beschreibe ich die besten Methoden, wie Regierungen eingreifen können.)

Untersuchung des Konjunkturzyklus

Wirtschaften durchlaufen wechselnde Perioden eines wachsenden und schrumpfenden Outputs an Gütern und Diensten. In Kapitel 4 erkläre ich, dass Y den Gesamt-Output einer Wirtschaft repräsentiert; deshalb verwende ich in diesem Abschnitt Y, um einige Wörter zu sparen.

Das wechselnde Muster der wirtschaftlichen Expansion und Kontraktion, das in Abbildung 6.1 gezeigt wird, wird oft als *Konjunkturzyklus* bezeichnet. (Anmerkung des Übersetzers: Die amerikanische Bezeichnung *business cycle* = *Geschäftszyklus* ist im Deutschen weniger gebräuchlich. Sie leitet sich daher, dass Unternehmen = Geschäfte von den Änderungen des Outputs nachhaltig betroffen sind.)

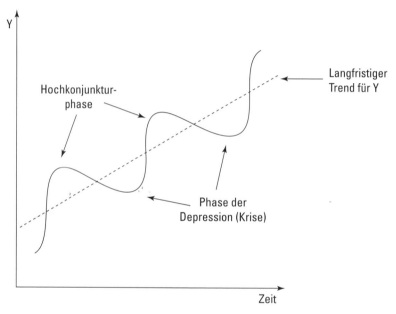

Abbildung 6.1: Der Konjunkturzyklus

 Die durchgezogene Linie in Abbildung 6.1 zeigt, wie sich der Output Y im Zeitablauf ändert. Er alterniert zwischen Phasen der Depression und der Hochkonjunktur, mit denen wir die Perioden der Rezession (des Abschwungs) und der Erholung (des Aufschwungs) identifizieren können:

✔ Eine *Rezession* (auch *Kontraktion* oder *Abschwung*) ist die Periode, in der Y abnimmt – das heißt, nach der Hochkonjunktur und vor der nächsten Depression.

✔ Eine *Erholung* (auch *Expansion* oder *Aufschwung*) ist die Periode, in der Y zunimmt – das heißt, nach einer Depression und vor der nächsten Hochkonjunktur.

Die gestrichelte Linie in Abbildung 6.1 repräsentiert den langfristigen, durchschnittlichen Wachstumstrend für Y. Ich habe Abbildung 6.1 so gezeichnet, dass der durchschnittliche

Wachstumstrend für Y nach oben zeigt, um auszudrücken, dass die Wirtschaften der meisten Länder jetzt stetig wachsen. Anders ausgedrückt: Durchschnittlich tendiert der Output dazu, Jahr für Jahr zu wachsen. Doch weil es immer noch Rezessionen gibt, schwankt der tatsächliche Entwicklungspfad von Y, der durch die durchgezogene Linie angezeigt wird, um den des langfristigen Wachstums, der durch die gestrichelte Linie gezeigt wird.

Anhand von Abbildung 6.1 können Sie erkennen, dass die makroökonomische Politik zwei sehr natürliche Ziele hat:

- ✔ **Die langfristige durchschnittliche Wachstumslinie so steil wie möglich machen:** Je steiler diese Linie ist, desto schneller wachsen (durchschnittlich) Output und Lebensstandard.
- ✔ **Die Ausschläge der Fluktuationen des Konjunkturzyklus um die langfristige durchschnittliche Wachstumslinie reduzieren.** Kleinere Amplituden (Abstände zwischen Hochkonjunktur und Krise) bedeuten, dass weniger Personen unter Arbeitslosigkeit leiden, wenn der Output abnimmt.

In Kapitel 7 erkläre ich die politischen Entscheidungen, die nach Auffassung der Wirtschaftswissenschaftler am besten geeignet sind, um diese beiden Ziele zu erreichen. Aber damit Sie Kapitel 7 verstehen können, muss ich zunächst erklären, wodurch der Konjunkturzyklus und speziell Rezessionen sowie die hohen Arbeitslosigkeitsraten verursacht werden, die sie begleiten. Denn wenn Sie nicht verstehen, was falsch läuft, können Sie auch keine vernünftigen Gegenmaßnahmen treffen.

Nach dem Vollbeschäftigungsoutput streben

Um sagen zu können, ob es einer Wirtschaft gut oder schlecht geht, brauchen Sie einen objektiven Beurteilungsmaßstab. Wirtschaftswissenschaftler verwenden zu diesem Zweck das Konzept des *Vollbeschäftigungsoutputs* (der durch das Symbol Y^* repräsentiert wird), um zu messen, wie gut es einer Wirtschaft geht.

Die Idee des Vollbeschäftigungsoutputs ist mit dem Konzept der *Vollbeschäftigung* verbunden, mit dem Wirtschaftswissenschaftler eine Situation meinen, in der jeder Erwerbswillige, der eine Vollzeitarbeit sucht, auch eine solche Arbeit finden kann. Der *Vollbeschäftigungsoutput* ist der Output, der in der Wirtschaft produziert wird, wenn auf dem Arbeitsmarkt Vollbeschäftigung herrscht.

Bitte verwechseln Sie den Vollbeschäftigungsoutput nicht mit dem *maximalen Output* der Wirtschaft; dieser ist die größere Menge an Output, die produziert werden würde, wenn jeder gezwungen wäre, so viel zu arbeiten, wie es menschenmöglich wäre.

Außerdem dürfen Sie nicht den Fehler begehen zu denken, dass Vollbeschäftigung dasselbe ist wie eine Arbeitslosenquote von null. Selbst wenn jeder, der Arbeit sucht, eine Stelle findet, wird es immer Arbeitslosigkeit geben, da Menschen freiwillig eine Arbeitsstelle verlassen, um eine bessere zu suchen. Für die Dauer ihrer Arbeitssuche werden diese Menschen als arbeitslos gezählt. Wirtschaftswissenschaftler bezeichnen diese Situation als *friktionelle Arbeitslosigkeit*, als ob die Verzögerung, einen besseren Arbeitsplatz zu finden, auf eine Art Friktion (Reibung) zurückzuführen wäre, die diesen Prozess verlangsamt.

Mit dem technischen Fortschritt nimmt der Vollbeschäftigungsoutput (Y^*) zu, weil eine bessere Technik bedeutet, dass ein vollbeschäftigtes Arbeitspotenzial mehr Output produzieren kann. Aber um ihre Analysen zu vereinfachen, ignorieren Wirtschaftswissenschaftler normalerweise den langfristigen Wachstumstrend und schauen nur, ob der tatsächliche Output Y zu einem bestimmten Zeitpunkt gegenwärtig über oder unter ihrer besten Schätzung von Y^* liegt.

Ich werde dieser Konvention im Rest des Kapitels ebenfalls folgen. Deshalb werden Sie erfahren, wie sich die Wirtschaft an Situationen anpasst, in denen der Output zu einem gegebenen Zeitpunkt entweder über oder unter dem potenziellen Output liegt.

Wie ich Ihnen in diesem Kapitel zeige, will sich die Wirtschaft jedes Mal auf natürliche Weise wieder an Y^* anpassen, wenn sie von Y^* abgewichen ist. Falls dieser Anpassungsprozess schnell genug wäre, müssten Sie sich keine Sorgen über Konjunkturzyklen, Rezessionen und Arbeitslosigkeit machen. Falls die Wirtschaft schnell genug zu Y^* zurückkehren könnte, wären Rezessionen zu kurz, um ernst zu nehmende negative Folgen auslösen zu können. Leider kann der natürliche Anpassungsprozess sehr langsam ablaufen; deswegen können Rezessionen ziemlich lang und schrecklich sein.

Rückkehr zu Y^*: Die natürliche Folge von Preisanpassungen

Nach einem wirtschaftlichen Schock wie einer Naturkatastrophe oder einem Ausschlagen der Kosten natürlicher Ressourcen tendiert eine Wirtschaft durch Preisanpassungen dazu, zu einer Produktion des Vollbeschäftigungsoutputs (Y^*) zurückzukehren. Das ist richtig: Ich sagte *Preisanpassungen* – nicht »der Bundeskanzler« oder »der Präsident der Zentralbank«. Sie glauben mir nicht? Lesen Sie weiter.

Betrachten Sie eine Situation, in der die *aggregierte* (gesamte) Nachfrage nach Gütern und Diensten in der Wirtschaft abnimmt: Einzelpersonen, Unternehmen und der Staat fragen weniger nach und kaufen weniger Output, als die Wirtschaft gegenwärtig produziert. Folglich gibt es ein Überangebot an Output, was seinerseits zu niedrigeren Preisen führt. Denn was macht jedes Unternehmen, wenn es nicht alles, was es produziert, zu dem Preis verkaufen kann, den es gegenwärtig verlangt? Es veranstaltet einen Ausverkauf. Es senkt die Preise. Die niedrigeren Preise ziehen mehr Käufer an, und bald kann das Unternehmen den Rest seines Outputs verkaufen.

Dieser Prozess wiederholt sich bei einem wirtschaftlichen Abschwung in der ganzen Wirtschaft. Wenn die aggregierte Nachfrage wegen eines wirtschaftlichen Schocks abnimmt, senken Unternehmen die Preise, um ihre Outputs auf jeden Fall zu verkaufen. Dieser Prozess führt letztlich zu zwei Ergebnissen:

- ✔ In der ganzen Wirtschaft fallen die Preise.
- ✔ Die Wirtschaft produziert wieder ihren Vollbeschäftigungsoutput Y^*.

Damit dieser Prozess funktionieren kann, müssen sich die Preise schnell ändern können; falls sie dies können, kehrt die Wirtschaft sehr schnell zu Y^* zurück. Falls jedoch die Preisanpassungen langsam erfolgen, produziert die Wirtschaft möglicherweise für eine beträchtliche Zeitspanne einen geringeren Output als Y^*. Anders ausgedrückt: Falls die Preise nicht schnell angepasst werden, kann die Wirtschaft in eine Rezession abrutschen. Und bis sich die Preise anpassen, dauert die Rezession an.

Ich habe Ihnen gerade den kürzestmöglichen Überblick darüber gegeben, wie die Wirtschaft auf einen wirtschaftlichen Schock reagiert. Die folgenden Abschnitte gehen viel ausführlicher auf die einzelnen Aspekte ein, damit Sie verstehen, wie und warum die Wirtschaft im Laufe der Zeit zu Y^* zurückkehrt (und damit Sie Ihr nächstes Examen bestehen, falls dies Ihr Ziel ist).

Auf wirtschaftliche Schocks reagieren: kurzfristige und langfristige Auswirkungen

Wirtschaftswissenschaftler unterscheiden üblicherweise zwei Zeitspannen nach einem wirtschaftlichen Schock: den *Short Run* und den *Long Run*:

- ✔ Der *Short Run* (wörtlich: *kurzer Lauf*; die Zeitspanne der *kurzfristigen Reaktionen*) ist die Zeitspanne, in der die Unternehmen ihre Preise noch nicht geändert haben, um auf einen wirtschaftlichen Schock zu reagieren.

- ✔ Der *Long Run* (wörtlich: *langer Lauf*; die Zeitspanne der *langfristigen Reaktionen*) ist die Zeitspanne, nach der die Unternehmen alle erforderlichen Preisänderungen vorgenommen haben, um auf einen wirtschaftlichen Schock zu reagieren.

Diese Definitionen sind absichtlich vage, weil die Geschwindigkeit, mit der die Unternehmen Preise anpassen, von Schock zu Schock verschieden ist. In diesem Abschnitt zeige ich Ihnen, dass sich die Prozesse im Short Run und im Long Run wesentlich unterscheiden.

Einige kritische Begriffe definieren

Um den Unterschied zwischen den kurzfristigen und den langfristigen Reaktionen einer Wirtschaft auf einen Schock zu verstehen, wollen wir zunächst das Modell der Makroökonomie aus Abbildung 6.2 betrachten. Die horizontale Achse misst den monetären Wert Y des gesamten Outputs an Gütern und Diensten, die in der Wirtschaft verkauft werden. Diese Zahl entspricht dem Bruttoinlandsprodukt (BIP), das in Kapitel 4 beschrieben wird. Die vertikale Achse misst das allgemeine Preisniveau P der Wirtschaft.

Was bedeutet P? Während alle einzelnen Güter und Dienste ihren eigenen Preis haben und einige dieser Preise steigen können, während andere fallen, gibt es einen allgemeinen Trend für die Preise in der Wirtschaft insgesamt. P ist einfach ein Maß für das Verhalten der Preise von Gütern und Diensten insgesamt. Wenn P zunimmt, dann steigen die durchschnittlichen Preise;

wenn *P* abnimmt, dann fallen die durchschnittlichen Preise. Und wenn Preise (durchschnittlich) konstant bleiben, dann bleibt natürlich auch *P* konstant. In Kapitel 5 wird ausführlich beschrieben, wie Wirtschaftswissenschaftler *P* messen.

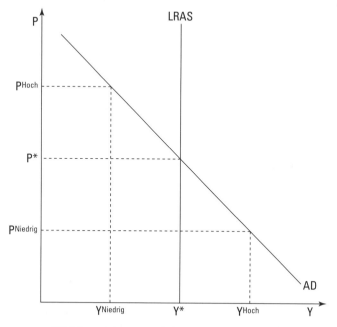

Abbildung 6.2: Ein Modell einer Makroökonomie

Abbildung 6.2 enthält das Symbol *P**. Dieses Symbol repräsentiert das *Gleichgewichtspreisniveau*. Was bedeutet das? *P** ist das Preisniveau, bei dem die Konsumenten genau die Menge an Vollbeschäftigungsoutputs (*Y**) kaufen wollen.

Wie bestimmen Wirtschaftswissenschaftler *P**? Das Preisniveau wird durch den Schnittpunkt der so genannten *langfristigen aggregierten Angebotskurve* (*LRAS*, vom englischen *long-run aggregate supply*) und der *aggregierten Nachfragekurve* (*AD*, vom englischen *aggregate demand*) bestimmt. Bevor Sie anfangen zu hyperventilieren, lassen Sie mich erklären, was diese Dinge bedeuten:

✔ Die *aggregierte Nachfragekurve AD* repräsentiert die Gesamtmenge an Gütern und Diensten, die Konsumenten kaufen wollen.

Beachten Sie, dass die *AD*-Kurve aus Abbildung 6.2 nach unten gerichtet ist, weil zwischen dem Preisniveau und der Menge an Gütern, die Konsumenten kaufen wollen, eine umgekehrte Beziehung besteht. Die bedeutet einfach, dass die Leute bei einem hohen Preisniveau P^{Hoch} eine geringe Menge des Outputs $Y^{Niedrig}$ kaufen wollen, und umgekehrt bei einem niedrigen Preisniveau $P^{Niedrig}$ eine viel größere Menge des Outputs Y^{Hoch} nachfragen. Die Abwärtsneigung der *AD*-Kurve drückt aus, dass Konsumenten bei niedrigeren Preisen mehr kaufen.

✔ Die *langfristige aggregierte Angebotskurve LRAS* repräsentiert die Menge an Gütern und Diensten, die eine Wirtschaft produzieren wird, wenn sich Preise nach einem wirtschaftlichen Schock angepasst haben.

In Abbildung 6.2 ist die *LRAS* eine vertikale Linie – keine Kurve! (Fühlen Sie sich auf den Arm genommen?) Die *LRAS* wird über dem Punkt der horizontalen Achse gezeichnet, der die Vollbeschäftigungsproduktionsmenge Y^* repräsentiert. Warum? Weil Preisänderungen die Wirtschaft langfristig *immer* zu dem Punkt zurückführen, an dem die Vollbeschäftigungsproduktionsmenge erzeugt wird.

Sie glauben mir immer noch nicht? Sie gehören zu einer skeptischen Leserschaft. Lesen Sie weiter – ich werde Sie noch überzeugen!

Das Tao des P: langfristige Preisanpassungen

Wir wollen untersuchen, was passiert, wenn die Wirtschaft bei einem anderen Preisniveau als P^* beginnt. Betrachten Sie beispielsweise noch einmal das Preisniveau P^{Hoch} und die entsprechende aggregierte Nachfrage $Y^{Niedrig}$. Offensichtlich ist $Y^{Niedrig}$ kleiner als der Vollbeschäftigungsoutput Y^* der Wirtschaft. Das ist wichtig, weil die Unternehmen lieber die Produktionsmenge Y^* produzieren würden. Tatsächlich würden sie ihre Investitionen in Fabriken und Anlagen verschwenden, wenn sie weniger produzieren, als sie könnten. Deshalb besteht ihre Reaktion darin, die Preise zu senken, um die Verkäufe zu steigern. Und sie senken die Preise so lange, bis das allgemeine Preisniveau der Wirtschaft auf P^* gesunken ist, weil die Konsumenten bei diesem Preisniveau genau die Outputmenge Y^* kaufen wollen.

Machen Sie sich Sorgen, dass die vielen Preissenkungen dazu führen, dass die Unternehmen Geld verlieren? Denken Sie nach: Unternehmen müssen in dieser Situation nicht unbedingt Gewinne verlieren, weil gleichzeitig auch ihre Kosten fallen. Denn wenn die Wirtschaft weniger als Y^* produziert, gibt es viele arbeitslose Arbeiter und viele ungenutzte produktive Inputs wie Eisenerz oder Öl. Die Arbeitslosigkeit drückt die Löhne nach unten. Anders ausgedrückt: Wenn zahlreiche Arbeitskräfte leicht verfügbar sind, können Sie Mitarbeiter zu niedrigeren Löhnen einstellen. Und je mehr Berge ungenutzten produktiven Inputs herumliegen, desto stärker fallen ihre Preise.

Okay, die niedrigeren Preise ziehen also mehr Kunden an, steigern die Verkäufe und veranlassen die Unternehmen, wieder mehr (arbeitslose) Arbeitskräfte einzustellen. Dieser Prozess setzt sich fort, bis die Preise auf P^* gesunken sind. An diesem Punkt arbeitet die Wirtschaft wieder mit Vollbeschäftigung, das heißt, dass alle Arbeitskräfte, die eine Vollzeitarbeit suchen, auch eine finden.

Ähnlich können die Preise auch nicht lange unter P^* bleiben. Bei dem Preisniveau $P^{Niedrig}$ wollen die Konsumenten die Outputmenge Y^{Hoch} kaufen. Aber dies ist mehr, als Unternehmen bei Vollbeschäftigung produzieren können. Die einzige Möglichkeit, um so viel Output zu produzieren, besteht darin, dass die angestellten Arbeitskräfte Überstunden machen. Die einzige Möglichkeit, sie dazu zu veranlassen, besteht darin, ihnen mehr zu bezahlen; und die einzige Möglichkeit, ihnen höhere Löhne geben zu können, besteht für die Unternehmen darin, die Preise anzuheben. Wenn also die Nachfrage das Angebot übersteigt, werden die Preise so lange angehoben, bis sie P^* erreichen. Bei diesem Preisniveau ist die Nachfragemenge der Konsumenten genau so hoch wie die Vollbeschäftigungsproduktionsmenge Y^*.

Sie sehen, dass die Wirtschaft, wenn die Preise genug Zeit haben, sich anzupassen, immer zu dem Punkt zurückkehrt, an dem sie die Produktionsmenge Y^* produziert. Weil wir die Zeit, die für die Anpassung der Preise erforderlich ist, als den *Long Run* (beziehungsweise die Anpassung selbst als die *langfristige Anpassung*) bezeichnen, ist es vernünftig, die vertikale Linie über Y^* als *langfristige aggregierte Angebotskurve* zu bezeichnen, weil sie zeigt, welche Outputmenge die Wirtschaft anbieten wird, nachdem Preise genug Zeit zur Anpassung gehabt haben, um das Angebot an und die Nachfrage nach Gütern und Diensten auszugleichen. (Erheblich mehr über Angebot und Nachfrage finden Sie in Kapitel 8.)

Ein Schock für das System: Die Anpassung an eine Verschiebung der aggregierten Nachfragekurve

Der vorangegangene Abschnitt zeigt, was passiert, wenn die Preise von Gütern und Diensten insgesamt zu hoch oder zu niedrig sind: Im Laufe der Zeit passen sie sich dem Gleichgewichtspreisniveau P^* an, sodass die Wirtschaft wieder zu dem Punkt zurückkehren kann, an dem sie ihre Vollbeschäftigungsproduktionsmenge Y^* produziert. Aber was führt dazu, dass die Preise überhaupt zu hoch oder zu niedrig sein können? Ein Schock oder externer Einfluss, der die *aggregierte Nachfragekurve* – also die Gesamtmenge an Gütern und Diensten, die Konsumenten zu kaufen bereit sind – verschiebt.

Wir wollen zunächst grafisch darstellen, wie ein Schock für die aggregierte Nachfragekurve aussieht: Abbildung 6.3 zeigt, dass die aggregierte Nachfragekurve von AD_0 nach links nach AD_1 verschoben ist. Eine Verschiebung der aggregierten Nachfragekurve nach links wird als *negativer Nachfrageschock* bezeichnet; er könnte beispielsweise durch eine abrupte Abnahme des Vertrauens in die Wirtschaft verursacht werden, mit der Folge, dass die Leute mehr sparen und weniger konsumieren. (Eine Verschiebung der Nachfragekurve nach rechts wird als *positiver Nachfrageschock* bezeichnet.)

Das ursprüngliche Preisniveau P_0 wurde durch den Punkt bestimmt, an dem die ursprüngliche AD_0-Kurve die vertikale $LRAS$-Kurve schnitt. Nachdem sich die Unternehmen an den Nachfrageschock angepasst haben, wird sich das neue Preisniveau $P1$ langfristig an dem Punkt einstellen, an dem die neue AD_1-Kurve die vertikale $LRAS$-Kurve schneidet.

Das neue Preisniveau P_1 ist niedriger als das ursprüngliche Preisniveau P_0. Warum? Nach dem negativen Nachfrageschock nimmt die Nachfrage nach Gütern und Diensten ab. Die einzige Möglichkeit, die Konsumenten wieder zu veranlassen, den Vollbeschäftigungsoutput Y^* zu kaufen, besteht darin, die Kosten für den Kauf dieser Outputmenge zu senken, sodass das Preisniveau gefallen ist. Es mag eine Weile dauern, bis die Unternehmen die erforderlichen Preissenkungen durchführen, aber wenn sie es tun, wird die Wirtschaft langfristig wieder den Vollbeschäftigungsoutput Y^* produzieren.

Ich hoffe, dass Sie jetzt überzeugt sind, dass die Wirtschaft langfristig, sobald sich die Preise an den Schock anpassen konnten, wieder den Vollbeschäftigungsoutput Y^* produzieren wird. Dies steht in einem riesigen Gegensatz zu dem, was kurzfristig passieren kann, bevor sich die Preise anpassen. Dies ist unser nächstes Thema.

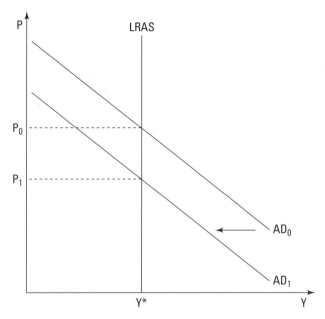

Abbildung 6.3: Ein negativer Schock für die aggregierte Nachfragekurve

Kurzfristig mit festen Preisen umgehen

In dem vorangegangenen Abschnitten habe ich beschrieben, dass sich die Preise nach einem wirtschaftlichen Schock im Laufe der Zeit so anpassen, dass die Wirtschaft zu ihrem Vollbeschäftigungsoutput Y^* zurückkehrt. Doch dieser Prozess kann eine Weile dauern, während die Preise kurzfristig im Wesentlichen fixiert sind. Sogar die Manager der flexibelsten Unternehmen brauchen eine gewisse Zeit, um zu entscheiden, um wie viel die Preise gesenkt werden sollen. Und einige Unternehmen sind nicht besonders flexibel.

Nehmen Sie an, dass ein Unternehmen Kataloge mit den Verkaufspreise seiner Produkte gedruckt hat. Dieses Unternehmen verteilt die Kataloge nur einmal pro Jahr; dies bedeutet, dass es sich darauf festlegt, seine Produkte zu diesen Preisen zu verkaufen, bis der nächste Katalog verschickt wird. In einer solchen Situation passt ein Unternehmen seine Produktion an, um sich an die Menge der Nachfrage anzupassen, die bei diesen festgelegten Preisen auftritt. Wenn viele Konsumenten zu diesen Preisen kaufen wollen, steigert das Unternehmen seine Produktion – normalerweise indem es mehr Arbeitskräfte einstellt. Wenn nur sehr wenige Konsumenten kaufen wollen, reduziert es seine Produktion – normalerweise, indem es weniger Arbeitskräfte einstellt.

Abbildung 6.4 zeigt eine Situation, in der sich Unternehmen auf feste Preise festgelegt haben und auf Änderungen der Nachfrage nur durch eine Anpassung ihrer Produktionsmengen reagieren können. Die Abbildung zeigt die horizontale *kurzfristige aggregierte Angebotskurve* (*SRAS*, vom englischen *short-run aggregate supply curve*). Auch hier handelt es sich nicht um eine Kurve im engeren Sinn, sondern um eine gerade Linie. Diese Kurve entspricht dem Preisniveau P_0, weil die Unternehmen ihre Preise kurzfristig nicht anpassen können. Eine Bewegung auf der *SRAS*-Kurve nach rechts oder links zeigt die Steigerung oder Abnahme der produzierten Outputmengen, mit denen sich die Unternehmen an Nachfrageänderungen bei einem fixen Preisniveau anpassen.

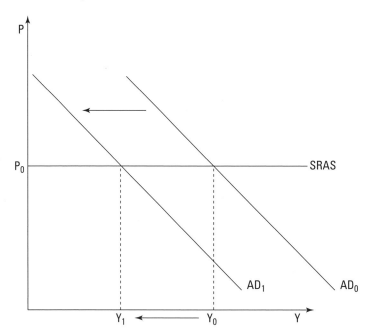

Abbildung 6.4: Die kurzfristige aggregierte Angebotskurve

 Bitte haben Sie Verständnis dafür, dass Wirtschaftswissenschaftler über verschiedene komplizierte Methoden verfügen, um zu erklären, wie sich eine Wirtschaft an einen Nachfrageschock anpasst. Ich reduziere die Beschreibung auf das Wesentliche. Dies bedeutet, dass wir die *SRAS*-Kurve der Einfachheit halber als eine horizontale Linie annehmen. Differenziertere Erklärungen arbeiten mit einer ansteigenden *SRAS*-

Kurve. Sie sollten sich dadurch nicht verwirren lassen. Die Grundidee ist in beiden Fällen gleich: Unmittelbar nach dem Schock hat die Wirtschaft eine perfekt horizontale aggregierte Angebotskurve und bewegt sich dann später über immer steiler ansteigende Angebotskurven, bis sie langfristig die perfekt vertikale LRAS-Kurve erreicht. Um die Beschreibung so zugänglich wie möglich zu machen, übergehe ich den mittleren Teil und verwende nur die anfängliche, horizontale *SRAS*-Kurve und die endgültige, vertikale *LRAS*-Kurve.

Abbildung 6.4 zeigt auch zwei aggregierte Nachfragekurven, AD_0 und AD_1, die wieder zeigen, was passiert, wenn die aggregierte Nachfrage als Folge eines negativen Nachfrageschocks reduziert wird. Die ursprüngliche Outputmenge Y_0, die von den Unternehmen produziert wird, liegt bei dem Schnittpunkt der ursprünglichen aggregierten Nachfragekurve AD_0 mit der *SRAS*-Kurve. Anders ausgedrückt: Bei dem Preisniveau P_0 fragen die Konsumenten die Produktionsmenge Y_0 nach, und die Unternehmen reagieren darauf mit einem Angebot dieser Menge.

Wenn der negative Nachfrageschock die Wirtschaft trifft, verschiebt sich ihre aggregierte Nachfragekurve links nach AD_1. Eine reduzierte Nachfrage bedeutet, dass die Kunden bei einem konstanten Preisniveau weniger Output kaufen wollen. Weil die Unternehmen die Preise nicht ändern können, haben sie nur die Möglichkeit, ihre Produktion zu verringern, um sich dann der gesunkenen Nachfrage anzupassen; diese reduzierte Outputmenge Y_1 liegt in dem Diagramm an dem Punkt, an dem die *SRAS*-Kurve die Kurve AD_1 schneidet. Weil der niedrigere Output bedeutet, dass die Unternehmen weniger Arbeitskräfte benötigen, rutschen sie in eine Rezession: Der Output nimmt ab, und die Arbeitslosigkeit steigt.

Wal-Mart und Y*

Die beiden jüngsten Rezessionen in den Vereinigten Staaten, 1991 und 2001, sind sehr mild gewesen – viel milder als die meisten vorangegangenen Rezessionen. Der genaue Grund dafür ist nicht vollkommen klar, aber viele Wirtschaftswissenschaftler glauben, dass ein Faktor war, dass die Händler viel besser darin geworden sind, die Preise schnell anzupassen, wenn das Angebot nicht gleich der Nachfrage ist. Wal-Mart war in dieser Hinsicht das führende Unternehmen. Wal-Mart hat das branchenweit ausgefeilteste System zur Lagerbestandsverwaltung entwickelt. Mit ihren computerbasierten Systemen können Wal-Mart-Manager auf die Minute genau feststellen, was wie gut verkauft wird. Folglich werden die Preise von seltener verkauften Artikeln sehr schnell gesenkt, damit kein Produkt für Wochen oder Monate unverkauft im Lager oder Regal liegt, wie es in den Jahrzehnten der Fall war, als der Lagerbestand noch manuell einmal pro Monat ermittelt wurde.

Als Folge solcher Innovationen können Preise schnell angepasst werden, um Angebot und Nachfrage auszugleichen. Preise fallen jetzt sehr viel schneller, um die Wirtschaft zurück zu dem Punkt zu bringen, an dem sie ihren Vollbeschäftigungsoutput Y* produziert. Das bedeutet kürzere, mildere Rezessionen.

Ein Vergleich der Abbildungen 6.3 und 6.4 zeigt, dass die Verschiebung der aggregierten Nachfragekurve nach links kurzfristig und langfristig sehr verschiedene Auswirkungen hat:

✔ Kurzfristig nimmt der Output ab, und die Arbeitslosigkeit steigt, wenn die Preise fixiert sind.

✔ Langfristig fallen die Preise, und der Output kehrt zum Vollbeschäftigungsoutput zurück.

Warum besteht zwischen den kurzfristigen und langfristigen Auswirkungen ein solch riesiger Unterschied? Die Unternehmen können ihre ursprünglichen Katalogpreise nicht ewig halten. Schließlich drucken sie neue Kataloge mit niedrigeren Preisen. Die niedrigeren Preise verlocken die Kunden, mehr zu kaufen, und bald kann die Wirtschaft zu ihrem Vollbeschäftigungsoutput Y^* zurückkehren

Lang- und kurzfristige Reaktionen kombinieren

Wenn Sie die vorangegangenen Abschnitte verstanden haben, sind Sie jetzt ein Experte für die langfristigen und kurzfristigen Reaktionen auf einen wirtschaftlichen Schock. (Sie sollten unbedingt eine Party veranstalten, um Ihre Freunde zu beeindrucken!) Wir wollen jetzt dieses Thema abrunden, indem wir die beiden sehr verschiedenen Reaktionen zu einem großen Bild zusammenfügen.

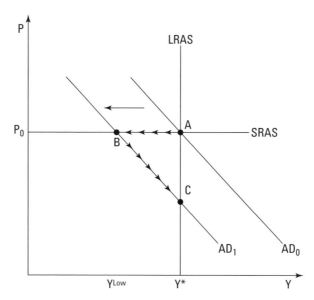

Abbildung 6.5: Kurzfristige und langfristige Reaktionen auf einen negativen Nachfrageschock

Abbildung 6.5 zeigt, wie sich eine Wirtschaft sowohl kurzfristig als auch langfristig an einen negativen Nachfrageschock anpasst. Die Wirtschaft beginnt bei Punkt A, an dem die ursprüngliche aggregierte Nachfragekurve AD_0 sowohl die *LRAS*- als auch die *SRAS*-Kurve schneidet. Am Punkt A ist die Wirtschaft im Gleichgewicht, weil bei dem Preisniveau P_0 die aggregierte Nachfrage nach Output gleich dem Vollbeschäftigungsoutput Y^* ist. Es gibt weder einen Überschuss noch eine Knappheit, die zu einer Änderung der Preise führen könnte.

Die *SRAS*-Kurve liegt horizontal bei Preis P_0. Dadurch soll ausgedrückt werden, dass die Preise auf diesem Niveau kurzfristig fixiert sind, wenn die Wirtschaft ihr Gleichgewicht an dem Punkt erreicht hat, an dem AD_0 die *LRAS*-Kurve bei der Produktionsmenge Y^* schneidet; sie können sich nicht sofort als Reaktion auf einen Nachfrageschock ändern.

Nehmen Sie beispielsweise an, dass die aggregierte Nachfragekurve von AD_0 nach AD_1 verschoben wird, weil das System einen negativen Nachfrageschock erleidet. Weil die Preise kurzfristig bei P_0 fixiert sind, wird sich die Wirtschaft als erste Reaktion von Punkt A nach Punkt B bewegen. Anders ausgedrückt: Weil die Preise fixiert sind, sinkt die Produktion von Y^* auf $Y^{Niedrig}$, da die Unternehmen auf die sinkende Nachfrage reagieren, indem sie ihre Produktion einschränken. (Die kleinen Pfeile zeigen die Bewegung der Wirtschaft von Punkt A nach Punkt B an.)

Am Punkt B arbeitet die Wirtschaft unterhalb der Vollbeschäftigung, was bedeutet, dass es viele arbeitslose Arbeitskräfte gibt. Diese hohe Arbeitslosigkeit führt dazu, dass die Löhne fallen. Wenn die Löhne fallen, sinken auch die Kosten der Unternehmen, sodass sie ihre Preise senken können, um mehr Kunden anzuziehen.

Fallende Preise verursachen eine größere aggregierte Nachfrage nach Gütern und Diensten, mit der Folge, dass sich die Wirtschaft im Lauf der Zeit von Punkt B weg zu Punkt C bewegt. (Diese Bewegung wird in dem Diagramm durch Pfeile angezeigt.) Wenn die Wirtschaft Punkt C erreicht, produziert sie wieder ihren Vollbeschäftigungsoutput Y^*.

Die kurzfristigen und langfristigen Auswirkungen eines negativen Nachfrageschocks sind im Grunde diametral entgegengesetzt:

✔ Kurzfristig sind die Preise fixiert, während der Output abnimmt.

✔ Langfristig nehmen die Preise ab, während der Output zu Y^* zurückkehrt.

Wenn die Preise nicht sehr lange fixiert bleiben, kann sich die Wirtschaft schnell von A nach B nach C bewegen. Aber wenn sich die Preise langsam an den negativen Schock für die aggregierte Nachfrage anpassen, kann es sehr lange dauern, bis sich die Wirtschaft von A nach B nach C bewegt. In solchen Fällen gibt es eine lang dauernde Rezession, während der Output unter Y^* bleibt und viele Menschen arbeitslos sind.

Aus diesen Gründen müssen wir herausfinden, wovon die Fähigkeit abhängt, die Preise schnell zu ändern. Der wichtigste Schuldige sind starre Preise – genauer gesagt: starre Löhne.

Auf dem Weg in die Rezession: Durch starre Preise gefesselt

Wenn die Wirtschaft einen negativen Nachfrageschock erleidet, wie er in Abbildung 6.5 dargestellt wird, bestimmt die Preisflexibilität (oder die fehlende Flexibilität) sowohl die Schärfe als auch die Dauer der Rezession, die möglicherweise auf den Schock folgt. Wenn die Preise unendlich flexibel wären – wenn sie sich innerhalb von Sekunden oder Minuten nach einem Schock ändern könnten –, würde sich die Wirtschaft sofort von Punkt A nach Punkt C bewegen, und die Welt wäre in Ordnung. Aber wenn die Preise für irgendeine Zeitspanne fixiert sind, rutscht die Wirtschaft in eine Rezession, wenn sie sich von Punkt A zu Punkt B bewegt, bevor die Preise schließlich fallen und sie zurück zu ihrem Vollbeschäftigungsoutput bei Punkt C bringen.

In der Praxis ändern sich Preise tatsächlich etwas langsam. In der Sprache der Wirtschaftswissenschaftler sind die Preise *starr*. Interessanterweise sind die Preise tendenziell nach unten starrer als nach oben; das bedeutet, dass die Preise schwieriger fallen als steigen.

Der Hauptschuldige scheint ein ganz spezieller Preis zu sein: der Lohn. Der Lohn ist der Preis, den Arbeitgeber den Arbeitskräften für ihre Arbeit zahlen müssen. Im Gegensatz zu anderen Preisen in der Wirtschaft haben Menschen eine besondere Beziehung zu ihren Löhnen und deren Änderung im Zeitablauf.

Insbesondere Beschäftigte sehen es nicht gerne, wenn ihre Löhne gekürzt werden. Sie haben einen ausgeprägten Sinn für Fairness, was ihre Löhne anbetrifft. Deshalb wehren sie sich normalerweise gegen jede Lohnkürzung. Aber auch Manager halten es normalerweise für kontraproduktiv, Löhne zu kürzen, selbst wenn ein Unternehmen Geld verliert und die Kosten senken muss. Warum? Nun, wer fordert, dass die Wirtschaft wächst, dass der Lebensstandard und das Glück der Menschen steigt, dass die Beschäftigten motiviert und leistungsbereit sind und sich permanent fortbilden, dass sie produktiver und innovativer arbeiten, der muss ihnen auch einen Zusatzertrag für diese Mühen versprechen. Zwar sind die Einkommen aus Sicht der Unternehmen Kosten, in vielen Firmen sogar der mit Abstand größte Kostenblock. Doch ohne diese menschlichen Kostenfaktoren würde kein Unternehmen auf dieser Welt Umsätze und Gewinne erzielen. Und weil Beschäftigte wie Manager eigennützige Wesen sind, wollen und müssen sie entsprechend ihrer Leistung bezahlt werden.

Löhne kürzen oder Arbeitskräfte entlassen

Nehmen Sie an, dass eine Wirtschaft einen negativen Nachfrageschock erleidet, der die Verkäufe eines speziellen Unternehmens erheblich reduziert. Das Unternehmen verliert Geld und die Manager müssen einen Weg finden, um die Kosten zu senken. Ungefähr 70 Prozent der Gesamtkosten dieses Unternehmens sind Arbeitskosten (Löhne und Gehälter). Natürlich sind die Arbeitskosten ein offensichtliches Ziel für Kürzungen.

Aber die Manager der Unternehmen sind sich bewusst, dass die Arbeitskräfte bei einer Lohnkürzung verärgert reagieren und Widerstand leisten werden. Tatsächlich könnte ihre Produktivität so stark nachlassen, dass die Lohnkürzung die Gewinnsituation des Unternehmens nicht wirklich verbessern könnte: Der Output könnte weiter so stark fallen, dass die Verkaufserlöse stärker zurückgehen könnten, als durch die Reduzierung der Arbeitskosten eingespart werden könnte. Deshalb ist eine Lohnkürzung nicht wirklich eine gute Möglichkeit.

Darum entlassen die Manager stattdessen einen großen Teil ihrer Arbeitnehmerschaft, um die Arbeitskosten zu reduzieren. Wenn die Verkäufe beispielsweise um 40 Prozent gesunken sind, könnte das Unternehmen 40 Prozent der Arbeitnehmerschaft entlassen. Aber die Arbeitskräfte, die ihren Arbeitsplatz behalten, behalten auch ihre alten Löhne, weshalb sie nicht mit Ärger reagieren und ihre Produktivität nicht sinkt.

Die hier genannten Gründe erklären, warum die Arbeitslosigkeit während einer Rezession erheblich zunimmt, aber die Löhne nur geringfügig sinken. Dass Manager nicht bereit sind, Löhne zu kürzen, hat jedoch eine unangenehme Nebenwirkung: Wenn das Unternehmen die Löhne nicht senkt, wird es sehr schwer für das Unternehmen, die Preise der Güter und Dienste zu senken, die es verkauft. Dies wird im folgenden Abschnitt näher erläutert.

Die Kosten von Löhnen und Gewinnen addieren

Offensichtlich müssen Unternehmen Gewinne machen, um im Geschäft zu bleiben. Und das bedeutet, dass sie sicherstellen müssen, dass der Preis pro Einheit, den sie für ihre Produkte verlangen, höher ist als die Kosten pro Einheit, um die Produkte zu erzeugen.

Während einer Rezession bedeutet eine niedrigere aggregierte Nachfragekurve, dass Unternehmen die Produktion verringern und weniger Einheiten verkaufen. Wie ich in dem vorangegangenen Abschnitt aufgezeigt habe, sind bei den meisten Unternehmen die Löhne die größte Komponente – tatsächlich machen sie volle 70 Prozent der durchschnittlichen Kosten von Unternehmen aus. Wenn ein Unternehmen die Löhne nicht kürzen kann, weil es fürchtet, dass sich seine Kosten-Umsatz-Relation dadurch gar nicht verbessert, kann es auch die Produktionskosten pro Einheit nicht sehr viel senken. Dies bedeutet wiederum, dass das Unternehmen seine Preise nicht nennenswert senken kann, weil die Preise über den Produktionskosten bleiben müssen, falls das Unternehmen einen Gewinn machen und im Geschäft bleiben soll.

Was bedeutet dies alles? Wenn die Nachfrage nachlässt, sind die Preise normalerweise starr. Sie bleiben hoch, obwohl in der Wirtschaft weniger Output nachgefragt wird. Das ist der Grund dafür, warum sich die Wirtschaft nach dem negativen Nachfrageschock in Abbildung 6.5 horizontal von Punkt A nach Punkt B bewegt. Da die Preise starr sind, weil die Unternehmen die Löhne nicht kürzen können, führt der negative Nachfrageschock in eine Rezession: Der Output sinkt, und die Arbeitslosigkeit steigt, weil so viele Arbeitskräfte entlassen werden.

Was noch schlimmer ist: Solange die Preise nicht irgendwie anfangen können zu fallen, wird die Wirtschaft nicht in der Lage sein, sich von B nach C zu bewegen, um zu dem Punkt zurückzukehren, wo sie ihren Vollbeschäftigungsoutput Y^* produziert. Die Preise werden *irgendwann* fallen, aber dieser Prozess kann sehr lange dauern, das heißt, dass der negative Nachfrageschock eine lang andauernde Rezession verursachen kann.

Mit und ohne Regierungseingriff zu Y^* zurückkehren

In Kapitel 7 erkläre ich, wie der Staat mit monetären und fiskalischen Anreizen das Problem der starren Preise bekämpfen kann, um so die aggregierte Nachfrage zu vergrößern. Hier möchte ich Ihnen eine Vorschau darauf geben, wie dieser Prozess funktioniert.

Stellen Sie sich vor, dass der negative Nachfrageschock aus Abbildung 6.5 die aggregierte Nachfragekurve von AD_0 nach links nach AD_1 verschoben hat, und der Staat nicht einfach darauf wartet, dass die Preise schließlich fallen, sondern stattdessen die aggregierte Nachfrage anregt, sodass die aggregierte Nachfragekurve wieder nach rechts in ihre Ausgangslage AD_0 zurückgeschoben wird. Aufgrund dieser Aktion kehrt die Wirtschaft zu einer Vollbeschäftigungsproduktion zurück, ohne darauf warten zu müssen, dass die Preise fallen.

Was passiert, wenn der Staat die aggregierte Nachfragekurve nicht auf diese Weise anregt? Was passiert, wenn sich die Wirtschaft bei Punkt B befindet und der Staat nicht eingreift? In diesen Fällen werden die Preise letztlich fallen, weil die Produktionskosten der Unternehmen letztendlich ebenfalls fallen.

In den vorangegangenen Abschnitten habe ich beschrieben, dass die Arbeitskosten sehr langsam fallen, weil die Manager nicht riskieren wollen, ihre Arbeitskräfte durch Lohnkürzungen zu verärgern. Aber weil es so viele arbeitslose Arbeitskräfte gibt, wenn sich die Wirtschaft bei Punkt B befindet, werden die Löhne letztlich doch sinken. Einige Unternehmen stellen Arbeitslose zu niedrigeren Löhnen ein oder verlagern ihre Produktion in Länder mit niedrigeren Lohnkosten, was ihre Kosten reduziert. Dies bedeutet, dass sie Unternehmen unterbieten können, die die Löhne hoch halten. Im Endeffekt führen solche Wettbewerbskräfte dazu, dass alle Unternehmen die Löhne über mehrere Standorte hinweg senken.

Andere Kosten nehmen ebenfalls ab. Das liegt daran, dass während einer Rezession mit einem erheblich geringeren Output ein beträchtlicher Teil der produktiven Kapazität der Wirtschaft ungenutzt bleibt. Es gibt ungenutzte Fabriken, ungenutzte Lastkraftwagen, ungenutzte Eisenbahnwaggons und ungenutzte Schiffe. Es gibt auch große Mengen von ungenutztem Holz, Eisenerz, Öl und anderen produktiven Inputs.

Die Eigentümer dieser ungenutzten Inputs senken ihre Preise, um sie dennoch zu verkaufen. Wenn die Preise dieser Inputs sinken, nehmen auch die Kosten der Unternehmen ab. Deshalb können diese die Verkaufspreise ihres Outputs senken. Und wenn diese Verkaufspreise sinken, bewegt sich die Wirtschaft in Abbildung 6.5 von Punkt B nach Punkt C, wo die Wirtschaft wieder ihren Vollbeschäftigungsoutput Y^* produziert. Sehen Sie, wie sich alles (letztlich) doch wieder richtet?

Gleichgewicht bei starren Preisen erreichen: Das Modell von Keynes

Selbst wenn dies das erste Buch über Wirtschaftswissenschaften ist, das Sie je in der Hand gehabt haben, haben Sie den Name *Keynes* möglicherweise schon früher gehört. Wer war dieser Mann, und warum schätzen ihn Wirtschaftswissenschaftler so sehr?

John Maynard Keynes war der einflussreichste Wirtschaftswissenschaftler des 20. Jahrhunderts. Warum? Er war der erste Wirtschaftswissenschaftler, der erkannte, dass starre Preise (verursacht durch starre Löhne) an Rezessionen schuld sind. Als Sie den vorangegangenen Abschnitt gelesen haben, haben Sie möglicherweise nicht gedacht, dass die dort beschriebenen Ideen revolutionär waren, aber vertrauen Sie mir: Die Einsichten von Keynes änderten die Art und Weise, wie die Leute Wirtschaften studierten.

Was regte Keynes zu diesen Einsichten an? Der schreckliche Zustand, in den die Wirtschaft während der Weltwirtschaftskrise (engl. Great Depression) in den 1930er-Jahre geraten war. Allein der englische Begriff – *Great Depression* – lässt erahnen, wie die Lage war. Normale wirtschaftliche Abschwünge werden als *Rezessionen* bezeichnet. Wirklich schlimme Rezessionen werden als *Depressionen* bezeichnet. Aber was damals passierte, war so schlimm, dass man begann, von der *Großen Depression* zu sprechen, nur um auszudrücken, wie stark sie war.

Die Weltwirtschaftskrise begann mit einer schleppenden Rezession von 1929 bis 1933. Die Vereinigten Staaten erreichten ihre Outputmenge von 1929 erst wieder nach ihrem Eintritt in den Zweiten Weltkrieg 1941. Tabelle 6.1 rückt die Weltwirtschaftskrise ins rechte Licht. Sie enthält die Daten der sieben ernsthaften Rezessionen, die die Vereinigten Staaten seit 1960 erfahren haben, sowie (in der ersten Zeile) die entsprechenden Daten für die Weltwirtschaftskrise.

Beginn	Ende	Dauer (Monate)	Höchste Arbeitslosenquote (%)	Änderung des realen BIP (%)
Aug. 1929	Mrz. 1933	43	24,9	–28,8
Apr. 1960	Feb. 1961	10	6,7	2,3
Dez. 1969	Nov. 1970	11	5,9	0,1
Nov. 1973	Mrz. 1975	16	8,5	1,1
Jan. 1980	Jul. 1980	6	7,6	–0,3
Jun. 1981	Nov. 1982	16	9,7	–2,1
Jun. 1990	Mrz. 1991	8	7,5	–0,9
Mrz. 2001	Nov. 2001	8	6,0	0,5

Tabelle 6.1: Die Weltwirtschaftskrise und US-Rezessionen seit 1960 (Quelle: NBER, Economic Report of the President, Bureau of Labor Statistics)

Wie Sie sehen, war die Weltwirtschaftskrise bei weitem schlimmer als jede normale Rezession. Fast 25 Prozent des Arbeitskräfte waren arbeitslos, und der ursprüngliche Abschwung dauerte über vier Mal länger als der Durchschnitt (= 10,7 Monate) der Rezessionen nach 1960.

Der gesamte wirtschaftliche Output (gemessen als reales BIP, siehe Kapitel 5) fiel auch erheblich stärker als in einer normalen Rezession. Weil das reale BIP inflationsbereinigt ist, gibt es die Änderungen der produzierten physischen Outputmenge wieder. In jüngeren Rezessionen nahm der Output höchstens um zwei oder drei Prozentpunkte ab. Während der Weltwirtschaftskrise sank er um 28,8 Prozent!

Als Zeuge der Weltwirtschaftskrise wollte Keynes offensichtlich herausfinden, wodurch ein derartiger drastischer wirtschaftlicher Abschwung ausgelöst werden konnte – und wie verhindert werden könnte, dass eine solche Verwüstung wieder passiert.

Was macht eine Rezession zu einer Rezession?

Am Anfang des Kapitels definierte ich eine Rezession als eine Zeitspanne, in der der Output abnimmt und die Arbeitslosigkeit steigt. Aber dies ist nur eine mögliche Definition. Möglicherweise haben Sie in einem Lehrbuch oder in einem Zeitungsartikel gelesen, dass sich eine Wirtschaft in einer Rezession befindet, wenn das reale BIP in zwei aufeinander folgenden Quartalen abnimmt. Aber wenn Sie sich Tabelle 6.1 genau ansehen, stellen Sie fest, dass während bestimmter Rezessionen (beispielsweise der, die im April 1960 begann) der reale Output tatsächlich nach oben statt nach unten ging. Warum also wurde diese Zeitspanne als Rezession bezeichnet?

Zahlreiche Faktoren bestimmen, was als Rezession bezeichnet wird. Eine Gruppe von Wirtschaftswissenschaftlern des National Bureau of Economic Research (NBER) in Cambridge, Massachusetts, ist die Institution, die »offiziell« erklärt, wann Rezessionen in den Vereinigten Staaten beginnen und enden. (In Deutschland werden Konjunkturdaten vom Statistischen Bundesamt ermittelt.) Diese Gruppe verfügt über einen umfangreichen Kriterienkatalog, der mit sinkenden Outputmengen und steigender Arbeitslosigkeit beginnt und zahlreiche andere Dinge wie beispielsweise die Auftragseingänge der Unternehmen enthält. Manchmal veranlassen diese anderen Faktoren das NBER zu dem Schluss, dass die Wirtschaft einen Gipfel überschritten und in eine Rezession übergegangen ist, selbst wenn der Output nicht abnimmt.

Weitere Informationen über Konjunkturzyklen und die Bestimmung von Rezessionen finden Sie auf der Website des NBER, www.nber.org. In Deutschland ist das Statistische Bundesamt zuständig: www.destatis.de.

Lagerbestände statt Preise anpassen

Keynes fand nicht nur heraus, dass starre Preise Rezessionen verursachen; er entwickelte auch ein sehr einflussreiches Modell, das immer noch in vielen makroökonomischen Lehrbüchern vorgestellt wird. Dieses Modell ist ein kleiner Teil eines umfangreicheren Ansatzes zum Verständnis der Makroökonomie, der als *Keynesianismus* bezeichnet wird – ein Ansatz, der größere Regierungseingriffe in die Wirtschaft bevorzugt, statt der nicht-interventionistischen politischen Entscheidungen im Sinne des *Laissez Faire*, die von anderen befürwortet werden. (Eine Beschreibung der Kosten und Nutzen von Staatseingriffen in die Wirtschaft finden Sie im Abschnitt *Was produziert werden sollte* in Kapitel 3.)

Fairerweise muss ich darauf hinweisen, dass der Keynesianismus viele Kritiker auf den Plan gerufen hat und nicht das allumfassende Erklärungs- und Heilmittel der Makroökonomik ist. Doch der Teil, den ich hier vorstelle, ist nicht kontrovers. Er erklärt, wie sich eine Wirtschaft in der extrem kurzen Zeitspanne nach einem wirtschaftlichen Schock, wenn sich die Preise überhaupt nicht ändern können, an das *Gleichgewicht* anpasst – einen Punkt, an dem die aggregierte Angebotskurve denselben Wert wie die aggregierte Nachfragekurve hat.

Schauen Sie noch einmal auf Abbildung 6.4. Das Modell von Keynes arbeitet genau heraus, wie sich eine Wirtschaft von der Produktion der Produktionsmenge Y_o zu der Produktionsmenge Y_1 bewegt, wenn die aggregierte Nachfrage einen Schock erleidet und die Preise bei dem Preisniveau P_o fixiert sind.

Das Modell von Keynes fokussiert unsere Aufmerksamkeit auf die Lagerbestände der Unternehmen an Gütern, die produziert, aber noch nicht verkauft worden sind. Nach Keynes benutzen die Unternehmen die Änderungen ihrer Lagerbestände als Entscheidungshilfe, um ihren Output in Situationen zu steigern oder zu senken, in denen die Preise starr sind und nicht als Handlungssignale funktionieren können.

Um zu erkennen, warum die Lagerbestandsidee von Keynes so neu war, müssen Sie annehmen, dass wenn sich die Preise ändern könnten, dann die Preise (und nicht Lagerbestände) die Entscheidungen der Unternehmen über ihre Produktionsmengen lenken würden:

✔ Falls die Preise steigen, weiß ein Unternehmen, dass seine Produkte beliebt sind und dass es seinen Output steigern sollte.

✔ Falls die Preise fallen, weiß ein Unternehmen, dass seine Produkte nicht gut ankommen und dass es wahrscheinlich seinen Output verringern sollte (und möglicherweise andere Produkte herstellen sollte!).

In einer Wirtschaft mit fixen Preisen brauchen Unternehmen jedoch eine andere Methode, um zu entscheiden, ob sie ihre Produktion steigern oder senken sollen. Keynes erkannte, dass die Änderungen der Lagerbestände der lenkende Faktor sein würden.

Die Sollmengen der Lagerbestände überwachen

Lagerbestände werden laufend umgeschlagen; Güter kommen hinzu und fließen ab. Die neue Produktion steigert die Lagerbestände, während neue Verkäufe die Lagerbestände senken. Die beiden Faktoren wirken zusammen und bestimmen so, ob die Lagerbestände steigen, fallen oder konstant bleiben. Wenn beispielsweise die neue Produktion gleich den neuen Verkäufen ist, bleibt der Lagerbestand konstant. Wenn die neue Produktion die neuen Verkäufe übersteigt, nehmen die Lagerbestände zu.

Das Zusammenspiel der neuen Produktion und der neuen Verkäufe ist wichtig, weil jedes Unternehmen eine *Sollmenge* an Lagerbeständen hat, die es auf Vorrat halten möchte, wenn die Verkäufe temporär schneller wachsen, als das Unternehmen Output produzieren kann. Die Sollmenge richtet sich nach den Kosten und dem Nutzen, die beziehungsweise der mit einem größeren oder kleineren Lagerbestand verbunden ist.

Ein Lagerbestand, der kleiner als die Sollmenge ist, kann für das Unternehmen gefährlich sein, weil es möglicherweise Nachfragespitzen nicht befriedigen kann. Ein Lagerbestand, der größer als die Sollmenge ist, ist eine Verschwendung, weil es keinen Nutzen bringt, Jahr für Jahr unverkaufte Güter im Lager liegen zu lassen. Jedes Unternehmen wägt Kosten und Nutzen ab, um seine eigenen Lagerbestand-Sollmengen festzulegen.

Die Lagerbestand-Sollmengen können von Jahr zu Jahr abhängig davon variieren, ob ein Unternehmen starke oder schwache Verkäufe erwartet. Wenn die Manager starke Verkäufe erwarten, planen sie möglicherweise, die Lagerbestände zu erhöhen, während sie in Erwartung schwacher Verkäufe möglicherweise planen, die Lagerbestände abzubauen.

Keynes erkannte, dass sich Schocks für die aggregierte Nachfrage (die per Definition unerwartet eintreten) als unerwartete Änderungen der Lagerbestände der Unternehmen zeigen würden:

✔ Eine unerwartet niedrige aggregierte Nachfrage bedeutet, dass die Verkäufe so stark abnehmen, dass die Lagerbestände der Unternehmen die geplanten Sollmengen übersteigen.

✔ Eine unerwartet hohe aggregierte Nachfrage bedeutet, dass die Verkäufe so stark steigen, dass die Lagerbestände der Unternehmen die geplanten Sollmengen unterschreiten.

Den Output bei fluktuierenden Lagerbeständen erhöhen oder verringern

Unerwartete Veränderungen der Lagerbestände veranlassen Unternehmen, ihre Produktionsmengen wie folgt zu ändern:

✔ Wenn die Lagerbestände die Sollmengen überschreiten, reagieren Unternehmen mit einer Verringerung der Produktion. Wenn sie die Produktionsmengen unter die Verkaufsmengen senken, beginnen die Lagerbestände, auf ihre Sollmengen zu fallen.

✔ Wenn die Lagerbestände die Sollmengen unterschreiten, reagieren Unternehmen mit einer Steigerung der Produktion. Wenn sie die Produktionsmengen über die Verkaufsmengen steigern, beginnen die Lagerbestände, auf ihre Sollmengen zu steigen.

Die Änderungen der Produktionsmengen, die durch Änderungen der Lagerbestände verursacht werden, sind immens wichtig, weil sie nicht nur festlegen, ob der Output Y steigt oder fällt, sondern auch, ob die Arbeitslosigkeit steigt oder fällt.

Wenn die Unternehmen beispielsweise die Produktion steigern, weil die Lagerbestände unter die Sollmengen gefallen sind, werden sie mehr Arbeitskräfte einstellen, und die Arbeitslosigkeit nimmt ab. Wenn die Unternehmen andererseits die Produktion senken, weil die Lagerbestände über die Sollmengen gestiegen sind, werden sie Arbeitskräfte entlassen, und die Arbeitslosigkeit steigt.

Die Lagerbestände anhand geplanter und tatsächlicher Ausgaben anpassen

Das Modell von Keynes unterscheidet zwischen geplanten und tatsächlichen Ausgaben:

✔ *Geplante Ausgaben* sind die Menge an Geld, die Haushalte, Unternehmen, der Staat und Ausländer für im Inland produzierte Güter und Dienste ausgeben wollen.

✔ *Tatsächliche Ausgaben* sind gleich dem Bruttoinlandsprodukt (BIP, siehe Kapitel 4); sie sind die Menge an Geld, die Haushalte, Unternehmen, der Staat und Ausländer tatsächlich für im Inland produzierte Güter und Dienste ausgegeben haben.

Was passiert, wenn die tatsächlichen Ausgaben von den geplanten Ausgaben abweichen? Die Lagerbestände ändern sich automatisch. Wenn beispielsweise mehr Geld als geplant für Güter und Dienste ausgegeben wird, kaufen die Menschen mehr Output, als gegenwärtig produziert wird. Diese Situation ist möglich, weil die Unternehmen Güter aus ihren Lagerbeständen verkaufen, die in vorangegangenen Perioden produziert worden sind. Umgekehrt, wenn die Menschen weniger Geld als geplant für Güter und Dienste ausgeben, steigen die Lagerbestände der Unternehmen, weil sie den gesamten Output, den sie nicht verkaufen können, einlagern müssen.

Keynes repräsentierte die geplanten Ausgaben PE algebraisch durch die folgende Gleichung:

$$PE = C + I^P + G + NX \qquad (1)$$

Was bedeuten alle diese Buchstaben? Sie werden in Kapitel 4 ausführlich beschrieben. Hier ist noch einmal eine Zusammenfassung:

✔ C steht für die Outputmenge, die die Konsumenten konsumieren wollen.

✔ I^P steht für die Outputmenge, die Unternehmen als Investitionsgüter kaufen wollen, beispielsweise neue Fabriken und Ausrüstungsgegenstände sowie geplante Lagerbestandsänderungen.

- Wenn die Unternehmen später ihre Lagerbestände mehr als geplant steigern oder senken müssen, dann weicht die tatsächliche Investition I von der geplanten Investition I^p ab.
- G steht für die Outputmenge, die der Staat kaufen will, um beispielsweise Schulen zu bauen oder so profane Dinge wie seinen Bürobedarf zu decken.
- NX steht für den *Nettoexport* – den Wert der einheimischen Exporte minus dem Wert der einheimischen Importe. NX gibt uns die Nettonachfrage des ausländischen Sektors der Wirtschaft nach einheimischen Gütern an.

Für die tatsächlichen Ausgaben Y verwendete Keynes dieselbe Gleichung, die wir zur Berechnung des Bruttoinlandsprodukts (siehe Kapitel 4) benutzt haben:

$$Y = C + I + G + NX \qquad (2)$$

 Warum können wir die BIP-Gleichung verwenden, um die tatsächlichen Ausgaben zu berechnen? Wie ich in Kapitel 4 erkläre, sind die tatsächlichen Ausgaben gleich dem nationalen Einkommen, weil jeder Cent, der in der Wirtschaft ausgegeben wird, zugleich ein Einkommen eines anderen Wirtschaftsteilnehmers ist. Außerdem sind die tatsächlichen Ausgaben auch gleich dem monetären Wert aller Güter und Dienste, die in der Wirtschaft produziert werden, weil jedes Quäntchen Output, das produziert wird, auch an jemanden verkauft wird. (Jeder Output, den ein Unternehmen produziert, aber nicht an Kunden verkaufen kann, wird als »Verkauf« des Unternehmens an sich selbst gezählt, da es dem Lagerbestand zugerechnet wird. Diese Lagerbestandsänderungen werden auch als *Lagerinvestition* bezeichnet und gehen in das BIP als Teil der Gesamtinvestition I ein.)

Diese drei Möglichkeiten, Y zu betrachten, erweisen sich als sehr praktisch, wenn Sie sich mit dem Modell von Keynes vertraut machen. Manchmal ist es leichter, das Modell zu verstehen, wenn Sie annehmen, dass Y den tatsächlichen Ausgaben entspricht; bei anderen Gelegenheiten ist es leichter zu verstehen, wenn Sie Y als das Nationaleinkommen oder den Gesamtoutput betrachten. Ich wähle jeweils die Definition, die es am einfachsten macht, das Modell zu verstehen.

 Der einzige Unterschied auf den rechten Seiten der Gleichungen (1) und (2) besteht in der Investitionsvariablen: In der ersten Gleichung ist es die *geplante Investition* I^p und in der zweiten die *tatsächlichen Investition* I. Anders ausgedrückt: Der einzige Grund, warum sich Y und PE unterscheiden, liegt in den verschiedenen Investitionen, die durch unerwartete Lagerbestandssteigerungen oder -abnahmen verursacht werden, wenn die Verkäufe unter beziehungsweise über den geplanten Mengen liegen.

Zur Abrundung ein wenig Algebra

Sie wussten, dass es sich nicht vermeiden lässt: Es ist Zeit, die ganze Sache algebraisch zu betrachten. Unser Ziel? Wir wollen das wirtschaftliche Gleichgewicht des Modells von Keynes mit unseren mathematischen Superkräften identifizieren. (Na, wie habe ich das ausgedrückt?)

Zunächst müssen wir eine *Konsumfunktion*, das heißt eine Möglichkeit definieren, um den Gesamtkonsum zu berechnen, die wir in die Gleichung (1) einsetzen können. In Kapitel 4 stelle ich die folgende Formel zur Berechnung des Konsums vor:

$$C = C_o + c(1-t)Y \tag{3}$$

Details finden Sie weiter vorn in Kapitel 4. Was Sie im Moment über diese Formel wirklich wissen müssen, ist, dass ein höheres Einkommen Y zu einem höheren Konsum C führt.

Wenn wir Gleichung (3) in Gleichung (1) einsetzen, erhalten wir:

$$PE = C_o + c(1-t)Y + I^P + G + NX \tag{4}$$

Wenn Sie genau hinschauen, zeigt Ihnen diese Gleichung, dass die gesamte geplante Ausgabe für Güter und Dienste in der Wirtschaft PE von dem Gesamteinkommen Y in der Wirtschaft abhängt. Je höher das Gesamteinkommen ist, desto mehr Geld werden die Konsumenten für ihre Ausgaben einplanen.

Eine praktische Möglichkeit, diese Gleichung zu vereinfachen, besteht darin, eine Variable namens A zu erstellen, die wie folgt definiert ist:

$$A = C_o + I^P + G + NX$$

Wenn wir dies tun, sieht Gleichung (3) etwas weniger Furcht einflößend aus:

$$PE = A + c(1-t)Y \tag{5}$$

Die Variable A steht für *autonome Ausgaben*. Damit meinen Wirtschaftswissenschaftler den Teil der geplanten Ausgaben, der nicht vom Einkommen Y abhängt. Der Teil der geplanten Ausgaben, der vom Einkommen abhängt, $c(1-t)Y$, wird als *induzierte Ausgaben* bezeichnet.

In dem Ausdruck zur Berechnung der induzierten Ausgaben steht t für den Einkommenssteuersatz. Das heißt, $(1-t)Y$ ist der Betrag, den die Steuerzahler ausgeben können, nachdem sie vom Staat besteuert worden sind. Der Faktor c gibt den Anteil dieses Betrags an, der tatsächlich für den Konsum (im Gegensatz zum Sparen) ausgegeben wird, sodass $c(1-t)Y$ die Konsumausgaben angibt, die durch ein Einkommen der Höhe Y »induziert« werden.

Abbildung 6.6 stellt die Gleichung (5) grafisch dar, sie wird als *Kurve der geplanten Ausgaben* bezeichnet.

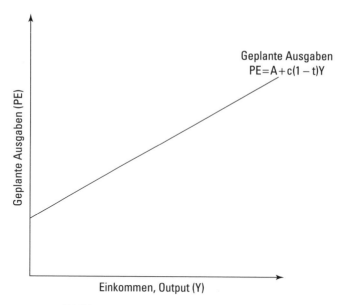

Abbildung 6.6: Die Kurve der geplanten Ausgaben

Um das spezielle Gleichgewicht des Modells von Keynes zu finden, muss Ihnen bewusst sein, dass alle möglichen Gleichgewichte durch die folgende Gleichung ausgedrückt werden:

$$PE = Y \qquad (6)$$

Diese Gleichung kann wie folgt gelesen werden: »Geplante Ausgaben gleich tatsächliche Ausgaben«. (Denken Sie daran, dass Y sowohl dem Gesamteinkommen als auch den Gesamtausgaben der Wirtschaft entspricht, weil alle Ausgaben zugleich Einkommen von Wirtschaftsteilnehmern sind.)

 Jede Situation, in der $PE = Y$ gilt, ist ein Gleichgewicht. Denn wenn die Wirtschaft einen Punkt erreichen kann, an dem $PE = Y$ ist, dann hätte niemand einen Grund, sein Verhalten zu ändern. Die Konsumenten würden genau so viel konsumieren, wie sie konsumieren wollten (C). Der Staat würde genau so viel Output kaufen, wie er kaufen wollte (G). Ausländer würden genau so viele Güter von uns kaufen, wie sie wollten (NX). Und, was am wichtigsten ist, die Unternehmen würden genau so viel investieren, wie sie investieren wollten – was einschließt, dass sich die Lagerbestände nicht unerwartet ändern.

Wenn die geplanten Ausgaben gleich den tatsächlichen Ausgaben sind, liegt ein echtes Gleichgewicht vor, weil jeder bekommt, was er will, und niemand einen Anreiz hat, sein Verhalten zu ändern.

Sie können die Gleichung nach dem Gleichgewichtsoutput auflösen, den ich als bezeichne, indem Sie Gleichung (5) in Gleichung (6) einsetzen und nach $\tilde{Y}$ auflösen. Sie erhalten dann:

$$\tilde{Y} = \frac{1}{1 - c(1-t)} \times A \qquad (7)$$

Das Gleichgewicht grafisch darstellen

Wenn die letzte Gleichung einfach zu Furcht erregend aussieht, bleiben Sie bei mir. Es ist viel einfacher, das Gleichgewicht im Modell von Keynes grafisch zu ermitteln. Stellen Sie zu diesem Zweck die Gleichung $PE = Y$ in demselben Diagramm wie die Gleichung $PE = A + c(1-t)Y$ dar (siehe Abbildung 6.7). Der Punkt, an dem sich die beiden Kurven schneiden, ist das Gleichgewicht. Bei diesem Punkt sind die geplanten Ausgaben genau so hoch wie die tatsächlichen Ausgaben in der Wirtschaft.

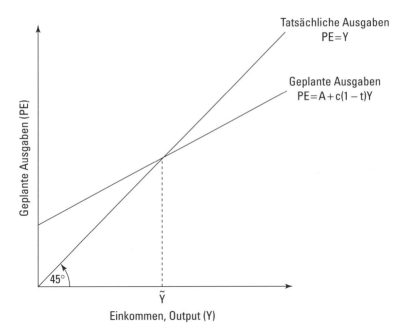

Abbildung 6.7: Das Gleichgewicht $\tilde{Y}$ im Modell von Keynes

Dieses Gleichgewicht ist *stabil*, das heißt, wenn die Wirtschaft bei einem anderen Einkommen als $\tilde{Y}$ beginnt, bewegt sie sich bald zu $\tilde{Y}$ zurück. Die Lagerbestandsänderungen bewirken dabei diese Rückkehr nach $\tilde{Y}$.

Um zu sehen, warum dies so ist, betrachten Sie bitte Abbildung 6.8: Sie nutzt eine bestimmte geometrische Eigenschaft der Linie $PE = Y$ aus, um zu zeigen, wie sich die Wirtschaft verhält, wenn sie nicht ihre Gleichgewichtsproduktionsmenge $\tilde{Y}$ produziert.

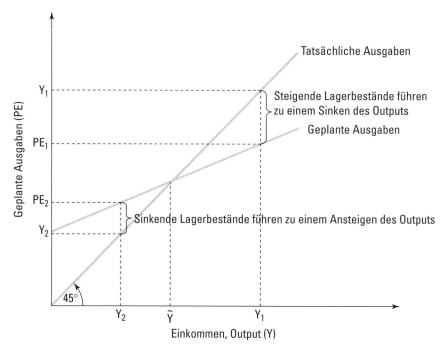

Abbildung 6.8: Wie Lagerbestandsanpassungen den Output immer zurück nach $\tilde{Y}$ bewegen

 Die Linie $PE = Y$ verfügt über eine spezielle geometrische Eigenschaft: Da sie genau in einem Winkel von 45 Grad verläuft, kann sie verwendet werden, um Quadrate zu zeichnen – Vierecke mit vier gleich langen Seiten. Das bedeutet, dass Sie jeden Wert von Y auf die vertikale Achse transponieren können. Zu diesem Zweck nehmen Sie auf der horizontalen Achse einen beliebigen Wert von Y, gehen senkrecht nach oben, bis Sie auf die 45-Grad-Linie treffen und dann von dort horizontal nach links, bis Sie auf die vertikale Achse treffen. Der Punkt, auf den Sie treffen, repräsentiert auf der vertikalen Achse denselben Betrag wie Y auf der horizontalen Achse.

Beginnen Sie beispielsweise in Abbildung 6.8 auf der horizontalen Achse bei der Produktionsmenge Y_2, die kleiner als die Gleichgewichtsproduktionsmenge $\tilde{Y}$ ist. Wenn Sie vertikal nach oben bis zu der 45-Grad-Linie und dann nach links gehen, können Sie die Produktionsmenge Y_2 auf der vertikalen Achse einzeichnen. Warum ist dies nützlich? Weil Sie dann Y_2 direkt mit der Höhe PE_2 der geplanten Ausgaben vergleichen können, die zu der Produktionsmenge Y_2 auf der horizontalen Achse gehören.

Sie sehen, dass $PE_2 > Y_2$ ist, was bedeutet, dass die geplanten Ausgaben den Output in der Wirtschaft übersteigen. Dies bedeutet, dass die Lagerbestände unerwartet sinken werden, wenn die Unternehmen einen Teil ihres Lagerbestands verkaufen, um damit auszugleichen, dass Konsumenten mehr Güter kaufen, als die Unternehmen gegenwärtig produzieren. Dieses Absinken der Lagerbestände führt dazu, dass die Wirtschaft zu dem Gleichgewicht zurückkehrt.

Wenn die Lagerbestände unerwartet sinken, steigern die Unternehmen die Produktion. Folglich wächst Y. Es wird so lange steigen, bis es $\tilde{Y}$ erreicht, weil für jeden Wert von $Y < \tilde{Y}$ die geplanten Ausgaben größer als der Output sind, was an der Grafik leicht zu erkennen ist.

Die Anpassungen des Lagerbestands bringen die Wirtschaft auch ins Gleichgewicht zurück, wenn sie von einer Produktionsmenge wie beispielsweise Y_1 ausgeht, die größer als $\tilde{Y}$ ist. Aus Abbildung 6.8 können Sie anhand der 45-Grad-Linie ablesen, dass der tatsächliche Output Y_1 die geplanten Ausgaben PE_1 übersteigt. Anders ausgedrückt: Die Menschen kaufen weniger (PE_1), als die Unternehmen gegenwärtig produzieren (Y_1), sodass die Lagerbestände steigen.

Die Unternehmen reagieren auf die steigenden Lagerbestände, indem sie ihren Output reduzieren. Sie entlassen Arbeitskräfte und verringern die Produktion. Folglich nimmt Y ab, und zwar so lange, bis es $\tilde{Y}$ erreicht, weil für jeden Wert $Y > \tilde{Y}$ der Output die tatsächlichen Ausgaben übersteigt, was anhand der Grafik leicht zu erkennen ist.

Das BIP in dem Modell von Keynes ankurbeln

Keynes hat sein Modell nicht nur erfunden, um zu erklären, wie Wirtschaften mit starren Preisen ein stabiles Gleichgewicht erreichen. In Wirklichkeit wollte er den Regierungen zeigen, was sie während einer Rezession tun können, um die wirtschaftliche Lage zu verbessern.

Betrachten Sie beispielsweise noch einmal Abbildung 6.8. Nehmen Sie an, dass die Anpassungen der Lagerbestände die Wirtschaft zu dem Gleichgewichtseinkommen $\tilde{Y}$ zurückgebracht haben, aber dass $\tilde{Y}$ niedriger als der Vollbeschäftigungsoutput Y^* der Wirtschaft ist. Keynes fragte, was die Regierungen – falls überhaupt – in einem solchen Fall tun sollten.

Regierungen könnten beschließen, nichts zu tun. Weil $\tilde{Y} < Y^*$ ist, werden die Preise letztlich fallen, und die Wirtschaft wird zur Vollbeschäftigung zurückkehren (indem sie sich in Abbildung 6.5 von Punkt B nach Punkt C bewegt). Aber Keynes plädierte dafür, dass die Regierungen die Erholung beschleunigen könnten, indem sie die geplanten Ausgaben erhöhen.

Nehmen Sie an, der Staat beschließt, seine Ausgaben G für Güter und Dienste zu erhöhen. Dann wird PE in Gleichung (4) auf jeden Fall größer. Weil G ein Teil der autonomen Ausgaben (A) ist, bedeutet die Steigerung von G in Gleichung (5) eine Steigerung von A. Grafisch bedeutet ein größeres A, dass die Linie der geplanten Ausgaben vertikal von PE_1 nach PE_2 nach oben verschoben wird (siehe Abbildung 6.9). Da sich die Linie $PE = Y$ der tatsächlichen Ausgaben nicht ändert, verursacht die vertikale Verschiebung der Linie der geplanten Ausgaben eine Steigerung des Gleichgewichtsoutputs von $\tilde{Y}_1$ nach $\tilde{Y}_2$.

Keynes schlug also vor, die geplanten Ausgaben durch regierungspolitische Maßnahmen um den Betrag auszuweiten, der erforderlich war, um das kurzfristige Gleichgewicht $\tilde{Y}$ der Wirtschaft bei starren Preisen bis auf den Vollbeschäftigungsoutput Y^* zu steigern. In Kapitel 7 beschreibe ich solche politische Entscheidungen ausführlicher; dort erfahren Sie auch, warum diese Maßnahmen in der Praxis nicht immer so gut funktionieren.

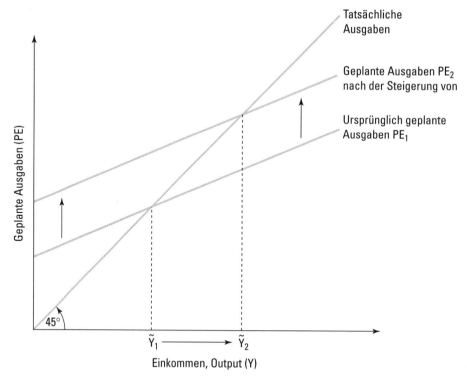

Abbildung 6.9: Steigende Staatsausgaben steigern den Gleichgewichtsoutput von $\tilde{Y}_1$ nach $\tilde{Y}_2$.

Rezessionen mit Geld- und Fiskalpolitik bekämpfen

In diesem Kapitel

- Die Wirtschaft mit Geld- und Fiskalpolitik anregen und stabilisieren
- Berücksichtigen, dass zu viele Reize eine Inflation verursachen
- Erkennen, dass rationale Erwartungen der Geld- und Fiskalpolitik zuwiderlaufen können
- Die Details hinter der Geld- und Fiskalpolitik kennen lernen

Die Geld- und Fiskalpolitik sind zwei der wichtigsten Funktionen moderner Regierungen. Die *Geldpolitik* konzentriert sich darauf, die Geldmenge zu steigern oder zu verringern, um die Wirtschaft anzuregen oder zu drosseln, während die *Fiskalpolitik* Regierungsausgaben und Besteuerung verwendet, um die Wirtschaft anzuregen.

Dank der Entwicklung brauchbarer wirtschaftlicher Theorien können Regierungen heute mit der Geld- und Fiskalpolitik die Dauer und Schwere von Rezessionen abschwächen. Diese Entwicklung ist immens wichtig, weil sie den Regierungen die Instrumente an die Hand gibt, um das Leben von Milliarden von Menschen zu verbessern. Eine gute Wirtschaftspolitik kann Nationen wohlhabend machen, während eine schlechte Wirtschaftspolitik sie ruinieren kann.

Die Geld- und Fiskalpolitik haben jedoch ihre eigenen Probleme. In diesem Kapitel zeige ich Ihnen nicht nur, wie sie im Idealfall ihren Zweck erfüllen, sondern auch ihre Grenzen und Probleme, wenn sie in die Praxis umgesetzt werden. Wenn Sie das ganze Bild betrachten, können Sie selbst entscheiden, wann und wie die Geld- und Fiskalpolitik verwendet werden sollte.

Mit den Informationen in diesem Kapitel werden Sie vielen Politikern zwei Schritte voraus sein. Diese Informationen werden Ihnen auch helfen zu erkennen, wann politisch einseitig ausgerichtete Wirtschaftswissenschaftler versuchen, Sie hinters Licht zu führen. Joan Robinson, eine der großen Wirtschaftswissenschaftlerinnen des 20. Jahrhundert, sagte: »Der Zweck des Studiums der Wirtschaftswissenschaften besteht nicht darin, sich einen Satz vorgefertigter Antworten auf wirtschaftliche Fragen anzueignen, sondern zu lernen, wie man es vermeiden kann, von einem Wirtschaftswissenschaftler getäuscht zu werden.« Dem stimme ich vollkommen zu. Aber keine Bange: *Mir* können Sie vertrauen.

 Wenn Sie Kapitel 6 nicht gelesen haben, rate ich Ihnen, dies nachzuholen, bevor Sie dieses Kapitel in Angriff nehmen. Ich verfolge zwar in diesem Buch das Ziel, jedes Kapitel möglichst eigenständig zu machen, damit Sie nach Bedarf oder Lust und Laune hierhin und dorthin springen können, aber viele Termini, denen Sie in diesem Kapitel begegnen, werden in Kapitel 6 eingeführt und erklärt. Es ist für Sie möglicherweise leichter, sich mit der Geld- und Fiskalpolitik auseinander zu setzen, wenn Sie sich ein Grundverständnis erworben haben, wie Rezessionen funktionieren, was zentrales Thema von Kapitel 6 ist.

Die Nachfrage anregen, um Rezessionen zu beenden

Bevor wir uns separat und ausführlich mit der Geld- und Fiskalpolitik befassen, ist es wichtig zu erkennen, dass mit beiden Instrumenten der Zweck verfolgt wird, die aggregierte Nachfrage nach Gütern und Diensten zu ändern. (Die *aggregierte Nachfrage* ist die gesamte Nachfrage nach Gütern und Diensten in einer Wirtschaft.) Insbesondere können beide benutzt werden, um die aggregierte Nachfrage während einer Rezession zu steigern.

Den Vollbeschäftigungsoutput anstreben

Die Möglichkeit, mit der Geld- und Fiskalpolitik die Wirtschaft anzuregen, ist wichtig, weil jeder bestrebt ist, eine Rezession so schnell wie möglich zu beenden und die Wirtschaft zurück in die Lage zu stabilisieren, in der sie ihren Vollbeschäftigungsoutput produziert.

Der Vollbeschäftigungsoutput – dargestellt als Y^* – ist die Menge an Output, den die Wirtschaft bei Vollbeschäftigung produziert, wobei diese gegeben ist, wenn jeder, der eine Vollzeitarbeit sucht, eine solche findet (siehe Kapitel 6). Wenn die Wirtschaft in eine Rezession rutscht und einen geringeren Output als Y^* produziert, verlieren viele Arbeitnehmer ihre Arbeit, weil die Unternehmen weniger Arbeitskräfte benötigen, um die kleineren Output-Mengen zu produzieren.

Was noch schlimmer ist: Die Arbeitslosenquote bleibt hoch, bis der Output wieder die Vollbeschäftigungsmenge erreicht. Die Geld- und Fiskalpolitik sind gerade deshalb nützlich, weil sie dazu beitragen können, die Wirtschaft so bald wie möglich zu ihrem Vollbeschäftigungsoutput Y^* zurückzubringen; sie können die Periode der Frustration und des Mangels verkürzen, die die Arbeitslosen ertragen müssen.

Werfen Sie einen Blick auf Abbildung 7.1. Sie zeigt, wie die aggregierte Nachfrage mit der Geld- und Fiskalpolitik angeregt werden kann, um eine Wirtschaft nach einem negativen Nachfrageschock so schnell wie möglich zur Produktion ihres Vollbeschäftigungsoutputs Y^* zurückzuführen. *Negative Nachfrageschocks* sind Ereignisse wie beispielsweise ein Absinken des Konsumentenvertrauens, die die aggregierte Nachfrage unerwartet senken (siehe Kapitel 6).

In Abbildung 7.1 befindet sich die Wirtschaft zunächst bei Punkt A im Gleichgewicht; dies ist der Punkt, an dem die abwärts geneigte aggregierte Nachfragekurve AD_0 die vertikale langfristige aggregierte Angebotskurve $LRAS$ schneidet. Kurzfristig sind die Preise in der Wirtschaft fixiert (eine nähere Erklärung finden Sie in Kapitel 6). Aus diesem Grund verläuft die kurzfristige aggregierte Angebotskurve $SRAS$ horizontal auf dem ursprünglichen Preisniveau P_0, das durch den Schnittpunkt von AD_0 und $LRAS$ bestimmt wird. (In dem Abschnitt *Kurzfristig mit festen Preisen umgehen* in Kapitel 6 erkläre ich, dass ich der Einfachheit halber in diesem

7 ➤ Rezessionen mit Geld- und Fiskalpolitik bekämpfen

Buch mit einer horizontalen statt mit einer aufwärts gerichteten *SRAS*-Kurve arbeite, wie sie in einigen anderen Büchern dargestellt wird. Falls Sie erwarten, eine aufwärts gerichtete *SRAS*-Kurve zu sehen, sollten Sie einen kurzen Blick auf diesen Abschnitt werfen.)

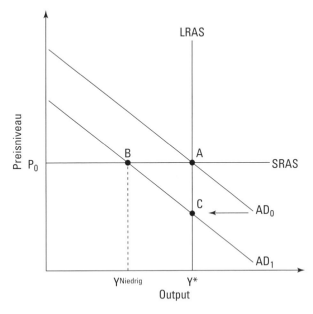

Abbildung 7.1: Der Einfluss eines negativen Nachfrageschocks auf die Wirtschaft

Wenn der negative Nachfrageschock eintritt, passiert Folgendes:

✔ Die aggregierte Nachfragekurve wird nach links nach AD_1 verschoben, um anzuzeigen, dass weniger für Güter und Dienste ausgegeben wird.

✔ Da die Preise kurzfristig bei P_o fixiert sind, verschiebt sich das Gleichgewicht der Wirtschaft von Punkt *A* nach links nach Punkt *B*, und der Output der Wirtschaft sinkt von Y^* auf $Y^{Niedrig}$.

✔ Da der Output abnimmt, steigt die Arbeitslosigkeit, weil die Unternehmen nicht mehr so viele Arbeitskräfte benötigen.

Sie sehen also, dass der Nachfrageschock zu einer Rezession führt: eine Periode, in der der Output abnimmt und die Arbeitslosigkeit steigt.

Leider kann es lange dauern, bis eine Rezession überwunden wird. Falls der Staat keine Maßnahmen ergreift, um eine Rezession zu beenden, kann die Wirtschaft nur dann zu ihrem Vollbeschäftigungsoutput zurückkehren, wenn die Preise so weit sinken, dass das Gleichgewicht der Wirtschaft entlang der AD_1-Kurve von Punkt *B* nach Punkt *C* wandern kann. Dieser Prozess verläuft normalerweise sehr langsam, weil die Preise und insbesondere die Löhne starr sind. Folglich wird die Wirtschaft eine hohe Arbeitslosigkeit durchlaufen und lange brauchen, um zur Produktion ihres Vollbeschäftigungsoutputs Y^* zurückzukehren, falls nicht der Staat eingreift. (All diese Prozesse werden in Kapitel 6 näher erklärt.)

Die AD-Kurve nach rechts verschieben – oder Menschen zu Arbeit verhelfen

 Die Geld- und Finanzpolitik sind deshalb wirksam, weil sie die aggregierte Nachfrage steigern, und zwar, indem sie die aggregierte Nachfragekurve nach rechts verschieben. Dadurch wird der langsame Anpassungsprozess vermieden, den die Wirtschaft braucht, um sich von Punkt B nach Punkt C zu bewegen (siehe Abbildung 7.1).

Wenn der Staat beispielsweise die aggregierte Nachfragekurve von AD_1 zurück nach AD_0 verschieben könnte, würde die Wirtschaft zum Gleichgewichtspunkt A zurückspringen. Dies wäre sehr wünschenswert, weil die Wirtschaft dadurch zur Produktion ihres Vollbeschäftigungsoutputs Y^* zurückkehren würde, ohne den langsamen Anpassungsprozess von B nach C durchlaufen zu müssen. Menschlich gesehen bedeutet dies, dass die Arbeitslosigkeit für Millionen von Arbeitskräften viel schneller beendet wird; sie können neue Arbeit finden und sich und ihre Familien wieder ernähren.

Leider ist es tatsächlich nicht einfach, die aggregierte Nachfrage zu verschieben, um Rezessionen zu bekämpfen. Es können diverse Probleme auftreten, die mit Inflation und den Erwartungen der Bevölkerung zu tun haben, wie die Steigerung der aggregierten Nachfrage die Preise beeinflusst. Deshalb will ich, bevor ich im Detail beschreibe, wie die aggregierte Nachfrage mit der Geld- und Finanzpolitik gesteigert werden kann, zunächst erklären, wie die Inflation (und Angst vor einer Inflation) die Wirksamkeit dieser Instrumente beeinträchtigen kann.

Inflation erzeugen: Das Risiko einer Überstimulation

Die beste Methode, um die Grenzen wirtschaftspolitischer Entscheidungen zu verstehen, besteht darin, sich klar zu machen, dass eine Anregung der aggregierten Nachfrage langfristig nur das Preisniveau und nicht die Höhe des Outputs beeinflussen kann. Warum? Ich brauche mehrere Seiten, um die Gründe ausführlich zu erklären, aber die Erklärung basiert letztlich auf einem Verhalten der Wirtschaft, das ich in Kapitel 6 ausführlich beschreibe: Egal, an welchem Punkt sich die aggregierte Nachfragekurve befindet, das heißt unabhängig davon, wie viel Güter die Konsumenten kaufen (oder nicht kaufen) wollen, passen sich die Preise so lange an, bis die Wirtschaft wieder ihren Vollbeschäftigungsoutput Y^* produziert. Die Wirtschaft entfernt sich einfach zu lange von Y^*.

Dieser Hang der Wirtschaft zu Y^* wird in Kapitel 6 erklärt, und Sie können ihn auch in Abbildung 7.1 erkennen. Der negative Nachfrageschock verschiebt die aggregierte Nachfragekurve von AD_0 nach AD_1. Wenn der Staat keine Impulse gibt, passt sich die Wirtschaft von selbst langsam von Punkt A nach Punkt B nach Punkt C an. Am Punkt C ist das Preisniveau gesunken, und der Output ist zu Y^* zurückgekehrt.

Aber selbst wenn der Staat Anreize gibt, um die aggregierte Nachfragekurve von AD_1 nach rechts zu verschieben, kommt die Wirtschaft langfristig immer an dem Punkt ins Gleich-

7 ➤ Rezessionen mit Geld- und Fiskalpolitik bekämpfen

gewicht, an dem die aggregierte Nachfragekurve die langfristige aggregierte Angebotskurve *LRAS* schneidet. Die *LRAS*-Kurve ist eine vertikale Linie, die dem Vollbeschäftigungsoutput Y^* entspricht (Lage und Richtung dieser Kurve werden ebenfalls in Kapitel 6 erklärt).

Ein hoffnungsloses Unterfangen: versuchen, den Output über Y* hinaus zu steigern

Weil die Wirtschaft langfristig immer zur Produktion ihres Vollbeschäftigungsoutputs Y^* zurückkehrt, kann der Staat nicht für eine nennenswerte Zeitspanne erreichen, dass die Wirtschaft mehr Output als Y^* produziert. Warum? Nehmen Sie an, dass der Staat mit Hilfe der Geld- und/oder Finanzpolitik die aggregierte Nachfragekurve von AD_0 nach AD_1 verschiebt (siehe Abbildung 7.2).

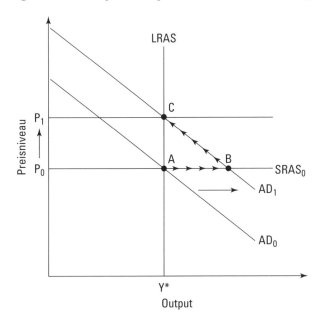

Abbildung 7.2: Die Ergebnisse der gesteigerten aggregierten Nachfrage

Vor der Verschiebung befindet sich die Wirtschaft bei Punkt *A* im Gleichgewicht. An diesem Punkt schneidet die ursprüngliche aggregierte Nachfragekurve AD_0 die langfristige aggregierte Angebotskurve *LRAS*, die eine vertikale Linie über Y^* ist. Im ursprünglichen Gleichgewicht beträgt das Preisniveau P_0, und weil die Preise kurzfristig starr sind (siehe Kapitel 6), ist die kurzfristige aggregierte Angebotskurve $SRAS_0$ eine horizontale Linie bei dem Preisniveau P_0.

Wenn der Staat die Wirtschaft anregt und die aggregierte Nachfragekurve von AD_0 nach rechts nach AD_1 verschiebt, bewegt sich die Wirtschaft anfänglich von Punkt *A* nach Punkt *B*. Das heißt, weil die Preise kurzfristig fixiert sind, erreicht die Wirtschaft bei *B*, wo AD_1 die Kurve $SRAS_0$ schneidet, ein temporäres Gleichgewicht.

Die Produktionsmenge der Wirtschaft bei Punkt B ist größer als der Vollbeschäftigungsoutput Y^*. Aus diesem Grund ist Punkt B nur ein temporäres Gleichgewicht, weil die einzige Möglichkeit, dass die Wirtschaft mehr als Y^* produzieren kann, darin besteht, dass sie mehr Arbeit einsetzt als bei Y^*. Es gibt nur zwei Wege, auf denen dies passieren kann:

✔ Die Unternehmen überreden die vorhandenen Arbeitskräfte, Überstunden zu machen.

✔ Die Unternehmen steigern die gesamte Zahl der Arbeitskräfte, indem sie beispielsweise Rentner, die normalerweise nicht mehr zur arbeitenden Bevölkerung gehören, überreden, in den Arbeitsprozess zurückzukehren.

Beide Wege, um das Arbeitsangebot zu steigern, erhöhen die Arbeitskosten:

✔ Um zu erreichen, dass die vorhandenen Arbeitskräfte dauerhaft länger arbeiten, müssen die Unternehmen hohe Überstundenlöhne zahlen.

✔ Um Personen wie Rentner wieder in die Arbeitnehmerschaft einzugliedern, müssen die Unternehmen höhere Löhne bieten (weil dieser Personenkreis offensichtlich nicht bereit war, zu den alten Löhnen zu arbeiten).

Auf jeden Fall steigen die Produktionskosten; und die Unternehmen geben die Steigerungen an die Konsumenten weiter, indem sie die Preise für ihre Güter und Dienste erhöhen.

Aus diesem Grund bewegt sich die Wirtschaft in Abbildung 7.2 von Punkt B nach Punkt C. Wenn Preise steigen, weil die Löhne steigen, bewegt sich die Wirtschaft auf der AD_1-Kurve nach oben (wie es durch Pfeile angezeigt wird). Löhne und damit die Preise steigen so lange, bis die Wirtschaft wieder bei Punkt C ihren Vollbeschäftigungsoutput Y^* produziert. An diesem Punkt ist es nicht mehr erforderlich, die Löhne weiter zu steigern, um zu versuchen, eine größere Menge zu produzieren.

Ein temporäres Hoch: Die Bewegung der realen Löhne

Wenn Sie in Abbildung 7.2 die Bewegung von A nach B nach C betrachten, die durch die staatlichen Anreize verursacht wurde, können Sie erkennen, dass die einzige langfristige Folge eine Steigerung des Preisniveaus von P_0 nach P_1 ist. Nach einer Periode der wachsenden Produktion produziert die Wirtschaft wieder ihren Vollbeschäftigungsoutput Y^*.

Aus diesem Beispiel können Sie zwei wichtige Lehren ziehen:

✔ Der Staat kann den Output nicht dauerhaft über Y^* halten.

✔ Der Staat kann nicht dauerhaft mehr Menschen in Arbeit halten, als bei Y^* beschäftigt werden.

Der Grund dafür, warum diese beiden Lehren wahr sind, sind die *Reallöhne*. Was sind Reallöhne? Reallöhne sind Löhne, die nicht durch Geldbeträge, sondern durch ihre Kaufkraft gemessen werden. Sie geben an, wie viele Güter Arbeitskräfte mit dem Geld kaufen können, das sie für ihre Arbeitsleistung bekommen.

Reallöhne sind entscheidend für das Verständnis, wie Regierungsanreize die Wirtschaft beeinflussen, weil die Menschen nicht für Geld per se hart arbeiten, sondern für die Dinge, die sie mit dem Geld kaufen können. Dieser Unterschied ist wichtig. Denn wenn die Wirtschaft auf die staatlich verursachte Verschiebung der aggregierten Nachfragekurve von AD_0 nach AD_1 reagiert, steigen die Reallöhne nur temporär. Wenn sie höher sind, bieten die Arbeitskräfte mehr Arbeit an. Aber sobald sie auf ihr ursprüngliches Niveau zurückfallen, bieten auch die Arbeitskräfte nur noch ihre ursprüngliche Menge an Arbeit an.

Die nominalen Löhne bei fixierten Preisen anheben

Verwirrt? Laufen Sie nicht weg. Ich möchte dies an einem Beispiel erläutern: Ralph, von Beruf Arbeiter, isst gerne Bananen. Wenn sich die Wirtschaft wie in Abbildung 7.2 bei Punkt A befindet, erhält Ralph 10 Euro pro Stunde, und sein Lieblingsessen Bananen kosten 1 Euro pro Pfund. Sein *Reallohn*, das heißt der an der Kaufkraft gemessene Lohn, beträgt also zehn Pfund Bananen pro Stunde. Bei diesem Reallohn ist Ralph bereit, die volle Zeit zu arbeiten.

Wenn der Staat die Wirtschaft anregt und die aggregierte Nachfragekurve von AD_0 nach AD_1 verschiebt, profitieren Arbeitskräfte wie Ralph anfänglich, weil die Reallöhne zuerst ebenfalls steigen. Denn um einen größeren Output als Y^* zu produzieren, müssen die Unternehmen die *Nominallöhne* (Löhne gemessen in Geld) anheben, um die Arbeitskräfte zu veranlassen, mehr zu produzieren. Weil die Preise anfänglich auf dem Preisniveau P_0 starr sind, bedeutet die Steigerung der Nominallöhne eine Steigerung der Reallöhne.

Nehmen Sie in Ralphs Fall an, dass der Preis von Bananen wegen der starren Preise bei 1 Euro pro Pfund bleibt, aber der Nominallohn von Ralph auf 12 Euro pro Stunde steigt, weil das Unternehmen, für das er arbeitet, mehr Arbeitskräfte benötigt. Der Reallohn von Ralph steigt von zehn Pfund Bananen pro Stunde auf zwölf Pfund Bananen pro Stunde.

Diese Steigerung der Reallöhne motiviert die Arbeitskräfte, die gesamte zusätzliche Arbeit anzubieten, die benötigt wird, um den höheren Output zu produzieren. (Dies entspricht in Abbildung 7.2 dem Punkt B.) Weil die Nominallöhne gestiegen sind, die Preise aber nicht, veranlasst die daraus folgende Steigerung der Reallöhne die Arbeitskräfte, mehr Arbeit anzubieten, was es seinerseits den Unternehmen ermöglicht, einen Output zu produzieren, der größer als Y^* ist.

Die Rückkehr zu Y^* und den ursprünglichen Reallöhnen

Leider beginnen die Reallöhne zu fallen, wenn die Unternehmen beginnen, die Kosten der gestiegenen Löhne als höhere Preise weiterzugeben. Nehmen Sie an, dass der Preis von Bananen wegen höherer Arbeitskosten auf 1,10 Euro pro Pfund steigt. Bei diesem Preis sinkt der Reallohn von Ralph von zwölf Pfund Bananen pro Stunde auf 10,91 (12 / 1,10) Pfund Bananen pro Stunde.

In Abbildung 7.2 sinken die Reallöhne, wenn sich die Wirtschaft auf der aggregierten Nachfragekurve von Punkt B nach Punkt C bewegt. Wenn die Preise steigen, sinken die Reallöhne. Die Preise steigen so lange, bis die Reallöhne ihren Ausgangspunkt A wieder erreicht haben, bevor der Staat die aggregierte Nachfrage anregte.

Im Fall von Ralph steigt der Preis von Bananen, bis sie 1,20 Euro pro Pfund kosten. Zu diesem Preis entspricht sein höherer Nominallohn von 12 Euro pro Stunde wieder einem Reallohn von zehn Pfund Bananen pro Stunde; sein Reallohn ist also wieder genau so hoch wie vorher.

Dieser Bumerangeffekt des Reallohns ist absolut vernünftig. Weil die Wirtschaft zu ihrem Vollbeschäftigungsoutput Y^* zurückkehrt, müssen die Arbeitskräfte nur motiviert werden, so viel Arbeit zu erbringen, wie benötigt wird, um Y^* zu produzieren, und nicht mehr. Arbeitskräfte wie Ralph waren bereit, bei Punkt A diese Menge an Arbeit für einen Reallohn von zehn Pfund Bananen pro Stunde anzubieten. Sobald sich die Wirtschaft nach Punkt C bewegt hat, werden die Arbeitskräfte für denselben Reallohn wieder die entsprechende Menge an Arbeit anbieten.

Natürlich sind nicht alle Arbeitskräfte wie Ralph auf Bananen fixiert. Aber ich hoffe, dass das Prinzip klar geworden ist: Wenn sowohl die Löhne als auch die Preise um 20 Prozent steigen, bleiben die Reallöhne unverändert; folglich bleibt auch die Menge an Arbeit, die Arbeitskräfte anbieten, unverändert.

Deshalb können auch wirtschaftspolitische Anreize der Regierung wie die Verschiebung der aggregierten Nachfrage von AD_0 nach AD_1 in Abbildung 7.2 die Anzahl der Arbeitskräfte, die von Unternehmen beschäftigt werden, nicht nachhaltig steigern. Außerdem können diese politischen Entscheidungen nicht die Reallöhne der Arbeitskräfte dauerhaft anheben. Diese Auswirkungen sind bestenfalls temporär; sie halten nur so lange vor, wie die Wirtschaft braucht, sich von A über B nach C anzupassen.

Vielleicht glauben Sie jedoch, dass eine temporäre Steigerung der Beschäftigung und des Outputs ziemlich gut ist, und dass der Staat deshalb trotzdem immer eingreifen und die aggregierte Nachfrage von AD_0 auf AD_1 steigern sollte. Ich werde Ihnen gleich zeigen, dass dies leider nicht immer funktioniert. Denn wenn die Menschen bereits vorher wissen, was die Regierung tun wird, passt sich die Wirtschaft möglicherweise direkt von A nach C an, sodass die Phase, in der die Verschiebung der aggregierten Nachfrage die Wirtschaft wenigstens temporär anregen kann, einfach eliminiert wird.

Ein Scheitern der Anregung: Was passiert, wenn ein Reiz erwartet wird

In dem vorangegangenen Abschnitt habe ich erklärt, warum eine Steigerung der aggregierten Nachfrage nur temporär den Output über Y^* hinaus steigern kann, nämlich bis sich die Preise wieder angepasst haben. In diesem Abschnitt zeige ich Ihnen, dass sich die Preise möglicherweise so schnell anpassen, dass der Reiz den Output vielleicht nicht einmal temporär steigert.

Die Bedeutung der Preisstarrheit akzeptieren

Abbildung 7.2 zeigt, dass jede Steigerung des Outputs, wenn die aggregierte Nachfrage von AD_0 nach rechts zu AD_1 verschoben worden ist, davon abhängt, dass die Preise kurzfristig starr sind. Anders ausgedrückt: Die Wirtschaft verschiebt sich auf der horizontalen kurzfristigen aggregierten Angebotskurve $SRAS_0$ nur dann von Punkt A nach Punkt B, wenn das Preisniveau kurzfristig bei P_0 fixiert ist.

In Kapitel 6 erkläre ich, dass viele Erfahrungswerte zeigen, dass es für die Preise schwer ist, während einer Rezession zu fallen. Insbesondere Unternehmen kürzen ungern ihre Löhne, um ihre Arbeitskräfte nicht zu verärgern. Sie wissen, dass die Arbeitskräfte bei einer Lohnkürzung ärgerlich werden, sodass die daraus folgende abnehmende Produktivität die Gewinnsituation der Unternehmen sogar noch verschlimmern kann.

Deshalb sind in der Wirtschaft *nach unten starre Preise* weit verbreitet; damit meinen die Wirtschaftswissenschaftler, dass die Nominallöhne selten sinken. Wie ich in Kapitel 6 erkläre, sind nach unten starre Löhne im Wesentlichen für nach *unten starre Preise* verantwortlich, weil die Unternehmen ihre Preise nicht unter die Produktionskosten senken können, wenn sie einen Gewinn erzielen und im Geschäft bleiben wollen. (Vergessen Sie nicht, dass die Arbeitskosten bei den meisten Unternehmen den größten Teil der Produktionskosten ausmachen. Wenn die Unternehmen die Löhne nicht kürzen können, können sie auch die Preise ihres Outputs nicht senken.)

Erkennen, dass Preise nach oben nicht sehr starr sind

Beachten Sie, dass ich in dem vorangegangenen Abschnitt nur Preise erwähne, die *nach unten* starr sind; ich habe nichts darüber ausgeführt, dass es für Preise oder Löhne schwer ist zu steigen. Tatsächlich scheint es in der Wirtschaft sehr wenig zu geben, was dazu führen könnte, dass die Löhne oder die Preise *nach oben* starr sind.

Ganz im Gegenteil scheinen Löhne und Preise ziemlich leicht steigen zu können, wenn die Nachfrage relativ zum Angebot steigt. Geschäftsverträge und Arbeitsverträge können die Preis- und Lohnsteigerungen möglicherweise eine Zeit lang begrenzen, aber sobald diese Verträge auslaufen, können Preise und Löhne ungehindert steigen.

Einen Anreiz vorwegnehmen (und unterlaufen)

Aus der Tatsache, dass Preise nach oben nicht starr sind, folgen zwei sehr wichtige Dinge, die für alle Regierungen relevant sind, die versuchen, die Wirtschaft dazu anzuregen, mehr als ihren Vollbeschäftigungsoutput Y^* zu produzieren:

✔ Wenn die Preise und Löhne schnell steigen, wird die Wirtschaft nur sehr kurzfristig mehr als Y^* produzieren. Das bedeutet, dass sie sich in Abbildung 7.2 sehr schnell von A über B nach C bewegen wird – und zwar so schnell, dass der Anreiz dazu führt, dass der Output und die Beschäftigung nur sehr kurz über Y^* steigen.

✔ Wenn die Konsumenten sehen können, dass ein Anreiz gesetzt werden soll, erzeugt dieser Anreiz (der versucht, Output über Y^* hinaus zu steigern) wahrscheinlich nur Inflation und überhaupt keine Steigerung des Outputs. Anders ausgedrückt: Wenn die Konsumenten eine Steigerung der aggregierten Nachfrage vorwegnehmen können, springt die Wirtschaft möglicherweise direkt von Punkt A nach Punkt C, sodass das Preisniveau steigt und der Output nicht einmal temporär zunimmt.

Warum ist das so? Angenommen, der Staat kündigt ein großes Anreizpaket an, das im Laufe einiger Monate die aggregierte Nachfrage von AD_0 nach AD_1 verschieben wird (siehe Abbildung 7.2). Weil Arbeitskräfte und Unternehmen genau so gut etwas über Makroökonomik lernen können wie Regierungspolitiker, erkennen sie, dass die einzigen langfristigen Auswirkungen des angekündigten Anreizpaketes darin bestehen, dass die Preise von P_0 nach P_1 steigen werden.

Außerdem nehmen die Arbeitskräfte an, dass ihre Reallöhne langfristig unverändert bleiben werden, weil sowohl ihre Nominallöhne als auch ihre Lebenshaltungskosten (die durch das Preisniveau bestimmt werden) um die gleichen Sätze steigen werden. Folglich wissen sie, dass das Anreizpaket ihnen langfristig überhaupt nicht helfen wird. Tatsächlich basiert ihre ganze Hoffnung auf Verbesserung nur auf kurzfristigen Effekten, wenn die Nominallöhne nach oben gehen sollten, das Preisniveau aber konstant bleiben sollte. Anders ausgedrückt: Sie hoffen, von der Bewegung von A nach B in Abbildung 7.2 zu profitieren.

Aber Unternehmen sind nicht dumm. Sie möchten keine Verringerung ihrer Gewinne in Kauf nehmen, weil Löhne steigen, während die Preise fixiert sind. Deshalb nehmen sie einfach alles vorweg. Weil die Preise letztlich von P_0 nach P_1 steigen müssen und die Löhne letztlich um einen gleichen Satz steigen müssen, kommen die Unternehmen den Lohnsteigerungen zuvor und heben ihre Preise an, sobald sie können.

Nichts hindert Unternehmen daran, die Preise anzuheben, weil es in der Wirtschaft nichts gibt, was eine Preisstarrheit nach oben verursacht. Wenn also Unternehmen vorher wissen, dass ein Anreizpaket geplant ist, erhöhen sie einfach die Preise, so früh wie möglich, um zu gewährleisten, dass Preise und Löhne gleich schnell steigen. Folglich springt das Preisniveau von P_0 nach P_1.

Natürlich heben die Unternehmen gleichzeitig die Löhne um den gleichen Prozentsatz an, um die Reallöhne konstant zu halten. Sie möchten die Motivation ihrer Arbeitskräfte erhalten, die Arbeit anzubieten, die erforderlich ist, um den Output Y^* zu produzieren.

Fazit: Wenn eine Regierung versucht, die Wirtschaft anzuregen, mehr als Y^* zu produzieren, und wenn der Anreiz von allen Wirtschaftsteilnehmern erkannt und vorweggenommen wird, funktioniert er vielleicht überhaupt nicht. Preise und Löhne springen möglicherweise einfach von Punkt A nach Punkt C, was bedeutet, dass der Anreiz wirkungslos bleibt, weil der Output bei Y^* konstant bleibt, während die Preise und Löhne simultan nach oben gehen.

Rationale Erwartungen haben

Das Phänomen, das ich in dem vorangegangenen Abschnitt beschreibe, ist ein Beispiel für die so genannten *rationalen Erwartungen*, ein Terminus, mit dem Wirtschaftswissenschaftler beschreiben, wie Konsumenten ihr gegenwärtiges Verhalten in Erwartung künftiger Ereignisse rational ändern. In diesem Fall entscheiden Unternehmen rational, die Preise sofort zu erhöhen, wenn sie erfahren, dass der Staat die aggregierte Nachfrage in der Zukunft von AD_0 auf AD_1 erhöhen wird.

Tatsächlich ist eine sofortige Anhebung der Preise das einzig mögliche rationale Verhalten der Unternehmen; denn wenn sie ihre Preise auf dem Preisniveau P_0 lassen würden, würden sie sich freiwillig für die Minderung ihrer Gewinne entscheiden, die eintritt, wenn sich die Wirtschaft von Punkt A nach Punkt B bewegt (wenn die Nominallöhne steigen, während die Preise konstant bleiben). Wenn sie ihre Preise sofort anheben und die Wirtschaft direkt von A nach C verschieben, können sie diese Situation ganz vermeiden.

Ein wenig Inflation kann möglicherweise der Beschäftigung helfen

Wirtschaftswissenschaftler haben viel über die beste Methode der Geldpolitik nachgedacht. Interessanterweise sind viele zu dem Schluss gekommen, dass die Wirtschaft immer ein wenig stimuliert werden sollte, damit fortlaufend eine bescheidene Inflationsrate von ein oder zwei Prozent herrscht. Der Leitgedanke ist, dass bescheidene Inflationsraten dazu beitragen, den Arbeitsmarkt zu glätten, indem sie Unternehmen eine nicht gleich offensichtliche Methode eröffnen, ihre Gewinne zu steigern, falls ihre Verkäufe einmal temporär nachlassen sollten.

In Kapitel 6 habe ich erklärt, dass die Löhne normalerweise nach unten starr sind, weil Lohnkürzungen dazu führen, dass die Arbeitskräfte verärgert sind und weniger Leistung erbringen. Dieses Phänomen hat zur Folge, dass die Manager, wenn sie die Arbeitskosten bei einem Sinken der Nachfrage aus Profitabilitätsgründen kürzen müssen, normalerweise einen Teil der Arbeitnehmerschaft entlassen und die verbleibenden Arbeitskräfte zu ihren alten Löhnen behalten, statt alle Arbeitskräfte bei niedrigeren Löhnen weiterzubeschäftigen.

Der Druck, solche Entlassungen durchzuführen, wird verringert, wenn eine Inflation herrscht, weil die Inflation die Verkaufspreise für die Güter des Unternehmens in die Höhe treibt. Wenn die Manager die Nominallöhne in dieser Zeit konstant halten, verbessern sich die Gewinne, sodass der Druck geringer wird, Arbeitskräfte zu entlassen.

Doch die Reallöhne der Arbeitskräfte werden fallen, weil die Lebenshaltungskosten aufgrund der Inflation steigen, während die nominalen (Geld-)Löhne konstant bleiben. Aber weil die Unternehmensgewinne durch die Inflation gestützt werden, ist der Druck geringer, Arbeitskräfte zu entlassen. Das bedeutet, dass die Arbeiter und Angestellten zwar in gewisser Weise verlieren, weil ihre Reallöhne fallen, doch viele profitieren, weil sie immer noch einen Arbeitsplatz haben, während sie andernfalls entlassen worden wären.

Das Konzept der *rationalen Erwartungen* gehört zu den wichtigsten Konzepten der Makroökonomik, weil es Ihnen sagt, dass die Fähigkeiten des Staates, die Wirtschaft zu kontrollieren, stark eingeschränkt sind. Die Leute warten nicht einfach ab, wenn der Staat eine Änderung seiner Politik ankündigt. Sie ändern ihr Verhalten. Und manchmal – wie in dem Fall aus dem vorangegangenen Abschnitt – macht ihr Verhalten die Fähigkeit des Staates, die Wirtschaft anzuregen, vollkommen zunichte.

Im Rest des Kapitels erkläre ich die Geld- und Fiskalpolitik ausführlicher. Dort lernen Sie auch andere Beispiele dafür kennen, wie rationale Erwartungen die Wirksamkeit der Regierungspolitik begrenzen. Sie sollten in jedem Fall vor allem darauf achten, wie Änderungen des Verhaltens der Menschen die Wirkungen der regierungspolitischen Maßnahmen reduzieren.

Die Fiskalpolitik verstehen

Die *Fiskalpolitik* befasst sich damit, wie Regierungen Steuern erheben und ausgeben. Sie überschneidet sich mit der Makroökonomik, weil moderne Regierungen viele Möglichkeiten haben, um die aggregierte Nachfrage durch eine geänderte Fiskalpolitik zu steigern. Diese Änderungen fallen in zwei Hauptkategorien:

✓ Indirekte Steigerung der aggregierten Nachfrage durch eine Senkung der Steuern, damit die Konsumenten über größere Einkommen nach Steuern verfügen und für den Kauf von mehr Gütern und Diensten ausgeben können.

✓ Direkte Steigerung der aggregierten Nachfrage durch den Kauf von mehr Gütern und Diensten durch den Staat.

Die erste Kategorie reduziert die Staatseinnahmen, die zweite erhöht die Staatsausgaben. Weil das Haushaltsdefizit des Staates als Steuererträge minus Ausgaben definiert ist, erhöhen diese Arten der Fiskalpolitik wahrscheinlich das Haushaltsdefizit der Regierung. Dies ist sehr wichtig, weil große und länger bestehende Haushaltsdefizite des Staates zu vielen wirtschaftlichen Problemen einschließlich einer Inflation führen können. Deshalb schränkt die Furcht vor großen, »politisch motivierten« Haushaltsdefiziten den Umfang von fiskalpolitischen Maßnahmen ein.

Wenn Sie in den folgenden Abschnitten mehr über die Fiskalpolitik lesen, sollten Sie immer an diese Furcht vor großen Haushaltsdefiziten denken, weil sie die Größe der Verschiebung der aggregierten Nachfrage begrenzt, die eine Regierung bewirken kann. Schauen Sie sich beispielsweise noch einmal Abbildung 7.1 an: Möglicherweise will der Staat die aggregierte Nachfrage mit seiner Fiskalpolitik von AD_0 nach rechts zu AD_1 verschieben, aber falls damit ein übermäßig hohes Haushaltsdefizit verbunden wäre, müsste er sich möglicherweise mit einer kleineren Verschiebung bescheiden, die die Wirtschaft nur einen Teil des Wegs bis zur Produktion des Vollbeschäftigungsoutputs Y^* verschiebt.

Staatsausgaben steigern, um dazu beizutragen, Rezessionen zu beenden

Wenn eine Wirtschaft in Schwierigkeiten gerät, rufen Politiker meistens erst einmal danach, die Staatsausgaben zu steigern. Dahinter steht der folgende Leitgedanke: Wenn Menschen arbeitslos sind und Güter unverkauft herumliegen und Staub ansetzen, kann der Staat mit viel Geld einspringen und einen großen Teil der unverkauften Produkte aufkaufen. Diese Aktion hat zur Folge, dass der Staat so viel Nachfrage erzeugt, dass die Unternehmen anfangen, Arbeitslose einzustellen, um den Output zu steigern, um die ganz neue Nachfrage zu befriedigen.

Die Hoffnung ist, dass dieser Reiz eine weitere Nachfrage in Gang setzt. Wenn Menschen, die vorher arbeitslos waren, wieder Lohn oder Gehalt bekommen, fangen sie an, mehr Geld auszugeben, was bedeutet, dass die Nachfrage steigt. Wenn dies geschieht, sollte sich die wirtschaftliche Erholung selbst tragen, sodass der Staat nicht mehr so viel Geld ausgeben muss.

Für die steigenden Staatsausgaben bezahlen

Politiker schlagen natürlich gerne Steigerungen der Staatsausgaben vor, weil solche Steigerungen ihr Ansehen steigern, besonders wenn ein Teil der neuen Ausgaben ihren eigenen Wählern zugute kommt. Doch im Leben gibt es nichts umsonst.

Es gibt nur drei Möglichkeiten, um steigende Staatsausgaben zu bezahlen:

✔ Der Staat kann mehr Geld drucken.

✔ Der Staat kann die Steuern anheben.

✔ Der Staat kann mehr Kredite aufnehmen.

In Kapitel 5 habe ich beschrieben, dass das Drucken großer Mengen neuen Geldes, um steigende Staatsausgaben zu finanzieren, zu großen Inflationsschüben führt, die in ein wirtschaftliches Chaos und zu Rezessionen führen. Deshalb greifen Regierungen heutzutage kaum noch darauf zurück, mehr Geld zu drucken, um steigende Staatsausgaben für den Kauf von Gütern und Diensten zu finanzieren.

Das Anheben von Steuern ist ebenfalls problematisch; denn wenn versucht wird, eine Rezession zu überwinden, sollten die Konsumenten so viel wie möglich für Güter und Dienste ausgeben. Falls die Steuern angehoben werden, verringern die Konsumenten ihre Ausgaben. Ein Teil der gesunkenen privaten Ausgaben kann möglicherweise kompensiert werden, indem die zusätzlichen Steuererträge gleich wieder ausgegeben werden, aber dies ist sicher nicht der richtige Weg, um die aggregierte Nachfrage langfristig anzuregen. Dann ist es möglicherweise besser, wenn der Staat es seinen Bürgern von vornherein überlässt, ihr Geld selbst auszugeben.

Kreditaufnahme und Ausgaben: Die gebräuchlichste Lösung

Um Rezessionen zu bekämpfen, müssen Regierungen einen Weg finden, ihre eigenen Ausgaben zu steigern, ohne die privaten Ausgaben zu senken. Die Lösung ist die Aufnahme von Krediten.

Wenn der Staat während einer Rezession Kredite aufnimmt und das Geld ausgibt, kann er seine Käufe von Gütern und Diensten steigern, ohne die Käufe des privaten Sektors zu verringern. Von wem nimmt der Staat Kredite auf? Von Ihnen und anderen Menschen wie Sie.

Die Menschen möchten immer einen Teil ihres Einkommens sparen. Mit diesen Ersparnissen können sie viele verschiedene Arten von Vermögensgegenständen kaufen, unter anderem auch Aktien und Schuldverschreibungen von Unternehmen, Immobilien, Investmentfonds und Staatsanleihen. Sie können mit ihren Ersparnissen aber auch Staatsanleihen kaufen, die im Wesentlichen Kredite an den Staat sind.

Durch das Angebot von mehr Schuldverschreibungen kann der Staat einige der Ersparnisse seiner Bürger vom Kauf anderer Vermögensgegenstände zum Kauf staatlicher Schuldverschreibungen umlenken. Wenn der Staat Schuldverschreibungen verkauft, kann er Gelder einnehmen, die er für Güter und Dienste ausgeben kann, und auf diese Weise Ersparnisse, die andernfalls in private Ausgaben geflossen wären, in öffentliche Ausgaben für Güter und Dienste fließen lassen.

Mit Defiziten umgehen

Die Steigerung der Staatsausgaben und ihre Finanzierung durch Aufnahme von Krediten ist sicher eine gute Methode, um die allgemeine Nachfrage nach Gütern und Diensten zu steigern. Aber sie hat eine potenziell sehr unangenehme Nebenwirkung: Sie erzeugt ein *Haushaltsdefizit*. Das Defizit ist der Geldbetrag, um den die Staatsausgaben die Steuererträge im laufenden Jahr übersteigen. Jedes laufende Haushaltsdefizit erhöht die *Staatsverschuldung* (auch *nationale Schuld*), die angehäufte Gesamtmenge allen Geldes, das der Staat Kreditgebern schuldet.

Das Problem von Haushaltsdefiziten und der Staatsverschuldung liegt darin, dass sie eines Tages zurückgezahlt werden müssen. Betrachten Sie beispielsweise Schuldverschreibungen mit einer Laufzeit von zehn Jahren und einer Verzinsung von sechs Prozent. Wenn Sie die Staatsanleihe vom Staat kaufen, geben Sie ihm 1.000 Euro. Dafür verspricht Ihnen der Staat zwei Dinge:

✔ Ihnen Ihre 1.000 Euro in zehn Jahren zurückzugeben

✔ Ihnen 60 Euro pro Jahr zu geben (eine Rendite von sechs Prozent), bis Sie Ihre 1.000 Euro zurückbekommen

Auf diese Weise bekommt der Staat heute 1.000 Euro, die er für Güter und Dienste ausgeben kann, um die Wirtschaft anzuregen; aber er muss einen Weg finden, pro Jahr die 60 Euro aufzutreiben, um die Zinsen an Sie bezahlen zu können, und er muss auch in zehn Jahren die 1.000 Euro auftreiben, wenn die Rückzahlung der Schuldverschreibung fällig wird.

Auf die Sicherheit künftiger Steuererträge vertrauen

 Natürlich sind Menschen nur bereit, dem Staat Geld zu geben, indem sie Schuldverschreibungen kaufen, weil sie glauben, dass der Staat das Geld letztlich zurückzahlen wird. Der Grund für dieses Vertrauen liegt darin, dass der Staat über das ausschließliche Recht verfügt, Steuern zu erheben. Im Wesentlichen wird die gesamte Kreditaufnahme des Staates durch künftige Steuererträge gesichert.

Aber es gibt keine direkte Verbindung zwischen Steuern und der Rückzahlung von Schuldverschreibungen. Anders ausgedrückt: Dass der Staat zu einem bestimmten Zeitpunkt viele Schuldverschreibungen zurückzahlen muss, bedeutet nicht unbedingt, dass er die Steuern anheben muss, um sich das Geld für die Rückzahlung zu beschaffen. Denn oft refinanziert der Staat fällige Schuldverschreibungen, indem er einfach neue Schuldverschreibungen ausgibt, um sich genügend Bargeld zur Bezahlung der alten zu verschaffen. Dieser Prozess wird als *Schuldenüberwälzung* (auch *Schulden-Rollover*) bezeichnet und von allen Regierungen routinemäßig praktiziert.

Sie dürfen nun aber nicht annehmen, dass dies nur eine riesige Betrugsmasche ist, um die Rückzahlung der Schulden unbegrenzt hinauszuzögern. Der einzige Grund, warum Investoren bereit sind, bei einer Schuldenüberwälzung mitzumachen, liegt darin, dass sie darauf vertrauen, dass der Staat seine Schulden immer über die Steuern zurückzahlen kann. Das Vertrauen der Investoren und der laufende Kapitaldienst ermöglichen es dem Staat, weiterhin Kredite aufzunehmen, um sowohl neue Schulden aufzunehmen als auch alte Schulden zu überwälzen.

Schulden durch Drucken von Geld bezahlen: Eine verheerende Entscheidung

Manchmal zeigt sich im Nachhinein, dass das Vertrauen der Investoren in den Staat nicht gerechtfertigt war. In Kapitel 5 beschreibe ich, dass der Staat neben der Steuererhebung über eine andere (ziemlich teuflische) Methode verfügt, um seine Anleihen zurückzuzahlen: Er kann mehr Geld drucken.

Eine Anleihe über 1.000 Euro verpflichtet den Staat, Ihnen einen Geldbetrag von 1.000 Euro zurückzuzahlen. Die Anleihe sagt aber nicht, woher diese 1.000 Euro stammen. Deshalb kann der Staat auch neue Geldnoten im Wert von 1.000 Euro drucken und Ihnen aushändigen. Diese Lösung mag auf den ersten Blick unproblematisch erscheinen: Aber wenn Sie und alle anderen Inhaber von Schuldverschreibungen das neu gedruckte Bargeld ausgeben, treiben Sie die Preise in die Höhe und verursachen eine Inflation.

In Kapitel 5 erläutere ich, dass große Inflationen die wirtschaftliche Aktivität zerstören. Während einer großen Inflation werden Preise ziemlich bedeutungslos, die Leute werden misstrauisch und lassen sich nur zögernd auf langfristige Verträge oder Investitionen ein, weil sie nicht wissen, wie viel das Geld in der Zukunft wert sein wird.

Weil die Bevölkerung die potenziellen Schrecken von Inflationen kennt, macht sie sich Sorgen, wenn eine Regierung große Haushaltsdefizite erzeugt oder eine sehr große Staatsschuld anhäuft. Sie fürchtet, dass der Staat möglicherweise selbst in eine Lage geraten könnte, in der er nicht mehr genügend Steuern erheben kann, um seine Zahlungsverpflichtungen zu erfüllen (oder nicht bereit ist, den Ärger der Wähler auf sich zu ziehen, indem er derartig hohe Steuern erhebt). Investoren fürchten, dass der Staat in einer solchen Situation möglicherweise doch darauf zurückgreifen könnte, mehr Geld zu drucken, um seine Schulden zurückzuzahlen, und dadurch die Wirtschaft ruinieren könnte.

Mehr Geld zu drucken, um Staatsschulden zurückzuzahlen, wäre für die meisten Inhaber von Staatsanleihen verheerend, weil die meisten ihr Bargeld erst erhalten würden, wenn die Preise schon gestiegen sind; dies würde bedeuten, dass sie mit ihrem Bargeld erheblich weniger Güter kaufen könnten. Deshalb wird es für einen Staat immer schwieriger, Käufer für seine Schuldverschreibungen zu finden, wenn die Menschen wirklich Angst haben, dass er möglicherweise Geld drucken könnte, um seine Schulden zu bezahlen. In einer solchen Situation besteht die einzige Möglichkeit für den Staat, seine Schuldverschreibungen an den Mann (oder die Frau) zu bringen, darin, immer höhere Zinssätze anzubieten, um die Befürchtungen der Erwerber zu kompensieren, dass das Geld, das sie letztlich zurückbekommen werden, nicht mehr viel wert sein könnte. Diese höheren Zinssätze treiben den Staat jedoch in eine noch verzweifeltere Lage, weil auch die Schuldenüberwälzungen zu höheren Zinssätzen erfolgen müssen.

Weil eine Inflation nicht nur die staatlichen, sondern alle Schuldverschreibungen betrifft, steigen außerdem die Zinssätze in der gesamten Wirtschaft, wenn die Menschen fürchten, dass es eine Inflation geben wird. Diese Situation kann *unmittelbar* schlimme wirtschaftliche Folgen haben, weil höhere Zinssätze die Konsumenten und Unternehmen davon abhalten, Kredite aufzunehmen, um Dinge wie Autos und Häuser oder neue Fabriken und Anlagen zu kaufen. Deshalb kann allein die Erwartung, dass eine Regierung möglicherweise irgendwann in der Zukunft Geld drucken könnte, um ihre Schulden zu bezahlen, der Wirtschaft in der Gegenwart erheblich schaden. (Dies ist ein weiteres Beispiel für rationale Erwartungen; siehe den Abschnitt *Rationale Erwartungen haben* weiter oben in diesem Kapitel.)

Die meisten Regierungen versuchen, die Staatsverschuldung und ihre Defizite unter Kontrolle zu behalten, damit sich niemand ernsthaft Sorgen macht, dass der Staat jemals versucht sein könnte, Geld zu drucken, um seine Anleihen zurückzuzahlen.

Die Geldpolitik analysieren

 Geldpolitik ist die Manipulation der Geldmenge und der Zinssätze, um die Wirtschaft zu stabilisieren oder anzuregen. Heute wird die Geldpolitik in modernen Wirtschaften als das mächtigste Instrument betrachtet, über das Regierungen verfügen, um Rezessionen zu bekämpfen und Arbeitslosigkeit zu verringern. Die Geldpolitik gilt als noch wirksamer als die Finanzpolitik.

7 ➤ Rezessionen mit Geld- und Fiskalpolitik bekämpfen

Die Geldpolitik wird umgesetzt, indem zunächst das Angebot an Geld verändert wird, um die Zinssätze zu beeinflussen. Weil die Zinssätze die gesamte private und geschäftliche Nachfrage – angefangen bei Hypotheken für Eigenheime bis hin zu Investitionsgütern – steuern, können sie die wirtschaftliche Aktivität nachhaltig und durchdringend anregen oder hemmen.

Um Ihnen einen kompletten Überblick darüber zu geben, wie die Geldpolitik funktioniert, werde ich zunächst beschreiben, was Geld ist. Dann zeige ich Ihnen, dass es tatsächlich möglich ist, zu viel Geld zu haben, und was dies mit den Zinssätzen und der Inflation zu tun hat. Dies lässt Sie verstehen, wie der Staat die Zinssätze beeinflussen kann, indem er die in der Wirtschaft umlaufende Geldmenge ändert.

Der Nutzen von Papiergeld

Geld ist ein *Vermögensgegenstand*; das bedeutet, dass es seinen Wert im Zeitablauf behält. Andere Vermögensgegenstände sind beispielsweise Immobilien, Edelmetalle wie Gold und finanzielle Vermögensgegenstände wie Aktien oder Schuldverschreibungen. Aber Geld ist einzigartig, weil es der einzige Vermögensgegenstand ist, der als universelles Mittel zur Bezahlung von Gütern und Diensten akzeptiert wird.

In Kapitel 5 beschreibe ich, wie Geld eine Wirtschaft viel effizienter macht, weil es die Notwendigkeit abschafft, einen Naturaltausch von Gütern durchzuführen. Aber die Notwendigkeit, die Echtheit des Geldes zu garantieren (damit die Menschen bereit sind, es anzunehmen), hat dazu geführt, dass heute die Regierungen dafür verantwortlich sind, Geld zu produzieren und die Fälschung von Geld zu bekämpfen.

Dies bringt selbst neue potenzielle Probleme mit sich, weil die Regierungen immer vor der Versuchung stehen, mehr Geld zu drucken, um alte Schulden zu bezahlen oder mehr neu produzierte Güter und Dienste zu kaufen.

Um es Regierungen zu erschweren, zur Begleichung alter Schulden einfach mehr Geld zu drucken, wurde im Laufe der Geschichte die Möglichkeit ausprobiert, das Geld und die Regierungen an einen *Metallstandard* zu binden. Bei einem solchen System durften Regierungen nur dann mehr Geld drucken, wenn dieses durch ein Edelmetall wie Gold gesichert war. Beispielsweise hatten die Vereinigten Staaten einen Goldstandard, bei dem 35 US-Dollar der Währung gegen eine Unze Gold eingetauscht werden konnten; das heißt, jeder konnte buchstäblich beim US-Schatzamt für Dollarnoten im Wert von 35 US-Dollar eine Unze Gold bekommen.

Dies bedeutete für die Geldpolitik, dass der Staat das Angebot an Papiergeld nicht willkürlich ausweiten konnte; denn wenn er neue Banknoten drucken wollte, musste er für jeweils 35 US-Dollar Papiergeld eine Unze Gold kaufen, um das Papiergeld damit zu sichern. Die hohen Kosten für den Kauf von Gold begrenzten die Geldmenge.

Wie ich in Kapitel 5 beschreibe, eignet sich ein solches System hervorragend dazu, große Inflationen zu vermeiden, weil die einzige Möglichkeit, überhaupt eine große Inflation zu erzeugen, darin besteht, dass der Staat riesige Mengen an neuem Geld druckt. (Wenn dieses neue Geld in den Umlauf kommt, treibt es die Preise in die Höhe.)

Inflationen zu verhindern ist nützlich, aber ein Metallstandard hat einige große Nachteile. Denn bei einem Metallstandard bleibt das Angebot an Geld im Zeitablauf ziemlich konstant. Das bedeutet, selbst wenn die Wirtschaft etwas mehr wächst und dafür Geld brauchen könnte, um besser zu funktionieren, kann der Staat nichts tun, weil das Angebot an Geld durch die Menge Gold begrenzt und fixiert ist, die der Staat in seinen Tresoren aufbewahrt.

Insbesondere bedeutet der Metallstandard, dass es nicht möglich ist, die Wirtschaft mit der Geldpolitik anzuregen, wenn sie in eine Rezession gleitet. Einer der Gründe, warum die Weltwirtschaftskrise weltweit so schlimm war, lag darin, dass fast jedes Land an einen Goldstandard gebunden war, als das Unglück begann. Dies bedeutete, dass Regierungen ihr Angebot an Geld nicht steigern konnten, um ihren Wirtschaften zu helfen. Es erklärt auch, warum die Länder, die ihren Goldstandard am frühesten aufgaben, die kürzesten und mildesten Rezessionen hatten; nachdem sie den Standard aufgegeben hatten, konnten sie unbehindert neues Geld drucken, um ihre Wirtschaften anzuregen. Andererseits erlitten Länder wie die Vereinigten Staaten und England, die stur bei ihren Goldstandards blieben, die längsten und schmerzlichsten wirtschaftlichen Abschwünge.

Hauptsächlich aufgrund dieser Erfahrung und des Wunsches, die Geldpolitik nach Bedarf einzusetzen, hat jedes Land in der Welt den Goldstandard zugunsten von *Papiergeld ohne Deckung* aufgegeben. Unter einem Papiergeldsystem druckt der Staat einfach so viele Geldscheine, wie er für sinnvoll hält, deklariert sie als Geld und gibt sie an die Wirtschaft aus. (Papiergeld wird im Englischen sowie in den Wirtschaftswissenschaften auch als *fiat money* bezeichnet. *Fiat* kommt aus dem Lateinischen und bedeutet: »So sei es.«) Dieses System hat den großartigen Vorteil, dass der Staat die Geldmenge auch politisch steigern oder senken kann, um die Wirtschaft bestmöglich anzuregen.

Für den Rest dieses Kapitels verwende ich M, um die gesamte Geldmenge zu bezeichnen, die in der Wirtschaft umläuft. Beispielsweise bedeutet $M = 1,3$ Billionen Euro, dass der Nennwert aller Geldscheine und Münzen in der Wirtschaft insgesamt 1,3 Billionen Euro beträgt.

Erkennen, dass man zu viel Geld haben kann!

Die Geldpolitik beeinflusst das Angebot an Geld, um den Zinssatz, also den Preis für Kredite zu ändern. Der Schlüssel einer wirksamen Geldpolitik liegt darin, dass die Nachfrage nach Geld vom Zinssatz abhängt.

Stellen Sie sich vor, dass ich Ihnen eine Million Euro gebe und Sie damit machen können, was Sie wollen. Nehmen Sie weiter an, dass Sie sparsam sind und beschließen, das Geld bis auf den letzten Cent wenigstens für ein Jahr zu sparen, weil Sie glauben, dass diese Zeit ausreicht, um herausfinden, wie Sie das Geld am besten ausgeben können.

Nun frage ich Sie: Sollten Sie Ihr gesamtes neues Vermögen als Bargeld behalten?

Die richtige Antwort lautet: »NEIN!«

7 ➤ Rezessionen mit Geld- und Fiskalpolitik bekämpfen

Sein Vermögen in Bargeld zu halten, ist, um es direkt zu sagen, wirklich dumm, weil Bargeld keine Zinsen bringt. Selbst wenn Sie das Geld nur auf ein Girokonto einzahlen, erhalten Sie wenigstens einen geringen Zins. Selbst ein Zinssatz von nur einem Prozent beträgt bei einer Million Euro 10.000 Euro. Warum sollten Sie darauf verzichten? Und was noch besser ist: Wenn Sie mit diesem Bargeld Staatsanleihen kaufen, erhalten Sie möglicherweise fünf oder sechs Prozent Zinsen. Das sind 50.000 oder 60.000 Euro mehr, als Sie bekommen würden, wenn Sie Ihr Vermögen in Form von Bargeld aufbewahren würden.

Offensichtlich ist der Anreiz, Bargeld in andere Vermögensgegenstände umzuwandeln, umso größer, je höher die Zinsen sind, die Sie für die anderen Vermögensgegenstände bekommen können. Tatsächlich ist das Einzige, was Menschen darin hindert, ihr gesamtes Geldvermögen in andere Vermögensgegenstände umzuwandeln und niemals Bargeld zu behalten, dass man mit Geld Dinge kaufen kann. Abgesehen von dieser Funktion ist Geld nicht besser als andere Vermögensgegenstände; es ist im Hinblick auf die Verzinsung in Wirklichkeit sogar schlechter, weil die Verzinsung von Bargeld immer null beträgt.

Abbildung 7.3 zeigt grafisch, wie viel Geld Menschen abhängig vom Zinssatz nachfragen. Die Geldnachfrage wird durch die Kurve M^D angezeigt. Der nominale Zinssatz i wird auf der vertikalen Achse dargestellt. (Was nominale Zinssätze sind, wird in Kapitel 5 erklärt.) Die horizontale Achse misst das nachgefragte Geld in Euro.

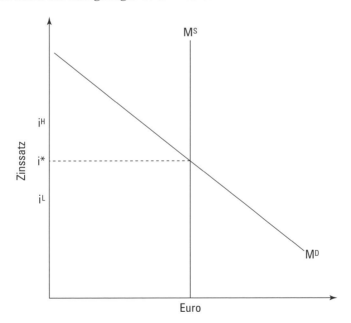

Abbildung 7.3: Der Gleichgewichtszinssatz wird durch den Schnittpunkt der Geldnachfragekurve mit der Geldmengenkurve bestimmt.

Die Abwärtsneigung der Geldnachfragekurve zeigt Ihnen, dass die Menschen umso weniger Bargeld behalten wollen, je höher der Zinssatz ist. Diese Grafik drückt einfach die Idee aus, dass Bargeld mit seinem Zinssatz null die schlechteste Variante ist, um Vermögen aufzubewahren, wenn man für andere Vermögensgegenstände höhere Zinsen erhalten kann. Anders ausgedrückt: Je höher der Zinssatz für andere Vermögensgegenstände ist, desto eher ist man bereit, seine Bargeldbestände wirtschaftlich zu nutzen.

Abbildung 7.3 enthält auch die vertikale Geldmengenkurve (M^S steht für Geldmenge). Diese Kurve ist vertikal, weil der Staat ohne Rücksicht auf den Zinssatz entscheiden kann, wie viel Geld er in Umlauf bringen will.

Die Kurven M^D und M^S schneiden sich bei dem i^*. Dieser Zinssatz ist der *Gleichgewichts*-Zinssatz, weil es der einzige Zinssatz ist, an dem die gesamte Geldmenge, die die Menschen behalten wollen, gleich der gesamten Geldmenge ist, die der Staat in Umlauf gebracht hat.

Was noch wichtiger ist: Das Gleichgewicht bei i^* ist *stabil*. Dies bedeutet, dass die Zinssätze, wenn sie jemals davon abweichen sollten, durch die Marktkräfte wieder zurück zu i^* gedrückt werden. Doch bevor Sie verstehen können, warum dies so ist, benötige ich einige Absätze, um zu erklären, wie die Zinssätze auf dem Rentenmarkt (oder auch Arbeitsmarkt) bestimmt werden. Sie sollten gut aufpassen, weil die Rentenmärkte *der* Ort sind, an dem die Zinssätze für die gesamte Wirtschaft bestimmt werden. Von den Rentenmärkten gehen riesige Auswirkungen auf alles andere aus, was in der Wirtschaft passiert.

Die Grundlagen über Schuldverschreibungen

Eine *Schuldverschreibung* (ein so genannter Rententitel) ist ein finanzieller Vermögensgegenstand, für den Sie in der Gegenwart eine bestimmte Menge bezahlen, um in der Zukunft eine Reihe von Zahlungen zu erhalten. Es gibt zwei Arten von Zahlungen:

✔ Die *Nominalzahlung* ist auf dem Zertifikat der Schuldverschreibung aufgedruckt und wird fällig, wenn die Schuldverschreibung ausläuft.

✔ Die *Couponzahlungen* erfolgen normalerweise einmal pro Jahr, bis die Schuldverschreibung ausgelaufen ist. Sie werden als *Couponzahlungen* (auch *Kuponzahlungen*) bezeichnet, weil man vor der computerunterstützten Buchhaltung buchstäblich vom unteren Rand des Schuldverschreibungszertifikats einen Coupon abgeschnitten und eingereicht hat, um die Zahlung zu erhalten.

Üblicherweise laufen Schuldverschreibungen nach ein, fünf, zehn oder 20 Jahren aus.

Schuldverschreibungen garantieren keine bestimmte Verzinsung. Sie versprechen nur, die Coupon- und Nennwertzahlungen pünktlich zu leisten. Die Verzinsung hängt davon ab, wie viel Sie für das Recht bezahlen, diese Zahlungen zu erhalten.

Wenn Sie meinen, dass ich jetzt in Rätseln spreche, laufen Sie bitte nicht davon. Vergegenwär-

7 ➤ Rezessionen mit Geld- und Fiskalpolitik bekämpfen

tigen Sie sich eine wirklich einfache Art von Schuldverschreibung, die als *Nullkuponanleihe* bezeichnet wird. (Sie wird so bezeichnet, weil es keine jährlichen Couponzahlungen gibt.) Die einzige Zahlung, die aufgrund dieser Schuldverschreibung geleistet wird, besteht aus der Nominalzahlung, die beim Ablauf der Schuldverschreibung fällig wird. Und um das Beispiel wirklich einfach zu machen, nehmen Sie an, dass ihrem Inhaber in einem Jahr ab heute genau 100 Euro ausgezahlt werden.

Falls Sie Inhaber der Schuldverschreibung sind, sollten Sie wissen, dass die Rendite der Schuldverschreibung davon abhängt, wie viel Sie heute dafür bezahlen. Angenommen, Sie wären so naiv, für Ihre Schuldverschreibung heute 100 Euro zu bezahlen. Ihre Verzinsung würde null Prozent betragen, weil Sie 100 Euro für etwas bezahlt hätten, das Ihnen in einem Jahr 100 Euro einbringen würde.

Demgegenüber würden Sie heute nur 90 Euro für die Schuldverschreibung bezahlen. Sie würden dann eine Rendite von etwa elf Prozent erzielen (100 Euro – 90 Euro) / 90 Euro = 0,111 oder 11,1 Prozent). Falls Sie die Staatsanleihe für nur 50 Euro kaufen könnten, würde Ihre Verzinsung 100 Prozent betragen, weil Sie Ihr Geld in einem Jahr verdoppeln würden.

Dies sollten Sie auswendig lernen: Die Rendite einer Schuldverschreibung verhält sich *umgekehrt proportional* zu dem Betrag, den Sie dafür bezahlen. Weil der Geldbetrag, den Sie in der Zukunft erhalten, immer konstant ist, ist Ihre Rendite umso geringer, je mehr Sie heute dafür bezahlen. Höhere Preise für Schuldverschreibungen bedeuten niedrigere Renditen.

Die Verbindung zwischen Preisen für Schuldverschreibungen und Zinssätzen erkennen

Der Schlüssel zum Verständnis, warum i^* in Abbildung 7.3 in einem stabilen Gleichgewicht ist, dass die Preise für Schuldverschreibungen am Rentenmarkt sich umgekehrt wie die Zinssätze bewegen. In diesem Abschnitt erkläre ich diese Verbindung.

Betrachten Sie zunächst Zinssätze, die höher sind als i^*, wie beispielsweise i^H. Wenn dies der Fall ist, übersteigt die angebotene Geldmenge die nachgefragte Geldmenge. Dies bedeutet, dass die Menschen mehr von dem Vermögensgegenstand namens Geld bekommen haben, als sie haben wollen. Deshalb versuchen sie, ihre Vermögenswerte umzuschichten, indem sie mit dem überschüssigen Geld andere Vermögensgegenstände für ihr Portfolio kaufen.

Schuldverschreibungen gehören zu den Dingen, die man kaufen kann. Aber wenn sich dieses ganze neue Geld auf das begrenzte Angebot an Schuldverschreibungen konzentriert, steigt der Preis von Schuldverschreibungen. Jetzt müssen Sie aufpassen. Was passiert mit den Zinssätzen, wenn die Preise für Schuldverschreibungen steigen? Sie *fallen*. Deshalb werden die Zinssätze zurück auf den ursprünglichen Wert i^* fallen, wenn Sie von einem Zinssatz ausgehen, der höher ist als i^*. Überschüssiges Geld treibt die Preise von Schuldverschreibungen in die Höhe, was die Zinssätze senkt.

Wenn Sie umgekehrt von einem Zinssatz i^L ausgehen, der niedriger ist als i^*, übersteigt die nachgefragte Geldmenge die angebotene Geldmenge. Weil die Anleger mehr Geld haben wollen, als sie tatsächlich besitzen, werden sie versuchen, dieses Geld zu bekommen, indem sie andere Nicht-Geld-Vermögensgegenstände wie Schuldverschreibungen aus ihrem Portfolio verkaufen, um sie in das gewünschte Bargeld umzuwandeln.

Stellen Sie sich vor, dass dies jeder tut, indem er versucht, seine Schuldverschreibungen zu verkaufen. Wenn alle verkaufen, fallen die Preise von Schuldverschreibungen, wodurch die Zinssätze steigen. Tatsächlich werden die Preise von Schuldverschreibungen so lange fallen und die Zinssätze werden so lange steigen, bis sie sich wieder an dem Punkt i^* befinden, weil dies der einzige Zinssatz ist, an dem die Anleger mit der Geldmenge M^S zufrieden sind, über die sie verfügen und die der Staat in Umlauf gebracht hat.

Es ist wichtig, zu verstehen, dass die Bewegungen zurück zu dem Gleichgewichtszinssatz i^* sehr schnell erfolgen. Keine überschüssige Geldnachfrage oder überschüssige Geldmenge kann sich lange halten, weil schnelle Anpassungen der Preise von Schuldverschreibungen den Zinssatz am Rentenmarkt wieder in die Gleichgewichtsposition bringen.

Die schnelle Anpassung der Zinssätze hat eine wichtige Konsequenz: Der Staat kann so viel Geld drucken, wie er will, und trotzdem sicher sein, dass sich die Zinssätze so anpassen werden, dass die Anleger genau diese Menge halten wollen. Dieses gibt dem Staat ein sehr nützliches politisches Instrument an die Hand, um die Wirtschaft zu beeinflussen, weil er einen Schritt vorausdenken und einen gewünschten Zinssatz herbeiführen kann, indem er die entsprechende Geldmenge in Umlauf bringt. Im folgenden Abschnitt zeige ich Ihnen, wie er dies tut.

Die Geldmenge ändern, um die Zinssätze zu ändern

Die Geldpolitik funktioniert, weil die Regierungen wissen, dass sich die Zinssätze anpassen, um die Bevölkerung zu veranlassen, genau die Geldmenge nachzufragen, die der Staat beschließt in Umlauf zu bringen. Der Zinssatz ist in gewisser Weise der Preis des Geldes, und er reagiert ähnlich wie andere Preise. Das bedeutet, dass der Preis von Geld, wenn die Geldmenge plötzlich steigt, abnimmt und umgekehrt.

Sie können dies aus der Abbildung 7.4 ablesen, in der der Staat die Geldmenge von M^S_0 nach M^S_1 steigert. Diese Aktion verschiebt die vertikale Geldmengenkurve nach rechts und senkt den nominalen Gleichgewichtszinssatz von i^*_0 auf i^*_1.

Die Änderungen der Geldmenge werden von der jeweiligen Zentralbank kontrolliert. In den Vereinigten Staaten ist dies die *Federal Reserve Bank* oder kurz *die Zentralbank*, in den Euro-Teilnehmerländern die *Europäische Zentralbank, EZB*. Nur die Zentralbank hat das Recht, Geld im Umlauf zu bringen. Dies bedeutet, dass sie die Geldmenge M^S so groß machen könnte, wie sie wollte, indem sie mehr Geld druckte und in den Umlauf brächte. Tatsächlich verlässt sich die Zentralbank jedoch auf eine subtilere Methode, um die Geldmenge zu ändern. Diese Methode wird in der Wirtschaftswissenschaft als *Offenmarktgeschäfte* bezeichnet.

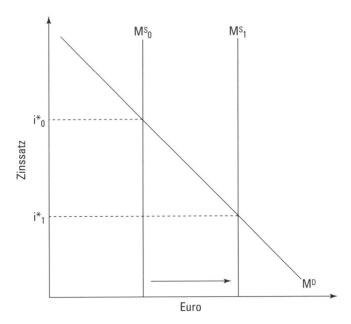

Abbildung 7.4: Die Steigerung der Geldmenge senkt den nominalen Gleichgewichtszinssatz.

Der Terminus *Offenmarktgeschäfte* bezieht sich darauf, dass die Zentralbank auf dem öffentlichen oder offenen Markt Schuldverschreibungen des Staates kauft und verkauft. Das bedeutet, dass Offenmarktgeschäfte Transaktionen auf dem öffentlichen oder offenen Markt für Wertpapiere abwickeln. Je nachdem, ob die Zentralbank Schuldverschreibungen kauft oder verkauft, nimmt die in der Wirtschaft umlaufende Geldmenge zu oder ab:

✔ Wenn die Zentralbank die Geldmenge steigern will, kauft sie Schuldverschreibungen; denn um Schuldverschreibungen zu kaufen, muss die Zentralbank mit Bargeld bezahlen, das dadurch in den Umlauf gebracht wird.

✔ Wenn die Zentralbank die Geldmenge senken will, verkauft sie Schuldverschreibungen, weil die Anleger, an die die Zentralbank die Schuldverschreibungen verkauft, der Zentralbank Geld geben müssen, das die Zentralbank dann in Tresoren wegsperrt, damit es dem Umlauf entzogen wird.

Indem die Zentralbank auf diese Weise Schuldverschreibungen kauft oder verkauft, kann sie die umlaufende Geldmenge M^S und damit auch die Zinssätze sehr genau kontrollieren.

Die Wirtschaft mit niedrigen Zinssätzen anregen

Damit verstehen Sie den tatsächlichen Mechanismus, mit dem die Zentralbank (oder ähnliche Institutionen in anderen Ländern) die Zinssätze manipulieren. Jetzt können Sie verstehen, wie die Geldpolitik die Wirtschaft beeinflusst.

Hinter der Geldpolitik steht die Grundidee, dass niedrigere Zinssätze sowohl mehr Konsum als auch mehr Investitionen auslösen können und dadurch die aggregierte Nachfragekurve nach rechts verschieben. Dies läuft folgendermaßen ab:

- ✔ Niedrigere Zinssätze regen die Konsumausgaben der Konsumenten an, indem sie es attraktiver machen, Kredite aufzunehmen, um Dinge wie Autos und Häuser zu kaufen.

- ✔ Niedrigere Zinssätze regen die Investitionsausgaben der Unternehmen an, weil bei niedrigeren Zinssätzen eine größere Zahl potenzieller Investitionsprojekte profitabel wird. Das bedeutet, wenn die Zinssätze zehn Prozent betragen, sind Unternehmen nur bereit, Kredite aufzunehmen, um in Projekte zu investieren, die sich mit mehr als zehn Prozent rentieren. Wenn aber die Zinssätze auf fünf Prozent fallen, werden alle Projekte rentabel, die sich mit mehr als fünf Prozent rentieren, sodass die Unternehmen mehr Kredite aufnehmen und mehr Projekte durchführen. (Näheres über den Einfluss der Zinssätze auf Investitionen finden Sie in Kapitel 4.)

Wenn Sie sich einprägen wollen, wie die Geldpolitik funktioniert, sollten Sie daran denken, dass es sich faktisch um einen sehr einfachen dreistufigen Prozess handelt. Wenn die Zentralbank dazu beitragen will, den Output zu steigern, setzt sie die folgende Kette von Ereignissen in Gang:

1. **Sie kauft staatliche Schuldverschreibungen, um die Geldmenge zu steigern.**

2. **Die gestiegene Geldmenge führt dazu, dass die Zinssätze fallen, weil die Kurse von Schuldverschreibungen aufgrund der höheren Nachfrage nach oben gehen.**

3. **Konsumenten und Unternehmen reagieren auf die niedrigeren Zinssätze, indem sie mehr Kredite aufnehmen, um mit dem Geld mehr Güter zu kaufen und Investitionen tätigen.**

Schwierig einzuprägen ist, dass entgegen der eigenen Intuition die höheren Preise für Schuldverschreibungen niedrigere Zinssätze zur Folge haben. Aber es muss Ihnen nicht peinlich zu sein, wenn Sie Schwierigkeiten haben, sich dies zu merken; vielen Wirtschaftswissenschaftlern geht es genauso.

Verstehen, wie rationale Erwartungen die Geldpolitik einschränken können

Die Fähigkeit des Staates, die Wirtschaft mit einer steigenden Geldmenge anzuregen, wird durch die rationalen Erwartungen und Ängste vor einer möglichen Inflation eingeschränkt. Insbesondere Investoren wissen, dass eine Steigerung der Geldmenge eine Inflation auslösen kann (siehe Kapitel 5). Das heißt, dass die Zentralbank, wenn sie die Geldmenge erhöhen will um die nominalen Zinssätze zu senken, mit einer gewissen Vorsicht vorgehen muss, um keine Inflationsängste auszulösen, die den anregenden Auswirkungen einer Steigerung der Geldmenge zuwiderlaufen.

Die Folgen einer Geldmengenvermehrung grafisch darstellen

Abbildung 7.5 zeigt eine Wirtschaft, die sich bei Punkt A in einer Rezession befindet. An diesem schneidet die aggregierte Nachfragekurve AD_0 die kurzfristige aggregierte Angebotskurve $SRAS_0$, die bei dem Preisniveau P_0 fixiert ist. Dann erhöht die Zentralbank die Geldmenge, um die Zinssätze zu senken und die Wirtschaft anzuregen, und verschiebt damit die aggregierte Nachfragekurve nach rechts zu AD_1.

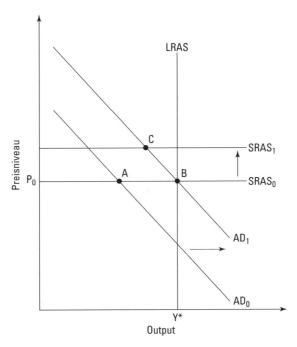

Abbildung 7.5: Das Ergebnis einer Steigerung der Geldmenge hängt von den Inflationserwartungen ab.

Jetzt können, abhängig von den Inflationserwartungen der Bevölkerung, zwei Dinge passieren:

✔ Wenn die Konsumenten glauben, dass das Preisniveau konstant bei P_o bleiben wird, wird die Verschiebung der aggregierten Nachfrage nach rechts das Gleichgewicht der Wirtschaft auf der Kurve $SRAS_o$ von Punkt A nach rechts zu Punkt B verschieben.

✔ Wenn die Konsumenten glauben, dass das Preisniveau als Reaktion auf die Steigerung der Geldmenge nach oben gehen wird, wird sich die kurzfristige aggregierte Angebotskurve um einen Betrag vertikal nach oben verschieben, der der erwarteten Erhöhung des Preisniveaus entspricht. Das bedeutet, dass sich das Gleichgewicht der Wirtschaft von A nach C verschieben wird, wo AD_1 die neue kurzfristige aggregierte Angebotskurve $SRAS_1$ schneidet.

Weil der Output weniger steigt, wenn sich die Wirtschaft von A nach C statt von A nach B bewegt, muss die Zentralbank offensichtlich sorgfältig auf die Inflationserwartungen achten, wenn sie versucht, die Wirtschaft durch eine Steigerung der Geldmenge anzuregen. Wenn Anleger erwarten, dass es eine Inflation geben wird, können ihre Aktionen einen Teil der Anreize zunichte machen, die von einer gestiegenen Geldmenge erwartet werden.

Erkennen, wie Inflationserwartungen Zinssätze beeinflussen

Das zugrunde liegende Problem besteht darin, dass die Zentralbank die Zinssätze nur partiell kontrolliert. Insbesondere kontrolliert sie das Geldangebot, aber nicht die Geldnachfrage. Dies ist ein Problem; denn wenn die Leute glauben, dass eine Steigerung der Geldmenge eine Inflation verursachen wird, erhöhen sie ihre Geldnachfrage, weil sie erwarten, dass sie mehr Bargeld benötigen, um Dinge zu höheren Preisen zu kaufen.

Das bedeutet: Während die Steigerung der Geldmenge tendenziell zu niedrigeren Zinssätzen führt (siehe Abbildung 7.4), führt die Steigerung der Geldnachfrage aufgrund von Inflationsängsten tendenziell zu höheren Zinssätzen. Weil höhere Zinssätze tendenziell die Investitionen senken, läuft jede Steigerung der Zinssätze, die durch Inflationsängste ausgelöst wird, dem Anreiz entgegen, den die Zentralbank der Wirtschaft zu geben versucht, indem sie die Geldmenge ausweitet.

Diese Behinderung der Wirksamkeit monetärer Anreize ist der Grund dafür, warum die große Verschiebung der aggregierten Nachfrage in Abbildung 7.5 nicht zu einer Verschiebung der Wirtschaft bis ganz zurück zur Produktion ihres Vollbeschäftigungsoutputs Y^* führt. Wenn die Bürger eine Inflation erwarten, verursacht ein Teil der Anreize tatsächlich eine Inflation, statt die Wirtschaft anzuregen, einen höheren Output zu produzieren.

Die Inflationserwartungen niedrig halten, um die Geldpolitik zu unterstützen

Seit den 1970er-Jahren haben die meisten Länder die Geldpolitik sehr vorsichtig eingesetzt. Denn damals haben die Länder die Lektion aus dem vorangegangenen Abschnitt gelernt – nämlich dass, wenn die Menschen glauben, dass eine Steigerung der Geldmenge eine Inflation verursachen wird, eine Steigerung der Geldmenge möglicherweise erst die Inflation auslöst statt Investitionsanreize zu geben.

Abbildung 7.6 zeigt einen extrem Fall dieser Situation, in dem der Output unverändert bei seiner Rezessionsmenge $Y^{Niedrig}$ stehen bleibt, obwohl eine Steigerung der Geldmenge eine Verschiebung der aggregierten Nachfrage von AD_0 nach rechts zu AD_1 verursacht. Das Problem liegt darin, dass höhere Inflationserwartungen dazu führen, dass die kurzfristige aggregierte Angebotskurve von $SRAS_0$ nach $SRAS_1$ vertikal nach oben verschoben wird und somit die Steigerung der aggregierten Nachfrage komplett wirkungslos bleibt. Das kurzfristige Gleichgewicht verschiebt sich von A nach B, aber die einzige Auswirkung ist ein höheres Preisniveau ohne gestiegenen Output.

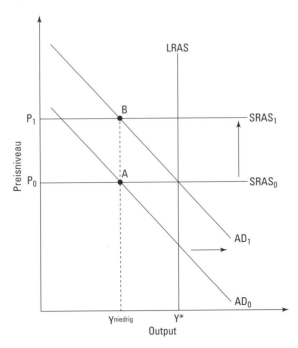

Abbildung 7.6: Eine Beispiel für eine Stagflation

Die Situation aus Abbildung 7.6 hat den Namen *Stagflation* bekommen. Damit bezeichnen Wirtschaftswissenschaftler eine Situation, bei der in der Wirtschaft eine stagnierende Produktionsmenge mit einer Inflation gekoppelt ist.

Aus der Erfahrung der Stagflation in den 1970er-Jahren lernte die Zentralbank (und ihre Gegenstücke in anderen Ländern), dass die Geldpolitik am besten funktioniert, wenn die Menschen glauben, dass die Zentralbank keine Inflation verursachen wird. Deshalb steigert die Zentralbank heutzutage die Geldmenge nur moderat, wenn sie die Wirtschaft anregen will. Diese Steigerungen, die sich am Wachstum einer Wirtschaft und dem dazu notwendigen Geld orientieren, sind letztlich wirksamer als größere Steigerungen, weil sie keine Inflationsängste auslösen.

Teil III

Mikroökonomik – die Wissenschaft vom Verhalten der Konsumenten und Unternehmen

»Dies ist klassische Voodoo-Ökonomie, Bernice. Authentisch bis hin zu dem Hühnerblut, in dem sie geschrieben ist.«

In diesem Teil ...

Die *Mikroökonomik* konzentriert sich auf das Entscheidungsverhalten einzelner Personen und Unternehmen. In diesem Teil zeige ich Ihnen, dass ökonomische Modelle annehmen, dass Einzelpersonen Entscheidungen treffen, um zu versuchen, ihr Glück zu maximieren, und Unternehmen Entscheidungen treffen, um zu versuchen, ihre Gewinne zu maximieren. Die angenehme, aber überraschende Folge ist, dass im Kontext von Wettbewerbsmärkten Unternehmen, die Gewinne anstreben, und Einzelpersonen, die ihr Glück suchen, letztlich die begrenzten Ressourcen der Gesellschaft in der effizientest möglichen Weise verwenden. Dies bedeutet, dass reibungslos funktionierende Wettbewerbsmärkte mit den begrenzten Ressourcen einer Gesellschaft die beste Kombination von Gütern und Diensten produzieren. Doch Märkte sind nicht immer richtig geordnet und somit werde ich auch Situationen wie Monopole und »Zitronenmärkte« behandeln, um Ihnen zu zeigen, was passiert, wenn die Dinge in die falsche Richtung laufen, und wie dies korrigiert werden kann.

Angebot und Nachfrage leicht gemacht

In diesem Kapitel

- Erklären, warum höhere Preise die Nachfragemengen von Gütern oder Diensten senken
- Zeigen, warum höhere Preise die Angebotsmengen von Gütern oder Diensten erhöhen
- Zeigen, dass Nachfragekurven abwärts und Angebotskurven aufwärts gerichtet sind
- Sich auf das Marktgleichgewicht konzentrieren
- Verstehen, wie Verschiebungen der Nachfrage oder des Angebots das Marktgleichgewicht beeinflussen
- Politische Entscheidungen erkennen, die ein Marktgleichgewicht verhindern

Das Modell von Angebot und Nachfrage der Märkte ist der berühmteste Beitrag der Wirtschaftswissenschaften zum menschlichen Wissen. Dieses Modell ist berühmt geworden, weil es in sehr vielen Bereichen sehr nützlich ist, indem es genau erklärt, wie Märkte Preise festsetzen und Ressourcen allozieren, sowie genau vorhersagt, wie regierungspolitische Entscheidungen das Verhalten von Märkten beeinflussen.

Beispielsweise kann Ihnen dieses Modell sagen, warum der Preis von Benzin im Sommer steigt und warum der Preis von Weizen nach einer guten Ernte sinkt. Es kann auch – korrekt – vorhersagen, dass eine Subvention der Preise für landwirtschaftliche Produkte eine Überproduktion von Nahrungsmitteln auslöst und dass Mietpreisbindung zu einer Knappheit des Angebots an Wohnraum führt.

Wenn Sie nur Zeit haben, eine einzige Sache der Wirtschaftswissenschaften zu lernen, sollte es das Modell von Angebot und Nachfrage sein. Kein anderes Thema in diesem Buch bringt Ihnen auch nur annähernd einen so großen praktischen Nutzen wie der Inhalt dieses Kapitels. Nach der Lektüre sollten Sie praktisch alles, was Sie über den Handel, Unternehmen und Politik lesen, besser verstehen und klarer sehen.

Sie dürfen aber nicht über das Ziel hinausschießen. Das Modell von Angebot und Nachfrage ist ein Modell für die Funktion von Märkten, aber nicht alles im Leben ist ein Markt. Die Wirtschaftswissenschaften sind in Verruf geraten, weil es manchmal so aussieht, als würden Wirtschaftswissenschaftler versuchen, alles mit Angebot und Nachfrage zu erklären. Dies hat den berühmten englischen Historiker Thomas Carlyle einst zu der abfälligen Bemerkung veranlasst: »Bringen Sie einem Papagei die Termini *Angebot und Nachfrage* bei, und Sie haben einen neuen Wirtschaftswissenschaftler.«

Ich beginne dieses Kapitel mit einer Einführung der Märkte. Dann erkläre ich Angebot und Nachfrage separat und zeige Ihnen, wie Sie Angebotskurven und Nachfragekurven zeichnen und manipulieren können; die Nachfragekurven erfassen das Verhalten von Käufern, während die Angebotskurven das Verhalten von Anbietern darstellen. Der nächste Schritt besteht darin, das Zusammenspiel der Kurven zu beobachten, um zu sehen, wie Märkte funktionieren, wenn sie sich selbst überlassen bleiben und wenn sie staatlich reguliert oder durch Interventionen beeinflusst werden.

Märkte verstehen

In der modernen Wirtschaft erfolgen die meisten wirtschaftlichen Aktivitäten auf Märkten, also Orten, an denen Käufer und Verkäufer zusammenkommen, um Geld gegen Güter oder Dienste auszutauschen. Ein Markt muss nicht unbedingt ein physischer, geografischer Ort sein. Heutzutage sind viele Märkte voll computerisiert und existieren nur im Cyberspace. Doch unabhängig von der Art ihrer Institutionalisierung verhalten sich alle Märkt tendenziell gleich. Das bedeutet, dass wir Märkte im Allgemeinen studieren können, statt uns mit jedem Markt einzeln befassen zu müssen.

Es zeigt sich, dass ein sehr einfaches Modell, das so genannte *Modell von Angebot und Nachfrage*, ausgezeichnet beschreibt, wie Märkte funktionieren, und zwar unabhängig davon, welche Güter oder Dienste gekauft und verkauft werden.

Dieses Modell trennt auf sehr vernünftige Weise die Käufer von den Verkäufern und fasst dann das Verhalten jeder Gruppe in einer einzigen Kurve einer Grafik zusammen. Das Verhalten der Käufer wird durch die Nachfragekurve dargestellt, während das Verhalten der Verkäufer durch die Angebotskurve erfasst wird. Wenn diese beiden Kurven zusammen in einer Grafik dargestellt werden, kann man zeigen, wie Käufer und Verkäufer interagieren, um die Preise und Menge zu bestimmen, zu denen ein Produkt gekauft beziehungsweise verkauft wird.

Doch bevor ich diese praktische Grafik näher beschreibe, muss ich Ihnen genau erklären, wie diese beiden Kurven zustande kommen und wie Sie sie manipulieren können, um verschiedene Arten des menschlichen Verhaltens zu verstehen. Zuerst beschreibe ich die Nachfragekurve, dann die Angebotskurve.

Die Nachfrage verstehen

Konsumenten wollen Dinge kaufen, und Wirtschaftswissenschaftler bezeichnen diesen Wunsch als *Nachfrage*. Wenn die Wirtschaftswissenschaftler von *Nachfrage* sprechen, beziehen sie sich nicht auf Tagträume oder ein reines Wunschdenken (wie beispielsweise »Ich möchte eine Million Kugeln Eis!«), sondern auf etwas, für das die Menschen sowohl *zahlen können* als auch *zahlen wollen*. Das heißt, wenn ich von meinen Millionen Kugeln Eis träume, ist das keine Nachfrage im Sinne der Wirtschaftswissenschaft, sondern meine Nachfrage besteht aus den drei Kugeln Eis, die ich an der Theke meines örtlichen Eisladens zu dem Preis kaufen kann und will, den dieser Laden dafür verlangt.

Die wesentlichen Begriffe klären

Ich möchte meine Terminologie sogar noch weiter präzisieren: Tatsächlich habe ich gerade meine *Nachfragemenge* beschrieben. Das ist die Menge, die ich zu einem bestimmten Preis bei meinem gegebenen Einkommen und meinen gegebenen Präferenzen nachfrage. Im Gegensatz dazu meint ein Wirtschaftswissenschaftler, wenn er das Wort *Nachfrage* benutzt, den gesamten Bereich der Mengen, die eine Person mit gegebenem Einkommen und Präferenzen zu verschiedenen möglichen Preisen nachfragen wird.

Um den Unterschied zwischen diesen beiden Begriffen besser zu verstehen, müssen Sie wissen, dass Wirtschaftswissenschaftler alles, was die Nachfragemenge möglicherweise beeinflussen kann, in zwei Gruppen einteilen: den Preis und alles andere.

Preise stehen zu der Nachfragemenge in einer *umgekehrten Beziehung*. Anders ausgedrückt: Je höher der Preis ist, desto weniger fragen die Menschen nach (wenn alle andere Dinge, die möglicherweise die Nachfragemenge beeinflussen könnten, konstant bleiben oder konstant gehalten werden).

Hauptfaktoren unter den anderen Dingen, die die Nachfragemenge beeinflussen, sind der Geschmack und die Präferenzen. Beispielsweise kann der Preis von Sojaeis so weit sinken, wie er will, ich werde keinen einzigen Becher davon kaufen, weil ich dies für eine Geschmacksverirrung halte. Doch gleichzeitig gibt es Menschen, die Sojaeis lieben und somit bereit sind, auch bei einem hohen Preis immer ein wenig davon zu kaufen.

Doch egal, wie viel ein Becher Sojaeis kostet, werden die Menschen, die sie mögen, immer eine größere Menge davon nachfragen als ich. Weil dies für jeden möglichen Preis gilt, sagen wir, dass sie eine *höhere Nachfrage* haben als ich.

Ein weiterer wichtiger Faktor ist das Einkommen. Wenn Sie reicher werden, kaufen Sie größere Mengen bestimmter Güter, die Sie immer haben wollten und sich jetzt in größeren Mengen leisten können. Diese Güter werden als *normale Güter* bezeichnet. Andererseits verringern Sie Ihre Käufe von Dingen, die Sie nur gekauft haben, weil Sie zu arm waren, um das zu kaufen, was Sie wirklich wollten. Diese Güter werden als *inferiore Güter* bezeichnet. Beispielsweise sind neue Autos normale Güter, während wirklich alte, schlecht laufende Gebrauchtwagen zu den inferioren Gütern zählen. Ähnlich sind frisch zubereitete, organische Salate normale Güter, während drei Tage altes, verbilligtes Brot ein inferiores Gut ist.

Warum unterteilen die Ökonomen bei der Komplexität solcher Variablen wie Präferenzen und Einkommen – alles Faktoren, die möglicherweise Ihre Nachfragemenge beeinflussen könnten – in nur zwei Gruppen, den Preis und alles andere? Dafür gibt es zwei Gründe:

✔ Sie wollen sich auf die Preise konzentrieren.

✔ Wenn Sie das Konzept der Nachfrage grafisch in eine Nachfragekurve umsetzen, haben Preise ganz andere Auswirkungen als die anderen Variablen. Dies möchte ich Ihnen als Nächstes demonstrieren.

Die Nachfragekurve grafisch darstellen

Abbildung 8.1 zeigt eine Nachfragekurve. Nehmen wir an, dass diese Nachfragekurve die Nachfrage nach Kohlköpfen repräsentiert. Auf der vertikalen Achse ist der Preis von Kohlköpfen in Euro angegeben. Die horizontale Achse gibt die Anzahl oder Menge der Kohlköpfe an, die zu den diversen Preisen nachgefragt werden.

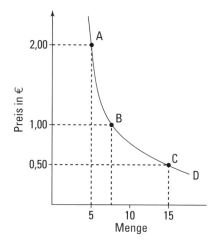

Abbildung 8.1: Nachfragekurven sind abwärts geneigt, weil bei sinkenden Preisen mehr gekauft wird.

Wie Sie sehen, ist die Nachfragekurve abwärts geneigt, um die Tatsache auszudrücken, dass zwischen dem Preis der Kohlköpfe und der Anzahl der Kohlköpfe, die die Menschen kaufen wollen, eine umgekehrte Beziehung besteht. Betrachten Sie beispielsweise Punkt A auf der Nachfragekurve. Bei einem Preis von 2 Euro pro Kohlkopf werden fünf Kohlköpfe nachgefragt. Doch bei Punkt B, bei dem der Preis pro Kohlkopf nur noch 1 Euro beträgt, werden acht Kohlköpfe nachgefragt. Und wenn der Preis auf nur 0,50 Euro pro Kohlkopf sinkt, werden 15 Kohlköpfe nachgefragt.

Preisänderungen: Bewegungen auf der Nachfragekurve

 Wenn Sie die Beziehungen zwischen Preisen und den Nachfragemengen zu diesen Preisen untersuchen, müssen Sie unbedingt verstehen, dass Sie sich bei einer Zunahme oder Abnahme des Preises einfach *auf* der Nachfragekurve bewegen.

In dem vorangegangenen Abschnitt habe ich erwähnt, dass die Ökonomen alle Variablen, die die Nachfrage beeinflussen können, in zwei Gruppen unterteilen: den Preis und alles andere. Geometrisch wird diese Unterteilung dadurch ausgedrückt, dass Preisänderungen zu einem anderen Punkt auf der Nachfragekurve führen, während die anderen Variablen zusammen bestimmen, wo genau die Nachfragekurve liegt und welche Form sie hat.

Wenn die Menschen beispielsweise Kohl nicht essen würden, würden sie nicht wie bei Punkt A in Abbildung 8.1 bei einem Preis von 2 Euro fünf Kohlköpfe kaufen, sondern unabhängig vom Preis überhaupt keine Kohlköpfe; dann sähe die Nachfragekurve ganz anders aus.

Andere Änderungen: Verschiebung der Nachfragekurve

Weil die anderen Faktoren festlegen, wo die Nachfragekurve liegt und welche Form sie hat, verschiebt jede Änderung dieser Faktoren die Lage und/oder Form der Nachfragekurve.

Nehmen Sie an, dass eine Gesundheitsstudie der Regierung veröffentlicht wird und besagt, dass der Verzehr von Kohl die Menschen für das andere Geschlecht wirklich attraktiv machen. Natürlich wird dies zu einer Steigerung der Nachfrage nach Kohl führen. Geometrisch bedeutet dies eine Nachfrageverschiebungskurve nach rechts (siehe Abbildung 8.2). Die Nachfragekurve vor der Studie wird mit D, die Nachfragekurve nach Veröffentlichung der Studie mit D' bezeichnet.

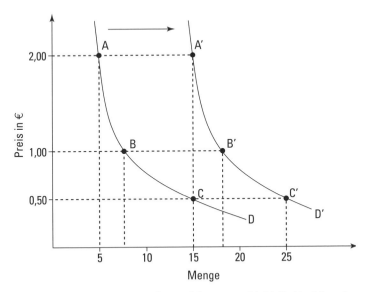

Abbildung 8.2: Eine Steigerung der Nachfrage verschiebt die Nachfragekurve von D nach rechts zu D'.

Wenn sich die Nachfragekurve bewegt, sprechen die Ökonomen von einer *Nachfrageverschiebung*. In diesem Fall ist die Nachfrage gestiegen. Wenn die Kurve sich nach links verschoben hätte, würden Ökonomen davon sprechen, dass die Nachfrage gesunken wäre.

Bei dieser Art, die Bewegung zu beschreiben, wird stillschweigend angenommen, dass die nachgefragten Mengen entweder steigen oder sinken, während *die Preise konstant bleiben*. Ich muss diesen Punkt ausdrücklich betonen: Sie müssen zwei verschiedene Arten von Änderungen der nachgefragten Mengen unterscheiden. Erstens können sich die Mengen ändern, weil sich die Preise ändern; dies bedeutet eine Bewegung auf einer gegebenen Nachfragekurve. Zweitens können sich die nachgefragten Mengen ändern, wenn sich etwas anderes als die Preise ändert; dies bedeutet eine Verschiebung und/oder Verformung der gesamten Kurve.

Der Unterschied wird deutlich, wenn Sie Punkt A und Punkt A' vergleichen. Beide Punkte repräsentieren denselben Preis von 2 Euro pro Kohlkopf, aber dank der gerade veröffentlichten Regierungsstudie fragen die Leute jetzt zu diesem Preis 15 Kohlköpfe (Punkt A') statt wie vorher nur fünf Kohlköpfe (Punkt A) nach. Weil der Preis bei beiden Punkten gleich ist, *wissen* Sie, dass die Änderung der Nachfragemenge nicht durch den Preis, sondern durch etwas anderes verursacht worden ist. Ähnliches gilt auch für die anderen Punkte: Bei einem konstanten Preis von 1 Euro steigt die Nachfragemenge von vorher acht (Punkt B) auf nachher 18 Köpfe (Punkt B').

Es ist sehr wichtig, dass Sie sich merken, dass jede Änderung eines Faktors außer dem Preis, der die Nachfragemenge beeinflusst, die Nachfragekurve verschiebt. In unserem Beispiel hat ein positives Ergebnis eines Forschungsberichts die Menschen veranlasst, mehr Kohl nachzufragen. Aber viele andere Faktoren können die Nachfrage der Konsumenten ebenfalls beeinflussen: zum Beispiel Änderungen ihres Einkommens oder Vermögens, ihres Geschmacks und Präferenzen. Wenn sich einer dieser Nicht-Preis-Faktoren ändert, verschiebt sich die Nachfragekurve entweder nach links oder rechts.

Opportunitätskosten:
Die Steigung der Nachfragekurve bestimmen

Die Steigung der Nachfragekurve (manche Autoren nennen es auch die *Neigung* der Nachfragekurve) hängt davon ab, wie die Menschen die Austauschverhältnisse bewerten, die ihnen durch die Preisänderungen aufgezwungen werden. Stellen Sie sich beispielsweise vor, dass der Preis eines Guts, das Sie gegenwärtig kaufen, von 10 Euro auf 9 Euro abnimmt. Wie reagieren Sie? Nun, das hängt davon ab, wie Sie das fragliche Gut relativ zu den anderen Gütern einschätzen, für die Sie Ihr Geld ausgeben könnten:

✔ Möglicherweise kaufen Sie sehr viel mehr von dem entsprechenden Gut, weil Ihnen die zusätzlichen Einheiten viel Glück bringen und Sie folglich dankbar dafür sind, dass Sie es für 9 Euro statt für 10 Euro kaufen können.

✔ Möglicherweise kaufen Sie kaum mehr von dem Gut. Es ist zwar schön, dass Sie es für 9 Euro statt für 10 Euro kaufen können, doch zusätzliche Einheiten machen Sie kaum glücklicher. In einer solchen Situation ist das beste Ergebnis der Preissenkung die Tatsache, dass sie Geld frei macht, mit dem Sie sich mehr andere Dinge kaufen können.

Wenn wir diese verschiedenen Reaktionen grafisch darstellen, erhalten wir Nachfragekurven mit unterschiedlichen Steigungen. Eine Person, die sehr viel mehr kauft, wenn der Preis abnimmt, hat eine flache Nachfragekurve, während eine Person, die kaum mehr ausgibt, wenn der Preis abnimmt, über eine steile Nachfragekurve verfügt.

 Abbildung 8.3 konkretisiert diese Beschreibung. Sie enthält zwei separate Nachfragekurven in zwei separaten Grafiken. Links wird meine Nachfrage nach Pecannüssen dargestellt, rechts die Nachfrage meiner Schwester nach Pecannüssen.

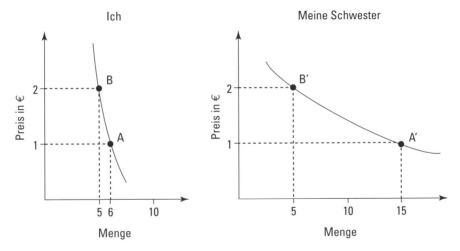

Abbildung 8.3: Zwei Nachfragekurven für Pecannüsse

Sie sehen, dass meine Nachfragekurve sehr steil ist, während die Nachfragekurve meiner Schwester sehr flach ist. Der Unterschied hängt ausschließlich von unseren unterschiedlichen Reaktionen auf Preisänderungen ab. Sie können dies erkennen, wenn Sie meine Nachfragemenge bei Punkt *A* mit meiner Nachfragemenge bei Punkt *B* vergleichen. Obwohl sich der Preis von 1 Euro pro Beutel Pecannüsse auf 2 Euro verdoppelt, nimmt meine Nachfragemenge nur von sechs auf fünf Beutel ab. Im Gegensatz dazu nimmt die Nachfragemenge meiner Schwester immens ab, wenn sich der Preis von 1 Euro pro Beutel auf 2 Euro verdoppelt, nämlich von fünfzehn Beuteln auf nur fünf Beutel.

Grob gesagt, bedeutet das, dass meine Schwester viel weniger an Pecannüssen hängt als ich. Wenn ich sehe, dass sich der Preis verdoppelt, reduziere ich meine Nachfragemenge kaum. Dies bedeutet, dass ich bereit bin, viele andere Dinge aufzugeben, für die ich das Geld hätte ausgeben können, um mir fast so viele Pecannüsse kaufen zu können wie vorher.

Meine Schwester reagiert dagegen ganz anders. Obwohl sie anfänglich – bei einem Preis von einem Euro – mehr Pecannüsse kauft als ich, führt eine Verdoppelung des Preises dazu, dass sie zehn Beutel weniger einkauft. Dies bedeutet für sie: Wenn sich der Preis verdoppelt, hat sie insgesamt sehr viel mehr von ihrem Geld, wenn sie die Käufe von Pecannüssen drastisch einschränkt, um für ihr Geld andere Dinge zu kaufen. Auf Deutsch: Sie steht nicht so auf Pecannüsse wie ich.

Die Nachfrageelastizität definieren

Ökonomen haben sich das Wort *Elastizität* ausgeliehen, um zu beschreiben, wie Änderungen einer Variablen Änderungen einer anderen Variablen beeinflussen. Wenn sie von *Nachfrageelastizität* sprechen, beziehen sie sich darauf, wie sich die Nachfragemenge in Abhängigkeit vom Preis ändert. In Abbildung 8.3 hat meine Nachfragekurve eine viel geringere Nachfrageelastizität als die meiner Schwester, weil dieselbe Preisänderung bei meiner Nachfragemenge eine viel geringere Abnahme der Menge verursacht als bei ihrer Nachfragemenge.

Die extremen Fälle der Nachfrageelastizität werden in Abbildung 8.4 gezeigt, die zwei Nachfragekurven enthält: Die erste verläuft absolut vertikal, die zweite absolut horizontal.

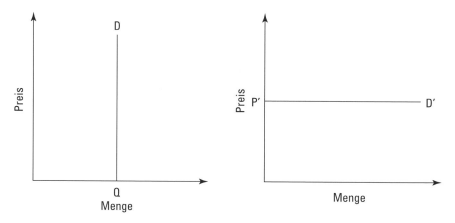

Abbildung 8.4: Zwei extreme Fälle der Nachfrageelastizität

Die vertikale Nachfragekurve *D* wird als *vollkommen unelastisch* bezeichnet, weil unabhängig vom Preis immer genau *Q* Einheiten nachgefragt werden. Vielleicht fragen Sie sich, welche Art von Gütern eine solche Nachfragekurve haben könnte. Die Antwort lautet beispielsweise: lebensrettende Medikamente. Wenn Sie genau *Q* Einheiten brauchen, um am Leben zu bleiben, werden Sie jeden geforderten Preis bezahlen. Das Lösegeld bei Entführungen gehört wahrscheinlich in diese Kategorie, weil Erpresste jeden Preis dafür bezahlen, ihre Familienmitglieder zurückzubekommen. Wahrscheinlich haben auch Drogenabhängige ihren Drogen gegenüber diese Einstellung; sie brauchen ihre Dosis so dringend, dass ihnen der Preis egal ist.

Andererseits wird die horizontale Nachfragekurve *D'* als *vollkommen elastisch* bezeichnet. Um diese Bezeichnung zu verstehen, versuchen Sie sich eine sehr sanft abfallende Nachfragekurve vorzustellen, die fast, aber nicht ganz horizontal verläuft. Bei einer solchen sehr flach abfallenden Nachfragekurve verursachen selbst kleine Preisänderungen große Änderungen der Nachfragemenge. Tatsächlich wird die Änderung der Nachfragemenge bei einer gegebenen Preisänderung umso größer, je flacher die Nachfragekurve wird. Betrachten Sie beispielsweise noch einmal Abbildung 8.3. Vergleichen Sie, wie eine Änderung des Preises von Pecannüssen um 1 Euro bei der Nachfragemenge meiner Schwester auf ihrer flacheren Nachfragekurve eine viel größere Änderung verursacht als bei meiner steileren Nachfragekurve.

Sie können sich eine absolut horizontale Nachfragekurve als den extremsten Fall dieses Phänomens vorstellen, bei dem selbst die winzigsten Preisänderungen eine unendlich große Änderung der Nachfragemenge bewirken. Das bedeutet, wenn die Preise in der rechten Grafik aus Abbildung 8.4 über *P'* liegen, kaufen Sie nichts, während Sie, wenn die Preise bei *P'* oder nur einen Cent darunter liegen, sehr viel kaufen. (*Unendlich* ist sehr viel.)

Stellen Sie sich vor, Sie würden für eine große Restaurantkette arbeiten und müssten tonnenweise Ketchup einkaufen. Sie können zwischen der Marke X und der Marke Y wählen, aber weil beide genau gleich schmecken, zählt nur ihr Preis. Deshalb kaufen Sie, wenn der Preis von Marke X nur etwas niedriger als der von Marke Y ist, Tonnen von Marke X und nichts von Marke Y. Falls der Preis von X nur etwas höher als der von Marke Y ist, werden Sie Tonnen von Y und nichts von X kaufen.

Bitte merken Sie sich, dass vollkommen elastische oder vollkommen unelastische Nachfragekurven nicht normal sind. Fast alle Nachfragekurven sind abwärts geneigt; das heißt, dass moderate Änderungen der Preise moderate Änderungen der nachgefragten Mengen auslösen. In Kapitel 9 erkläre ich, warum dies so ist. Es hat damit zu tun, wie Konsumenten das Austauschverhältnis zwischen verschiedenen Gütern festlegen, um das Glück zu maximieren, das sie durch Ausgeben ihres begrenzten Budgets erzielen können. Aber bevor ich zu diesem Thema komme, möchte ich das Gegenstück der Nachfragekurve einführen: die Angebotskurve.

Das Angebot verstehen

Wir befassen uns jetzt damit, wie Wirtschaftswissenschaftler das *Angebot* an Gütern und Diensten betrachten. Das zugrunde liegende Schlüsselkonzept ist, dass es Geld kostet, Dinge anzubieten, und dass Sie Produzenten bezahlen müssen, um die Dinge anzubieten, die Sie haben wollen. Doch noch interessanter ist: Je mehr Sie von einer Sache haben wollen, desto höher werden für den Anbieter die Kosten, die er für jede zusätzliche Einheit aufwenden muss. Anders ausgedrückt: Die ersten Einheiten können tendenziell relativ preiswert produziert werden, während die Produktion der späteren Einheiten immer teurer wird. (In Kapitel 10 erkläre ich, warum dies so ist.)

Weil die Produktionskosten steigen, wenn mehr Output produziert wird, müssen Sie den Produzenten immer mehr bezahlen, wenn Sie von ihnen immer größere Mengen haben wollen. Diese Tatsache impliziert, dass Angebotskurven aufwärts gerichtet sind.

Die Angebotskurve grafisch darstellen

Wir wollen wieder unsere Kohlköpfe als Beispiel nehmen. (Sie haben uns in der vorangegangenen Beschreibung der Nachfrage gute Dienste geleistet.) Stellen Sie sich vor, dass ein Bauer namens Kappes gerne Kohlköpfe anbaut. Abbildung 8.5 zeigt das Angebot von Herrn Kappes an Kohlköpfen, die Kurve wird mit S bezeichnet.

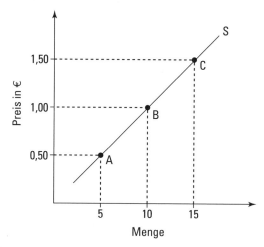

Abbildung 8.5: Angebotskurven sind wegen der steigenden Produktionskosten aufwärts gerichtet.

Die horizontale Achse gibt die Anzahl der angebotenen Kohlköpfe an, während die vertikale Achse den Preis pro Kohlkopf angibt, den Sie zahlen müssen, damit Ihnen Herr Kappes die zugehörige Anzahl von Kohlköpfen anbietet. Beispielsweise sagt Ihnen Punkt A, dass Sie Herrn Kappes 50 Cent pro Kohlkopf zahlen müssen, wenn er Ihnen fünf Kohlköpfe anbieten soll.

Weil die Produktionskosten von Herrn Kappes steigen, wenn er versucht, immer mehr Kohl anzubauen, müssen Sie ihm 1 Euro pro Kohlkopf zahlen, wenn er für Sie zehn Kohlköpfe anbauen soll (siehe Punkt B). Und Sie müssen 1,50 Euro pro Kohlkopf zahlen, wenn Sie 15 Kohlköpfe haben wollen (siehe Punkt C).

Denken Sie daran, dass die Punkte auf der Angebotskurve nicht die Preise repräsentieren, die Herr Kappes für die jeweiligen Mengen an Kohlköpfen erzielen möchte – offensichtlich könnte dieser Preis gar nicht hoch genug sein. Stattdessen gibt jeder Eurobetrag auf einer Angebotskurve das Minimum an, dass Sie ihm bezahlen können, damit er immer noch die gewünschte Menge produziert. Am Punkt A können Sie ihn dazu bringen, fünf Kohlköpfe zu produzieren, wenn Sie ihm 50 Cent pro Kohlkopf bezahlen; wenn Sie ihm 49 Cent pro Kohlkopf anbieten würden, würde er dies nicht tun. Warum nicht? Weil er Kosten hat und er diese Kosten zwar bei 50 Cent pro Kohlkopf, aber nicht bei 49 Cent pro Kohlkopf decken kann.

Verkaufspreise und Produktionskosten unterscheiden

Analog zu den Nachfragekurven unterteilen Ökonomen alle Faktoren, die die Angebotsmengen beeinflussen können, in zwei Gruppen: den Preis und alle andere. Die Dinge der zweiten Kategorie beziehen sich alle auf die Kosten, um das fragliche Gut anbieten zu können.

Wenn Sie eine spezielle Angebotskurve sehen, sollten Sie sich vergegenwärtigen, dass sie von einer speziellen Produktionstechnik abgeleitet worden ist, die der Anbieter verwendet. Weil jedes mögliche technische Verfahren eine einzigartige Beziehung zwischen Produktionsmengen und Kosten erzeugt, führen einige Verfahren zu steil ansteigenden Angebotskurven, während andere ziemlich flache Angebotskurven erzeugen. (In Kapitel 10 finden Sie alle Details über die Angebotskurven von Unternehmen.)

Unabhängig von der genauen Steigung oder Lage der Kurve bedeutet die Kostensteigerung beim Anstieg des Outputs, dass Sie einem Anbieter immer höhere Preise bieten müssen, wenn Sie mehr Einheiten bekommen wollen. Und das ist im Wesentlichen der Grund, warum die Preise ihre Position auf Angebotskurven verschieben. Die nächsten beiden Abschnitte erklären diese Ideen ausführlicher.

Preisänderungen: Bewegungen auf der Angebotskurve

Wenn sich der Preis eines Produkts ändert, verschiebt sich ihre Position auf einer gegebenen Angebotskurve, weil die Angebotskurve den Mindestbetrag repräsentiert, den Sie dem Anbieter bezahlen müssen, um von ihm die Menge an Output zu bekommen, die Sie haben wollen.

Um zu sehen, wie dies funktioniert, wollen wir wieder unsere Kohlköpfe betrachten. Überlegen Sie, was passiert, wenn Sie Herrn Kappes anbieten, 1 Euro pro Kohlkopf zu zahlen, und es dann ihm überlassen, wie viele Kohlköpfe er produzieren will. Wenn seine Angebotskurve aus Abbildung 8.5 gegeben ist, will er genau zehn Kohlköpfe und nicht mehr produzieren. Denn für den ersten bis zum neunten Kohlkopf sind seine Produktionskosten geringer als der Betrag, den Sie ihm bezahlen. Betrachten Sie beispielsweise Punkt A. An diesem Punkt betragen seine Produktionskosten 50 Cent pro Kohlkopf. Das bedeutet, dass er einen ziemlich guten Gewinn macht, wenn Sie ihm 1 Euro pro Kohlkopf zahlen. Ähnliches gilt für sechs Kohlköpfe: Weil seine Kosten pro Kohlkopf für die Produktion von sechs Kohlköpfen geringer als 1 Euro pro Kohlkopf sind, ist er auch bereit, sechs Kohlköpfe zu produzieren. Dasselbe gilt für sieben, acht und neun Kohlköpfe.

Bei zehn Kohlköpfen ist Herr Kappes unentschieden, weil seine Kosten pro Kohlkopf 1 Euro betragen und Sie ihm 1 Euro anbieten. In solchen Fällen nehmen die Ökonomen an, dass er den zehnten Kohlkopf produzieren wird, nur um den Kunden zu halten. Aber bei Punkt C würde Herr Kappes nicht produzieren, wenn Sie ihm 1 Euro pro Kohlkopf anbieten würden. Denn dort betragen seine Produktionskosten 1,50 Euro pro Kohlkopf, und er würde Geld verlieren.

Die Angebotskurve funktioniert und reagiert auf Preisänderungen folgendermaßen: Anbieter schauen, welcher Preis angeboten wird, und erzeugen so viele Einheiten, wie profitabel sind, aber nicht mehr. Weil die Kosten mit jeder zusätzlich produzierten Einheit steigen, besteht die einzige Möglichkeit, die Anbieter zu veranlassen, mehr zu produzieren, darin, ihnen höhere Preise anzubieten. Wenn Sie die Preise anheben oder senken, bewegen Sie sich deshalb *auf* der Angebotskurve, da die von den Anbietern angebotenen Mengen auf Preisänderungen reagieren.

Kostenänderungen: Verschiebung die Angebotskurve

Weil die Kostenstruktur eines Anbieters bestimmt, wo seine Angebotskurve liegt und wie sie ansteigt, verursachen Änderungen der Kostenstruktur Änderungen der Lage und/oder Form der Angebotskurve. In Abbildung 8.6 steigen die Produktionskosten von Herrn Kappes, weil der Staat ein Gesetz über den neuen ökologischen Landbau verabschiedet hat, unter dem er gezwungen ist, Kohlköpfe ohne Pestizide anzubauen. Deshalb muss er zahlreiche zusätzliche Arbeitskräfte einstellen, um Ungeziefer mit Pinzetten von den Kohlköpfen aufzusammeln, statt einfach billige Pflanzenschutzmittel zu versprühen.

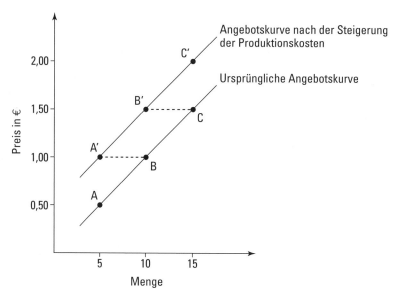

Abbildung 8.6: Höhere Produktionskosten verschieben die Angebotskurve.

Weil seine Produktionskosten gestiegen sind, steigt auch das Minimum für jede Outputmenge, das Sie ihm bezahlen müssen, damit er die jeweilige Menge produziert. Deshalb hat sich seine Angebotskurve von S_0 vertikal nach oben nach S_1 verschoben.

In diesem Fall wurde die Angebotskurve so verschoben, dass die Produktionskosten unabhängig von der Menge der produzierten Kohlköpfe um 50 Cent pro Kohlkopf höher sind. Vergleichen Sie die Punkte A und A'. Vor der neuen Umweltauflage war Herr Kappes bereit, fünf Kohlköpfe zu produzieren, wenn Sie ihm 50 Cent pro Kohlkopf bezahlten. Nach der Gesetzesänderung müssen Sie ihm 1 Euro pro Kohlkopf zahlen, wenn Sie wollen, dass er fünf Kohlköpfe produziert.

Ähnliches gilt für die Punkte B und B': Vor der Regulation hätte er zehn Kohlköpfe produziert, wenn Sie ihm 1 Euro pro Kohlkopf angeboten hätten. Jetzt müssen Sie ihm 1,50 Euro pro Kohlkopf anbieten, wenn Sie wollen, dass er zehn Kohlköpfe produziert.

Sie sollten sich merken, dass alles, was die Kostenstrukturen eines Produzenten ändert, seine Angebotskurven verschiebt. Dinge, die die Produktion verteuern, verschieben die Angebotskurven nach oben, dagegen Dinge, die die Kosten verringern, die Angebotskurven nach unten.

Alternativ können Sie die Verschiebungen der Angebotskurven bei einer Änderung der Kostenstrukturen auch als horizontale Bewegungen interpretieren. Betrachten Sie beispielsweise die Angebotsmengen bei einem Preis von 1 Euro vor und nach der Kostensteigerung. Vor der Kostensteigerung war Herr Kappes bereit, zehn Kohlköpfe für 1 Euro anzubieten (Punkt B auf der ursprüngliche Angebotskurve). Nach der Kostensteigerung ist er bereit, nur fünf Kohlköpfe für 1 Euro anzubieten (Punkt A' auf der nach links verschobenen Angebotskurve). Ähnliches gilt für die anderen Preise: Bei einem Preis von 1,50 Euro war Herr Kappes vorher bereit, fünfzehn Kohlköpfe anzubieten (Punkt C), während er nach der Kostensteigerung nur bereit ist, zu diesem Preis zehn Kohlköpfe anzubieten (Punkt B').

Deshalb können Sie mit gleichem Recht sagen, dass die Angebotskurve nach *links* verschoben wird, wenn die Kosten steigen. Umgekehrt können Sie schnell extrapolieren, dass eine Senkung der Kosten die Angebotskurve nach rechts verschieben würde.

Die Verschiebung der Angebotskurve unter zwei Perspektiven betrachten zu können, ist tatsächlich recht praktisch. In manchen Situationen ist es einfacher, eine Verschiebung nach rechts oder links zu betrachten, während es in anderen leichter ist, eine Verschiebung als Bewegung nach oben oder unten zu interpretieren.

Extreme Angebotsfälle verstehen

Zwei extreme Angebotskurven helfen uns zu illustrieren, wie Produktionskosten und Preise zusammen die Menge bestimmen, die zu einem speziellen Preis angeboten wird (siehe Abbildung 8.7).

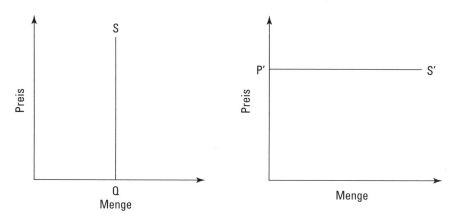

Abbildung 8.7: Extreme Angebotskurven

Die Grafik auf der linken Seite zeigt eine vertikale Angebotskurve und illustriert, was Ökonomen als ein *vollkommen unelastisches Angebot* bezeichnen. Die Grafik auf der rechten Seite mit einer horizontalen Angebotskurve illustriert, was Ökonomen als ein *vollkommen elastisches Angebot* bezeichnen. Die beiden Kurven werden in den nächsten beiden Abschnitten behandelt.

Jeden Preis bezahlen: Ein vollkommen unelastisches Angebot

Die linke Grafik aus Abbildung 8.7 illustriert eine Situation, in der der Preis keine Auswirkung auf die Angebotsmengen hat. Sie zeigt, dass unabhängig vom Preis immer die Menge Q angeboten wird. Weil die Angebotsmengen überhaupt nicht auf den Preis reagieren, werden sie als *vollkommen unelastisch* bezeichnet; entsprechend wird auch das Angebot normalerweise als *vollkommen unelastisches Angebot* bezeichnet.

Ich nehme an, dass Sie neugierig sind, welche Dinge vollkommen unelastische Angebotskurven haben. Die Antwort lautet: einzigartige Dinge (Unikate aller Art), die nicht reproduziert werden können. Dazu gehören beispielsweise:

- ✔ **Der Hope-Diamant:** Weil dieser Diamant einmalig ist und es immer nur einen Hope-Diamanten geben kann, egal wie viel jemand dafür bezahlen will, ist seine Angebotskurve vertikal.
- ✔ **Land:** Der Komiker Will Rogers sagte zu Beginn des 20. Jahrhundert: »Kaufen Sie Land. Es wird nicht mehr hergestellt.«
- ✔ **Das elektromagnetische Spektrum:** Es gibt nur einen Satz von Sendefrequenzen, die wir uns alle teilen müssen. Es gibt keine Möglichkeiten, mehr Frequenzen zu erzeugen.

Interessant an solchen Situationen ist, dass es keine Produktionskosten gibt. Deswegen ist ein Preisangebot für den Eigentümer kein Anreiz in dem Sinne, wie Sie einem Produzenten genug bezahlen, um etwas für Sie herzustellen, sondern der Preis dient nur dazu, das Eigentums- und Nutzungsrecht von einer Person auf eine andere zu übertragen.

Historisch gesehen ist, dass die Menge des angebotenen Bodens nichts mit Produktionskosten zu tun hat, als Rechtfertigung der Grundsteuern verwendet worden. Regierungen sehen es so, dass sie Boden so hoch besteuern können, wie sie wollen, weil sie nicht fürchten müssen, dass die Menge an Boden – und folglich die Besteuerungsgrundlage – jemals abnehmen wird.

Produzieren, so viel Sie haben wollen: Ein vollkommen elastisches Angebot

Die rechte Grafik aus Abbildung 8.7 illustriert den entgegengesetzten Fall, in dem die Angebotskurve vollkommen horizontal verläuft. Dem liegt die Idee zugrunde, dass der Anbieter etwas produziert, das nicht mit steigenden Kosten verbunden ist. Unabhängig von der Anzahl der Einheiten, die er produzieren will, kostet es immer P' Euro, um eine Einheit herzustellen. Das heißt, unabhängig davon, ob Sie eine oder eine Million Einheiten haben wollen, bezahlen Sie immer nur P' Euro pro Einheit.

In Wirklichkeit gibt es wahrscheinlich keine Angebotskurven, die wirklich vollkommen elastisch sind, weil die Produktionskosten normalerweise mit den Produktionsmengen steigen (siehe Kapitel 10). Aber einige Angebotskurven kommen diesem Verlauf nahe. Beispielsweise sieht die Angebotskurve für Bleistifte fast vollkommen elastisch aus, weil die Bleistiftproduzenten in der Lage zu sein scheinen, ihre Produktionsmengen mit einem nur sehr geringen Anstieg ihrer Kosten um Millionen von Einheiten zu steigern.

Wie Angebot und Nachfrage zusammenspielen, um das Marktgleichgewicht zu finden

In den vorangegangenen Abschnitten habe ich die Nachfrage- und Angebotskurven separat beschrieben. Jetzt ist es Zeit zu zeigen, wie auf Märkten die Mengen und Preise der verkauften Güter und Dienste durch ein Zusammenspiel der beiden Kurven ermittelt werden.

Das Marktgleichgewicht finden

Abbildung 8.8 zeigt eine Nachfragekurve (D) und eine Angebotskurve (S) mit denselben Achsen. Um das grafische Modell von Angebot und Nachfrage zu verstehen, *müssen* Sie sind die folgenden Begriffe verinnerlichen:

✔ Das *Gleichgewicht* des Modells von Angebot und Nachfrage liegt bei dem Punkt, an dem sich die Nachfrage- und die Angebotskurve schneiden. (Eine Eselsbrücke: Ein gekreuztes X markiert den Punkt!)

✔ Der Schnittpunkt bestimmt, zu welchem Preis beziehungsweise in welcher Menge die Güter oder Dienste verkauft werden. Dieser Preis wird als der *Marktpreis* und diese Menge als die *Marktmenge* bezeichnet.

✔ Der Marktpreis und die Marktmenge repräsentieren ein stabiles Gleichgewicht; das heißt, die Marktkräfte werden den Preis und die Menge *immer* zu diesen Werten zurückdrängen. Deshalb werden Marktpreis und Marktmenge auch als *Gleichgewichtspreis* beziehungsweise *Gleichgewichtsmenge* bezeichnet.

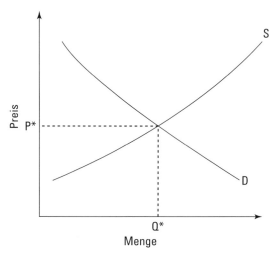

Abbildung 8.8: Marktgleichgewichtspreis und -menge stellen sich an dem Punkt ein, an dem die Nachfragekurve die Angebotskurve schneidet.

Ich bezeichne Marktpreis und Marktmenge mit P^* beziehungsweise Q^*. Dieser Preis und diese Menge sind deshalb etwas Besonderes, weil die Nachfragemenge der Käufer zum Preis P^* gleich der angebotenen Menge der Produzenten ist.

Etwas anders ausgedrückt: Wenn Sie auf der vertikalen Achse bei Preis P^* beginnen und auf der gestrichelten Linie horizontal nach rechts gehen, sehen Sie, dass die Käufer zu diesem Preis die Menge Q^* nachfragen und die Verkäufer zu diesem Preis dieselbe Menge Q^* anbieten. Weil Angebot und Nachfrage gleich sind, sind sowohl Produzenten als auch Konsumenten zufrieden. Die Konsumenten erhalten zum Preis P^* genau die Menge, die sie kaufen wollen, und die Produzenten verkaufen zum Preis P^* genau die Menge, die sie verkaufen wollen.

Ökonomen bezeichnen Situationen wie diese, in denen jeder glücklich ist, als *Gleichgewichte*. Denn wenn jeder alles bekommt, was er will, wird niemand Änderungen herbeisehen.

Noch interessanter ist, dass es bei jedem anderen Preis außer P^* einen gewissen Druck entweder auf die Käufer oder Verkäufer gibt, um das Modell wieder zurück zum Marktgleichgewichtspreis und zur Marktgleichgewichtsmenge zu bringen. Dies hat die angenehme Folge, dass der Markt unabhängig von seinem Ausgangspunkt immer zum Gleichgewicht zurückkehrt.

Bevor ich weiter auf das Gleichgewicht des Modells von Angebot und Nachfrage eingehe, sollten Sie eine andere sehr wichtige Sache kennen lernen: Beachten Sie, dass der Preis P^*, den die Käufer bei der Marktgleichgewichtsmenge Q^* zahlen müssen, auf der Angebotskurve liegt. Dies bedeutet, dass Anbieter gerade genug Geld bekommen, um die Menge Q^* anzubieten. Anders ausgedrückt: Die Anbieter sind nicht in der Lage, die Käufer auszubeuten. Dieses Ergebnis sagt uns, dass der Kapitalismus nicht von Natur aus ausbeuterisch ist. Ganz im Gegenteil: Wenn ein echter Wettbewerb herrscht, verdienen Produzenten gerade genug Geld, dass es sich für sie lohnt, im Geschäft zu bleiben. (In Kapitel 11 wird dieses Thema sehr viel ausführlicher behandelt.)

Die Stabilität des Marktgleichgewichts demonstrieren

Das Marktgleichgewicht wird als *stabiles Gleichgewicht* bezeichnet, weil sich der Markt unabhängig von seiner Ausgangslage in dem Modell Nachfrage und Angebot immer zurück zu dem Marktgleichgewicht bewegt. Dies ist sehr angenehm, weil es bedeutet, dass Märkte selbstkorrigierend sind; und wenn Sie wissen, wo die Nachfrage- und Angebotskurven liegen, wissen Sie, welche Preise und Mengen sich einstellen werden. Besonders befriedigend ist, dass die Aktionen der Marktteilnehmer – Käufer und Verkäufer – den Markt ins Gleichgewicht bringen, ohne dass Interventionen von außen wie beispielsweise durch staatliche Regulierungen erforderlich sind.

Ich möchte Ihnen beweisen, dass das Marktgleichgewicht tatsächlich stabil ist. Im folgenden Abschnitt konzentriere ich mich darauf, dass die Preise auf P^* fallen, wenn sie auf einem höheren Niveau als P^* beginnen. Danach zeige ich Ihnen, dass Preise bis P^* steigen, wenn sie auf einem niedrigeren Niveau P^* beginnen. Dass sich die Preise immer auf P^* zubewegen, zeigt, dass das Marktgleichgewicht stabil ist.

Überangebot: Preise bis zum Gleichgewicht reduzieren

Abbildung 8.9 zeigt, was passiert, wenn Sie von einem Preis P^H ausgehen, der höher als der Marktgleichgewichtspreis P^* ist. Zum Preis P^H fragen die Käufer die Menge Q^D nach, die geringer ist als die Menge Q^S, die die Verkäufer anbieten. (Die gestrichelten Linien zeigen an, wo P^H die Nachfrage- und Angebotskurve schneidet.) Ökonomen bezeichnen diese Situation als *Überangebot*: Sie kann kein Gleichgewicht sein, weil die Verkäufer zum Preis P^H nicht alles verkaufen können, was sie verkaufen wollen.

Tatsächlich wird von der gesamten Menge Q^S, die Verkäufer zum Preis von P^H verkaufen wollen, nur die Menge Q^D verkauft; dies bedeutet, dass die restliche Menge $Q^S - Q^D$ unverkauft bleibt, so lange nichts getan wird. Nun ja, es wird etwas getan. Die Verkäufer sehen die riesigen Berge unverkaufter Güter und machen, was jeder Laden tut, wenn er etwas nicht zu seinen gegenwärtigen Preisen verkaufen kann: Sie veranstalten einen Ausverkauf.

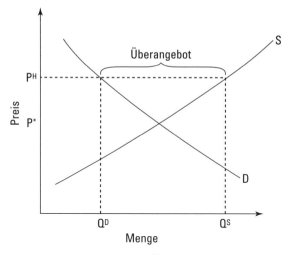

Abbildung 8.9: Überangebot

Die Verkäufer senken den Preis so lange, bis das Angebot nicht mehr die Nachfrage übersteigt. Abbildung 8.9 zeigt, was dies bedeutet: Die Verkäufer senken den Preis so lange, bis er ganz auf P^* gesunken ist, weil dies der einzige Preis ist, bei dem die Nachfragemenge der Käufer gleich der Menge ist, die die Verkäufer anbieten.

Übernachfrage: Preise bis zum Gleichgewicht anheben

Abbildung 8.10 zeigt die entgegengesetzte Situation. Der ursprüngliche Preis P^L ist niedriger als der Marktgleichgewichtspreis P^*. In diesem Fall ist das Problem nicht ein Überangebot,

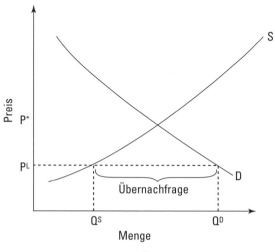

Abbildung 8.10: Übernachfrage

sondern eine *Übernachfrage*, weil die Käufer zum Preis P^L die Menge Q^D kaufen wollen, die die Menge Q^S übersteigt, die die Anbieter zu diesem Preis verkaufen wollen.

Anders ausgedrückt: Es gibt eine Knappheit von $Q^D - Q^S$ Einheiten. Folglich beginnen die Käufer, höhere Preise zu bieten und sich um die unzureichende Menge des Gutes zu streiten.

So lange der Preis geringer als P^* ist, gibt es Knappheit, und es werden weiter höhere Preise geboten. Dies bedeutet, dass der Preis zu P^* zurückgedrängt wird, wenn Sie von einem Preis ausgehen, der unter P^* liegt. Auf diese Weise kehrt der Markt zu seinem Gleichgewicht zurück – dem einzigen Punkt, an dem es weder eine Knappheit noch ein Überangebot gibt.

Bei Änderungen von Angebot oder Nachfrage an neue Marktgleichgewichte anpassen

Wie in den vorangegangenen Abschnitten gezeigt worden ist, passen die Marktkräfte den Markt bei jeder gegebenen Angebots- und Nachfragekurve so lange an, bis der Preis und die Menge dem Punkt entsprechen, in dem sich die Nachfrage- und Angebotskurven schneiden. Wenn sie diesen Punkt – das Marktgleichgewicht – erreichen, ändern sich Preis und Menge nicht mehr. Sie bleiben dort, so lange weder die Nachfrage- noch die Angebotskurve verschoben wird.

In diesem Abschnitt zeige ich Ihnen, wie sich Preise und Mengen anpassen, wenn sich entweder die Nachfrage- oder die Angebotskurve ändert. Zunächst zeige ich eine Verschiebung der Nachfragekurve, dann eine Verschiebung der Angebotskurve.

Auf eine Steigerung der Nachfrage reagieren

Abbildung 8.11 zeigt, was passiert, wenn die Nachfragekurve von D_0 nach rechts nach D_1 verschoben wird, während die Angebotskurve S gleich bleibt. Vor der Verschiebung liegen der Marktgleichgewichtspreis bei P^*_0 und die Marktgleichgewichtsmenge bei Q^*_0. Nach der Verschiebung der Nachfragekurve nach rechts nach D_1 bleibt der Preis momentan bei demselben Wert P^*_0; aber dieser Preis kann nicht bestehen bleiben, weil es bei der neuen Nachfragekurve jetzt eine Übernachfrage gibt. Das bedeutet, dass die Nachfragemenge Q^D_1 zum Preis P^*_0 die Angebotsmenge Q^*_0 übersteigt.

Im vorangegangenen Abschnitt habe ich beschrieben, dass jede derartige Knappheit die Käufer veranlasst, höhere Preise zu bieten. Das führt dazu, dass der Preis steigt, und zwar so lange, bis er den Preis P^*_1 erreicht, bei dem die Nachfragekurve D_1 die Angebotskurve S schneidet.

Beachten Sie: Wenn sich das erste Gleichgewicht zu dem zweiten verschiebt, steigt die Gleichgewichtsmenge von Q^*_0 auf Q^*_1. Dieses Ergebnis ist plausibel; denn wenn die Nachfrage steigt und die Käufer bereit sind, mehr für etwas zu bezahlen, ist zu erwarten, dass von diesem Gut mehr angeboten wird. Außerdem steigt der Preis von dem einen Gleichgewicht zu dem anderen, weil Sie den Anbietern mehr bezahlen müssen, wenn Sie erreichen wollen, dass die Anbieter bei steigenden Kosten mehr anbieten.

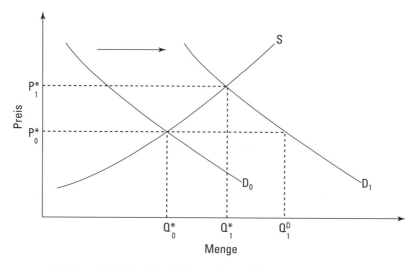

Abbildung 8.11: Eine Verschiebung der Nachfragekurve nach rechts

Es gibt jedoch noch einen subtileren Aspekt, den Sie erkennen müssen: Die Steigung der Angebotskurve *interagiert* mit der Nachfragekurve, um die Größe der Änderungen von Preis und Menge zu bestimmen. Vergegenwärtigen Sie sich noch einmal die vollkommen vertikale Angebotskurve in der linken Grafik aus Abbildung 8.7. Bei einer solchen Angebotskurve steigert jede Erhöhung der Nachfrage nur den Preis, weil die Menge nicht zunehmen kann. Wenn Sie es andererseits mit der vollkommen horizontalen Angebotskurve der rechten Grafik aus Abbildung 8.7 zu tun haben, steigert eine Verschiebung der Nachfrage nach rechts nur die Menge, weil der Preis bei P' fixiert ist.

 Wenn Sie diese beiden extremen Fälle betrachten, wird deutlich, dass die Kontrolle in einer Situation wie aus Abbildung 8.11 weder ausschließlich bei der Nachfrage noch ausschließlich bei dem Angebot liegt. Nur zusammen durch ihre Interaktion bestimmen sie den Gleichgewichtspreis und die Gleichgewichtsmenge sowie deren Änderung, wenn sich die Nachfragekurve und/oder Angebotskurve verschiebt.

Auf ein Sinken des Angebots reagieren

Abbildung 8.12 zeigt, wie sich das Marktgleichgewicht ändert, wenn sich die Angebotskurve verschiebt. Die Angebotskurve verschiebt sich wegen einer Steigerung der Produktionskosten von S_0 nach S_1. (Weiter oben im Abschnitt *Kostenänderungen: Verschiebung die Angebotskurve* habe ich erwähnt, dass die Verschiebung der Angebotskurve aufgrund steigender Kosten als Bewegung nach oben oder nach links interpretiert werden kann. In Abbildung 8.12 habe ich einen vertikalen Pfeil gezeichnet, um eine vertikale Verschiebung anzuzeigen, aber ich hätte ebenso gut einen nach links gerichteten Pfeil zeichnen können, um eine Verschiebung nach links anzuzeigen.)

Die Verschiebung des Angebots wird eine Anpassung des Marktgleichgewichts verursachen. Das ursprüngliche Gleichgewicht zum Preis P^*_0 und zur Menge Q^*_0 liegt in dem Punkt, in dem sich die Nachfragekurve D und die ursprüngliche Angebotskurve S_0 schneiden. Wenn die Produktionskosten steigen, verschiebt sich die Angebotskurve nach S_1.

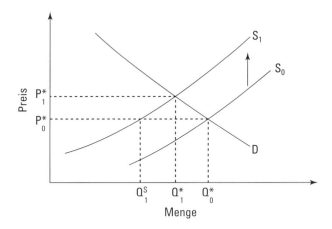

Abbildung 8.12: Eine vertikale Verschiebung der Angebotskurve

Für einen Moment bleibt der Preis bei P^*_0. Aber dieser Preis kann nicht bestehen bleiben, weil die Nachfragemenge Q^*_0 zu diesem Preis die Angebotsmenge Q^S_1 übersteigt. Diese Situation der Übernachfrage führt dazu, dass so lange höhere Preise geboten werden, bis der neue Gleichgewichtspreis P^*_1 erreicht wird. Zu diesem Preis ist die Nachfragemenge gleich der Angebotsmenge Q^*_1.

Wenn Sie diese Situation der steigenden Kosten mit der Situation der steigenden Nachfrage in dem vorangegangenen Abschnitt vergleichen, sollten Sie beachten, dass in beiden Fällen der Gleichgewichtspreis steigt. Sie sollten jedoch auch darauf achten, dass sich die Gleichgewichtsmengen in die entgegengesetzten Richtungen bewegt haben. Bei einer Steigerung der Nachfrage steigt die Gleichgewichtsmenge, aber bei einer Steigerung der Kosten verringert sich die Gleichgewichtsmenge.

Der Grund für die Abnahme der Gleichgewichtsmenge liegt darin, dass eine Steigerung der Produktionskosten nicht nur den Produzenten beeinflusst. Um im Geschäft zu bleiben, muss der Produzent die Kostensteigerung weitergeben. Aber wenn er die Kosten weitergibt, führt dies tendenziell zu einer Entmutigung der Käufer. Folglich nimmt die Gleichgewichtsmenge ab, weil einige Käufer nicht bereit sind, die höheren Kosten zu bezahlen. Wer immer noch kaufen will, ist bereit, die höheren Kosten zu bezahlen – dies wird durch die Steigerung des Marktpreises ausgedrückt.

Hindernisse für die Bildung des Marktgleichgewichts schaffen

Wenn ein Markt sich selbst überlassen bleibt, passt er sich immer an, bis der Preis und die Menge bestimmt sind, bei dem beziehungsweise bei der sich die Nachfrage- und Angebotskurve schneiden. Der Marktgleichgewichtspreis hat die sehr angenehme Eigenschaft, dass jeder, der zu diesem Preis kaufen will, dies auch tun kann, während jeder, der zu diesem Preis verkaufen will, dies ebenfalls tun kann. (Die Nachfragemenge ist gleich der Angebotsmenge.)

Doch der Marktpreis ist nicht immer der politisch korrekte Preis, und Regierungen greifen oft in den Markt ein, um zu verhindern, dass sich das Marktgleichgewicht einstellt. Solche Eingriffe erfolgen entweder, weil politisch einflussreiche Käufer den Marktpreis für zu hoch halten oder weil politisch einflussreiche Verkäufer den Marktpreis für zu niedrig halten.

Leider schafft der Staat einen ganzen Satz neuer Probleme, wenn er eingreift, um den Bürgern zu helfen, die sich beklagen. In einigen Fällen müssen sogar diejenigen darunter leiden, denen die Intervention eigentlich helfen sollte. Um zu erklären, wie dies passiert, erkläre ich zunächst Mindestpreise und dann Höchstpreise. Mindestpreise verhindern, dass die Preise bis auf das Marktgleichgewicht fallen, während Höchstpreise verhindern, dass die Preise bis auf das Marktgleichgewicht steigen. (Offensichtlich wird nur das eine oder das andere verwendet!)

Höchstpreise anheben

Manchmal greift der Staat in einen Markt ein, um zu gewährleisten, dass der Preis unter dem Marktgleichgewichtspreis P^* bleibt. Weil Preise, die unter dem Marktgleichgewicht liegen, normalerweise steigen würden, werden solche politische Entscheidungen als *Höchstpreise* (auch *Preisobergrenzen*) bezeichnet, weil sie verhindern, dass der Preis so hoch steigt, wie er es tun würde, wenn er sich selbst überlassen bliebe. Preise erreichen den Höchstpreis und steigen dann nicht weiter.

Abbildung 8.13 soll zeigen, wie dies funktioniert und welche Probleme dadurch verursacht werden. Der Höchstpreis P^C liegt unter dem Marktgleichgewichtspreis P^*. Um zu verdeutlichen, dass eine Obergrenze existiert, die der Preis nicht übersteigen kann, habe ich eine horizontale Linie von P^C nach rechts gezogen.

Das Problem liegt darin, dass die Nachfragemenge Q^D bei dem Höchstpreis die Angebotsmenge Q^S bei weitem übersteigt. Dieses Problem sieht möglicherweise nicht so schwer wiegend aus, aber die Knappheit muss irgendwie beseitigt werden. Sie müssen eine Möglichkeit finden, um das unzureichende Angebot unter den Konsumenten zu verteilen, die etwas davon haben wollen.

Es passiert Folgendes: Es werden sich Warteschlangen bilden, in denen die Leute darauf warten, das begrenzte Angebot zu bekommen. Ich möchte Ihnen eine kleine Geschichte über meine frühen Studienjahre in Berkeley erzählen, einer Stadt, in der es Höchstpreise für die Mieten gibt, die Vermieter verlangen dürfen – eine Politik, die beschönigend als *Mietpreisbindung* bezeichnet wird.

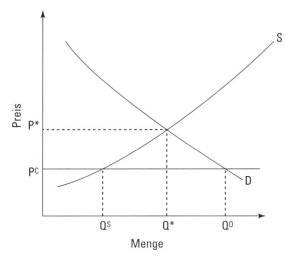

Abbildung 8.13: Ein Höchstpreis

Weil die Mieten weit unter ihrem Marktgleichgewichtspreis gehalten werden, gab es immer viel mehr Menschen, die ein Appartement mieten wollten, als Appartements angeboten wurden. Folglich standen sie immer, wenn ein Appartement frei wurde, in einer Warteschlange mit – buchstäblich – 200 Menschen, um einen Mietantrag auszufüllen. Bei so vielen potenziellen Mietern, die auf ein Appartement hofften, hatten die Vermieter freie Auswahl – deshalb waren die Mietverträge oft fünf bis zehn Seiten lang und Sie mussten *alles* offenlegen. Falls man nicht ausgewählt wurde, musste man sich in der nächsten Schlange für das nächste Appartement anstellen, das gerade auf den Markt kam.

Es spielte keine Rolle, ob man genügend Geld hatte, um höhere Mieten zu bezahlen. Es spielte keine Rolle, ob man eine Wohnung dringender brauchte als andere potenzielle Mieter. Weil der Staat künstlich eine Übernachfrage geschaffen hatte, musste man Schlange stehen und warten und hoffen, dass man ein Appartement bekam.

Die Hauptfolge dieser Politik war, dass Tausende von Menschen jedes Jahr Zehntausende von Stunden damit vergeudeten, in Warteschlangen zu stehen – und einige trotzdem keine Wohnung bekamen! Schlimmer noch war, dass diese Politik tatsächlich die gesamte Zahl der verfügbaren Appartements in Berkeley reduzierte. Sie können dies in Abbildung 8.13 daran ablesen, dass $Q^S < Q^*$ ist. Dieses Ergebnis ist abwegig, wenn man bedenkt, dass diese Politik eigentlich beabsichtigte, die Armen mit preiswerten Wohnungen zu versorgen. Und es dient als Warnung an jeden, der erwägt, in Märkte einzugreifen: Sie sind vielleicht nicht mit dem Marktpreis und der Marktmenge einverstanden, aber das ist möglicherweise trotzdem besser als das, was Sie erhalten werden, wenn der Staat eingreift.

Mindestpreise unterstützen

Die entgegengesetzte Art der Marktintervention ist der *Mindestpreis* (auch *Preisuntergrenze*), bei dem der Staat den Preis über dem Marktgleichgewichtpreis hält. Abbildung 8.14 zeigt einen Punkt, an dem der Mindestpreis P^F größer als der Marktgleichgewichtspreis P^* ist. Um zu verdeutlichen, dass der Preis nicht unter P^F fallen kann, habe ich bei diesem Preis eine horizontale Linie gezogen.

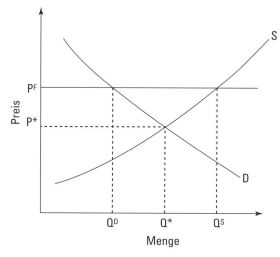

Abbildung 8.14: Ein Mindestpreis

Das Problem liegt hier darin, dass die Angebotsmenge Q^S zu dem Preis P^F viel größer als die Nachfragemenge Q^D ist. Die normale Reaktion auf eine solche Situation besteht darin, dass die Preise wegen des Überangebots fallen. Der Staat verhindert dies und stützt den Preis, indem er das Überangebot aufkauft.

Anders ausgedrückt: Von der gesamten Menge Q^S, die zum Preis P^F angeboten wird, kaufen normale Konsumenten die Menge Q^D. Der Rest $Q^S - Q^D$ muss vom Staat gekauft werden. Das hört sich nicht so schlimm an, bis Sie etwas über Mindestpreise in der Landwirtschaft lesen, normalerweise von ihren Befürwortern beschönigend als *Preisstützung* bezeichnet (so wie in: »Sie armes Ding! Sie brauchen nur ein wenig *Unterstützung*!«).

Durch Preisstützung werden riesige Berge von Nahrungsmitteln erzeugt, die niemand kaufen will. Beispielsweise werden aufgrund der Agrarsubventionen in der EU jährlich bis zu einer Million Tonne Milch zu viel produziert und vom Markt genommen.

Was macht der Staat mit der Milch? Milchpulver und andere Milchprodukte, die in riesigen Kühlhäusern auf unbestimmte Zeit gelagert werden! Ja natürlich, auch das auf Kosten der Steuerzahler.

Früher hat die US-Regierung den Preis von Apfelsinen unterstützt und musste buchstäblich jedes Jahr Tonnen von Apfelsinen kaufen und verbrennen, weil dies der einfachste Weg war, um das Überangebot zu vernichten. Doch weil die Bürger gegen diese Art der Verschwendung protestiert haben, hat der Staat seine politischen Entscheidungen bei einigen Agrarprodukten geändert. Der Staat bezahlt die Bauern jetzt nicht mehr dafür, dass sie etwas anbauen, sondern dafür, dass sie etwas *nicht* anbauen. Auf diese Weise werden die Bauern immer noch bezahlt, aber man muss kein Überangebot befürchten, das vernichtet werden müsste. In der EU ist es so ähnlich ...

Sowohl Höchstpreise als auch Mindestpreise sollten Ihnen eines nachhaltig klar gemacht haben: Normalerweise lösen Interventionen in Märkte großes Unheil aus. (Doch ganz tief in meinem Herzen hoffe ich tatsächlich, dass der Staat beschließt, die Gehälter von Wirtschaftswissenschaftlern zu stützen, die an einer Universität lehren. Wie gerne würde ich dafür bezahlt werden, nicht zu unterrichten.)

Die Unterstützung der Ersten Welt ist das Leiden der Dritten Welt

Die Subvention der Preise für landwirtschaftliche Produkte in reichen Ländern wie den Vereinigten Staaten und der Europäischen Union führt zu einem abwegigen Ergebnis: Sie richtet in Entwicklungsländern einen riesigen Schaden an. Beispielsweise ist der Preis von Zucker in den USA und in der EU drei Mal so hoch wie auf dem Weltmarkt, weil sowohl die Vereinigten Staaten als auch die EU den Import billigeren ausländischen Zuckers einschränken, um die einheimischen Zuckerproduzenten zu fördern. Als Folge davon haben Tausende von armen Bauern in der Dritten Welt keinen Lebensunterhalt, die andernfalls vom Verkauf von Zucker an Amerikaner und Europäer leben könnten.

Noch schlimmer ist die Situation bei anderen Agrarprodukten, bei denen die Vereinigten Staaten und die EU aufgrund von Subventionen erhebliche Überschüsse produzieren. Da diese Überschüsse nicht auf den einheimischen Märkten verkauft werden dürfen, damit das Preisniveau künstlich hochgehalten wird, werden die Güter oft kostenlos an Entwicklungsländer als so genannte Nahrungsmittelhilfen verschenkt. Das hört sich prinzipiell gut an, richtet aber nur noch mehr Schaden an; denn der kostenlose Weizen, der in Nigeria verteilt wird, drängt die einheimischen nigerianischen Bauern aus dem Geschäft.

Marktinterventionen sind normalerweise schlimm. Sie haben fast immer unerwartete Nebenwirkungen, unter denen diejenigen leiden, denen die Politik nicht schaden wollte. Außerdem sind solche politischen Entscheidungen üblicherweise auch ineffizienter und kosten die Verlierer mehr, als sie den Gewinnern Nutzen bringen.

Homo oeconomicus: der Konsument, der Nutzen maximiert

In diesem Kapitel

- Studieren, wie Menschen ihr Glück maximieren
- Den abnehmenden Grenznutzen berücksichtigen
- Beobachten, wie Menschen Alternativen abwägen
- Bei einem begrenzten Budget genau die richtigen Mengen wählen

---

Dieses Kapitel geht auf die Nachfragekurve ein (die in Kapitel 8 eingeführt wird) und zeigt Ihnen, *wie* die Menschen die Dinge wählen. Dieser Entscheidungsprozess ist sehr wichtig, weil die Wirtschaft durch die menschlichen Bedürfnisse in Gang gehalten wird. Unternehmen produzieren Güter und Dienste nicht zufällig; sie produzieren die Dinge, die Konsumenten kaufen wollen und für die sie Geld ausgeben.

Das Studium dieses Prozesses ist deshalb so schwierig, weil es so viele verschiedene Dinge gibt, für die Menschen Geld ausgeben können und wollen. Wenn ein Ökonom aufgefordert werden würde zu untersuchen, wie Sie 100 Euro in einem Laden ausgeben würden, der nur Laugenbrezeln verkauft, wäre seine Aufgabe nicht allzu schwer. Aber erklären zu können, wie Sie 100 Euro in einem Laden ausgeben würden, der hundert oder gar tausende Artikel zum Verkauf anbietet, das ist wirklich beeindruckend.

Noch eindrucksvoller ist, dass ein Ökonom nicht nur erklären kann, welche Artikel Sie kaufen würden, sondern auch, wie viele Sie von jedem kaufen würden. Anders ausgedrückt: Ökonomen können nicht nur erklären, was Sie nachfragen, sondern auch welche Mengen Sie nachfragen, das heißt, wie die Nachfragekurven zustande kommen.

Ich beginne das Kapitel mit einer Diskussion des *Nutzens*, mit dem Ökonomen menschliches Glück messen. Ökonomen nehmen an, dass Menschen sich so verhalten, dass sie ihr Glück maximieren, aber unser Handeln ist – insbesondere durch begrenzte Budgets – eingeschränkt. Ich erkläre, wie jemand mit diesen Beschränkungen umgeht, um unter den gegebenen Einschränkungen das größtmögliche Glück zu erzielen. Schließlich zeige ich, wie diese Entscheidungen die Ursache für die Steigung und Position der Nachfragekurven bilden.

Der Name des Spiels: Beschränkte Optimierung

Später in diesem Kapitel beschreibe ich, *wie* Konsumenten wählen, was sie kaufen, wenn sie kaufen. Doch zunächst wollen wir untersuchen, *warum* sie überhaupt wählen müssen.

Der Grund dafür, dass Käufer wählen müssen, liegt darin, dass ihre Mittel zur Befriedigung ihrer Bedürfnisse begrenzt sind. Es gibt nie genug Geld oder Zeit, um alles zu tun, was Sie wollen. Deshalb müssen Sie klug wählen, um mit Ihren begrenzten Ressourcen das größte Glück zu erzielen.

Ökonomen und Ingenieure bezeichnen Probleme dieser Art als *beschränkte Optimierung*, weil die Menschen versuchen, ihr Glück unter dem Aspekt zu optimieren, dass sie durch ihre begrenzten Ressourcen eingeschränkt sind. Im Rest dieses Kapitels zeige ich Ihnen, wie Ökonomen das Vorgehen der Konsumenten modellieren, mit dem diese ihre tägliche beschränkte Optimierung lösen, nämlich zu entscheiden, wie sie ihr begrenztes Einkommen am besten für die verfügbaren Güter und Dienste ausgeben sollten – und dabei nicht nur zu entscheiden, welche Güter, sondern auch wie viel sie von diesen Gütern kaufen sollen.

Einen gemeinsamen Nenner als Maß des Glücks finden: Nutzen

Damit Konsumenten zwischen den vielen verschiedenen und verschiedenartigen Gütern und Diensten wählen können, die in der Wirtschaft verfügbar sind, müssen sie alle diese Güter irgendwie vergleichen können. Kosten zu vergleichen, ist ziemlich leicht: Sie vergleichen einfach die Preise. Aber wie vergleichen Sie den Nutzen verschiedener Güter und Dienste? Wie schätzen Sie ab, ob es besser ist, 20 Euro für Schweizer Schokolade oder ein neues T-Shirt auszugeben? Wie kann man Schokolade und T-Shirts überhaupt vergleichen?

Offensichtlich schaffen es Käufer, diesen Vergleich durchzuführen und die beiden Optionen zu bewerten. Ökonomen stellen sich vor, dass Menschen dies tun, indem sie allen möglichen Dingen, die sie kaufen und verwenden können, ein gemeinsames Maß an Glück zuweisen. Ökonomen bezeichnen dieses gemeinsame Maß an Glück als *Nutzen* und stellen sich vor, dass sie, wenn sie irgendwie in Ihr Gehirn eindringen und den Nutzen messen könnten, dafür eine Einheit verwenden könnten, die sie sehr unkreativ als ein *Util* oder eine *Nutzeneinheit* bezeichnen.

Einige Menschen wehren sich ganz instinktiv dagegen, dem Nutzen verschiedener Dinge objektiv bestimmte Zahlenwerte zuzuweisen und beispielsweise zu sagen: Das Vergnügen, das mit dem Essen eines Stück Kuchens verbunden ist, beträgt 25 Nutzeneinheiten, und das Vergnügen, einen Sonnenuntergang zu beobachten, beträgt 75 Nutzeneinheiten. Solche zahlenmäßig bestimmten Zuweisungen werden als *kardinaler Nutzen* (wie die Kardinalzahlen: 1, 2, 3, ...) bezeichnet. Gegen den kardinalen Nutzen wird eingewendet, dass nicht klar ist, dass Menschen Güter auf diese Weise einschätzen – denn wie viele Nutzeneinheiten bringt Ihnen Ihrer Meinung ein sonniger Tag oder das Lächeln eines Kindes?

Viel weniger kontrovers ist die Betrachtung der Güter unter dem Aspekt ihres so genannten *ordinalen Nutzens*, bei dem die Dinge einfach nach ihrem Nutzen geordnet werden. Statt beispielsweise zu sagen, dass der Sonnenuntergang einen Nutzen von 75 Einheiten hat, wodurch er einem Stück Kuchen mit einem Nutzen von 25 Einheiten vorzuziehen ist, können

Sie einfach sagen, dass Sonnenuntergänge dem Kuchen vorgezogen werden. Dieses System ist für die meisten intuitiv viel leichter nachzuvollziehen und macht es überflüssig zu versuchen, die Dinge mit einer imaginären Nutzeneinheit zu messen.

Was noch besser ist: Es ist mathematisch bewiesen worden, dass man dasselbe menschliche Entscheidungsverhalten, das man mit dem kardinalen Nutzen beschreiben kann, auch mit ordinalem Nutzen beschreiben kann. Dies bedeutet, dass die Ökonomen den kardinalen Nutzen gar nicht verwenden *müssten*.

Aber ich werde es trotzdem tun!

Warum? Weil es viel leichter ist, das entscheidende Konzept des abnehmenden Grenznutzens mit dem System des kardinalen Nutzens zu erklären. Man kann den abnehmenden Grenznutzen auch mit dem ordinalen System erklären, aber die Mathematik ist so schwierig, dass sich normalerweise nur Doktoranden damit befassen. Deshalb bitte ich Sie, es mir nachzusehen, wenn das System des kardinalen Nutzens ein wenig unrealistisch aussehen sollte, aber es ist wirklich die beste Methode, um dieses unglaublich wichtige Konzept darzulegen.

Mehr bringt weniger: Abnehmender Grenznutzen

Manche Menschen langweilen sich irgendwann sogar mit Dingen, die sie mögen, und Wiederholungen und immer Gleiches macht sie überdrüssig. Ökonomen müssen dies berücksichtigen, wenn sie studieren, wie Menschen wählen, um ihr Geld auszugeben.

 Wenn ich beispielsweise längere Zeit keine Pizza gegessen habe, hat ein Stück Pizza für mich einen riesigen Nutzen. Der geschmolzene Käse, das Basilikum, der Knoblauch in der Soße und die Wärme in meinem Mund machen mich sehr, sehr glücklich.

Aber die Freude an der Pizza wird durch das erste Stück, das ich esse, gedämpft, sodass mir das zweite Stück zwar immer noch sehr gut schmeckt, aber nicht mehr so gut wie das erste. Und wenn ich ein drittes Stück esse, schmeckt dieses nicht so gut wie das zweite. Und wenn ich immer weiter esse, verursacht das zusätzliche Stück Pizza bald Übelkeit und produziert Schmerz statt Vergnügen.

Dieses Phänomen ist nicht auf Pizza begrenzt; es gilt für fast alles. Falls Sie nicht süchtig nach etwas sind, bringt Ihnen jede zusätzliche Einheit weniger Glück als die vorangegangene Einheit.

Abbildung 9.1 soll dieses Phänomen verdeutlichen. Sie zeigt meinen kumulativen Gesamtnutzen, wenn ich immer mehr Stücke Pizza esse. Beispielsweise beträgt mein Gesamtnutzen nach einem Stück Pizza 18 Nutzeneinheiten; nach zwei Stücken sind es 32 Einheiten; und nach drei Stücken sind es 43 Einheiten.

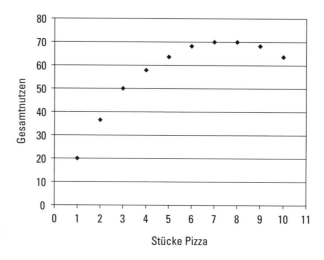

Abbildung 9.1: Mein Gesamtnutzen, wenn ich immer mehr Stücke Pizza esse

Diese Zahlen machen eine Sache deutlich: Der zusätzliche Nutzen, den mir jedes zusätzliche Stück bringt, nimmt ab:

- ✔ **Erstes Stück:** Mein Gesamtnutzen steigt um 18 Nutzeneinheiten, von 0 auf 18 Nutzeneinheiten.

- ✔ **Zweites Stück:** Die Steigerung beträgt nur 14 Nutzeneinheiten; mein Gesamtnutzen steigt von 18 auf 32 Nutzeneinheiten.

- ✔ **Drittes Stück:** Meine Nutzen steigt nur noch um 11 Nutzeneinheiten, von 32 auf 43.

Ökonomen bezeichnen dieses Phänomen als *abnehmenden Grenznutzen*, weil der zusätzliche Nutzen, der so genannte *Grenznutzen*, den jedes weitere Stück bringt, relativ zu dem Grenznutzen abnimmt, den das vorangegangene Stück gebracht hat. Der abnehmende Grenznutzen drückt einfach aus, dass Menschen zunehmend Überdruss und Langeweile empfinden, je mehr sie von ein und derselben Sache haben. Bei Nahrungsmitteln und Getränken nimmt beispielsweise ihr Appetit mit jeder konsumierten Einheit ab.

Schauen Sie, was in Abbildung 9.1 nach dem Stück Nummer acht passiert. Mein Gesamtnutzen nimmt tatsächlich ab, weil mir das Stück Nummer neun ein wenig Übelkeit verursacht. Und wenn ich auch noch das zehnte Stück esse, nimmt die Übelkeit zu, sodass mein Gesamtnutzen weiter abnimmt.

Diese Abnahme des Gesamtnutzens impliziert, dass der Grenznutzen der Stücke neun und zehn negativ sein muss. Tabelle 9.1 zeigt sowohl den Gesamt- als auch den Grenznutzen, den ich bei jedem Stück erziele. Die Daten entsprechen Abbildung 9.1 und zeigen, dass mein Gesamtnutzen bei den Stücken eins bis sieben zunimmt, beim Stück acht konstant bleibt, und bei den Stücken neun und zehn wieder abnimmt.

9 ➤ Homo oeconomicus: der Konsument, der Nutzen maximiert

Stück	Grenznutzen	Gesamtnutzen
1	18	18
2	14	32
3	11	43
4	8	51
5	6	57
6	4	61
7	2	63
8	0	63
9	–2	61
10	–4	57

Tabelle 9.1: Grenznutzen und Gesamtnutzen von zehn Stück Pizza

Die mittlere Spalte zeigt, dass mein Grenznutzen abnimmt, je mehr Stücke Pizza ich esse; denn der Zahlenwert des Grenznutzens jedes zusätzlichen Stückes ist immer kleiner als der des vorangegangenen Stückes. Insbesondere beträgt der Grenznutzen bei dem ersten Stück 18 Nutzeneinheiten; er sinkt bis Stück acht auf 0 Nutzeneinheiten und wird dann bei den Stücken neun und zehn tatsächlich negativ, weil diese Stücke bei mir zunehmend Übelkeit auslösen.

Abbildung 9.2 zeigt den Grenznutzen, den ich bei jedem Stück Pizza erziele. Die Abwärtsneigung der Punkte zeigt deutlich, dass mein Grenznutzen abnimmt, wenn ich immer mehr Stücke Pizza esse.

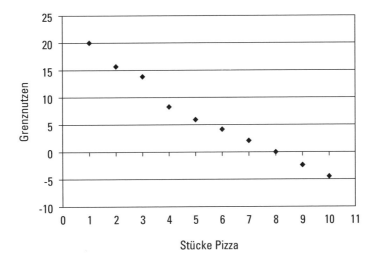

Abbildung 9.2: Der Grenznutzen jedes Stückes Pizza

Sie müssen aufpassen, dass Sie den abnehmenden Grenznutzen nicht mit einem *negativen* Grenznutzen verwechseln. Tabelle 9.1 und Abbildung 9.2 zeigen, dass der Grenznutzen bei allen Stücken Pizza ab dem zweiten abnimmt; denn jedes weitere Stück hat einen geringeren Grenznutzen als das vorangegangene. Aber der Grenznutzen ist für alle Stücke bis Stück sieben immer noch positiv, bei Stück acht dann null und wird nur bei den Stücken neun und zehn negativ.

Dies impliziert, dass Sie es genießen, alle Stücke bis Stück sieben (einschließlich) zu essen, weil Sie dadurch Ihren Nutzen (Ihr Glück) steigern. Deshalb dürfen Sie nicht schließen, dass Sie ein spezielles Stück nur deswegen nicht essen, weil sein Grenznutzen abnimmt. Der Grenznutzen kann abnehmen, aber immer noch positiv sein. Die einzigen Stücke, die Sie auf keinen Fall essen sollten, sind die Stück neun und zehn.

Bei einem begrenzten Budget unter vielen Optionen wählen

Das Phänomen des abnehmenden Grenznutzens macht das Studium menschlicher Entscheidungen sehr interessant, weil die Frage, ob ich lieber Schokoladeneis oder Vanilleeis mag, nicht abstrakt beantwortet werden kann, sondern davon abhängt, was ich bereits gegessen habe.

Wenn ich monatelang kein Eis gegessen habe und Sie mich fragen, ob ich Schokolade oder Vanille möchte, sage ich Schokolade. Aber wenn Sie mich fragen, ob ich Schokolade oder Vanille möchte, nachdem ich gerade einen Riesenbecher Schokoladeneis gegessen habe, werde ich Vanille sagen, weil mein Verlangen nach Schokoladeneis mehr als befriedigt ist.

Deshalb ist die Antwort auf die Frage »Schokolade oder Vanille?« gar nicht so einfach, wie es scheint. Ihre Präferenzen unterliegen dem abnehmenden Grenznutzen, und sogar etwas, dass Sie normalerweise besonders schätzen, bringt Ihnen keinen großen Grenznutzen (zusätzliches Glück), wenn Sie gerade viel davon konsumiert haben.

Dies führt zu einer sehr einfachen Regel dafür, wie Menschen Entscheidungen treffen, wenn ihr Budget begrenzt ist. Doch bevor ich die Regel formuliere, möchte ich Ihnen ein erklärendes Beispiel geben. In diesem Beispiel verfüge ich über 10 Euro, die ich ausgeben kann. Weil ich in eine Studentenkneipe gehe, kann ich das Geld nur für zwei Dinge ausgeben: Bier und Pizza.

Versuchen, so viel (Grenz-)Nutzen zu kaufen wie möglich

Jetzt denke ich darüber nach, wie ich meine 10 Euro am besten ausgebe. Als Ökonom denke ich natürlich daran, mit meinem begrenzten Budget so viel Nutzen wie möglich zu kaufen. Sowohl Bier als auch Pizza machen mich glücklich, aber mein Ziel besteht nicht einfach darin, glücklich zu sein, sondern mit meinem gegebenen begrenzten Budget so glücklich wie möglich zu sein. Deshalb möchte ich für jeden Euro die maximal mögliche Menge an Nutzen kaufen.

9 ➤ Homo oeconomicus: der Konsument, der Nutzen maximiert

Denken Sie daran, dass es mir egal ist, woher der Nutzen kommt. Eine Nutzeneinheit Bier macht mich genau so glücklich wie eine Nutzeneinheit Pizza; mir geht es nur darum, so viele Nutzeneinheiten wie möglich zu kaufen.

Das Schlüsselkonzept zur Lösung dieses Problems ist der so genannte *Nutzenpreis*. Bier und Pizza haben definitive Preise, die in Euro gemessen werden, aber was ist der Preis einer Nutzeneinheit?

Nun, das hängt davon ab. Werfen Sie einen Blick auf Tabelle 9.2. Die ersten drei Spalten wiederholen die Daten aus Tabelle 9.1, die meinen Gesamtnutzen und Grenznutzen für zehn Stück Pizza enthielt. Doch die letzten beiden Spalten enthalten neue Daten. Sie haben die Überschriften »GN pro Euro bei 1 Euro pro Stück« und »GN pro Euro bei 2 Euro pro Stück«. (*GN* steht für *Grenznutzen*.)

Stück	Grenznutzen	Gesamtnutzen	GN pro Euro bei 1 Euro pro Stück	GN pro Euro bei 2 Euro pro Stück
1	18	18	18	9
2	14	32	14	7
3	11	43	11	5,5
4	8	51	8	4
5	6	57	6	3
6	4	61	4	2
7	2	63	2	1
8	0	63	0	0
9	–2	61	–2	–1
10	–4	57	–4	–2

Tabelle 9.2: Den Nutzenpreis für Pizza bestimmen

In diesen letzten beiden Spalten habe ich berechnet, wie viel es kostet, zusätzliches Glück (Grenznutzen) zu erwerben, wenn ich zu diesem Zweck Pizzastücke kaufe.

Betrachten Sie die vierte Spalte, in der ich annehme, dass jedes Stück Pizza 1 Euro kostet. Wenn Sie ein Stück kaufen, bringt es Ihnen einen Grenznutzen von 18 Nutzeneinheiten bei Kosten von 1 Euro. Deshalb beträgt der Grenznutzen (GN) pro Euro des ersten Stückes 18.

Doch betrachten Sie jetzt die Ausgabe eines zweiten Euro, um ein zweites Stück Pizza zu kaufen. Weil dieses zweite Stück nur einen Grenznutzen von 14 Nutzeneinheiten bringt, beträgt der GN pro ausgegebenem Euro hier nur 14. Und weil der Grenznutzen jedes weiteren Stückes Pizza immer mehr abnimmt, kaufen Sie mit jedem zusätzlichen Euro immer weniger zusätzlichen Nutzen als für den vorangegangenen Euro.

Die letzte Spalte aus Tabelle 9.2 zeigt, dass der GN pro Euro, den Pizza bringt, vom Preis eines Pizzastückes abhängt. Wenn Pizza 2 Euro pro Stück kostet, bringt Ihnen jeder ausgegebene Euro weniger Grenznutzen, als wenn Pizza nur 1 Euro pro Stück kostet.

Weil jetzt beispielsweise jedes Stück 2 Euro kostet, bringt Ihnen das erste Stück absolut zwar 18 Nutzeneinheiten, aber nur neun Nutzeneinheiten pro ausgegebenem Euro. Ähnlich bringt Ihnen das zweite Stück zwar immer noch 14 zusätzliche Nutzeneinheiten, doch weil Sie jetzt 2 Euro für diese Nutzeneinheiten bezahlen müssen, beträgt Ihr GN pro Euro nur noch 7 Nutzeneinheiten.

Tabelle 9.3 zeigt für Bier die entsprechenden Informationen wie Tabelle 9.2 für Pizza. Bier wird allerdings in Glas und nicht in Stück gemessen; und es gibt nur einen Preis für Bier: 2 Euro pro Glas.

Glas	Grenznutzen	Gesamtnutzen	GN pro Euro bei 2 Euro pro Glas
1	20	20	10
2	18	38	9
3	16	54	8
4	14	68	7
5	12	80	6
6	10	90	5
7	8	98	4
8	6	104	3
9	4	108	2
10	2	110	1

Tabelle 9.3: Den Nutzenpreis für Bier bestimmen

Die dritte Spalte zeigt meinen abnehmenden Grenznutzen bei Bier: Er nimmt von 20 Nutzeneinheiten für das erste Glas auf nur zwei Nutzeneinheiten für das zehnte Glas ab. Folglich nimmt mein GN pro ausgegebenem Euro in der vierten Spalte von zehn pro Euro für das erste Glas auf nur eins pro Euro für das letzte Glas ab.

Geld auf zwei Güter verteilen, um den Gesamtnutzen zu maximieren

Die Tabellen 9.2 und 9.3 zeigen Ihnen, wie viel Nutzen ich durch meine Ausgaben entweder für Pizza oder für Bier erzielen kann. Jetzt geht es darum festzustellen, wie ich den größtmöglichen Nutzen für mein begrenztes Budget von 10 Euro erzielen kann.

Betrachten Sie in einem ersten Versuch die beiden extremen Optionen: das gesamte Geld entweder für Pizza oder für Bier auszugeben. (Pizza kostet 1 Euro pro Stück, und Bier kostet 2 Euro pro Glas.)

Wenn ich die ganzen 10 Euro für Pizza ausgebe, kann ich zehn Stück Pizza kaufen und damit einen Gesamtnutzen von 57 Nutzeneinheiten erzielen. Wenn ich andererseits die ganzen

10 Euro für Bier ausgebe, kann ich fünf Gläser zu 2 Euro pro Glas kaufen und damit insgesamt 80 Nutzeneinheiten erzielen. Wenn ich nur diese beiden Optionen hätte, würde ich klar mein gesamtes Geld für Bier ausgeben, weil es mir mehr Nutzeneinheiten bringen würde, als wenn ich nur Pizza kaufen würde.

Doch ich kann etwas viel Besseres machen. Ich kann sogar noch einen größeren Gesamtnutzen erzielen, wenn ich meinen Konsum klug aufteile und einen Teil meines Geldes für Bier und den Rest für Pizza ausgebe.

Die Methode, um mit meinen 10 Euro den größtmöglichen Nutzen zu erzielen, ist einfach: Ich nehme nacheinander jeden einzelnen der zehn Euro und gebe ihn für das Gut aus, das mir jeweils den größeren Nutzen bringt. Dabei sehe ich es nicht als meine Aufgabe an, Pizza oder Bier, sondern Nutzen zu kaufen. Für jeden Euro möchte ich so viel Nutzen wie möglich kaufen, und es ist mir egal, ob dieser Nutzen durch Bier oder Pizza kommt.

Das Einzige, was diesen Prozess verkompliziert, jeden Euro so nutzbringend wie möglich auszugeben ist, dass der Grenznutzen sowohl bei Bier als auch bei Pizza abnimmt. Dies bedeutet, dass die Menge an Nutzen, die ich für jeden zusätzlichen Euro kaufen kann, davon abhängt, wie viel Bier oder Pizza ich bereits verzehrt habe. Doch anhand der Informationen aus den Tabellen 9.2 und 9.3 kann ich herausfinden, wie ich jeden Euro am besten verwenden kann:

✔ **Euro 1:** Was sollte ich mit dem ersten Euro tun? Aus der vierten Spalte von Tabelle 9.2 können Sie ablesen, dass ich, wenn ich diesen für Pizza ausgebe, 18 Nutzeneinheiten kaufen kann. Andererseits können Sie aus der vierten Spalte von Tabelle 9.3 ablesen, dass ich, wenn ich diesen ersten Euro (zusammen mit einem zweiten Euro, weil ein Glas 2 Euro kostet) für Bier ausgebe, nur zehn Nutzeneinheiten bekomme. Deshalb ist es offensichtlich vernünftig, mit dem ersten Euro Pizza statt Bier zu kaufen.

✔ **Euro 2:** Wenn ich meinen zweiten Euro verwende, um ein zweites Stück Pizza zu kaufen, erhalte ich 14 Nutzeneinheiten. Wenn ich für diesen zweiten Euro (zusammen mit einem dritten Euro, weil ein Glas 2 Euro kostet) Bier kaufe, erhalte ich nur zehn Nutzeneinheiten für diesen zweiten Euro, weil ich ihn für den Kauf des ersten Glases ausgebe. Deshalb ist es wieder besser, diesen Euro für Pizza statt für Bier auszugeben.

✔ **Euro 3:** Ich möchte den dritten Euro für Pizza statt für Bier ausgeben, weil ich für Pizza einen Grenznutzen von 11 Nutzeneinheiten statt zehn Nutzeneinheiten bekomme.

✔ **Euros 4 und 5:** Bei Euro Nummer vier ändert sich alles. Denn wenn ich einen vierten Euro für Pizza ausgeben würde, würde ich nur acht Nutzeneinheiten erhalten. Doch wenn ich diesen vierten Euro (zusammen mit dem fünften Euro) für ein Glas Bier ausgebe, erhalte ich pro Euro einen GN von zehn Nutzeneinheiten (für jeden dieser Euros). Deshalb sollte ich die Euros vier und fünf für den Kauf des ersten Glases Bier ausgeben.

✔ **Euros 6 und 7:** Ich sollte auch die Euros sechs und sieben für Bier ausgeben, weil ich pro Euro einen GN von neun Nutzeneinheiten für mein zweites Glas bekomme, während ich nur acht Nutzeneinheiten erhalte, wenn ich den sechsten Euro für ein viertes Stück Pizza ausgebe.

✔ **Euros 8, 9 und 10:** Bei Euro Nummer acht ist der GN pro Euro bei beiden Produkten gleich. Wenn ich für diesen Euro ein viertes Stück Pizza kaufe, bekomme ich acht Nutzeneinheiten. Denselben GN bekomme ich, wenn ich den Euro für ein drittes Glas Bier ausgebe. Deswegen sollte ich mit meinen letzten drei Euros ein viertes Stück Pizza und ein drittes Glas Bier kaufen.

Tabelle 9.4 zeigt im Überblick, wofür ich jeden meiner zehn Euros ausgeben sollte. Danach kann ich mit meinen 10 Euro einen Gesamtnutzen von kann 112 Nutzeneinheiten kaufen. Das ist viel besser als die 64 Nutzeneinheiten, die ich erzielen würde, wenn ich mein ganzes Geld für Pizza ausgeben würde, und besser als die 80 Nutzeneinheiten, die ich bekommen würde, wenn ich nur Bier kaufen würde. Wenn ich die Euros nacheinander jeweils für das Gut ausgebe, das mir den jeweils größten Grenznutzen bringt, erziele ich einen viel größeren Gesamtnutzen, als wenn ich das Geld nur für eins der beiden Güter ausgeben würde.

Euro	Gewähltes Gut	GN pro Euro
1	Pizza	18
2	Pizza	14
3	Pizza	11
4	Bier	10
5	Bier	10
6	Bier	9
7	Bier	9
8	Pizza	8
9	Bier	8
10	Bier	8
Summe der Nutzeneinheiten		**105**

Tabelle 9.4: Wie ich jeden Euro meines Budgets optimal ausgebe

Beachten Sie auch, dass ich letztlich vier Stück Pizza und drei Glas Bier kaufe. Bei meinem gegebenen Budget und den gegebenen Preisen beträgt meine Nachfragemenge bei Pizza also vier Stücke und meine Nachfragemenge bei Bier drei Gläser. Der Prozess der Nutzenmaximierung bildet auch die Grundlage der Nachfragekurven und der Beziehung zwischen Nachfragemenge und Preis. (Nachfragekurven werden in Kapitel 8 und später in diesem Kapitel im Abschnitt *Nachfragekurven aus dem abnehmenden Grenznutzen ableiten* beschrieben.) Im folgenden Abschnitt präsentiere ich die »magische« Formel zur Auswahl des Gutes, für das Sie Ihr Geld in jeder beliebigen Situation ausgeben sollten.

Den Grenznutzen pro Euro aller Güter und Dienste ausgleichen

In dem vorangegangenen Abschnitt habe ich ein recht mühsames Verfahren verwendet, um zu bestimmen, wie ich 10 Euro für Bier und Pizza am besten ausgebe. Solche Entscheidungsfindungen dauern nicht immer so lange. In diesem Abschnitt erkläre ich eine einfache Formel,

9 ➤ Homo oeconomicus: der Konsument, der Nutzen maximiert

die jedem hilft, den Gesamtnutzen bei jedem beliebigen Budget zu maximieren – und zwar unabhängig davon, wie viele Güter zur Wahl stehen oder wie viel diese im Einzelnen kosten.

Der Einfachheit halber möchte ich Ihnen zunächst die Version der Formel zeigen, mit der Sie die bestmögliche Verwendung Ihres Budgets bestimmen, wenn nur zwei Güter oder Dienste zur Wahl stehen. Wenn Sie diese Zwei-Güter-Version verstanden haben, ist die Viel-Güter-Version problemlos.

Ich möchte die beiden Güter mit X und Y bezeichnen; sie sollen P_X Euro pro Einheit von X beziehungsweise P_Y Euro pro Einheit von Y kosten und den Grenznutzen GN_X beziehungsweise GN_Y haben. Die Formel lautet folgendermaßen:

$$\frac{GN_x}{P_x} = \frac{GN_y}{P_y} \qquad (1)$$

Die Formel ist folgendermaßen zu interpretieren: Wenn ein begrenztes Budget optimal zwischen den beiden Gütern verteilt ist, dann sind bei den optimalen Mengen von X und Y die Grenznutzen pro Euro von X und Y gleich.

Genau diese Beziehung gilt in dem Beispiel aus dem vorangegangenen Abschnitt. Schauen Sie auf Tabelle 9.4. Wenn ich meine 10 Euro optimal für Bier und Pizza ausgebe, sind die optimalen Mengen vier Stück Pizza und drei Glas Bier. Aus der dritten Spalte von Tabelle 9.4 können Sie ablesen, dass der Grenznutzen pro Euro für das vierte Stück Pizza und das dritte Glas Bier tatsächlich gleich sind (acht Nutzeneinheiten pro Euro), so wie es die Formel in Gleichung (1) vorschreibt.

Warum muss der Grenznutzen pro Euro gleich sein?

In diesem Abschnitt zeige ich, *warum* der Grenznutzen pro Euro gleich sein muss, wenn Sie Ihren Nutzen bei einem begrenzten Budget maximieren wollen. Wenn die Grenznutzen pro Euro nicht gleich sind, sollten Sie die Mengen Ihrer Käufe umstellen, bis die Grenznutzen gleich sind. Die Beispiele in diesem Abschnitt zeigen Ihnen, warum.

Stellen Sie sich zunächst vor, dass ich für jedes Gut irgendeine andere Menge wähle, damit für die letzte Einheit von X und die letzte Einheit von Y, die ich kaufe, gilt:

$$\frac{GN_x}{P_x} > \frac{GN_y}{P_y} \qquad (2)$$

Beispielsweise sei X die Pizza und Y das Bier. Aus den Tabellen 9.2 und 9.3 können Sie Folgendes entnehmen: Wenn ich vier Gläser Bier und zwei Stück Pizza kaufe, beträgt der GN pro Euro für das vierte Glas Bier 7, während der GN pro Euro für das zweite Stück Pizza 14 beträgt, das heißt, der GN pro Euro für Pizza ist viel größer als der GN pro Euro für Bier, wenn ich mein begrenztes Budget auf diese Weise ausgebe.

Aber diese Ausgabenkombination meines Budgets ist nicht optimal; denn das Geld, das ich für die gegenwärtig letzte Einheit von X (Pizza) ausgebe, kauft mehr Grenznutzen als das Geld, das ich für die gegenwärtig letzte Einheit von Y (Bier) ausgebe. Wenn ich einen größeren Nutzen erzielen kann, indem ich einen Euro für X statt für Y ausgebe, sollte ich die Ausgaben für Y verringern und das Geld stattdessen für X ausgeben. Und solange die Ungleichheit in Gleichung (2) besteht, sollte ich die Ausgaben für Y verringern, um die Ausgaben für X zu erhöhen.

Betrachten Sie ein extremes Beispiel. Nehmen Sie an, dass ich die gesamten 10 Euro für den Kauf von fünf Gläsern Bier ausgebe. Laut Tabelle 9.3 hat Bier bei den letzten Euros pro Euro für das fünfte Bier nur einen Grenznutzen von 6. Wenn ich dagegen diesen Euro nicht für Bier, sondern für das erste Stück Pizza ausgeben würde, würde mir die Pizza 18 Nutzeneinheiten bringen (siehe Tabelle 9.2). Um meinen Gesamtnutzen zu erhöhen, sollte ich deshalb weniger für Bier und mehr für Pizza ausgeben.

Ich sollte so lange weniger Bier und mehr Pizza kaufen, bis ich die Kombination von vier Stück Pizza und drei Glas Bier erreiche. Das bedeutet, dass ich meine Ausgaben so lange umstrukturieren sollte, bis die Grenznutzen pro Euro für Bier und Pizza gleich sind, wie es Gleichung (1) vorschreibt.

Dieselbe Regel gilt, wenn ich damit beginne, mein gesamtes Geld für Pizza auszugeben. Wenn ich zehn Stück Pizza kaufe, zeigt Tabelle 9.2, dass das zehnte Stückes tatsächlich einen Grenznutzen von –4 Einheiten hat. Inzwischen beträgt der Grenznutzen pro Euro des ersten für Bier ausgegebenen Euros 10. Daraus folgt ganz klar, dass ich weniger Geld für Pizza und mehr Geld für Bier ausgeben sollte.

Die Formel auf viele Güter und Dienste anwenden

Sie sollten sich die Regel aus Gleichung (1) gut einprägen. Sie sagt einfach, dass Sie, um Ihren Gesamtnutzen zu maximieren, Ihre Käufe so arrangieren sollten, dass die letzten Einheiten jedes Gutes denselben Grenznutzen pro Euro haben. Wenn dies nicht der Fall ist, bietet Ihnen eines der Güter eine höhere Menge an Glück für jeden ausgegebenen Euro; dies bedeutet, dass Sie Ihre Käufe umstrukturieren sollten, um mehr von diesem Gut zu kaufen. Nur wenn Gleichung (1) erfüllt ist, gibt es keinen Grund mehr, Ihre Käufe umzustrukturieren, weil keine Alternative Ihnen mehr Glück pro Euro bietet als die anderen.

Sie sollten auch erkennen, dass die Gleichung (1) so verallgemeinert werden kann, dass sie für viele Güter gilt. Beispielsweise sollten Sie bei drei Gütern Ihre Käufe so strukturieren, dass für die letzten Einheiten aller drei Güter X, Y und Z gilt:

$$\frac{GN_x}{P_x} = \frac{GN_y}{P_y} = \frac{GN_z}{P_z} \qquad (3)$$

Wenn eines der drei Güter einen höheren Grenznutzen pro Euro hat als die anderen, werden Sie Ihre Käufe umstrukturieren und weniger von den anderen Gütern und mehr von diesem Gut kaufen, und zwar so lange, bis die Gleichung (3) erfüllt ist.

Inflation und Allokation in der realen Welt

Wenn Sie sich die Gleichung (1) oder (3) in diesem Kapitel anschauen, zeigt sich eine interessante Sache: Wenn alle Preise in den Nennern plötzlich um dasselbe Vielfache nach oben gehen würden, würden alle Gleichheitsbeziehungen unverändert bleiben, das heißt, jeder würde immer noch dieselben Mengen jedes Gutes kaufen wollen. Anders ausgedrückt: Wenn es plötzlich eine Inflation geben würde, die alle Preise genau verdoppelte, würden die Menschen immer noch genau dieselben Mengen kaufen wollen wie vorher.

Was zeigt dieses Ergebnis? Wenn sich mein Einkommen und gleichzeitig die Preise aller Güter verdoppeln, die ich kaufe, hat sich nichts wirklich geändert. Ich kann immer noch genau dieselben Mengen an Gütern und Diensten kaufen wie vor der Inflation. Und da diese Mengen vorher meinen Nutzen maximiert haben, maximieren sie meinen Nutzen auch jetzt noch. Folglich könnten Sie möglicherweise und fälschlicherweise schließen, dass Inflation keine Rolle spielt.

Doch in Kapitel 5 beschreibe ich die schlimmen Folgen von Inflationen. Diese Schrecken werden dadurch verursacht, dass es in Wirklichkeit nie eine *perfekte* Inflation gibt, wie ich sie gerade beschrieben habe, in der die Preise aller Güter und Dienste um genau dieselben relativen Beträge und zu genau derselben Zeit nach oben gehen.

Stattdessen steigen die Preise verschiedener Güter und Dienste um andere Sätze, sodass die Werte der Terme in den Gleichungen (1) und (3) vollkommen auseinander laufen, weil sich ihre Nenner mit unterschiedlichen Raten ändern. Wenn dies passiert, ändern die Verbraucher ihre nachgefragten Mengen drastisch, um die Gleichheit zwischen allen ihren Grenznutzen pro Euro wiederherzustellen. Und dann folgt ein Chaos; die Nachfrage nach den Produkten einiger Unternehmen nimmt plötzlich ab, während sie bei anderen unvermittelt steigt.

Deshalb sollten Sie sich durch die Gleichungen (1) oder (3) nicht dazu verleiten lassen zu denken, dass Inflation in der realen Welt keine Rolle spielt. Genau das Gegenteil ist richtig.

Nachfragekurven aus dem abnehmenden Grenznutzen ableiten

Der abnehmende Grenznutzen ist ein Grund dafür, dass Nachfragekurven abwärts geneigt sind. Sie können dies bereits aus Abbildung 9.2 ersehen, die zeigt, dass der Grenznutzen jedes weiteren Stückes Pizza abnimmt. Wenn Ihr Ziel darin besteht, mit Ihrem Geld so viel Nutzen wie möglich zu kaufen und damit Ihr Glück zu maximieren, würden Sie für jedes weitere Stück Pizza immer weniger bezahlen wollen, da es Ihnen jeweils einen geringeren Nutzen als das vorangegangene Stück bietet.

Doch Abbildung 9.2 ist aus zwei Gründen keine Nachfragekurve:

✔ Sie zeigt nicht, welchen Einfluss die Preise auf die Nachfragemenge haben.

✔ Sie sieht nur isoliert gut aus, weil die Nachfragemenge eines Gutes von der Lösung des allgemeineren Problems abhängt, ein begrenztes Budget auf alle verfügbaren Gütern zu verteilen, um den Gesamtnutzen zu maximieren.

Anders ausgedrückt: Sie dürfen nicht jedes Gut isoliert betrachten. Wie viel Sie von einem Gut kaufen wollen, hängt nicht nur von seinem Preis, sondern auch von den Preisen aller anderen Güter sowie den Änderungen ihrer Grenznutzen ab, wenn Sie mehr oder weniger von ihnen kaufen.

Wie Preisänderungen die Nachfragemengen beeinflussen

In dem Beispiel, das ich in diesem Kapitel verwendet habe, musste ich entscheiden, wie ich 10 Euro am besten ausgebe, wenn ich zwischen Pizza und Bier wählen kann. Jetzt möchte ich dieses Beispiel variieren: Ein Stück Pizza kostet jetzt 2 Euro statt 1 Euro pro Stück. Damit zeige ich Ihnen, wie diese Preisänderung die Nachfragemengen für Pizza und Bier beeinflusst.

Die Änderungen der nachgefragten Mengen folgen daraus, dass der neue, höhere Preis von Pizza den Grenznutzen pro Euro für Pizza reduziert. Eine Verdopplung des Preises von Pizza bedeutet, dass der Grenznutzen pro Euro, der für ein Stück Pizza ausgegeben wird, genau halb so hoch ist wie vorher. Vergleichen Sie dazu die vierte und fünfte Spalte von Tabelle 9.2. Weil der gestiegene Preis den Grenznutzen senkt, den jeder für Pizza ausgegebene Euro kaufen kann, beeinflusst der Preis natürlich, wofür ich mein begrenztes Budget von 10 Euro ausgeben werde.

Wie Sie möglicherweise erwarten, veranlasst mich ein höherer Preis für Pizza, weniger Pizza zu essen und mehr Bier zu trinken. Sie können sich dies selbst beweisen, indem Sie das Geld, das Ihnen zur Verfügung steht, nach und nach ausgeben und sich jeweils fragen, bei welchem Gut der Grenznutzen höher ist, den dieser Euro kaufen kann. (Der Abschnitt *Geld auf zwei Güter verteilen, um den Gesamtnutzen zu maximieren* weiter oben in diesem Kapitel zeigt, wie dieser Prozess abläuft.) Die Ergebnisse dieses Verfahrens werden in Tabelle 9.5 zusammengefasst.

Wenn Sie Tabelle 9.5 mit Tabelle 9.4 vergleichen, stellen Sie fest, dass die Preiserhöhung für Pizza von 1 Euro auf 2 Euro nicht nur meine Nachfragemenge an Pizza, sondern auch meine Nachfragemenge an Bier verändert hat. Bei Pizza ist meine Nachfragemenge von 4 Stücken auf nur 1 Stück gesunken. Bei Bier ist meine Nachfragemenge von 3 Gläsern auf 4 Gläser gestiegen.

Die Anstieg des Preises für Pizza hat mich auch in dem einen Punkt ärmer gemacht, der wirklich zählt: Ich bin weniger glücklich. Wegen der Preissteigerung ist die Gesamtzahl der Nutzeneinheiten, die ich für mein Budget von 10 Euro kaufen kann, von 105 auf nur 86 gesunken. Obwohl ich meine konsumierten Mengen

9 ➤ Homo oeconomicus: der Konsument, der Nutzen maximiert

an Bier und Pizza umgeschichtet habe, um das Beste aus der neuen Situation zu machen, tut mir die Preissteigerung immer noch insgesamt weh. Aber vielleicht ist dafür jetzt mein Pizzabäcker glücklicher!

Euro	Gewähltes Gut	GN pro Euro
1	Bier (1. Glas)	10
2	Bier (1. Glas)	10
3	Pizza (1. Stück)	9
4	Pizza (1. Stück)	9
5	Bier (2. Glas)	9
6	Bier (2. Glas)	9
7	Bier (3. Glas)	8
8	Bier (3. Glas)	8
9	Bier (4. Glas)	7
10	Bier (4. Glas)	7
Summe der Nutzeneinheiten		**86**

Tabelle 9.5: Wie ich mein Budget optimal ausgebe, wenn Pizza 2 Euro pro Stück kostet

Preis- und Mengenänderungen grafisch darstellen, um eine Nachfragekurve zu bilden

Mit den Informationen über die Änderung meiner Nachfragemenge bei einer Preissteigerung kann ich zwei Punkte auf meiner Nachfragekurve für Pizza zeichnen: eine Nachfrage von 4 Stücken bei einem Preis von 1 Euro und eine Nachfrage von 1 Stück bei einem Preis von 2 Euro. In Abbildung 9.3 habe ich diese beiden Punkte eingezeichnet und den Rest der Nachfragekurve skizziert. Wenn Sie diese Grafik betrachten, sollten Sie sich zwei Dinge merken:

✔ Die Abwärtsneigung der Nachfragekurve für Pizza beruht zum Teil auf dem abnehmenden Grenznutzen von Pizza, aber ...

✔ Wenn sich der Preis für Pizza ändert, ändert sich die Nachfragemenge an Pizza nicht isoliert; ihre Änderung ist das Ergebnis der Umschichtung der Nachfragemengen sowohl an Bier als auch an Pizza, um den Gesamtnutzen zu maximieren.

Nachfragekurven für einzelne Güter werden nicht isoliert erstellt. Sicher gibt es eine Beziehung zwischen dem Preis eines Gutes und der nachgefragten Menge. Doch wenn sich der Preis des Gutes ändert, betrifft diese Änderung alle Budgetentscheidungen – nicht nur die für dieses Gut, sondern auch die für *alle anderen* Güter. Die daraus resultierende Änderung in der Nachfragemenge dieses Gutes ist nur ein Teil der allgemeinen Umstrukturierung der Ausgaben, die zum Ziel hat, den Gesamtnutzen bei dem neuen Preis zu maximieren.

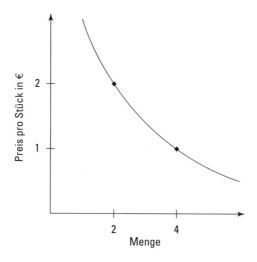

Abbildung 9.3: Meine Nachfragekurve für Pizzastücke

Überlegen Sie, wie die Steigerung des Preises für Pizza die Nachfragekurve für Bier beeinflusst. Meine Nachfragemenge an Bier stieg von drei Gläsern auf vier Gläser, als der Preis für Pizza von 1 Euro auf 2 Euro stieg. Aber der Preis für Bier wurde nicht verändert. Dies bedeutet, dass die Nachfragekurve für Bier *verschoben* worden sein muss (siehe Kapitel 8).

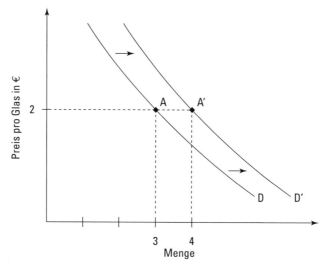

Abbildung 9.4: Meine Nachfragekurve für Bier verschiebt sich nach rechts, wenn der Preis für Pizza steigt.

Abbildung 9.4 illustriert diese Verschiebung. Punkt *A* auf der Nachfragekurve *D* wird zu Punkt *A'* auf der Nachfragekurve *D'* verschoben. Ein Ereignis wie dieses, bei dem Änderungen des

Preises eines Gutes die Nachfragemenge eines anderen Gutes beeinflussen, wird als *Kreuzpreiseffekt* bezeichnet. Wenn dagegen eine Änderung des eigenen Preises eines Gutes seine eigene Nachfragemenge beeinflusst, sprechen wir von einem *Eigenpreiseffekt*. Bitte beachten Sie, dass Kreuzpreiseffekte zu einer Verschiebung der Nachfragekurve führen, während Eigenpreiseffekte Bewegungen auf einer gegebenen Nachfragekurve verursachen.

Die Richtung eines Kreuzpreiseffekts hängt von der Situation ab. In diesem Kapitel können die Konsumenten nur die beiden Güter Bier und Pizza kaufen. Das hat zur Folge, dass sie bei einer Erhöhung des Preises für Pizza einen Teil ihrer Kaufkraft auf den Kauf von Bier verlagern. Die Ökonomen sagen, dass sie das eine Gut durch das andere *substituieren* (siehe den Einschub *Komplementärgüter und Substitutionsgüter*). Aus diesem Grund verschiebt sich die Nachfragekurve für Bier in Abbildung 9.4 nach rechts, wenn der Preis für Pizza steigt.

Aber in der Realität, in der viele andere Konsumgüter verfügbar sind, kann sich die Nachfragekurve ebenso gut in die andere Richtung verschieben. Beispielsweise trinken einige Menschen nur Bier, wenn sie Pizza essen. Bei ihnen führt eine Steigerung des Pizzapreises möglicherweise dazu, dass sie sowohl weniger Pizza essen als auch weniger Bier trinken.

Komplementärgüter und Substitutionsgüter

Manche Dinge gehören einfach zusammen. Würstchen und Senf. Pommes und Mayo. Schuhe und Schnürsenkel. Bei allen genannten Paaren sind die fraglichen Güter nützlicher oder angenehmer, wenn sie zusammen mit dem anderen Mitglied des Paares konsumiert werden.

Weil solche Güter einander ergänzen, bezeichnen Ökonomen sie als *Komplementärgüter*. Komplementärgüter haben die interessante Eigenschaft, dass Änderungen des Preises eines Komplements das andere Komplement beeinflussen. Wenn beispielsweise heiße Würstchen im Sonderangebot verkauft werden, kaufen die Menschen nicht nur mehr Würstchen, sondern auch mehr Senf. Und es werden auch mehr Brötchen verkauft.

Dagegen stehen die so genannten *Substitutionsgüter*. Dies sind Güter, die ähnliche Funktionen erfüllen, sodass man, wenn der Preis des einen Gutes zunimmt, auf das andere Gut ausweichen kann. Wenn beispielsweise Bahnfahren teurer wird, nehmen mehr Menschen das eigene Auto. Und wenn das Briefporto steigt, verschicken mehr Leute E-Mails.

Sowohl Komplementärgüter als auch Substitutionsgüter unterliegen Kreuzpreiseffekten. Eine Steigerung des Preises eines Komplements führt dazu, dass die Nachfragemenge des anderen Komplements fällt, während eine Steigerung des Preises eines Substituts dazu führt, dass die Nachfragemenge des anderen Substituts zunimmt.

Wenn Sie sich die Wirtschaft anschauen, sollten Sie immer das Bild eines großen organischen Ganzen vor Augen haben, in dem nichts isoliert passiert. Wenn sich der Preis eines Gutes ändert, beeinflusst dies nicht nur dieses Gut, sondern auch viele andere Güter, die entweder Substitute oder Komplemente dieses Gutes sind. Und wenn sich die Preise der Substitute oder Komplemente als Folge der ursprünglichen Preisänderung ebenfalls ändern, sind wiederum deren Substitute und Komplemente betroffen. Es ist wie ein gigantischer Ansteckungseffekt.

Diese Leute betrachten Bier und Pizza als Bündel. Eine Steigerung des Preises von einer Komponente des Bündels steigert der Preis des gesamten Bündels. Diese Leute würden von allen Komponenten des Bündels weniger kaufen, um mehr Geld für die vielen anderen Konsumgüter verfügbar zu haben. Wenn Konsumenten diese Präferenzen sowie die Option haben, andere Güter außer Bier und Pizza kaufen zu können, wenn der Preis für Pizza zunimmt, würde sich die Nachfragekurve für Bier nach links verschieben.

Der Kern des Kapitalismus: Das gewinnmaximierende Unternehmen

In diesem Kapitel

- Verstehen, warum Unternehmen danach streben, Gewinne zu maximieren
- Die Kostenstruktur eines Unternehmens analysieren
- Die gewinnmaximierende Produktionsmenge eines Unternehmens errechnen
- Erkennen, wie die Kosten die Angebotskurve eines Unternehmens bestimmen
- Verstehen, wie Unternehmen reagieren, wenn sie Geld verlieren

In modernen Marktwirtschaften wie die, in der Sie leben, wird fast alles, was Sie essen, trinken oder anziehen, mit dem Sie fahren oder fliegen oder sonst wie benutzen, von irgendeinem Unternehmen hergestellt. Deshalb studieren Ökonomen natürlich sehr ausführlich, wie sich Unternehmen verhalten.

In diesem Kapitel zeige ich Ihnen, wie Ökonomen ein Unternehmen modellieren, das Mitglied einer wettbewerbsstarken Branche ist; dies bedeutet, dass ein Unternehmen nur eines von vielen Unternehmen ist, die miteinander konkurrieren, um ihre Produkte zu verkaufen. Es ist aus zwei Gründen wichtig zu verstehen, wie sich Unternehmen in wettbewerbsstarken Branchen verhalten:

✔ Die meisten Unternehmen in der Realität stehen im Wettbewerb, weil sie Mitglieder von Branchen sind, in denen entweder ein vollkommener (der in diesem Kapitel beschrieben wird) oder ein monopolistischer Wettbewerb (der in Kapitel 13 beschrieben wird) herrscht.

✔ Alle Unternehmen – sogar solche, die keine große Konkurrenz haben – verhalten sich bemerkenswerterweise ähnlich.

Vor allem streben Unternehmen danach, ihre Gewinne zu maximieren. Und was sogar noch wichtiger ist: Es zeigt sich, dass alle Unternehmen ihre Gewinne auf dieselbe Weise maximieren: indem sie nämlich genau die Outputmenge produzieren, bei der die Produktionskosten einer zusätzlichen Einheit exakt der Steigerung des Erlöses entspricht, die das Unternehmen durch den Verkauf dieser Einheit erzielt.

In diesem Kapitel zeige ich Ihnen, warum sich Unternehmen so verhalten. Wenn Sie dies begriffen haben, werden Sie sehr gut verstehen, wie alle Unternehmen funktionieren, ob sie nun einem starken Wettbewerb durch Konkurrenten ausgesetzt oder konkurrenzlos sind.

Gewinnmaximierung: Das Ziel eines Unternehmens

Unternehmen werden gegründet, um Dinge zu produzieren. Diese Aussage sollte Sie veranlassen, eine grundlegende Frage zu stellen: *Warum* gründen Menschen überhaupt Unternehmen, um Dinge zu produzieren? Altruismus könnte ein Grund sein. Spaß am Produzieren könnte ein anderer Grund sein. Vielleicht langweilen sich diejenigen einfach, die ein Unternehmen gründen. Doch die Ökonomen glauben, dass die Antwort viel einfacher ist.

Ökonomen nehmen an, dass das übergreifende Ziel aller Unternehmen darin besteht, so viel Gewinn wie möglich zu machen. Diese Annahme basiert auf zwei Gründen:

- ✔ Wenn Sie Unternehmen befragen, steht die Gewinnmaximierung bei jedem Unternehmen mit am Anfang ihrer Aufgabenliste.

- ✔ Unabhängig von den anderen Zielen, die ein Unternehmen möglicherweise verfolgt, möchte es immer noch seine Gewinne maximieren, wenn es Maßnahmen ergriffen hat, um diese anderen Ziele zu erreichen.

Beispielsweise möchte ein Unternehmen, dass eine Fabrik bauen will, die keine Treibhausgase ausstößt, nach dem Bau der Fabrik immer noch so viel Geld wie möglich verdienen. Denn warum sollte es letztlich, wenn es die erforderlichen Maßnahmen zum Schutz der Umwelt durchgeführt hat, keinen hohen Gewinn machen?

Ähnliches gilt für den Eishersteller Ben & Jerry's. Als dieses Unternehmen seinen Betrieb aufnahm, spendete es einen großen Prozentsatz seiner Gewinne der Wohlfahrt. Bei einer solchen Unternehmenspolitik besteht die beste Methode, den Bedürftigen zu helfen, für Ben & Jerry's darin, so viel Gewinn wie möglich zu machen.

Viele Nichtökonomen haben etwas dagegen, dass Menschen Gewinne machen, aber Gewinne stellen sicher, dass Firmen den entscheidenden Produktionsfaktor Unternehmertum finden, der bereit ist, das entsprechende Risiko zu tragen. (In Kapitel 4 wird erklärt, warum ich glaube, dass das Unternehmertum neben Arbeit, Boden und Kapital ein vierter Produktionsfaktor ist.) Denken Sie an jemanden, der die Gelegenheit hat, ein eigenes Unternehmen zu gründen. Er könnte auch weiterhin als Angestellter arbeiten und ein festes Einkommen beziehen. Welchen Anreiz hat er, auf eigenes Risiko ein Unternehmen zu gründen, das möglicherweise scheitern kann? Der Anreiz besteht in dem Gewinn, den er möglicherweise erzielt, wenn das Unternehmen erfolgreich ist. Ohne potenzielle Gewinne würde es niemand riskieren, einen sicheren Arbeitsplatz aufzugeben, um neue Produkte und Dienste anzubieten, und die Konsumenten insgesamt würden Nachteile haben, weil das Angebot an großartigen neuen Produkten und Diensten nicht weiter wachsen würde.

Im Angesicht des Wettbewerbs

Das Unternehmen steht vielleicht mit anderen Unternehmen im Wettbewerb, vielleicht aber auch nicht. (Anmerkung des Übersetzers: Wenn Ökonomen verschiedene Arten des Wettbewerbs untersuchen, sprechen sie von so genannten *Marktformen*.) Das eine Extrem ist das *Monopol*, bei dem ein Unternehmen keinen Wettbewerb hat, weil es das einzige Unternehmen in seiner Branche ist. Das andere Extrem ist die Marktform, die Ökonomen als *vollkommenen Wettbewerb* (auch: *vollkommene Konkurrenz* oder *vollständige Konkurrenz*) bezeichnen. Bei einem vollkommenen Wettbewerb konkurriert ein Unternehmen in einer Branche mit vielen anderen Unternehmen, die alle ein identisches Gut produzieren. Zwischen diesen beiden Extremen gibt es zwei andere Marktformen: das *Oligopol*, bei dem zwei, drei oder (höchstens) einige wenige Unternehmen in einer Branche konkurrieren, und der *unvollkommene (monopolistische) Wettbewerb*, bei dem es viele Konkurrenten gibt, die aber jeweils etwas unterschiedliche Güter produzieren. (In den Kapiteln 12 und 13 finden Sie Details über Monopole, Oligopole und den monopolistischen Wettbewerb.)

In diesem Kapitel erfahren Sie, wie sich Unternehmen bei vollkommenem Wettbewerb verhalten, weil diese Marktform nicht nur weit verbreitet, sondern auch am einfachsten zu verstehen ist. Sie ist so einfach, weil kein einzelnes Unternehmen den Preis kontrollieren kann, wenn in einer Branche viele Konkurrenten identische Produkte produzieren.

Die Merkmale des vollkommenen Wettbewerbs

Um zu verstehen, warum Unternehmen bei vollkommenem Wettbewerb keine Kontrolle über die Preise haben, müssen Sie die Merkmale des vollkommenen Wettbewerbs kennen:

- ✔ Es gibt viele konkurrierende Unternehmen.
- ✔ Jedes Unternehmen repräsentiert nur einen sehr kleinen Teil der Branche.
- ✔ Sie verkaufen alle identische oder fast identische Produkte.

Der Weizenanbau in den Vereinigten Staaten ist ein Beispiel für eine Branche, die diese drei Kriterien erfüllt. Es gibt buchstäblich Zehntausende von Weizenbauern. Keiner produziert mehr als einen kleinen Prozentsatz der gesamten Weizenernte eines Jahres. Und der produzierte Weizen ist im Grunde identisch.

Um zu erklären, warum diese Merkmale dazu führen, dass einzelne Bauern keine Kontrolle über den Weizenpreis haben, muss ich zunächst bemerken, dass Weizen ein fast identisches Produkt ist. Weil der Weizen eines Bauern wie der Weizen eines anderen Bauern aussieht, kann mich ein Weizenbauer aus Kansas nur dann dazu überreden, den Weizen von ihm, statt von einem Weizenbauer aus Texas zu kaufen, wenn er mir einen niedrigeren Preis bietet. Weil der Weizen identisch ist, interessiert mich nur der Preis, was bedeutet, dass die Bauern über den Preis und nur über den Preis konkurrieren.

Da der Preis der Schlüsselfaktor auf dem Weizenmarkt ist, können wir durch eine Analyse von Angebot und Nachfrage den Preis herausfinden. Der Preis wird durch den Schnittpunkt der

Marknachfragekurve mit der *Markangebotskurve* bestimmt (siehe Kapitel 8). Wie kommen diese Kurven zustande?

- ✔ Die *Marktnachfragekurve* für Weizen wird durch Addition der einzelnen Nachfragekurven aller Konsumenten bestimmt, die Weizen kaufen wollen.

- ✔ Die *Marktangebotskurve* für Weizen wird durch Addition der einzelnen Angebotskurven aller Weizenbauern bestimmt.

An diesem Punkt kommen die ersten beiden Merkmale des vollkommenen Wettbewerbs ins Spiel: Weil es so viele Weizenbauern gibt und weil jeder einzelne einen sehr kleinen Teil des gesamten Angebots an Weizen produziert, wird die Marktangebotskurve für Weizen im Grunde nicht beeinflusst, wenn die einzelne Angebotskurve eines speziellen Bauerns herausgenommen oder hinzugefügt wird. Wenn jedes Jahr Millionen Bushel (angloamerikanisches Maß für Getreide) Weizen verkauft werden, spielt es für den Marktpreis keine Rolle, ob ein kleiner Bauer zusätzlich 1.000 Bushel auf den Markt bringt oder nicht. Er ist einfach zu klein, um den Marktpreis ändern zu können.

Wenn ein Marktteilnehmer zu klein ist, um den Marktpreis zu ändern, muss er den Preis als gegeben hinnehmen, der sich auf dem Markt aus dem Zusammenspiel der Marktnachfrage mit dem Marktangebot ergibt.

Als Mengenanpasser reagieren

Wenn die drei Merkmale des vollkommenen Wettbewerbs erfüllt sind, haben die einzelnen Unternehmen keine Kontrolle über die Preise, die sie verlangen können. Tatsächlich bezeichnen Ökonomen die Unternehmen bei vollkommenem Wettbewerb auch als *Preisnehmer* oder *Mengenanpasser*, weil sie den Preis als gegeben hinnehmen müssen und nur durch Änderung ihrer Angebotsmengen agieren können.

Wenn man es genau betrachtet, kann selbst das mächtigste Unternehmen nur hoffen, zwei Dinge zu kontrollieren: welche Mengen es produzieren und welchen Preis es verlangen will. Weil Unternehmen bei vollkommenem Wettbewerb keine Kontrolle über die Preise haben, wird diese Liste auf nur einen Punkt reduziert: Sie können nur kontrollieren, wie viel sie produzieren.

Unternehmen wählen die Produktionsmenge, die ihre Gewinne maximiert. Dies ist, von der mathematischen Seite aus betrachtet, bequem; denn es zeigt sich, dass die Produktionsmenge des Unternehmens die beiden Faktoren steuert, die seinen Gewinn bestimmen: seinen Gesamterlös und seine Gesamtkosten.

Denn der Gewinn eines Unternehmens wird einfach definiert als sein Gesamterlös minus seine Gesamtkosten. Mathematisch ausgedrückt:

$$G = E - K \qquad (1)$$

(G = Gewinn, E = Gesamterlös, K = Gesamtkosten)

Der Gesamterlös eines Unternehmens im Wettbewerb ist einfach die Menge q seines Outputs, die es verkauft, multipliziert mit dem Marktpreis p pro verkaufter Einheit:

$$E = p \times q \qquad (2)$$

Wenn ich beispielsweise Äpfel für 1 Euro pro Stück verkaufen kann und 37 Äpfel verkaufe, beträgt mein Gesamterlös 37 Euro.

Doch da ich den Verkaufspreis p nicht kontrollieren kann, bin ich ein Mengenanpasser; das heißt, ich kann meinen Gesamterlös nur durch die Menge der Äpfel kontrollieren, die ich verkaufen will. Ein Unternehmen kann also seinen Gesamterlös steuern, indem es seine Produktionsmenge q größer oder kleiner macht.

Im Rest dieses Kapitels zeige ich schwerpunktmäßig, dass auch die Gesamtkosten K eines Unternehmens von der Menge q bestimmt werden. Interessant ist hierbei, dass die Kosten jeder Einheit von q davon abhängen, wie viele Einheiten von q bereits produziert worden sind, während der Erlös jeder zusätzlich verkauften Einheit von q konstant p Euro groß ist. Tendenziell steigen die Kosten, je mehr ein Unternehmen produziert, sodass jede weitere Einheit mehr kostet als die vorangegangene Einheit. Dies begrenzt letztlich die Anzahl der Einheiten, die ein Unternehmen produzieren will.

Nehmen Sie beispielsweise an, dass ich so viele Äpfel für 1 Euro pro Stück verkaufen kann, wie ich will. Wenn die Produktion des ersten Apfels 10 Cent, des zweiten Apfels 20 Cent, des dritten 30 Cent usw. kostet, bin ich nicht bereit, mehr als zehn Äpfel zu produzieren. Warum? Bei den ersten neun Äpfeln mache ich einen Gewinn, aber bei dem zehnten Apfel (dessen Produktion 1 Euro kostet) erreiche ich den Break-Even-Punkt. Wenn ich noch mehr Äpfel produziere, mache ich nur Verluste. (Beispielsweise würde der elfte Apfel 1,10 Euro kosten, aber nur 1 Euro bringen.)

Dies zeigt, dass beide Terme, E und K, in der Gewinngleichung (1) von der Produktionsmenge q des Unternehmens bestimmt werden. Um seinen Gewinn zu steigern, muss das Unternehmen nur herausfinden, wie groß q tatsächlich sein sollte. Es zeigt sich, dass die entsprechende Formel lächerlich einfach ist. Passen Sie gut auf – vielleicht bringt Ihnen dieses Kapitel ja auch einen Gewinn.

Doch bevor ich die Formel erkläre, muss ich erst einmal klarstellen, was überhaupt mit der Bedeutung des Wortes *Gewinn* verbunden ist. Wenn Ökonomen von *Gewinn* sprechen, meinen sie etwas anderes als »normale« Menschen.

Gewinne aus der Sicht eines Buchhalters und aus der Sicht eines Ökonomen

Für einen Ökonomen beziehen sich die Termini *Gewinn* und *Verlust* darauf, ob die Erlöse aus dem Betrieb eines Unternehmens größer oder kleiner als die dafür aufgewendeten Kosten sind. Wenn die Erlöse die Kosten übersteigen, *erzielt* das Unternehmen danach *einen Gewinn*; wenn die Kosten die Erlöse übersteigen, *erzielt* das Unternehmen *einen Verlust*. Wenn die beiden Größen gleich sind, befindet sich das Unternehmen an seinem *Break-Even-Punkt*.

Im Hinblick auf die Erlöse sind sich Buchhalter und Ökonomen einig. Doch die Sache wird kompliziert, weil sie unterschiedlicher Auffassung sind, was als Kosten zu zählen ist.

Opportunitätskosten berücksichtigen

Betrachten Sie ein Unternehmen, dass Limonade verkauft. Sowohl der Buchhalter als auch der Ökonom stimmen darin überein, dass der Erlös des Unternehmens einfach der Geldbetrag ist, den es durch den Verkauf von Limonade einnimmt. Doch sie sind unterschiedlicher Auffassung, was sie den Kosten zurechnen:

✔ Der Buchhalter betrachtet als Kosten nur das Geld, das tatsächlich für den Betrieb des Unternehmens ausgegeben wird: Arbeitslöhne, Einkauf von Zitronen usw. Wenn das Unternehmen einen Erlös von 10.000 Euro erzielt und 9.000 Euro ausgibt, um diesen Erlös zu erwirtschaften, macht das Unternehmen für den Buchhalter einen Gewinn von 1.000 Euro. Diese Zahl ist der *Buchgewinn* (auch *rechnerische Gewinn*) des Unternehmens; dies ist der Gewinn, über den täglich in Finanzberichten und Zeitungsartikeln berichtet wird.

✔ Ökonomen ziehen ein subtileres Konzept vor, das sie als den *ökonomischen Gewinn* bezeichnen. Der ökonomische Gewinn berücksichtigt nicht nur die Geldkosten, die durch den Betrieb des Unternehmens direkt verursacht werden, sondern auch die damit verbundenen *Opportunitätskosten*.

Die Opportunitätskosten sind etwas, das Sie aufgeben müssen, um etwas anderes zu tun (siehe Kapitel 2). Betrachten Sie den Unternehmer, der das Limonadenunternehmen gründet. Nachdem er für sein Material und seine Arbeitkräfte bezahlt hat, beträgt sein Buchgewinn 1.000 Euro. Aber ist dies wirklich ein gutes Geschäft?

Angenommen, dieser Unternehmer hätte seine Arbeitsstelle als Computerprogrammierer aufgegeben, um das Limonadenunternehmen zu gründen. Außerdem hätte er in derselben Zeit, in der er mit dem Limonadenunternehmen einen Gewinn von 1.000 Euro erzielt hat, auf seiner alten Arbeitsstelle 10.000 Euro Gehalt bezogen. Das bedeutet, dass er auf die Gelegenheit verzichtet hat, 10.000 Euro zu verdienen, um ein Unternehmen zu gründen, das ihm nur einen Buchgewinn von 1.000 Euro einbringt. Tatsächlich beträgt sein *ökonomischer Verlust* 9.000 Euro. In Anbetracht dessen sieht seine Entscheidung für den Karrierewechsel gar nicht besonders gut aus.

Durch ökonomische Gewinne motiviert sein

Ökonomen konzentrieren sich lieber auf ökonomische Gewinne und Verluste statt auf Buchgewinne oder Verluste, weil die ökonomischen Gewinne und Verluste das sind, was die Menschen bewegt. Sie können sich vorstellen, dass andere Computerprogrammierer ihrem Kollegen aus unserem Beispiel sicher nicht nacheifern werden, wenn sie sehen, was diesem bei seinem Karrierewechsel passiert ist.

Bitte gehen Sie im Rest dieses Kapitels davon aus, dass überall, wo es um Kosten geht, *ökono-*

mische Kosten gemeint sind; das heißt, dass sie nicht nur das Geld enthalten, das direkt für den Betrieb des Unternehmens ausgegeben wird, sondern auch die Kosten anderer Möglichkeiten, auf die das Unternehmen verzichtet hat, um sein Produkt zu erzeugen. Dasselbe gilt für Gewinn oder Verlust; auch hier ist immer ein ökonomischer Gewinn oder ein ökonomischer Verlust gemeint – der Faktor, der Unternehmer motiviert, etwas zu tun oder zu lassen.

Am wichtigsten ist dieses Konzept bei der Bestimmung der Produktionsmenge eines Unternehmens. Wenn die Produktion der zwölften Einheit eines Produkts einen ökonomischen Gewinn bringt, sollte das Unternehmen diese Einheit offensichtlich produzieren. Aber wenn eine Steigerung der Produktion auf eine dreizehnte Einheit einen ökonomischen Verlust zur Folge hätte, sollte das Unternehmen diese Einheit offensichtlich nicht produzieren.

Wenn wir ökonomische Gewinne und Verluste berücksichtigen, erfahren wir direkt, was ein Unternehmen dazu motiviert, bestimmte Gütern in ganz bestimmten Mengen zu produzieren.

Die Kostenstruktur eines Unternehmens analysieren

Um zu analysieren, wie Kosten und Erlöse die ökonomischen Gewinne oder Verluste beeinflussen, zerlegen Ökonomen die Gesamtkosten eines Unternehmens in zwei Unterkategorien:

- ✔ *Fixe Kosten* sind Kosten, die selbst dann bezahlt werden müssen, wenn das Unternehmen nichts produziert. Beispielsweise müssen die Mieten für Unternehmensgebäude auch dann bezahlt werden, wenn nichts produziert wird. Ähnliches gilt für Zinsen auf Kredite. Sie müssen unabhängig davon gezahlt werden, ob das Unternehmen null oder eine Milliarde Outputeinheiten herstellt.

- ✔ *Variable Kosten* sind Kosten, die mit der produzierten Outputmenge variieren. Wenn Sie beispielsweise Limonade herstellen und beschließen, nichts zu produzieren, müssen Sie logischerweise keine Zitronen kaufen. Aber je mehr Limonade Sie produzieren, desto mehr geben Sie für den Kauf von Zitronen aus. Außerdem benötigen Sie dann mehr Arbeitskräfte, sodass auch Ihre Arbeitskosten mit der Outputmenge variieren.

Wenn die fixen Kosten durch K_f und die variablen Kosten durch K_v repräsentiert werden, können die Gesamtkosten K eines Unternehmens durch die folgende Formel dargestellt werden:

$$K = K_f + K_v \qquad (3)$$

Denken Sie bei der Gleichung (3) daran, dass sie die ökonomischen Kosten des Unternehmens ausdrückt und deshalb auch die Opportunitätskosten des Unternehmens sowohl bei den fixen Kosten als auch bei den variablen Kosten enthält. (Unabhängig davon, ob es sich um fixe oder variable Kosten handelt, enthalten die Ausgaben Opportunitätskosten – die anderen Dinge, auf die Sie verzichtet haben, um das Geld für Ihre fixen und variablen Kosten auszugeben.)

Die Kosten pro Outputeinheit

Ökonomen unterscheiden zwischen fixen und variablen Kosten, weil sich diese beiden Kostenarten ganz unterschiedlich auf die Produktionsmengen auswirken, die ein Unternehmen produzieren wird. Tabelle 10.1 enthält einige Daten der LemonAid Corporation, unseres Limonadenproduzenten.

Arbeits-kräfte	Output	Fixe Kosten	Durch-schnitt-liche fixe Kosten	Variable Kosten	Durch-schnitt-liche variable Kosten	Gesamt-kosten	Durch-schnitt-liche Gesamt-kosten	Grenz-kosten
0	0	100	–	0	–	100	–	–
1	50	100	2,00	80	1,60	180	3,60	1,60
2	140	100	0,71	160	1,14	260	1,86	0,89
3	220	100	0,45	240	1,09	340	1,55	1,00
4	290	100	0,34	320	1,10	420	1,45	1,14
5	350	100	0,29	400	1,14	500	1,43	1,33
6	400	100	0,25	480	1,20	580	1,45	1,60
7	440	100	0,23	560	1,27	660	1,50	2,00
8	470	100	0,21	640	1,36	740	1,57	2,67

Tabelle 10.1: Die Kostenstruktur der LemonAid Corporation

Um den Betrieb aufnehmen zu können, kauft die LemonAid Corporation eine Saftpresse für 100 Euro, wodurch sie zunächst einmal fixe Kosten von 100 Euro hat. Dann muss das Unternehmen entscheiden, wie viel es produzieren soll, was wiederum bestimmt, wie viele Arbeitskräfte es einstellen muss. Die erste Spalte gibt die Anzahl der möglichen Arbeitskräfte von null bis acht an. Wenn das Unternehmen keine Arbeitskräfte einstellt, wird kein Output produziert (1. Zeile, 2. Spalte). Je mehr Arbeitskräfte das Unternehmen einstellt, desto größer wird der Output (2. Spalte von oben nach unten).

Steigende und fallende Erträge studieren

Bitte richten Sie Ihr Augenmerk darauf, dass die Menge des zusätzlichen Outputs oder Grenzoutputs, die von jeder weiteren Arbeitskraft produziert wird, nicht konstant ist. Das bedeutet, wenn Sie von null auf eine Arbeitskraft gehen, steigt der Output von null auf 50 Flaschen Limonade. Doch wenn Sie von einer auf zwei Arbeitskräfte gehen, steigt der Output von 50 Flaschen auf 140 Flaschen. Ökonomisch ausgedrückt, erzeugt die zweite Arbeitskraft einen *Grenzoutput* von 90 Flaschen, während die erste Arbeitskraft nur einen Grenzoutput von 50 Flaschen produziert.

Betrachten Sie diese Feststellung jetzt unter dem Aspekt der Kosten und des Nutzens. Wenn Sie jeder Arbeitskraft denselben Lohn von 80 Euro pro Tag zahlen müssen (10 Euro pro Stunde für acht Arbeitsstunden), wird Ihnen gefallen, dass die zweite Arbeitskraft für ihre 80 Euro Lohn 90 Flaschen produziert, während die erste Arbeitskraft für ihre 80 Euro Lohn nur 50 Flaschen abfüllt.

Ökonomen bezeichnen eine solche Situation als *Ertragszuwachs*, weil die Menge des Ertrags, den Sie mit einer gegebenen Menge an Input (eine weitere Arbeitskraft) erzielen, zunimmt, wenn Sie weitere Inputeinheiten hinzufügen. Doch wenn Sie sich die zweite Spalte weiter unten anschauen, stellen Sie fest, dass der Ertrag nicht immer weiterwächst.

Tatsächlich hört der Ertragszuwachs bei der LemonAid Corporation fast sofort auf: Wenn Sie eine dritte Arbeitskraft einstellen, steigt der Output zwar immer noch, diesmal aber nur um 80 Einheiten von 140 Flaschen auf 220 Flaschen. Und mit jeder weiteren Arbeitskraft wird der Grenzertrag geringer. Bei der vierten Arbeitskraft steigt der Output nur um 70 Flaschen und bei der fünften nur noch um 60 Flaschen.

Ökonomen bezeichnen eine solche Situation als *Ertragsrückgang* (auch *abnehmende Erträge*), weil jede weitere Inputeinheit wie beispielsweise Arbeit eine *geringere Steigerung* des Outputs zur Folge hat als die vorangegangene Inputeinheit.

Die Ursachen des Ertragsrückgangs

Die Ursachen des Ertragsrückgangs werden in Kapitel 3 ausführlich beschrieben. Hier ist noch einmal eine kurze Erklärung. Die LemonAid Corporation hat nur eine Saftpresse gekauft, um die Zitronen auszupressen.

Die erste Arbeitskraft kann mit der Maschine genügend Saft für 50 Flaschen auspressen, indem sie die Zitronen zu der Maschine trägt und dann mit der Maschine auspresst. Bei einer zweiten Arbeitskraft zeigen sich die Vorteile der Arbeitsteilung: Eine bringt Zitronen zu der Maschine und die andere presst die Zitronen aus. Zusammen können sie insgesamt 140 Flaschen abfüllen – mehr als doppelt so viele wie die 50 Flaschen, die eine Arbeitskraft alleine produzieren könnte.

Doch bei einer dritten Arbeitskraft steigt der Output nicht mehr so schnell wie bei der zweiten, weil die beiden Hauptaufgaben – das Tragen und das Pressen – bereits erledigt werden. Bestenfalls kann die dritte Arbeitskraft der zweiten helfen, die Zitronen etwas schneller heranzuschaffen. Dasselbe gilt für alle weiteren Arbeitskräfte: Sie können Hilfsdienste leisten, aber jede zusätzliche Arbeitskraft bringt einen geringeren Outputzuwachs als die vorangegangene, weil der Raum langsam eng wird und kaum noch Möglichkeiten für eine organisatorische Verbesserung bestehen.

Die durchschnittlichen variablen Kosten

Die variablen Kosten werden dadurch beeinflusst, dass zusätzliche Arbeitskräfte zunächst einen Ertragszuwachs, dann aber einen Ertragsrückgang bringen. In unserem Beispiel der LemonAid Corporation aus Tabelle 10.1 bestehen die variablen Kosten nur aus Arbeitskosten, wobei jede Arbeitskraft 80 Euro Lohn pro Tag erhält. Die fünfte Spalte zeigt die Zunahme dieser variablen Kosten.

Interessanter sind jedoch die so genannten *durchschnittlichen variablen Kosten* (*DVK*). Sie sind definiert als die variablen Kosten dividiert durch die Menge (K_v/q). Ein Beispiel: Wenn eine Arbeitskraft bei variablen Kosten von 80 Euro eine Outputmenge von 50 Flaschen produziert, betragen die durchschnittlichen variablen Kosten 80 Euro / 50 = 1,60 Euro pro Flasche. Wenn zwei Arbeitskräfte zusammen 160 Euro variable Kosten verursachen, aber 140 Flaschen produzieren, betragen die durchschnittlichen variablen Kosten für zwei Arbeitskräfte nur 160 Euro / 140 Euro = 1,14 Euro pro Flasche.

Dieses Sinken der durchschnittlichen variablen Kosten ist die Folge des Ertragszuwachses: Wenn das Unternehmen von einer Arbeitskraft auf zwei Arbeitskräfte übergeht, verdoppeln sich die variablen Kosten von 80 Euro auf 160 Euro, aber der Output wird mehr als verdoppelt und geht von 50 Flaschen auf 140 Flaschen.

Wenn der Ertragsrückgang greift, fangen die durchschnittlichen variablen Kosten an zu steigen, was Sie sehen können, wenn Sie die sechste Spalte von Tabelle 10.1 von oben nach unten lesen. Der Grund ist einfach: Während jede zusätzliche Arbeitskraft zusätzlich 80 Euro kostet, bringt jede zusätzliche Arbeitskraft nach der zweiten Arbeitskraft eine geringere Outputsteigerung als die vorangegangene. Mit jeder weiteren Steigerung der Lohnkosten um 80 Euro nimmt die zusätzliche Produktionsmenge an Flaschen weiter ab, sodass die durchschnittlichen variablen Kosten pro Flasche steigen müssen.

Die durchschnittlichen variablen Kosten der LemonAid Corporation haben eine leichte U-Form, wenn sie grafisch dargestellt werden (siehe Abbildung 10.1). Diese Abbildung zeigt auch die durchschnittlichen fixen Kosten und durchschnittlichen Gesamtkosten des Unternehmens. Prägen Sie sich den Verlauf der Kurve der durchschnittlichen variablen Kosten gut ein, weil diese Kurve eine enorme Auswirkung auf die Menge der Flaschen hat, die die Manager des Unternehmens produzieren wollen, um die Gewinne des Unternehmens zu maximieren.

Das Sinken der durchschnittlichen fixen Kosten

Die durchschnittlichen fixen Kosten (*DFK*) sind definiert als die fixen Kosten dividiert durch die Menge (K_f/q). Die fixen Kosten der LemonAid Corporation betragen unabhängig von der produzierten Outputmenge immer die 100 Euro, die sie für die Saftpresse bezahlt hat. Deshalb sind die durchschnittlichen fixen Kosten umso geringer, je mehr Limonade produziert wird. Deswegen nehmen die *DFK* von 2 Euro pro Flasche bei einer Produktion von 50 Flaschen mit einer Arbeitskraft auf nur 0,21 Euro pro Flasche bei einer Produktion von 470 Flaschen mit acht Arbeitskräften ab (siehe die vierte Spalte von Tabelle 10.1).

10 ➤ Der Kern des Kapitalismus: Das gewinnmaximierende Unternehmen

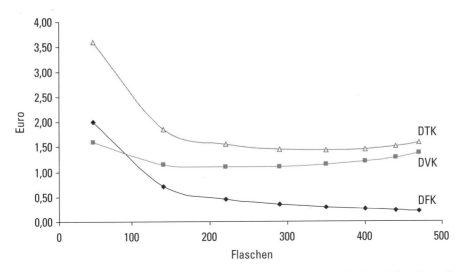

Abbildung 10.1: Die durchschnittlichen variablen Kosten (DVK), die durchschnittlichen fixen Kosten (DFK) und die durchschnittlichen Gesamtkosten (DTK) der LemonAid Corporation

 Die durchschnittlichen fixen Kosten nehmen immer ab, weil dieselben fixen Kosten auf eine immer größere Anzahl von Outputeinheiten verteilt werden, wenn der Ausstoß zunimmt. Deshalb zeigt Abbildung 10.1, dass die *DFK*-Kurve (die Kurve der durchschnittlichen fixen Kosten pro Flasche) ständig nach unten geneigt ist. Dies sollten Sie sich einprägen, weil sie dazu beiträgt, die Form der *DTK*-Kurve (die Kurve der durchschnittlichen Gesamtkosten pro Flasche) zu erklären, die ich im folgenden Abschnitt behandle.

Die Bewegung der durchschnittlichen Gesamtkosten verfolgen

 In den vorangegangenen beiden Abschnitten habe ich Ihnen gezeigt, dass die durchschnittlichen fixen Kosten immer abnehmen, wenn der Output zunimmt, während die durchschnittlichen variablen Kosten (wegen des Ertragszuwachses) zuerst fallen und dann (wegen des Ertragsrückgangs) steigen. Weil die Gesamtkosten die Summe der fixen und der variablen Kosten sind, hängen die *durchschnittlichen Gesamtkosten* offensichtlich davon ab, wie sich die Summe der durchschnittlichen fixen Kosten und durchschnittlichen variablen Kosten entwickelt.

Die durchschnittlichen Gesamtkosten (*DTK*) sind definiert als die Gesamtkosten dividiert durch die Menge (K/q). Werfen Sie jetzt einen Blick auf die Gleichung (3) weiter oben in diesem Kapitel. Wenn Sie jeden Term in Gleichung (3) durch q dividieren, erhalten wir:

$$K/q = K_f/q + K_v/q \qquad (4)$$

Da $DTK = K/q$, $DFK = K_f/q$ und $DVK = K_v/q$ ist, können wir die Gleichung (4) vereinfachen:

$$DTK = DFK + DVK \qquad (5)$$

Gleichung (5) zeigt deutlich, dass die durchschnittlichen Gesamtkosten davon abhängen, wie die durchschnittlichen fixen Kosten und die durchschnittlichen variablen Kosten interagieren. Hierbei müssen Sie zwei Schlüsselpunkte verstehen:

✔ Die DTK müssen immer größer als die DVK sein, weil die DFK addiert werden.

✔ Die DTK erreichen ihr Minimum bei einer höheren Outputmenge als die DVK.

Dass der erste Punkt wahr ist, zeigt Abbildung 10.1. Denn dort liegt die DTK-Kurve über der DVK-Kurve. Der vertikale Abstand zwischen beiden Kurven ist bei jeder Outputmenge gleich den DFK bei dieser Produktionsmenge. Wenn Sie sich von niedrigeren Produktionsmengen zu höheren bewegen, konvergieren die DTK- und DVK-Kurven, weil die DFK immer kleiner werden. (Anders ausgedrückt: Der vertikale Abstand zwischen den DTK- und DVK-Kurven wird auch immer kleiner.)

Dass der zweite Punkt wahr ist, zeigt wieder Tabelle 10.1. Die durchschnittlichen variablen Kosten erreichen ihr Minimum von 1,09 Euro, wenn drei Arbeitskräfte angestellt sind und 220 Flaschen produziert werden. Die durchschnittlichen Gesamtkosten erreichen jedoch ihr Minimum von 1,43 Euro, wenn fünf Arbeitskräfte angestellt sind und 350 Flaschen produziert werden.

Dies liegt daran, dass die durchschnittlichen fixen Kosten immer fallen; dies bedeutet, dass der DFK-Teil auf der rechten Seite von Gleichung (5) immer kleiner wird. Diese permanente Abnahme trägt dazu bei, dass die Steigerung der durchschnittlichen variablen Kosten aufgrund des Ertragsrückgangs temporär ausgeglichen wird. Deshalb erreichen die durchschnittlichen variablen Kosten schon bei drei Arbeitskräften ihr Minimum, die durchschnittlichen Gesamtkosten dagegen erst bei der fünften Arbeitskraft.

Auf die Grenzkosten konzentrieren

Ein Manager eines Unternehmens möchte wissen, welche Menge q an Output er produzieren sollte, um die Gewinne zu maximieren. Um dieses Problem zu lösen, benötigen wir noch ein weiteres Kostenkonzept: die Grenzkosten.

Die *Grenzkosten* sind die Steigerung der Gesamtkosten, wenn eine weitere Outputeinheit produziert wird. Die Grenzkosten einer zusätzlichen Outputeinheit hängen davon ab, wie viele Einheiten bereits produziert worden sind.

Betrachten Sie die Spalte *Gesamtkosten* von Tabelle 10.1. Die Gesamtkosten steigen von 100 Euro in der ersten Zeile auf 180 Euro in der zweiten Zeile, während der Output von 0 Flaschen auf 50 Flaschen steigt, wenn das Unternehmen die erste Arbeitskraft einstellt. Anders ausgedrückt: Die Kosten steigen um 80 Euro, während der Output um 50 Flaschen zunimmt. Das heißt, jede dieser zusätzlichen oder *marginalen* 50 Flaschen steigert die Kosten um durchschnittlich 80 Euro/50 = 1,60 Euro. Die Grenzkosten pro Flasche *GK* sind wie folgt definiert:

$$GK = (\text{Änderung von } K)/(\text{Änderung von } q) \qquad (6)$$

Die Grenzkosten-Spalte in Tabelle 10.1 zeigt, dass die Grenzkosten zunächst sinken und dann steigen. Dies drückt ebenfalls aus, dass der Produktionsprozess der LemonAid Corporation zunächst einen Ertragszuwachs und dann Ertragsrückgänge erzeugt. Weil die zweite Arbeitskraft viel mehr als die erste produziert, aber genau so viel kostet, nehmen die Grenzkosten ab, wenn die zweite Arbeitskraft eingestellt wird. Bei jeder weiteren Arbeitskraft nehmen die Kosten weiter konstant zu, aber der Grenzoutput nimmt immer weiter ab; dies bedeutet, dass die Grenzkosten steigen müssen.

Die Schnittpunkte der GK-Kurve mit den DVK- und DTK-Kurven

Wenn man die Grenzkosten grafisch darstellt, zeigt sich eine bemerkenswerte Tatsache: Die Grenzkostenkurve (*GK*) schneidet die Kurve der durchschnittlichen variablen Kosten (*DVK*) und der durchschnittlichen Gesamtkosten (*DTK*) jeweils in deren Minimum – das heißt, am tiefsten Punkt ihrer jeweiligen U-Form.

Abbildung 10.2 zeigt die *DVK*-, *DTK*- und *GK*-Kurven, die sich aus den Daten aus Tabelle 10.1 ergeben. Die *GK*-Kurve geht durch das Minimum sowohl der *DVK*- als auch der *DTK*-Kurve.

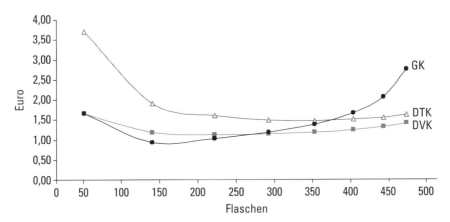

Abbildung 10.2: Die DVK-, DTK- und GK-Kurven der LemonAid Corporation

Der Grund dafür liegt darin, dass die Grenzkosten jeder Einheit bestimmen, ob die *DVK*- und *DTK*-Kurven steigen oder fallen. Alles klar? Wir wollen versuchen, die Sache zu vereinfachen, indem wir unser Beispiel einen Moment verlassen und statt über Kosten über Höhen nachdenken.

Stellen Sie sich einen Raum vor, in dem sich zehn Menschen befinden, die durchschnittlich 1,75 m groß sind. Wie verändert sich dieser Durchschnitt, wenn eine weitere Person in den Raum kommt?

✔ Ist die elfte Person größer als der jetzige Durchschnitt, nimmt der Durchschnitt zu.

✔ Ist die elfte Person kleiner als der jetzige Durchschnitt, nimmt der Durchschnitt ab.

✔ Ist die elfte Person genau 1,75 m groß, bleibt der Durchschnitt gleich.

Dieselben Überlegungen gelten für die Grenzkosten und die durchschnittlichen Kosten. Für jede Produktionsmenge q können Sie die *DVK* und die *DTK* berechnen, so wie Sie die Durchschnittsgröße der ersten zehn Menschen in dem Raum berechnen können. Abhängig von den Grenzkosten (*GK*) der nächsten Outputeinheit nehmen danach die *DVK* und die *DTK* entweder zu oder ab, so wie die durchschnittliche Größe der Menschen in dem Raum abhängig von der Größe der elften Person steigt, abnimmt oder gleich bleibt:

✔ Sind die *GK* kleiner als die jetzigen durchschnittlichen Kosten, nehmen die Durchschnittswerte ab.

✔ Sind die *GK* größer als die jetzigen durchschnittlichen Kosten, nehmen die Durchschnittswerte zu.

✔ Sind die *GK* genauso groß wie die vorangegangenen durchschnittlichen Kosten, bleiben die Durchschnittswerte gleich.

Die verschiedenen Teile von Abbildung 10.2 zeigen diese Auswirkungen in grafischer Form. Schauen Sie sich zunächst die Produktionsmenge von 140 Flaschen an. Bei dieser Produktionsmenge sind die GK, um eine weitere Flasche zu produzieren, kleiner als die *DTK* und die *DVK*. Dies bedeutet, dass die *DTK* und die *DVK* sinken werden, wenn der Output um eine weitere Flasche zunimmt. Deshalb sind die *DVK*- und *DTK*-Kurven bei dieser Produktionsmenge nach unten geneigt. Die Durchschnittskurven werden durch den niedrigen Wert von *GK* nach unten gezogen.

Betrachten Sie als Nächstes die Produktionsmenge von 440 Flaschen. Bei dieser Produktionsmenge sind die *GK* höher als die *DTK* und *DVK*. Deshalb müssen sowohl die *DVK* als auch die *DTK* zunehmen. Dies zeigt sich geometrisch an den positiven Steigungen der beiden Kurven der *DVK* und der *DTK*. Die Kurven sind aufwärts gerichtet, weil der hohe Wert der *GK* sie nach oben zieht.

Wir wollen jetzt einige Stücke zusammenfügen. Beachten Sie, dass die *GK*-Kurve für die (in unserem Beispiel zugegebenermaßen flache) U-Form der *DVK*- und der *DTK*-Kurve verantwortlich zeichnet. Auf der linken Seite von Abbildung 10.2 bedeutet dies, dass die *GK*-Kurve unter den Durchschnittskurven liegt, dass die Durchschnittskurven nach unten geneigt sind. Auf der rechten Seite von Abbildung 10.2 liegt die *GK*-Kurve über den Durchschnittskurven, weil diese nach oben geneigt sind.

Jetzt sind wir dabei angelangt, dass die *GK*-Kurve die beiden Durchschnittskurven jeweils in ihrem Minimum – dem tiefsten Punkt ihrer jeweiligen U-Form – schneidet. Links von einem solchen Schnittpunkt muss der Durchschnitt fallen, weil die *GK* kleiner als der Durchschnitt sind. Rechts davon muss der Durchschnitt steigen, weil die *GK* größer als der Durchschnitt sind. Doch im Schnittpunkt fallen oder steigen die Durchschnittskurven nicht, weil die *GK* dieser Outputeinheit mit dem gegenwärtigen Durchschnitt identisch sind. (Anders ausgedrückt: Eine 1,75 m große Person kommt in einen Raum, in dem alle Personen bereits durchschnittlich 1,75 m groß sind, sodass sich der Durchschnitt nicht ändert.)

Ökonomen können sich hierüber endlos auslassen, doch im Grund spiegelt dies nur den Einfluss wider, den zunächst fallende und dann steigende Grenzkosten auf die Kostenkurven haben. Zunächst sinken die Kosten und dann steigen sie. Dazwischen gibt es einen Punkt, bei dem sie für einen Moment gleich bleiben, nämlich wenn die negative Steigung in eine positive übergeht. An diesem Punkt müssen die Grenzkosten gleich den durchschnittlichen Kosten sein; denn nur wenn die *GK* gleich den durchschnittlichen Kosten sind, können die durchschnittlichen Kosten gleich bleiben.

Grenzerlöse und Grenzkosten vergleichen

In dem vorangegangenen Abschnitt erkläre ich, welche Beziehung zwischen den Grenzkosten und den durchschnittlichen Kosten besteht. Auf dieser Grundlage kann ich endlich erklären, wie Manager die zu produzierende Outputmenge festlegen, um die Gewinne zu maximieren. (Sie haben schon geglaubt, dass wir niemals hierher kommen würden, nicht wahr?)

Zunächst eine traurige, aber wahre Tatsache: Unternehmen können nicht immer Gewinn machen. Denn ein Unternehmen in einer Branche mit vollkommenem Wettbewerb kann den Preis nicht kontrollieren, zu dem sein Output verkauft wird, und manchmal ist dieser Preis so niedrig, dass das Unternehmen unabhängig von seiner Produktionsmenge keinen Gewinn machen kann. In einer solchen Situation ist es für das Unternehmen das Beste, seine Verluste zu minimieren und zu hoffen, dass sich der Preis ändert. Wenn der Preis zu tief sinkt, ist es möglicherweise das Beste, die Produktion sofort einzustellen, weil das Unternehmen dann nur seine fixen Kosten verliert. (Der Unterschied zwischen den fixen und variablen Kosten wird weiter oben in diesem Kapitel in dem Abschnitt *Die Kostenstruktur eines Unternehmens analysieren* erläutert.)

Später in diesem Kapitel beschreibe ich diese traurige Situation ausführlicher. Doch zunächst möchte ich mich auf die glücklichere Situation konzentrieren, in der der Marktpreis hoch genug ist, sodass ein Unternehmen eine positive Outputmenge produzieren kann. Sie werden sehen, dass dies nicht unbedingt bedeutet, dass das Unternehmen einen Gewinn erzielt; aber selbst wenn es kein Geld verdient, sind seine Verluste nicht groß genug, um die Produktion zu stoppen.

Die magische Formel: Der Punkt, an dem P = GK ist

In dem typischen Fall, in dem die Marktpreise so hoch sind, dass ein Unternehmen eine positive Outputmenge produzieren will, wird die optimale Outputmenge q mit einer lächerlich einfachen Formel bestimmt. Das Unternehmen sollte die Outputmenge produzieren, bei der der Grenzerlös gleich den Grenzkosten ist: $P = GK$.

Die Produktionsmenge, bei der $P = GK$ ist, hat zwei Eigenschaften:

✔ Sie minimiert den Verlust des Unternehmens, wenn es wegen eines niedrigen Verkaufspreises für seinen Output einen Verlust erzielt.

✔ Sie maximiert den Gewinn des Unternehmens, wenn es einen Gewinn erzielen kann, weil der Verkaufspreis hoch genug ist.

Die Idee hinter $P = GK$ ist sehr einfach und läuft im Grunde auf eine Kosten-Nutzen-Analyse hinaus. Falls Produktion und Verkauf einer Flasche einen höheren Erlös bringen, als sie Kosten verursachen, sollten Sie die Flasche produzieren. Falls nicht, dann nicht. Simpel, nicht wahr?

Betrachten wir noch einmal unser Beispiel. Stellen Sie sich vor, dass die LemonAid Corporation jede Flasche Limonade für 2 Euro verkaufen kann. Ökonomen sagen, dass der *Grenzerlös* jeder Flasche 2 Euro beträgt, weil jede weitere verkaufte Flasche einen zusätzlichen Erlös von 2 Euro bringt.

Nun müssen die Manager des Unternehmens entscheiden, wie viel sie produzieren sollten, wenn die Kosten zur Produktion einer Flasche über oder unter dem Grenzerlös von 2 Euro liegen, die das Unternehmen durch den Verkauf dieser Flasche erzielt.

An diesem Punkt müssen Sie sehr aufpassen. Sie müssen sich daran erinnern, dass die Kosten, die für Manager relevant sind, die Grenzkosten *GK* einer einzelnen Flasche sind. Denn wenn sie entscheiden, ob sie diese spezielle Flasche herstellen sollten, müssen sie die Produktionskosten dieser Flasche von den Kosten aller zuvor produzierten Flaschen unterscheiden, und dann diese Grenzkosten mit dem Erlös vergleichen, den diese Flasche bringen wird. Durch die *GK* wird die nächste zu produzierende Flasche von allen vorherigen getrennt und der Blick auf die Produktionskosten dieser nächsten Flasche gelenkt.

Wenn die *GK* dieser Flasche kleiner als 2 Euro sind, kann mit ihrer Produktion offensichtlich ein Gewinn erzielt werden; deshalb sollte diese Flasche produziert werden. Wenn die *GK* andererseits größer als 2 Euro sind, würde die Produktion der Flasche einen Verlust verursachen; dann sollte sie nicht produziert werden.

Durch einen Vergleich der *GK* jeder möglichen Flasche (der 1., der 5., der 97. usw.) mit dem Grenzerlös, den das Unternehmen durch ihren Verkauf erzielen kann, kann der Manager genau festlegen, wie viele Flaschen produziert werden sollten. Er kann die Daten anhand einer Kostentabelle (wie beispielsweise Tabelle 10.1) oder leichter anhand einer Grafik vergleichen.

Abbildung 10.3 zeigt die Kurven für die Grenzkosten (*GK*), die durchschnittlichen variablen Kosten (*DVK*) und die durchschnittlichen Gesamtkosten (*DTK*) der LemonAid Corporation. Die horizontale Linie bei 2 Euro zeigt den Preis (= Grenzerlös) für den Verkauf aller Flaschen, die das Unternehmen möglicherweise produziert. Ich habe die Linie mit $p = GE = 2$ Euro bezeichnet, um anzuzeigen, dass der Verkaufspreis und zugleich der Grenzerlös pro Flasche 2 Euro betragen. (Anmerkung des Übersetzers: Die Linie verläuft horizontal, weil die Produktionsmenge des Unternehmens bei dem vorausgesetzten vollkommenen Wettbewerb keinen Einfluss auf den Preis hat.)

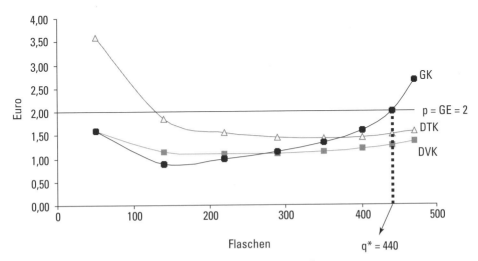

Abbildung 10.3: Die optimale Produktionsmenge q^* des Unternehmen liegt beim Schnittpunkt der GK und GE.

Die Produktionsmenge q^* entspricht dem Punkt, an dem die horizontale Linie $p = GE = 2$ Euro die *GK*-Kurve schneidet. In unserem Beispiel ist $q^* = 440$ Flaschen. Dies ist die Outputmenge, die das Unternehmen produzieren sollte, um seinen Gewinn zu maximieren.

Ein Blick auf Tabelle 10.1 weiter oben in diesem Kapitel hilft zu verstehen, warum bei $P = GK$ die Gewinne maximiert werden. Bei jeder Outputeinheit $q < 440$ ist der Grenzerlös größer als die Grenzkosten ($GE > GK$); dies bedeutet, dass Produktion und Verkauf jeder dieser Flaschen mehr Geld bringt, als ihre Produktion kostet. Beispielsweise betragen die Grenzkosten der Flasche 140 nur 0,89 Euro. Da diese Flasche aber für 2 Euro verkauft werden kann, sollten Sie sie auf jeden Fall produzieren, weil der Erlös höher als die Produktionskosten ist. Dasselbe gilt für alle Flaschen, für die $q < 440$ ist; Sie sollten alle diese Flaschen produzieren, weil sie alle einen Gewinn bringen.

Bei allen Einheiten jenseits der Outputmenge q^* ($q > 440$) ist die Sache dagegen umgekehrt: Der Preis ist kleiner als die Grenzkosten ($GE < GK$). Sie würden Geld verlieren, wenn Sie diese Flaschen produzieren und verkaufen würden. Beispielsweise betragen die *GK* bei einer

Produktionsmenge von 470 Flaschen 2,67 Euro, während der P nur 2 Euro beträgt. Falls Sie diese Menge produzieren würden, würde die Flasche 470 einen Verlust von 67 Cent bringen. Offensichtlich sollten Sie dies nicht tun.

Wenn Sie Preis (beziehungsweise Grenzerlös) und Grenzkosten bei allen Produktionsmengen vergleichen, zeigt sich, dass die Manager der LemonAid Corporation genau $q^* = 440$ Einheiten produzieren sollten; dies ist die Menge an dem Punkt, an dem sich die GE- und GK-Kurven schneiden.

Am Anfang dieses Abschnitts habe ich erwähnt, dass die Produktionsmenge, bei der $P = GK$ gilt, keinen Gewinn garantiert; doch sie stellt wenigstens sicher, dass Sie nur Flaschen produzieren, die mehr Geld bringen, als sie Kosten verursachen. Der Grund, warum diese Formel allein keinen Gewinn garantieren kann, liegt darin, dass sie die fixen Kosten nicht berücksichtigt, die unabhängig von der produzierten Outputmenge anfallen. Selbst wenn Sie nur Flaschen produzieren, deren Preis wenigstens so groß ist wie die Grenzkosten, erzielen Sie mit diesen Flaschen möglicherweise immer noch nicht genügend Gewinn, um Ihre fixen Kosten zu decken.

Gewinne grafisch darstellen

Der vorangegangene Abschnitt hat uns die folgenden Erkenntnisse gebracht:

✔ Die optimale Produktionsmenge q^* eines Unternehmens liegt bei der Menge, an der Preis (= Grenzerlös) und Grenzkosten gleich sind: $P = GK$.

✔ Die Produktionsmenge q^* garantiert noch keinen Gewinn, sondern sie garantiert nur, dass Sie entweder den größtmöglichen Gewinn erzielen (falls Sie überhaupt einen Gewinn machen können) oder dass Sie den kleinstmöglichen Verlust erleiden (falls die Preise so niedrig sind, dass Sie bei Ihrer Kostenstruktur überhaupt keinen Gewinn machen können).

Jetzt werde ich Ihnen zeigen, wie Sie anhand von Kostenkurven grafisch schnell und leicht feststellen können, ob das Unternehmen einen Gewinn oder einen Verlust macht.

Der Trick besteht darin zu erkennen, dass die beiden Komponenten des Gewinns, der Gesamterlös (E) und die Gesamtkosten (K), jeweils durch Rechtecke repräsentiert werden können, deren Flächen ihrer jeweiligen Größe entspricht. Folglich können Sie sofort erkennen, ob die Gewinne positiv oder negativ sind, indem Sie einfach schauen, ob das E-Rechteck größer oder kleiner als das K-Rechteck ist. Falls das E-Rechteck größer als das K-Rechteck ist, sind die Gewinne positiv. Und falls das E-Rechteck kleiner als das K-Rechteck ist, sind die Gewinne negativ – erleidet das Unternehmen einen Verlust.

Abbildung 10.4 zeigt dies alles in grafischer Form. Die Grafik enthält verallgemeinerte Kurven der durchschnittlichen Gesamtkosten (DTK), der durchschnittlichen variablen Kosten (DVK) und der Grenzkosten (GK). Außerdem zeigt die horizontale Linie $p = GE$ den Preis beziehungsweise Grenzerlös an, der für dieses Unternehmen im vollkommenen Wettbewerb gegeben ist. Mit *verallgemeinert* meine ich, dass diese Kurven einen typischen Verlauf haben; ich stelle nicht mehr die speziellen Kurven dar, die sich aus den Kosten der LemonAid Corporation ergeben. Mit diesem verallgemeinerten Satz von Kurven kann ich Sie (hoffentlich!) davon überzeugen, dass die geometrische Ermittlung der Gewinnhöhe eines Unternehmens für *jeden* Satz von Kostenkurven gültig ist.

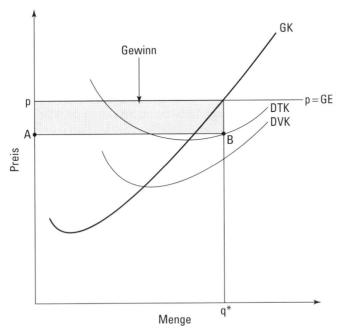

Abbildung 10.4: Ein Unternehmen macht Gewinn.

 Der Gesamterlös lässt sich deswegen als Rechteck darstellen, weil der Gesamterlös eines Unternehmens bei der Produktion der gewinnmaximierenden Outputmenge q^* einfach das Produkt aus Preis und Menge ist: $E = p \times q^*$. So wie Sie die Fläche eines rechteckigen Raumes als Länge mal Breite berechnen können, können Sie den Gesamterlös in einer Grafik als Rechteck definieren, das durch Preis mal Menge definiert wird. In Abbildung 10.4 wird der Erlös E durch ein Rechteck der Höhe p und der Breite q^* dargestellt. Seine vier Ecken befinden sich im Ursprung, bei p, bei dem Punkt, an dem die Linie $p = GE$ die *GK*-Kurve schneidet, und bei q^*.

Analog können auch die Gesamtkosten des Unternehmens durch ein Rechteck repräsentiert werden, wenn es q^* Outputeinheiten produziert. Um dieses Rechteck zu zeichnen, müssen Sie zunächst aus den durchschnittlichen Gesamtkosten (*DTK*) die Gesamtkosten (*K*) berechnen, die Sie darstellen wollen.

Betrachten Sie zu diesem Zweck den Punkt B in Abbildung 10.4. Er gibt die durchschnittlichen Gesamtkosten (DTK) pro *Einheit* an, wenn das Unternehmen die Outputmenge q^* produziert. Multipliziert mit der Outputmenge q^* ergeben diese DTK die Gesamtkosten des Unternehmens. Das bedeutet, dass K gleich der Fläche des Rechtecks mit den folgenden vier Ecken ist: der Ursprung, der Punkt, den ich mit A bezeichnet habe, der Punkt, den ich mit B bezeichnet habe, und q^*.

Diese Berechnung basiert also auf der Formel für die durchschnittlichen Gesamtkosten des Unternehmens bei der Outputmenge q^*/ $DTK = K/q^*$. Wenn Sie beide Seiten dieser Gleichung mit q^* multiplizieren, erhalten Sie $DTK \times q^* = K$, das heißt, dass K tatsächlich das Produkt aus DTK und q^* ist und damit der Fläche eines Rechtecks mit der Höhe DTK und der Breite q^* entspricht – genau dem Rechteck, dass ich Ihnen gerade gezeigt habe!

Da die Erlöse E und die Kosten K eines Unternehmens durch die Flächen von Rechtecken repräsentiert werden können, die von den Kostenkurven des Unternehmens abgeleitet sind, ist es nicht weiter überraschend, dass die Gewinne des Unternehmens, die per Definition $E - K$ sind, ebenfalls durch die Fläche eines bestimmten Rechtecks repräsentiert werden können. Tatsächlich entspricht der Gewinn der grau unterlegten Fläche des Rechtecks in Abbildung 10.4. Denn wie bereits erwähnt, sind die Gewinne einfach die Differenz zwischen E und K. Weil das E-Rechteck größer als das K-Rechteck ist, erzielt das Unternehmen in diesem Fall einen Gewinn, dessen Größe der Fläche des grauen Rechtecks entspricht; und dessen Fläche entspricht der Fläche des größeren E-Rechtecks minus der Fläche des kleineren K-Rechtecks.

Anhand von Abbildung 10.4 können Sie ein interessantes Gedankenexperiment ausführen: Was würde passieren, wenn der Preis p steigen würde? Zunächst würde die optimale Outputmenge q^* steigen, weil sich der Schnittpunkt der horizontalen Linie $p = GE$ und der GK-Kurve nach rechts und oben verschieben würde. Gleichzeitig würden die Rechtecke der Gesamterlöse beziehungsweise der Gesamtkosten größer werden. Aber welches Rechteck würde schneller wachsen? Steigen die Gewinne oder nehmen sie ab?

Sie sollten einige Kurven zeichnen, um sich davon zu überzeugen, dass die Gewinne tatsächlich steigen werden – das heißt, das grau unterlegte Gewinn-Rechteck wird größer werden, wenn der Preis steigt. Sie werden feststellen, dass ein steigender Preis die Gewinne des Unternehmens steigert. Im nächsten Abschnitt wird erklärt, wie die Gewinne negativ werden können, wenn der Preis weit genug sinkt.

Verluste grafisch darstellen

Wir wollen jetzt die Situation in dem vorangegangenen Abschnitt mit der Situation aus Abbildung 10.5 vergleichen. In dieser Abbildung sind die Kostenkurven dieselben wie in Abbildung 10.4, aber der Preis (und deshalb der Grenzerlös GE), zu dem das Unternehmen seine Produkte verkaufen kann, ist viel niedriger.

Gemäß der Regel $P = GK$ zur Bestimmung der optimalen Produktionsmenge wird sich das Unternehmen für die Produktionsmenge q^*_2 entscheiden, weil die GK-Kurve an diesem Punkt die neue niedrigere Linie $p = GE$ schneidet. Aber weil der Preis, zu dem das Unternehmen seinen Output verkaufen muss, zu niedrig ist, kann es keinen Gewinn machen. (Ich habe die optimale Produktionsmenge des Unternehmens in Abbildung 10.5 mit q^*_2 bezeichnet, um deutlich hervorzuheben, dass sich die optimale Produktionsmenge in diesem Fall, in dem der Preis niedriger ist, von der optimalen Produktionsmenge q^* aus Abbildung 10.4 unterscheidet, in der der Preis höher war.)

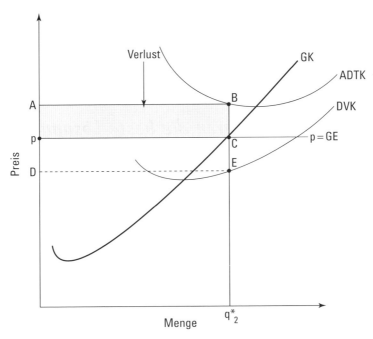

Abbildung 10.5: Ein Unternehmen, das Verlust erleidet

Sie können die Höhe des Verlustes an der Grafik ablesen, wenn Sie das E-Rechteck mit dem K-Rechteck vergleichen. Da $E = p \times q^*_2$ ist, entspricht der Gesamterlös der Fläche eines Rechtecks mit der Höhe p und der Breite q^*_2. Das E-Rechteck (Ursprung, p, C und q^*_2) ist kleiner als das K-Rechteck (Ursprung, A, B und q^*_2). Weil das Rechteck der Gesamtkosten größer als das Rechteck des Gesamterlöses ist, erleidet das Unternehmen einen Verlust, dessen Höhe der Größe der grau unterlegten Fläche aus Abbildung 10.5 entspricht.

Sie sollten aus Abbildung 10.5 Folgendes mitnehmen: Obwohl ein Manager immer die Outputmenge produzieren sollte, bei der $P = GK$ gilt, garantiert dies keinen Gewinn, weil die fixen Kosten auch eine Rolle spielen. Nehmen Sie beispielsweise an, dass ein Unternehmen pro Monat 1.000 Euro an Mieten zahlen muss. Wenn der Monat bereits begonnen hat und die Mieten bezahlt worden sind, werden Sie alle Einheiten produzieren, für die $GE > GK$ gilt. Damit erreichen Sie die Produktionsmenge q^*_2 aus Abbildung 10.5.

Nehmen Sie an, dass $q^*_2 = 600$ ist und der Preis, zu dem Sie den Output verkaufen können, 1 Euro pro Stück beträgt. Das ergibt einen Gesamterlös von 600 Euro in einem Monat. Aber bei 1.000 Euro Kosten für die Mieten erleiden Sie für diesen Monat immer noch einen Verlust, obwohl der Grenzerlös bei allen 600 Einheiten die Grenzkosten übersteigt. Das Problem liegt darin, dass die Gewinne die fixen Kosten berücksichtigen, während diese in den Grenzkosten nicht enthalten sind.

Ich betone noch einmal: Die Produktion der Outputmenge, bei der $P = GK$ gilt, garantiert keinen Gewinn. Aber sie garantiert Ihnen, dass ein Verlust, wenn Sie ihn denn erleiden, so klein wie möglich sein wird. Sie können zwar kurzfristig nichts an Ihren fixen Kosten ändern, aber Sie können gewährleisten, dass Sie nur die Einheiten produzieren, deren Grenzerlös über den Grenzkosten liegt.

Das Geschäft aufgeben: Wenn nichts zu produzieren die beste Lösung ist

Vielleicht fragen Sie sich, warum ein Unternehmen im Geschäft bleiben sollte, wenn es Verluste erleidet, statt Gewinne zu machen. Die übliche Antwort lautet, dass es auf eine baldige Wende der Marktlage hofft. Entweder erwartet es, dass der Preis steigen wird, zu dem es seine Produkte verkaufen kann, oder es erwartet, dass es seine Produktionskosten irgendwie reduzieren kann.

Selbst wenn diese Erwartungen ausreichend begründet sind, ist es manchmal immer noch besser, den Geschäftsbetrieb komplett einzustellen, statt eine positive Outputmenge zu produzieren. Auch hier sind wieder die fixen Kosten der bestimmende Faktor.

Die Bedingung für eine kurzfristige Produktionseinstellung: Die variablen Kosten übersteigen den Gesamterlös

Nehmen wir an, dass Sie ein Unternehmen leiten, das monatlich Mieten von 1.000 Euro bezahlen muss. Falls Sie nichts produzieren, erleiden Sie einen Verlust von 1.000 Euro. Aber das bedeutet nicht, dass Sie *unbedingt* anfangen sollten, Güter zu produzieren, um zu versuchen, einen Teil dieses Geldes zurückzuverdienen. Stattdessen sollten Sie nur produzieren, wenn Sie dadurch besser dastehen, als wenn Sie nichts tun würden. Das bedeutet: Sie sollten nur produzieren, wenn Sie dadurch entweder direkt einen Gewinn erzielen oder einen Verlust erleiden, der kleiner als die 1.000 Euro ist, die Sie durch Nichtstun verlieren würden. Ich werde Ihnen zeigen, dass es manchmal am besten ist, nichts zu produzieren.

In Abbildung 10.6 ist der Preis, zu dem das Unternehmen seinen Output verkaufen kann, so niedrig, dass die Linie des Marktpreises die Kurve der Grenzkosten (GK) an einem Punkt schneidet, der unterhalb der Kurve der durchschnittlichen variablen Kosten (DVK) liegt. Die optimale Produktionsmenge zu diesem Preis wird mit q^*_3 bezeichnet. Was bedeutet das?

Einfach ausgedrückt, ist der Gesamterlös in diesem Fall tatsächlich *geringer als* die variablen Kosten. Der Gesamterlös entspricht dem Rechteck (Ursprung, Punkt p, Punkt B und q^*_3). Die variablen Kosten entsprechen dem Rechteck (Ursprung, Punkte C, Punkt D und Punkt q^*_3).

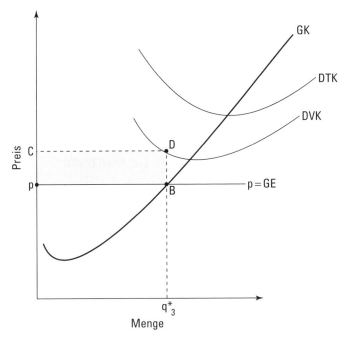

Abbildung 10.6: Ein Unternehmen erleidet einen so hohen Verlust, dass es selbst seine variablen Kosten nicht decken kann.

Das heißt: Wenn das Unternehmen q^*_3 Einheiten produziert, reicht sein Gesamterlös nicht einmal aus, die variablen Kosten für die Produktionsmenge zu decken. Das Unternehmen verliert also nicht nur seine fixen Kosten, sondern noch mehr Geld durch die Produktion von q^*_3, weil es die dafür erforderlichen variablen Kosten nicht decken kann.

 Es ist nur logisch, in einer solchen Situation nichts zu produzieren. Wenn das Unternehmen null Einheiten produziert, verliert es nur seine fixen Kosten. Wenn es q^*_3 Einheiten produziert, verliert es noch mehr Geld, weil es seine variablen Kosten nicht decken kann.

Beispielsweise betragen die fixen Kosten 1.000 Euro und das Unternehmen erzielt durch eine Produktion von q^*_3 Einheiten einen Gesamterlös von 400 Euro, wendet dafür aber variable Kosten in Höhe von 500 Euro auf. Weil der Gesamterlös nur 400 Euro der 500 Euro variabler Kosten abdeckt, verliert das Unternehmen durch die Produktion variable Kosten in Höhe von 100 Euro. Zusammen mit den 1.000 Euro an fixen Kosten, die unabhängig von der Produktionsmenge anfallen, verliert das Unternehmen damit insgesamt 1.100 Euro, wenn es q^*_3 Outputeinheiten produziert. Wenn es dagegen den Betrieb einstellt und nichts produzieren würde, würde es nur die 1.000 Euro an fixen Kosten verlieren. Offensichtlich sollte das Unternehmen in dieser Situation den Betrieb schließen.

Ökonomen bezeichnen diese Situation als *Bedingung einer kurzfristigen Produktionseinstellung*. Wenn der Gesamterlös eines Unternehmens bei der Outputmenge q^*_3 unter den variablen Kosten liegt, ist es besser, den Betrieb vollkommen einzustellen. Grafisch ist diese Bedingung immer erfüllt, wenn die horizontal Linie $p = GE$ die *GK*-Kurve in einem Punkt unterhalb der U-förmigen *DVK*-Kurve schneidet. In diesem Fall ist der Gesamterlös immer geringer als die variablen Kosten; und dies impliziert, dass es besser ist, den Betrieb einzustellen als zu produzieren.

Die Bedingung für eine langfristige Produktionseinstellung: Die Gesamtkosten übersteigen den Gesamterlös

Betrachten Sie im Gegensatz dazu Abbildung 10.5 weiter oben. In diesem Fall verdient das Unternehmen mehr als seine variablen Kosten, denn der Gesamterlös – Rechteck (Ursprung, Punkte p, Punkt C und q^*_2) – übersteigt die variablen Kosten – Rechteck (Ursprung, Punkt D, Punkt E und q^*_2). Obwohl das Unternehmen Geld verliert, steht es besser da, wenn es q^*_2 statt $q = 0$ Einheiten produziert, weil der Gesamterlös die variablen Kosten übersteigt. Es kann mit dem überschüssigen Geld, das nach der Bezahlung der variablen Kosten übrig bleibt, einen Teil seiner fixen Kosten bezahlen.

Angenommen, das Unternehmen hat fixe Kosten in Höhe von 1.000 Euro und sein Gesamterlös beträgt bei einer Produktion von q^*_2 Einheiten 800 Euro , während die variablen Kosten nur 700 Euro betragen. Mit den ersten 700 Euro der 800 Euro des Gesamterlöses werden die variablen Kosten bezahlt, sodass 100 Euro übrig bleiben, um einen Teil der 1.000 Euro an fixen Kosten zu begleichen. Folglich beträgt der allgemeine Verlust nur 900 Euro und nicht 1.000 Euro, die angefallen wären, wenn es nichts produziert hätte.

Ein Unternehmen, das sich in der Situation aus Abbildung 10.5 befindet, wird kurzfristig weiterarbeiten, weil es dadurch besser dasteht, als wenn es den Betrieb sofort einstellen würde. Aber es verliert immer noch Geld. Auch wenn es für das Unternehmen besser ist, kurzfristig Output zu produzieren, sollte es letztlich aufhören, Verluste zu machen, und den Betrieb einstellen. Sobald seine Verpflichtungen zur Zahlung der fixen Kosten auslaufen, sollte es den Betrieb dauerhaft einstellen, das heißt aus dem Markt austreten.

Dem Marktpreis ausgeliefert

Weil Unternehmen bei vollkommenem Wettbewerb den Marktpreis als gegeben hinnehmen müssen, ist ihnen die Entscheidung darüber, ob sie den Geschäftsbetrieb aufrechterhalten wollen, in gewisser Weise vollkommen aus der Hand genommen. Es gibt nur drei Möglichkeiten:

10 ► Der Kern des Kapitalismus: Das gewinnmaximierende Unternehmen

✔ Falls der Preis hoch genug ist, wird das Unternehmen einen Gewinn machen und sollte im Geschäft bleiben, um den Gewinn einzufahren. Grafisch ist dies der Fall, wenn die horizontale Linie $p = GE$ die GK-Kurve in einem Punkt schneidet, der über dem tiefsten Punkt der U-förmigen DTK-Kurve liegt (siehe Abbildung 10.4).

✔ Falls die horizontale Linie $p = GE$ die GK-Kurve in einem Punkt schneidet, der unter dem tiefsten Punkt der U-förmigen DTK-Kurve liegt, erleidet das Unternehmen einen Verlust. Was es in einer solchen Situation tut, hängt davon ab, wie niedrig der Preis und folglich wie hoch der Verlust ist. Es gibt zwei Möglichkeiten (oder Bedingungen), die ich in den vorangegangenen Abschnitten erklärt habe:

- Die *Bedingung für eine kurzfristige Produktionseinstellung* ist gegeben, wenn der Gesamterlös eines Unternehmens geringer als seine variablen Kosten ist. Grafisch bedeutet dies, dass die horizontale Linie $p = GE$ die GK-Kurve in einem Punkt schneidet, der unter dem Minimum der U-förmigen DVK-Kurve liegt (siehe Abbildung 10.6).

  In einer solchen Situation steht das Unternehmen besser da, wenn es seinen Geschäftsbetrieb sofort einstellt und nur seine fixen Kosten verliert. Wenn es in dieser Situation einen Output produzieren würde, würde sein Verlust sogar noch größer werden.

- Die *Bedingung für eine langfristige Produktionseinstellung* ist gegeben, wenn der Gesamterlös eines Unternehmens größer als seinen variablen Kosten, aber kleiner als seine Gesamtkosten ist. Grafisch bedeutet dies, dass die horizontale Linie $p = GE$ die GK-Kurve in einem Punkt auf der GK-Kurve schneidet, der über dem Minimum der U-förmigen DVK-Kurve, aber unter dem Minimum der U-förmigen DTK-Kurve liegt (siehe Abbildung 10.5).

  In einer solchen Situation verliert das Unternehmen mit Sicherheit Geld. Aber so lange das Unternehmen Verpflichtungen zur Zahlung fixer Kosten hat, ist es besser, weiter zu produzieren, als den Geschäftsbetrieb sofort einzustellen. Wenn es produziert, übersteigt sein Gesamterlös seine variablen Kosten; dies bedeutet, dass es mit diesem Überschuss wenigstens einen Teil seiner fixen Kosten bezahlen kann und sich alle Chancen in der Zukunft (zum Beispiel bei höheren Preisen) erhält. Wenn es dagegen den Geschäftsbetrieb einstellt und nichts produziert, verliert es alle seine fixen Kosten und steht noch schlechter da.

Unternehmen bei vollkommenem Wettbewerb sind also in gewisser Weise dem Marktpreis komplett ausgeliefert. Falls der Preis hoch ist, machen sie Gewinne. Falls der Preis niedrig ist, erleiden sie Verluste. Und selbst dann hängt ihre Entscheidung, ob sie den Geschäftsbetrieb sofort aufgeben oder unter Verlusten weiterarbeiten sollten, bis sie ihre Verpflichtungen zur Zahlung der fixen Kosten erfüllt haben, vollkommen vom Preis ab. Bei vollkommenem Wettbewerb haben Unternehmen keine Kontrolle.

Im nächsten Kapitel beschreibe ich Unternehmen, die keinem vollkommenen Wettbewerb unterworfen sind und ihre Marktpreise kontrollieren können. Wie Sie aus der Preisabhängigkeit von Unternehmen bei vollkommenem Wettbewerb bereits ableiten können, sind Unternehmen, die eine derartige Kontrolle ausüben können, viel weniger gefährdet.

Warum Ökonomen freie Märkte und Wettbewerb lieben

In diesem Kapitel

- Den sozialen Nutzen verschiedener Produktionsmengen messen
- Zeigen, dass freie Märkte die Gesamtwohlfahrt maximieren können
- Die Gesamtwohlfahrt durch Steuern und Preiskontrollen reduzieren
- Mit den geringstmöglichen Kosten für die Gesellschaft produzieren
- Sich an Änderungen von Angebot und Nachfrage anpassen

Ökonomen lieben freie Wettbewerbsmärkte – Märkte, in denen zahlreiche Käufer und zahlreiche konkurrierende Unternehmen sich ungehindert gegenseitig beeinflussen. In der Tat sind Ökonomen davon überzeugt, dass richtig funktionierende, freie Wettbewerbsmärkte das allerbeste Mittel sind, die begrenzten Ressourcen der Gesellschaft in die Güter und Dienste umzuwandeln, die tatsächlich begehrt werden.

Warum setzen Ökonomen ein so großes Vertrauen in freie Wettbewerbsmärkte? Weil die Interaktion von Angebot und Nachfrage (siehe Kapitel 8) dazu führt, dass jede produzierte Outputeinheit zwei ausgezeichnete Bedingungen erfüllt:

✔ Sie wird zu den kleinstmöglichen Kosten produziert. Das bedeutet, dass es weder Verschwendung noch Ineffizienzen gibt.

✔ Ihr Nutzen übersteigt ihre Kosten. Das bedeutet, dass nur Output produziert wird, der die Wohlfahrt aller insgesamt verbessert. Was der Ökonom unter *Wohlfahrt* versteht, wird gleich erklärt.

Ökonomen lieben freie Wettbewerbsmärkte auch deswegen, weil sie einen Goldstandard liefern, an dem alle anderen wirtschaftlichen Institutionen gemessen werden können. Tatsächlich werden viele wirtschaftliche Probleme von Ökonomen gerade deswegen als *Marktversagen* bezeichnet, weil sie schnell verschwinden würden, wenn die Märkte richtig funktionieren würden.

In diesem Kapitel zeige ich Ihnen, dass freie Wettbewerbsmärkte gewährleisten, dass der Nutzen des gesamten produzierten Outputs seine Kosten übersteigt. Ich zeige Ihnen auch, dass freie Wettbewerbsmärkte die *sozial optimale Outputmenge* produzieren – die Menge, die den Nutzen maximiert, den die Gesellschaft mit ihrem begrenzten Angebot an Ressourcen erzielen kann. Letztlich zeige ich Ihnen, wie sich Wettbewerbsbranchen an Änderungen von Angebot und Nachfrage anpassen, um zu gewährleisten, dass alles, was produziert wird, zu den geringstmöglichen Kosten für die Gesellschaft produziert wird.

Die Schönheit von Wettbewerbsmärkten: Gewährleisten, dass der Nutzen die Kosten übersteigt

Die Gesellschaft verfügt nur über eine begrenzte Menge an Boden, Arbeit, Kapital und Unternehmer, um Güter zu produzieren. Deshalb muss sie sehr umsichtig vorgehen, um herauszufinden, wie sie ihre begrenzten Ressourcen am besten in die Güter und Dienste umwandelt, die von ihren Mitgliedern am stärksten begehrt werden.

Ökonomen lieben freie Wettbewerbsmärkte; denn wenn sie richtig funktionieren, gewährleisten sie, dass die Ressourcen optimal alloziert werden. Insbesondere stellen solche Märkte sicher, dass mit diesen Ressourcen nur Güter produziert werden, deren Nutzen ihre Kosten übersteigt.

Dieser Punkt lässt sich leicht demonstrieren; Sie brauchen dafür nichts Komplizierteres als die grafische Darstellung von Angebot und Nachfrage, die in Kapitel 8 vorgestellt wird. Doch vorher müssen Sie die Bedingungen kennen lernen, unter denen freie Wettbewerbsmärkte richtig funktionieren und damit ihre wünschenswerten Ergebnisse liefern können. (Bitte beachten Sie, dass ich in diesem Kapitel manchmal einfach nur *freie Märkte* oder *Märkte* erwähne, statt jedes Mal *freie Wettbewerbsmärkte* zu schreiben. Ich versuche damit, hier meine Ressourcen zu maximieren.)

Die Voraussetzungen für richtig funktionierende Märkte

Freie Märkte garantieren optimale Folgen nur, wenn die folgenden Bedingungen erfüllt sind:

- ✔ Käufern und Verkäufer haben gleichermaßen Zugang zu denselben, vollständigen und umfassenden Informationen über die fraglichen Güter oder Dienste.

- ✔ Die Eigentumsrechte sind so konstruiert, dass die Käufer die fraglichen Güter oder Dienste nur bekommen können, wenn sie die Verkäufer dafür bezahlen.

- ✔ Die Angebotskurven enthalten alle Kosten, die Unternehmen zur Produktion der fraglichen Güter oder Dienste aufwenden müssen.

- ✔ Die Nachfragekurven enthalten den gesamten Nutzens, den die Nachfrager aus den fraglichen Gütern oder Diensten ziehen.

- ✔ Es gibt sowohl viele Käufer als auch viele Verkäufer, und so ist niemand groß genug, um den Marktpreis zu beeinflussen. Dies wird oft als die *Preisnehmer*-Annahme bezeichnet, weil jeder die Preise einfach als gegeben hinnehmen muss – also wie oben bereits erklärt, als Mengenanpasser agiert.

- ✔ Der Marktpreis kann sich vollkommen frei anpassen, um Angebot und Nachfrage nach den fraglichen Gütern oder Diensten auszugleichen.

Mit diesen sechs Punkten werden im Grunde zwei umfassende Ziele erreicht:

✔ Sie garantieren, dass Leute in einer Marktumgebung kaufen und verkaufen wollen.

✔ Sie gewährleisten, dass die Märkte die gesamten Kosten und den gesamten Nutzen berücksichtigen, die beziehungsweise der mit der Produktion und dem Verbrauch einer gegebenen Outputmenge verbunden ist.

Ich gehe auf diese beiden Punkte in den nächsten beiden Abschnitten getrennt näher ein.

Garantieren, dass Menschen auf Märkten agieren wollen

Die Anforderung, dass sowohl Käufer als auch Verkäufer Zugang zu vollständigen und umfassenden Informationen haben, garantiert, dass beide bereit sind, miteinander zu verhandeln, ohne fürchten zu müssen, dass die Gegenpartei über spezielle Informationen verfügt, die zum eigenen Nachteil verwendet werden können. (In Kapitel 15 erkläre ich, wie und warum Märkte zusammenbrechen, wenn eine Seite über mehr Informationen verfügt als die andere.)

Die Anforderung, dass die Eigentumsrechte so konstruiert sind, dass Käufer die Verkäufer bezahlen müssen, gewährleistet, dass es Verkäufer gibt, die bereit sind das Produkt anzubieten. Betrachten Sie als Gegenbeispiel den Versuch, Eintrittskarten für ein Feuerwerk zu verkaufen. Weil jeder weiß, dass er das Feuerwerk kostenlos anschauen kann, will niemand für eine Eintrittskarte bezahlen. Doch weil die Verkäufer keine Tickets verkaufen können, haben sie keinen Anreiz, ein Feuerwerk zu veranstalten. (In Kapitel 15 beschreibe ich ähnliche Situationen und wie die Gesellschaft mit ihnen umgehen muss, wenn Märkte dies nicht können.)

Die gesamten Kosten und den gesamten Nutzen erfassen

Die Anforderungen, dass Angebotskurven die gesamten Kosten und Nachfragekurven den gesamten Nutzen erfassen, gewährleisten, dass Kosten und Nutzen korrekt berechnet werden können. Wenn beispielsweise eine Stahlfabrik die Luft kostenlos verschmutzen darf, kann der Preis für Stahl nicht exakt den Schaden widerspiegeln, den die Luftverschmutzung der Fabrik der Umwelt zufügt. Wenn der Staat dagegen das Stahlunternehmen zwingt, laufend die Kosten für eine Beseitigung der Schadstoffe zu bezahlen, werden diese Kosten in dem Marktpreis widergespiegelt; dann kann die Gesellschaft die Kosten und den Nutzen der Stahlproduktion ordentlich gegeneinander abwägen. (Kapitel 14 beschreibt Methoden, um Märkte zu verbessern, wenn die Angebots- und Nachfragekurven nicht die gesamten Kosten und den gesamten Nutzen enthalten.)

Auch wenn die ersten vier Anforderungen für freie Märkte erfüllt sind, können die Marktkräfte ein soziales Optimum nur erreichen, wenn es keine Eingriffe gibt. Die fünfte Anforderung beseitigt Probleme wie Monopole, bei denen einzelne Käufer oder Verkäufer so stark sind, dass sie den Marktpreis zu ihren Gunsten manipulieren können. Die sechste Anforderung legt fest, dass Angebot und Nachfrage sich ungehindert von staatlich festgesetzten Höchst- oder Mindestpreisen und -mengen gegenseitig beeinflussen können, um den Marktpreis und die

Marktmenge zu finden. (In Kapitel 8 wird beschrieben, welche Probleme mit Höchst- oder Mindestpreisen verbunden sind und wie die Gesellschaft dadurch geschädigt wird.)

Wenn alle sechs Anforderungen erfüllt sind, passiert etwas Erstaunliches: Angebot und Nachfrage stellen automatisch das soziale Optimum der Produktion her, ohne dass der Staat oder irgendwelche Aktivisten irgendetwas tun müssten. Diese Einsicht war die Grundlage der Metapher der unsichtbaren Hand von Adam Smith, die die Märkte so zu leiten scheint, das Richtige zu tun, ohne dass jemand dafür verantwortlich ist – und zwar obwohl jeder Einzelne im Markt möglicherweise nur seinem Eigennutz nachjagt.

Sie sollten sich also diese Einsicht zu Herzen nehmen, indem Sie sich um Ihre eigenen Interessen kümmern und den Rest dieses Kapitels sorgfältig lesen. Möglicherweise fördern Sie letztendlich doch wieder das soziale Optimum.

Die Effizienz freier Märkte analysieren

Ökonomen zeigen anhand von Angebots- und Nachfragekurven, dass freie Märkte die sozial optimalen Outputmengen produzieren. Doch dahinter steckt eine einfache Einsicht: Eine Outputeinheit kann nur dann sozial vorteilhaft produziert und konsumiert werden, wenn der Nutzen ihres Konsums die Kosten ihrer Produktion übersteigt.

Tatsächlich sind Angebots- und Nachfragekurven wegen dieser einfachen Einsicht nützlich, um das soziale Optimum zu analysieren. Nachfragekurven quantifizieren den Nutzen, den der Konsum von Gütern bringt, indem sie zeigen, was die Konsumenten für jede einzelne Outputeinheit zu zahlen bereit sind (siehe Kapitel 8). Analog dazu quantifizieren Angebotskurven die Kosten, um jede einzelne Outputeinheit zu produzieren (siehe Kapitel 10).

Anhand von Angebot und Nachfrage Kosten und Nutzen vergleichen

Wenn wir die Nachfragekurve D und die Angebotskurve S für ein Gut oder einen Dienst zusammen in einer Grafik darstellen, können Sie Nutzen und Kosten aller produzierten Outputeinheiten leicht vergleichen (siehe Abbildung 11.1).

Werfen Sie beispielsweise einen Blick auf die erste Outputeinheit auf der horizontalen Achse. Gehen Sie bei dieser Produktionsmenge vertikal nach oben bis zur Nachfragekurve. Der Schnittpunkt zeigt, dass die Konsumenten bereit sind, 8 Euro für eine Outputeinheit zu zahlen. Gleichzeitig zeigt die Angebotskurve bei dieser Menge, dass die Unternehmen bereit sind, diese Einheit zu Kosten von 2 Euro zu produzieren.

Zusammen zeigen diese Daten, dass es sozial vorteilhaft ist, diese erste Outputeinheit zu produzieren, weil ihr Wert für die Käufer (8 Euro) höher ist als die Produktionskosten des Verkäufers (2 Euro). Etwas anders ausgedrückt: Während die Ressourcen zur Produktion dieser Outputeinheit die Gesellschaft nur 2 Euro kosten, bringen sie ihr einen Nutzen von 8 Euro, wenn sie diese Ressourcen in diese speziellen Güter oder Dienste umwandeln. Weil der Nutzen die Kosten übersteigt, *sollte* diese eine Outputeinheit produziert werden.

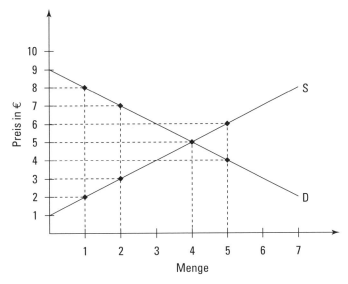

Abbildung 11.1: Kosten und Nutzen mit Angebots- und Nachfragekurven vergleichen

Zur zweiten Outputeinheit: Die Nachfragekurve zeigt, dass die Konsumenten für diese Einheit 7 Euro zu zahlen bereit sind, und die Angebotskurve zeigt, dass die Produktion der zweiten Einheit 3 Euro kostet. Auch hier übersteigt der Nutzen die Kosten; deshalb *sollte* auch diese Outputeinheit produziert werden.

Anders ist es bei der fünften Outputeinheit: Wenn Sie vertikal nach oben gehen, zeigt die Angebotskurve für die fünfte Einheit Produktionskosten von 6 Euro, während ihr Nutzen laut Nachfragekurve nur 4 Euro beträgt. Weil die Produktionskosten dieser Einheit höher sind, als jemand für sie zu zahlen bereit ist, *sollte* diese Outputeinheit *nicht* produziert werden.

Anders ausgedrückt: Die Produktion der fünften Outputeinheit würde Werte zerstören. Warum? Weil es Ressourcen im Wert von 6 Euro kostet, um etwas zu produzieren, das den Konsumenten nur 4 Euro wert ist. Diese Einheit zu produzieren, würde Werte zerstören.

Die sozial optimale Produktionsmenge bestimmen

Abbildung 11.1 zeigt auch, welche Menge q an Output tatsächlich produziert werden sollte. Anhand der Angebots- und Nachfragekurven können Sie Kosten und Nutzen für jede mögliche Produktionsmenge schnell vergleichen.

Es gibt nur drei Kosten-Nutzen-Beziehungen:

✔ Der Nutzen ist größer als die Kosten. Dies gilt für alle Mengen $q < 4$.

✔ Der Nutzen ist gleich den Kosten. Dies gilt für die Menge $q = 4$.

✔ Der Nutzen ist kleiner als die Kosten. Dies gilt für alle Mengen $q > 4$.

Ökonomen schließen daraus, dass die sozial optimale Produktionsmenge $q = 4$ Einheiten beträgt, weil der Nutzen bei dieser Menge entweder die Kosten übersteigt oder wenigstens gleich den Kosten ist. Durch die Produktion der ersten vier Outputeinheiten erzielt die Gesellschaft entweder Vorteile oder steht zumindest nicht schlechter da.

Die sozial optimale Produktionsmenge ist also in einer Angebot-und-Nachfrage-Grafik immer sehr leicht zu erkennen. Sie ist die Menge an dem Punkt, an dem sich die Nachfrage- und Angebotskurven schneiden.

Erkennen, dass freie Märkte die sozial optimale Produktionsmenge produzieren

Adam Smiths großer Einsicht war zu erkennen, dass freie Märkte automatisch ohne Lenkung von außen genau die sozial optimale Produktionsmenge produzieren.

Der Beweis dafür ist fast trivial. Abbildung 11.1 zeigt auf einen Blick, dass die Marktgleichgewichtsmenge – die sich einstellt, wenn sich der Marktpreis so anpassen kann, dass die Angebotsmengen der Verkäufer gleich den Nachfragemengen der Käufern sind – durch den Schnittpunkt der Angebots- und Nachfragekurven bestimmt wird (warum, siehe Kapitel 8). Die Marktgleichgewichtsmenge beträgt vier Outputeinheiten; dies ist genau die Menge, die Sie produzieren sollten, wenn Sie anhand der Nachfrage- und Angebotskurven Nutzen und Kosten vergleichen.

Dieses erstaunliche Ergebnis vereinfacht das Leben erheblich: Es zeigt, dass es nicht erforderlich ist, laufend durch Regierungsbeamte oder eine andere zentrale Planungsinstitution prüfen zu lassen, ob genau die richtigen Outputmengen produziert werden. Freie Märkte produzieren automatisch ohne jede Aufsicht genau die optimalen Outputmengen.

Vorteile anhand der Gesamtwohlfahrt messen

Ökonomen verwenden ein Konzept, das als *Gesamtwohlfahrt* bezeichnet wird, um den Gesamtnutzen zu erfassen, der durch die Produktion der sozial optimalen Produktionsmenge erzielt wird. Die Gesamtwohlfahrt ist die Differenz, um den der Nutzen die Kosten für eine Produktionsmenge übersteigt.

Die Gesamtwohlfahrt wird zwischen Konsumenten und Produzenten geteilt. Der Teil der Gesamtwohlfahrt, der den Konsumenten zugute kommt, heißt (natürlich) *Konsumentenrente*, während der Teil der Produzenten als *Produzentenrente* bezeichnet wird.

In den folgenden Abschnitten behandele ich separat zunächst die Konsumentenrente und dann die Produzentenrente. Danach erkläre ich, wie sich daraus die Gesamtwohlfahrt ergibt.

Die Konsumentenrente eines diskreten Gutes messen

Die *Konsumentenrente* ist der zusätzliche Nutzen, den Konsumenten erhalten, wenn sie Güter für weniger kaufen, als sie zu zahlen bereit wären.

Die Konsumentenrente lässt sich am einfachsten anhand eines diskreten Gutes erklären. Ein *diskretes Gut* ist ein Gut, dass nur in diskreten (gestückelten) Einheiten käuflich ist. Beispielsweise können Sie 1 Auto oder 57 Autos, aber nicht 2,33 Autos kaufen. Sie können 1 Pferd oder 13 Kühe, aber keine Bruchteile von Vieh kaufen (wenigstens nicht lebend!).

Abbildung 11.2 zeigt die Nachfrage nach Kühen. Weil eine Menge von Kühen aus diskreten Einheiten besteht, ist die Nachfragekurve keine glatte, abwärts geneigte Kurve, sondern eine so genannte mathematische *Stufenfunktion*. Sie zeigt, dass die Käufer für die erste Kuh 900 Euro, für die zweite Kuh 800 Euro, für die dritte Kuh 700 Euro usw. zu zahlen bereit sind.

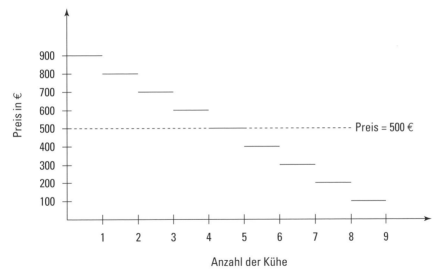

Abbildung 11.2: Die Nachfragekurve für ein Gut, das in diskreten Einheiten verkauft wird, sieht wie eine Treppe aus.

Der Marktpreis für Kühe soll bei 500 Euro liegen und wird durch eine horizontale gestrichelte Linie dargestellt. Vergleichen Sie diesen Preis mit den Preisen, die die Käufer für jede Kuh zu zahlen bereit sind.

Für die erste Kuh sind die Käufer bereit, 900 Euro zu zahlen. Weil der Marktpreis für Kühe nur 500 Euro beträgt, hat der Käufer einen zusätzlichen Nutzen; denn er kann eine Kuh für 400 Euro weniger kaufen, als er dafür zu zahlen bereit wäre. Ökonomisch ausgedrückt beträgt die *Konsumentenrente* der ersten Kuh 400 Euro.

Für die zweite Kuh sind die Käufer bereit, 800 Euro zu zahlen. Da der Marktpreis nur 500 Euro beträgt, erhalten sie für diese Kuh eine Konsumentenrente von 300 Euro. Analog dazu beträgt die Konsumentenrente für die dritte Kuh 200 Euro und für die vierte Kuh 100 Euro.

Bei den ersten vier Kühen ist also die Konsumentenrente positiv. Dagegen ist die Konsumentenrente bei der fünften Kuh null; denn die Käufer sind bereit, 500 Euro zu zahlen, und die Kuh kostet 500 Euro. Dies bedeutet, dass die Käufer nur fünf Kühe zu kaufen bereit sind. (Ökonomen nehmen immer an, dass die Käufer kaufen, wenn der Preis so hoch wie ihre Zahlungsbereitschaft ist.)

Die gesamte Konsumentenrente für ein diskretes Gut wie Kühe ist die Summe der Konsumentenrenten aller gekauften Einheiten. In diesem Fall beträgt sie 1.000 Euro (400 Euro + 300 Euro + 200 Euro + 100 Euro + 0 Euro für die ersten fünf Kühe).

In Abbildung 11.3 entspricht die gesamte Konsumentenrente von 1.000 Euro der grau unterlegten Fläche zwischen der horizontalen Preislinie bei 500 Euro und der Stufenfunktion.

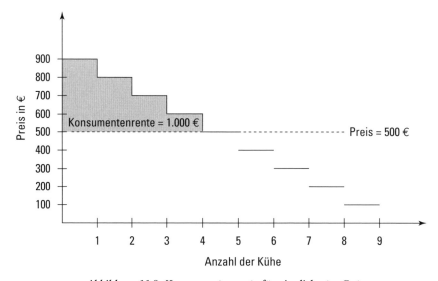

Abbildung 11.3: Konsumentenrente für ein diskretes Gut

Die Konsumentenrente eines teilbaren Gutes messen

Die Konsumentenrente kann auch für teilbare Güter und Dienste gemessen werden – Dinge wie Boden oder Speiseöl oder die Zeit für Unterrichtsstunden, die nicht unbedingt in diskreten Einheiten verkauft werden. Anders ausgedrückt: Man kann beliebige Mengen teilbarer Güter kaufen wie beispielsweise 78,5 Morgen Boden, 6,33 Gallonen Speiseöl oder 2,5 Unterrichtsstunden.

Die Nachfragekurven für teilbare Güter sehen viel gefälliger als die Stufenfunktionen von diskreten Gütern aus. Tatsächlich sind die Nachfragekurven für teilbare Güter die glatten, abwärts geneigten Linien, die wir bis jetzt in den meisten Beispielen verwendet haben (siehe beispielsweise Kapitel 8).

Weil diese Nachfragekurven so glatt verlaufen, wird die Konsumentenrente für ein teilbares Gut durch eine dreieckige Fläche zwischen der Nachfragekurve der Marktpreislinie angezeigt (siehe Abbildung 11.4, die eine Nachfragekurve für Speiseöl zeigt).

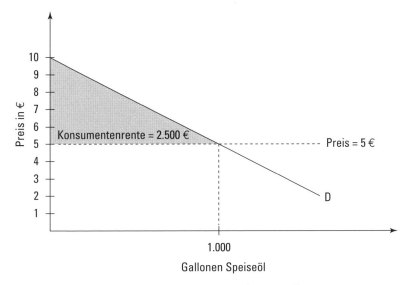

Abbildung 11.4: Konsumentenrente für ein teilbares Gut

In Abbildung 11.4 kostet Speiseöl 5 Euro pro Gallone. Zu diesem Preis wollen die Konsumenten 1.000 Gallonen Speiseöl kaufen. Die Nachfragekurve liegt über der horizontalen Preislinie bei 5 Euro. Das bedeutet, dass die Käufer besser dastehen, wenn sie diese 1.000 Gallonen kaufen, weil ihnen deren Gesamtnutzen mehr wert ist als die Kosten von 5 Euro pro Gallone.

Um die Konsumentenrente für ein teilbares Gut zu ermitteln, werden die Einzelrenten aller Käufer addiert, die diese erhalten, wenn sie das Gut für weniger Geld kaufen, als sie zu zahlen bereit sind. Dies entspricht also der Berechnung bei einem diskreten Gut. Doch weil wir es jetzt mit einem Dreieck zu tun haben, wird die Gesamtrente mit der Formel für die Fläche eines Dreiecks berechnet: ½ × Grundlinie × Höhe. Hier also: ½ × 1.000 Euro × 5 = 2.500 Euro.

Die Produzentenrente messen

Die *Produzentenrente* misst den Nutzen, den ein Unternehmen hat, wenn es ein Gut für einen höheren Preis als seinen Mindestangebotspreis verkaufen kann. Die Produzentenrente für diskrete und teilbare Güter wird analog zu den Konsumentenrenten berechnet. Hier zeige ich ein Beispiel für die Berechnung der Produzentenrente eines teilbaren Gutes.

Abbildung 11.5 zeigt die Angebotskurve S für Speiseöl. Anhand dieser Angebotskurve können Sie die Produzentenrente für jede beliebige Angebotsmenge bestimmen. Bei jeder Menge entspricht sie dem vertikalen Abstand zwischen der horizontalen Marktpreislinie und dem jeweiligen Mindestangebotspreis des Gutes auf der Angebotskurve. (Mehr über Angebotskurven und ihre Interpretation finden Sie in Kapitel 8.)

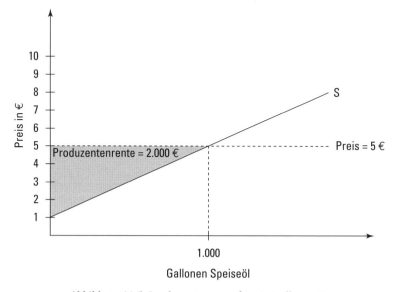

Abbildung 11.5: Produzentenrente für ein teilbares Gut

Der Preis für Speiseöl beträgt immer noch 5 Euro pro Gallone. In unserer Grafik wollen die Produzenten zu diesem Preis genau 1.000 Gallonen Speiseöl anbieten. Warum? Bei der gegebenen Angebotskurve kostet es bis zum allerletzten Tropfen der tausendsten Gallone weniger, eine Gallone zu produzieren, als die 5 Euro, die die Produzenten beim Verkauf erzielen.

Doch entscheidend ist, dass die Produzenten bereit sind, den größten Teil des Speiseöls für *weniger als* den Marktpreis von 5 Euro pro Gallone anzubieten. Dies zeigt sich daran, dass die Angebotskurve bis zum allerletzten Tropfen Öl der tausendsten Gallone unter der horizontalen Preislinie liegt. Die Tatsache, dass sie 5 Euro pro Gallone erhalten, obwohl sie bereit sind, das Öl für weniger zu produzieren, ist die Quelle der Produzentenrente, die durch die Fläche des grau unterlegten Dreiecks repräsentiert wird.

 Auch hier können wir die Produzentenrente mit der Formel für die Dreiecksfläche berechnen und erhalten dann eine Produzentenrente von 2.000 Euro. Die Produzenten erzielen also durch den Verkauf der 1.000 Gallonen Öl einen Zusatznutzen von 2.000 Euro; denn dies ist der Betrag, den sie aufgrund des Marktpreises über ihren Ertrag bei ihren Mindestangebotspreisen hinaus erzielen.

Die Gesamtwohlfahrt berechnen

Die Gesamtwohlfahrt einer Gesellschaft bei der Produktion der sozial optimalen Outputmenge eines bestimmten Gutes oder Dienstes ist einfach die Summe der Konsumentenrente und der Produzentenrente bei dieser Produktionsmenge.

Abbildung 11.6 zeigt die Gesamtwohlfahrt eines Marktes mit einem Gleichgewichtspreis von $p^* = 5$ Euro und einer Gleichgewichtsmenge von $q^* = 4$. (Diese Grafik entspricht der Grafik aus Abbildung 11.1.)

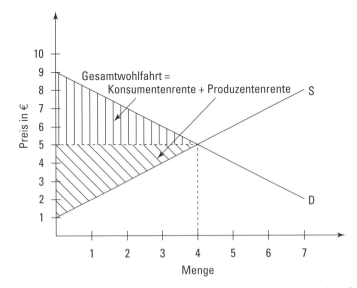

Abbildung 11.6: Die Gesamtwohlfahrt ist die Summe der Konsumentenrente (vertikal gestreifte Fläche) und der Produzentenrente (diagonal gestreifte Fläche).

Die Fläche der Gesamtwohlfahrt wird so dargestellt, dass Sie klar sehen können, wie sich die Konsumentenrente und die Produzentenrente zusammensetzen. Die beiden Rentenarten werden durch die horizontale Linie des Marktgleichgewichtspreises (5 Euro) getrennt. Das Dreieck der Konsumentenrente ist mit vertikalen Linien gefüllt, während das Dreieck der Produzentenrente diagonale Linien enthält.

Mit der Formel für die Dreiecksfläche erhalten wir: $\frac{1}{2} \times 4 \times 8 = 16$. Die Gesamtwohlfahrt beträgt also 16 Euro. Anders ausgedrückt: Durch die Produktion dieser Menge erzielt die Gesellschaft einen Zusatznutzen von 16 Euro.

Warum die Gesamtwohlfahrt so wichtig ist

Die Gesamtwohlfahrt ist sehr wichtig, weil sie den Zusatznutzen aufgrund von Produktion und Handel quantifiziert. Unternehmen produzieren, um Gewinne zu erzielen. Konsumenten geben Geld für Dinge aus, weil sie durch den Konsum dieser Dinge glücklicher werden. Und die Gesamtwohlfahrt sagt Ihnen, um wie viel besser es sowohl den Konsumenten als auch den Produzenten geht, nachdem sie miteinander gehandelt haben.

Die Gesamtwohlfahrt, die den Nutzen der Interaktionen quantifiziert, ist zugleich auch ein Maßstab, mit dem Ökonomen den Schaden von regierungspolitischen Entscheidungen messen können, die in den Markt eingreifen. Es ist eine Sache zu sagen, dass beispielsweise Preissubventionen den Konsumenten schaden; und es ist eine andere Sache, auf Euro und Cent genau sagen zu können, wie hoch dieser Schaden für die Konsumenten ist. Und das ist unser nächstes Thema.

Wenn freie Märkte ihre Freiheit verlieren: Mit Wohlfahrtsverlusten umgehen

Weiter oben in diesem Kapitel habe ich gezeigt, dass Ökonomen freie Märkte lieben, weil freie Märkte nur die Einheiten produzieren, deren Nutzen die Kosten übersteigt. Anders ausgedrückt: Das Marktgleichgewicht gewährleistet, dass die Gesamtwohlfahrt so groß wie möglich ist.

Alles, was die Fähigkeit des Marktes beeinträchtigt, das Marktgleichgewicht zu erreichen und die Marktmenge zu produzieren, reduziert die Gesamtwohlfahrt. Ökonomen bezeichnen den Betrag, um den die Gesamtwohlfahrt reduziert wird, als *Wohlfahrtsverlust*.

In den folgenden Abschnitten gebe ich Ihnen ausführliche Beispiele für Wohlfahrtsverluste, die durch Höchstpreise und Steuern verursacht werden. Diese beiden Arten von Markteingriffen unterliegen staatlicher Kontrolle. Sie sollten deshalb aber nicht annehmen, dass Wohlfahrtsverluste nur durch eine falsche Regierungspolitik verursacht werden. Alles, was zu einer Outputmenge unterhalb der Marktmenge führt, verursacht einen Wohlfahrtsverlust. Mögliche Ursachen können sein: Monopole und Oligopole, asymmetrische Informationen sowie Probleme mit öffentlichen Gütern – alles Dinge, die in den nächsten Kapiteln behandelt werden.

Den Wohlfahrtsverlust aufgrund von Höchstpreisen analysieren

Abbildung 11.7 zeigt ein Beispiel für einen Wohlfahrtsverlust, der durch einen staatlich festgelegten Höchstpreis P^C verursacht wird. *Höchstpreise* sind Preise, die Verkäufer höchstens für ihre Produkte verlangen dürfen. Im Allgemeinen sollen Höchstpreise den Käufern zu niedrigeren Preisen verhelfen; doch ich werde Ihnen zeigen, dass Höchstpreise viel Schaden anrichten können.

Wir wollen zunächst ermitteln, welchen Schaden Höchstpreise verursachen. Bei einem Höchstpreis P^C wollen die Anbieter nur q^L Outputeinheiten verkaufen (das L steht für *low*, engl. *niedrig*). Anders ausgedrückt: Bei diesem Preis ist nur die Produktion der ersten q^L Outputeinheiten profitabel. Ohne Höchstpreis würden die Anbieter dagegen die Marktgleichgewichtsmenge q^* produzieren.

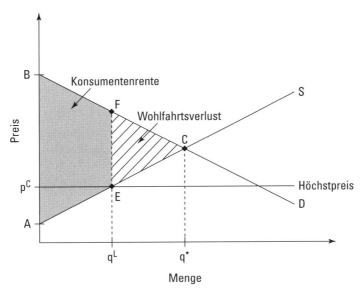

Abbildung 11.7: Reduzierte Gesamtwohlfahrt aufgrund eines Höchstpreises

Wenn dieser Markt frei wäre, würde die Gesamtwohlfahrt durch das Dreieck mit den Eckpunkten A, B und C repräsentiert werden. Doch weil nur q^L Outputeinheiten produziert werden können, reduziert sich die Gesamtwohlfahrt auf die grau unterlegte Fläche A, B, F und E.

Der Unterschied zwischen der Gesamtwohlfahrt bei der Menge q^* und der Menge q^L wird durch das diagonal gestreifte Dreieck mit den Punkten E, F und C dargestellt. Die Fläche dieses Dreiecks zeigt also den Wohlfahrtsverlust, der durch die Verringerung des Outputs von der sozial optimalen Menge q^* auf q^L verursacht wird.

 Der Höchstpreis ist schädlich, weil der Nutzen für alle Einheiten zwischen q^L und q^* die Kosten übersteigt, was bedeutet, dass diese Einheiten produziert werden sollten. Das Dreieck E, C, F repräsentiert den gesamten Nutzen, der durch die Produktion und den Konsum dieser Einheiten erzielt worden wäre, und kann damit den Wohlfahrtsverlust oder Schaden genau messen, der durch diesen Eingriff in den Markt verursacht wird.

Den Wohlfahrtsverlust aufgrund von Steuern analysieren

Steuern auf Güter und Dienste verursachen ebenfalls Wohlfahrtsverluste, weil sie die Kosten für die Produktion und den Konsum erhöhen. Wenn diese Kosten durch Steuern künstlich vergrößert werden, reagieren die Bürger darauf, indem sie weniger Outputeinheiten als vor der Steuereinführung produzieren und konsumieren. Weil bei jeder Einheit, die vor der Steuereinführung konsumiert worden ist, der Nutzen größer als die Kosten war, verursacht eine Verringerung der Outputmenge aufgrund der Steuereinführung einen Wohlfahrtsverlust.

Die Verschiebung der Angebotskurve durch Steuern

Bevor ich den Wohlfahrtsverlust aufgrund von Steuern ausführlicher beschreibe, muss ich Ihnen zeigen, wie eine Besteuerung der Verkäufer die Angebotskurven um die Höhe der Steuern vertikal nach oben verschiebt. Wir wollen ein konkretes Beispiel untersuchen – das Angebot an Rindfleisch auf einem Rindfleischmarkt, in den der Staat mit einer Steuer von 1 Euro pro Pfund eingreift.

Abbildung 11.8 zeigt die beiden Angebotskurven. Die untere Angebotskurve S zeigt das Angebot an Rindfleisch ohne Steuer. Die obere Kurve S_{Steuer} zeigt das Angebot an Rindfleisch nach Einführung der Steuer. Zwischen beiden Kurven besteht eine wichtige Beziehung: Die Kurve S_{Steuer} entspricht einfach der ursprüngliche Angebotskurve, die vertikal um die Höhe der Steuer (in diesem Fall 1 Euro) nach oben verschoben worden ist.

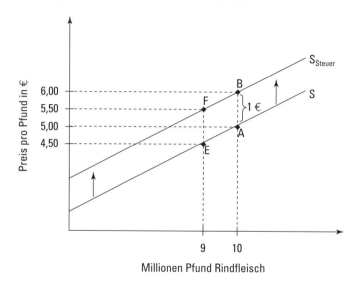

Abbildung 11.8: Eine Steuer von 1 Euro pro Pfund Rindfleisch verschiebt die Angebotskurve vertikal um 1 Euro von S nach S_{Steuer}.

Der Grund für die vertikale Verschiebung der Angebotskurve um 1 Euro nach oben hat mit den Motiven der Anbieter zu tun. Jeder Punkt auf der Angebotskurve zeigt Ihnen das Minimum an, das Sie Anbietern zahlen müssen, um die entsprechende Angebotsmenge zu bekommen (siehe Kapitel 8). Beispielsweise zeigt Ihnen Punkt A auf der Angebotskurve an, dass Sie 5 Euro pro Pfund zahlen müssen, wenn die Anbieter insgesamt 10 Millionen Pfund Rindfleisch anbieten sollen. Analog dazu sagt Ihnen Punkt E, dass die Anbieter bei einem Preis von 4,50 Euro pro Pfund nur 9 Millionen Pfund Rindfleisch anbieten.

Wenn der Staat eingreift und eine Steuer von 1 Euro pro Pfund erhebt, beeinflusst er den Preis, den Sie zahlen müssen, um die Anbieter zu motivieren. Wenn Sie immer noch 10 Millionen Pfund Rindfleisch haben wollen, müssen Sie so viel bezahlen, dass die Anbieter nach Abzug der Steuern genau den ursprünglichen Preis (5 Euro pro Pfund) erhalten, der sie motiviert, 10 Millionen Pfund Rindfleisch zu produzieren. Das heißt: Sie müssen 5 Euro + 1 Euro = 6 Euro pro Pfund bezahlen, damit nach Abzug der Steuer 5 Euro übrig bleiben.

Grafisch ausgedrückt bedeutet dies, dass der Punkt A auf der Angebotskurve S um 1 Euro Steuer nach oben zu Punkt B auf der Kurve S_{Steuer} verschoben wird. Natürlich gilt diese Beziehung auch für alle anderen Punkten auf den beiden Angebotskurven: Wenn beispielsweise bei Punkt E die Anbieter 4,50 Euro pro Pfund erhalten sollen, um 9 Millionen Pfund Rindfleisch zu produzieren, und pro Pfund 1 Euro Steuer an den Staat geht, müssen Sie insgesamt 5,50 Euro pro Pfund ausgeben. Und genau das passiert bei Punkt F.

Da alle Punkte der Angebotskurve S vertikal auf dieselbe Weise wie die Punkte A und E verschoben werden müssen, ist die Kurve S_{Steuer} die neue Angebotskurve nach der Einführung der Steuer. Diese Verschiebung erklärt letztlich, warum eine solche Besteuerung einen Wohlfahrtsverlust verursacht. Lesen Sie weiter!

Wohlfahrtsverluste aufgrund von Steuern

Abbildung 11.9 ergänzt Abbildung 11.8 um die Nachfragekurve D, damit wir sehen können, was mit der Gesamtwohlfahrt passiert, wenn der Staat 1 Euro Steuer pro Pfund Rindfleisch erhebt, das auf dem Rindfleischmarkt verkauft wird.

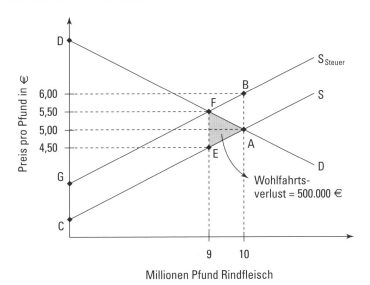

Abbildung 11.9: Der Wohlfahrtsverlust, den eine Steuer auf Rindfleisch von 1 Euro verursacht

Vor der Steuer liegt das Marktgleichgewicht bei Punkt A, an dem die Angebotskurve S die Nachfragekurve D schneidet. An diesem Punkt bieten die Produzenten 10 Millionen Pfund Rindfleisch zu einem Preis von 5 Euro pro Pfund an. Die Gesamtwohlfahrt wird in diesem Fall durch das Dreieck C, D, A repräsentiert.

Nach der Steuer liegt das Gleichgewicht jedoch bei Punkt F, an dem die Kurve S_{Steuer} die Nachfragekurve schneidet. An diesem Punkt beträgt der Preis für Rindfleisch 5 Euro,50 pro Pfund, und es werden nur 9 Millionen Pfund angeboten, weil den Anbietern nach Abzug der Steuer von 1 Euro pro Pfund nur 4,50 Euro als Anreiz bleiben; und die Angebotskurve S zeigt, dass die Anbieter zu diesem Preise nur bereit sind, 9 Millionen Pfund anzubieten.

Wegen der Besteuerung nimmt die Menge des angebotenen Rindfleisches von 10 Millionen Pfund auf 9 Millionen Pfund ab, das heißt, die Gesamtwohlfahrt wird auf das Dreieck G, D, F reduziert.

Sie können sofort sehen, dass diese neue Gesamtwohlfahrt viel kleiner als die alte Gesamtwohlfahrt ist. Doch bevor wir anfangen, auf die Regierung zu schimpfen, sollten wir berücksichtigen, dass Steuern erhoben werden müssen. Steuern kommen (wenigstens theoretisch) der Gesellschaft zugute, sodass wir den erhobenen Steuergesamtbetrag zu der Gesamtwohlfahrt dieses Gutes bei diesem Preis hinzurechnen müssen. Bei dem neuen Gleichgewicht werden 9 Millionen Euro Steuern eingenommen, weil 9 Millionen Pfund Rindfleisch verkauft werden, die pro Pfund 1 Euro Steuer bringen.

Der eingenommene Steuerbetrag von 9 Millionen Euro entspricht in der Grafik dem Parallelogramm C, G, F, E. Diese Fläche war zuvor in dem Dreieck C, D, A der alten Gesamtwohlfahrt enthalten. Folglich ist diese Fläche, die zu der alten Gesamtwohlfahrt gehörte, nicht zerstört worden, sondern nur an den Staat transferiert worden.

Doch ein Teil der alten Gesamtwohlfahrt ist *tatsächlich zerstört* worden. Dieser Wohlfahrtsverlust entspricht dem grau unterlegten Dreieck E, F, A. Diese Fläche repräsentiert den Nutzen, den die Gesellschaft tatsächlich verloren hat, weil der Output von Rindfleisch von 10 Millionen Pfund auf 9 Millionen Pfund gesunken ist. (Okay, jetzt können Sie anfangen, auf die Regierung zu schimpfen.)

Anhand der Formel für die Dreiecksfläche ergibt sich ein Wohlfahrtsverlust von 500.000 Euro, der durch die Steuer verursacht worden ist. Diese große Zahl repräsentiert eine riesige Verringerung der Gesamtwohlfahrt, da jetzt 1 Million Pfund Rindfleisch nicht mehr produziert werden, deren Nutzen vor der Steuer größer als die Kosten war. Dieser Nutzen geht verloren, wenn die Steuer erhoben wird.

Wohlfahrtsverluste heißen Wohlfahrtsverluste, weil in dieser Situation niemand sagen kann: »Dein Verlust ist mein Gewinn.« Wir reden nicht über etwas, das von einer Partei auf eine andere übergeht, damit die Gesamtwohlfahrt gleich bleibt, sondern Wohlfahrtsverluste sind Verluste im Sinne einer Vernichtung. Der Nutzen, der erzielt worden wäre, wenn diese 1 Million Pfund Rindfleisch produziert worden wäre, ist einfach verschwunden. In der englischsprachigen Ökonomik werden Wohlfahrtsverluste plastisch als *Deadweight Losses* bezeichnet, was wörtlich so viel wie *Verluste aufgrund toten Gewichts* bedeutet. Wir tragen dieses tote Gewicht, weil in den Markt eingegriffen wird. Oft bleibt offen, ob der Nutzen des Eingriffs diese *Verluste aufgrund des toten Gewichts* rechtfertigt.

Kennzeichen des vollkommenen Wettbewerbs: Keine Extra-Gewinne und geringstmögliche Kosten

Weiter oben in diesem Kapitel habe ich gezeigt, dass freie Märkte nur Outputeinheiten produzieren, deren Nutzen wenigstens so groß ist wie die Kosten. Freie Märkte und Wettbewerb haben noch eine weitere wundervolle Eigenschaft: Der Output wird zu den geringstmöglichen Kosten produziert.

Diese Feststellung ist extrem wichtig; denn sie bedeutet, dass freie Märkte so effizient wie möglich Ressourcen in begehrte Güter und Dienste umwandeln.

Außerdem sparen Märkte der Gesellschaft viel Geld, weil sie ohne menschliche Eingriffe effizient produzieren. Wir brauchen keine Experten mit dicken Gehältern, die für effiziente Märkte sorgen sollen; das leisten die Märkte von selbst und automatisch.

Die Ursachen und Folgen des vollkommenen Wettbewerbs verstehen

Damit Märkte effizient funktionieren, muss zwischen Unternehmen ein wirklich starker Wettbewerb herrschen, das heißt eine Situation, die Ökonomen als *vollkommenen Wettbewerb* bezeichnen.

Vollkommener Wettbewerb existiert, wenn es in einer Branche viele Unternehmen gibt, die alle identische (oder fast identische) Produkte produzieren (Näheres siehe Kapitel 10). Bei vollkommenem Wettbewerb gilt Folgendes:

- ✔ Jedes Unternehmen ist ein *Mengenanpasser*. Es muss den Marktgleichgewichtspreis für seine Produkte akzeptieren, weil sein Output nur ein sehr kleiner Bruchteil des Gesamtoutputs der Branche ist (siehe Kapitel 10).
- ✔ Alle Unternehmen verfügen über die gleiche Produktionstechnik.
- ✔ Alle Unternehmen können frei in die Branche eintreten oder diese verlassen.

Wenn diese Anforderungen erfüllt sind, führt vollkommener Wettbewerb zu zwei sehr wünschenswerten Folgen:

- ✔ Alle Unternehmen in der Branche erzielen nur einen landesüblichen Unternehmergewinn oder Normalgewinn und keine überhöhten Extra-Gewinne.
- ✔ Alle Unternehmen produzieren den Output zu den geringstmöglichen Kosten.

Das erste Ergebnis bedeutet nicht, dass ein Unternehmen über die Deckung seiner Geschäftskosten hinaus kein Geld verdient; wenn das so wäre, würde niemand ein Unternehmen gründen. Unternehmen müssen genügend Geld verdienen, damit Unternehmer einen Anreiz haben, im Geschäft zu bleiben und andere Unternehmer zu motivieren, neue Unternehmen zu gründen.

Was also bedeutet das erste Ergebnis? Der *landesübliche Unternehmergewinn* eines Unternehmens ist das Geld, das über die Deckung der laufenden Kosten des Unternehmens hinaus eingenommen wird und den Unternehmenseigner veranlasst, das Unternehmen fortzuführen (siehe Kapitel 10). Dass vollkommener Wettbewerb die Unternehmergewinne auf einen landesüblichen Normalgewinn drückt, bedeutet also, dass Unternehmen über ihre erzielten Umsätze zwar ihre Löhne und Lohnnebenkosten, die Wartungs- und Reparaturkosten, die durch Verschleiß ihrer Anlagen entstandenen Abschreibungen, ihre Finanzierungskosten und einen üblichen Unternehmerlohn gerade so verdienen und deshalb weiter in ihrer Branche bleiben wollen.

Das bedeutet auch, dass niemand in einer Branche auf Kosten anderer Extra-Gewinne einstreicht und damit steinreich wird, sondern dass es ihm gerade gut genug geht, dass er weiterhin genau den Output produziert, der von der Gesellschaft nachgefragt wird. Diese Situation ist für die Gesellschaft wünschenswert, weil es Verschwendung wäre, den Unternehmern mehr zu zahlen, als erforderlich ist, um sie zur Produktion der gewünschten Güter zu veranlassen.

Das zweite Ergebnis des vollkommenen Wettbewerbs –alle Unternehmen produzieren den Output zu den geringstmöglichen Kosten – wird weiter unten in dem Abschnitt *Markteintritt und Marktaustritt – grafisch dargestellt* behandelt. Dieses zweite Ergebnis hat für die Gesellschaft noch einen weiteren Vorteil: Es wird die kleinstmögliche Menge an Ressourcen verbraucht, um den gewünschten Output zu produzieren.

Der Prozess des vollkommenen Wettbewerbs

Der vorangegangene Abschnitt hat Ihnen vermittelt, wie vollkommene Wettbewerbsmärkte entstehen und wie sie der Gesellschaft nutzen. Aber wie funktioniert der vollkommene Wettbewerb tatsächlich? Dies sollen die folgenden vier Schritte erklären:

1. **Der Marktpreis des verkauften Outputs jedes Unternehmens in einer Branche wird durch die Interaktion der allgemeinen Angebots- und Nachfragekurven der Branche bestimmt.**

2. **Jedes Unternehmen nimmt den Marktpreis als gegeben hin und produziert die Outputmenge, die seinen eigenen Gewinn maximiert (oder es minimiert seinen eigenen Verlust, wenn der Preis so niedrig ist, dass es keinen Gewinn machen kann).**

3. **Weil jedes Unternehmen die gleiche Produktionstechnik anwendet, wird jedes dieselbe Menge produzieren und folglich denselben (landesüblichen) Gewinn oder Verlust machen wie alle anderen Unternehmen in der Branche.**

4. **Je nachdem, ob Unternehmen in der Branche Gewinne oder Verluste machen, werden Unternehmen entweder in die Branche eintreten oder aus dieser austreten (Markteintritt und Marktaustritt), bis der Marktpreis sich an die Menge angepasst hat, bei der alle verbleibenden Unternehmen nur noch einen landesüblichen Unternehmergewinn erzielen.**

Der vierte Punkt dieses Prozesses – der Markteintritt und Marktaustritt von Unternehmen – ist sehr wichtig. Ich möchte ihn anhand von zwei Fällen verdeutlichen: Im ersten Fall machen alle Unternehmen in der Branche einen Gewinn, weil der Marktpreis hoch ist; im zweiten Fall machen alle Unternehmen in der Branche einen Verlust, weil der Marktpreis niedrig ist:

✔ **Neue Unternehmen durch Extra-Gewinne anziehen:** Wenn alle Unternehmen in einer Branche einen Extra-Gewinn machen, werden neue Unternehmen angezogen, ebenfalls in die Branche einzutreten, weil sie hoffen, einen Teil der Gewinne zu bekommen (man könnte die Erfolgsformel freier und offener Märkte deshalb auch »Gier ist geil« bezeichnen!). Aber wenn sie eintreten, steigt der Output der gesamten Branche und der Marktpreis beginnt zu fallen. Wenn der Preis sinkt, fallen die Gewinne; damit sinkt auch der Anreiz für weitere Unternehmen, in die Branche einzutreten.

Der Prozess, dass neue Unternehmen in die Branche eintreten, setzt sich so lange fort, bis der Marktpreis so weit gefallen ist, dass die Gewinne auf ein Normalniveau gesunken sind. Wenn dies passiert, ist der Anreiz für einen Eintritt in die Branche verschwunden, und es treten keine weiteren Unternehmen in diese ein.

✔ **Vorhandene Unternehmen durch Verluste verlieren:** Wenn alle Unternehmen in einer Branche anfangen Verluste zu machen, weil der Marktpreis niedrig ist, verlassen einige vorhandene Unternehmen die Branche, weil sie den Verlust des Geldes nicht abfangen können. Dadurch nimmt der Output der gesamten Branche ab. Weil das gesamte Angebot verringert wird, steigt der Marktpreis. Und wenn der Marktpreis steigt, machen die Unternehmen weniger Verluste.

Der Prozess, dass vorhandene Unternehmen aus der Branche austreten und die Preise steigen, setzt sich so lange fort, bis die restlichen Unternehmen keine Verluste mehr machen und wieder Aussicht auf einen landesüblichen Normalgewinn haben.

Dass Unternehmen frei in eine Branche eintreten oder sie verlassen können, bedeutet, dass sie nach allen Anpassungen immer einen Normalgewinn erzielen. Anders ausgedrückt: Wenn vollkommener Wettbewerb herrscht, müssen Sie nicht befürchten, dass Unternehmen jemanden ausbeuten; sie verdienen gerade genug Geld, um im Geschäft zu bleiben.

Das andere wichtige Ergebnis des vollkommenen Wettbewerbs – dass konkurrierende Unternehmen zu minimalen Kosten produzieren – wird offensichtlich, wenn wir den vierstufigen Prozess des vollkommenen Wettbewerbs anhand der Kostenkurven aus Kapitel 10 grafisch darstellen. Falls Sie dieses Kapitel noch nicht gelesen haben, könnten Sie Schwierigkeiten haben, das Folgende zu verstehen. Deshalb wäre es in diesem Fall besser, erst Kapitel 10 zu lesen, bevor Sie mit dem nächsten Abschnitt fortfahren.

Markteintritt und Marktaustritt – grafisch dargestellt

In diesem Abschnitt zeige ich mit der Kostenkurve des Unternehmens (siehe Kapitel 10), wie die Marktkräfte Unternehmen automatisch dazu veranlassen, den Output zu den geringstmöglichen Kosten zu produzieren. Um den Prozess zu verdeutlichen, unterscheide ich zwei Fälle: Im ersten Fall gehe ich von Unternehmen aus, die Gewinne machen. Im zweiten Fall gehe ich von Unternehmen aus, die Verluste machen. In beiden Fällen führt die Anpassung dazu, dass jeder einen minimalen Unternehmergewinn erzielt und jeder zu minimalen Kosten produziert.

Wie Extra-Gewinne Markteintritte von Unternehmen auslösen – Gier ist geil!

Zunächst betrachten wir die Anpassung einer Branche, wenn die Unternehmen Extra-Gewinne machen. Abbildung 11.10 enthält zwei Grafiken: Die linke Grafik enthält die branchenweite Marktnachfragekurve D und die ursprüngliche Marktangebotskurve S_0 für Tennisbälle. Die rechte Grafik zeigt die Kostenkurve für eines der vielen identischen Unternehmen, die Tennisbälle herstellen.

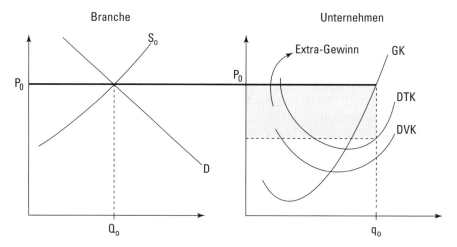

Abbildung 11.10: Die Nachfrage- und Angebotskurven der Branche (links) bestimmen einen Marktpreis, den ein Unternehmen im vollkommenen Wettbewerb (rechts) als gegeben hinnehmen muss.

Weil die Unternehmen in dieser Branche identisch sind, haben sie alle dieselben Kostenstrukturen. Insbesondere haben sie alle dieselbe Grenzkostenkurve (GK). Dieser Punkt ist wichtig, weil bei einem Unternehmen im vollkommenen Wettbewerb die Grenzkostenkurve zugleich seine Angebotskurve ist (siehe Kapitel 10).

Das Unternehmen in unserem Beispiel nimmt den Marktpreis P_0, der durch Angebot und Nachfrage in der linken Grafik festgelegt wird, als gegeben hin und bestimmt damit in der rechten Grafik seine gewinnmaximierende Produktionsmenge. (Die durch beide Grafiken gezogene dicke Linie soll betonen, dass derselbe Preis P_0 gemeint ist.)

11 ➤ Warum Ökonomen freie Märkte und Wettbewerb lieben

Bei diesem Preis produziert jedes Unternehmen die Produktionsmenge an dem Punkt, an dem die horizontale Preislinie die *GK*-Kurve schneidet (siehe Kapitel 10). In der rechten Grafik ist diese Produktionsmenge mit q_o bezeichnet. Die linke Grafik zeigt, dass die Branche zu diesem Preis insgesamt die Menge Q_o anbietet. Das Gesamtangebot der Branche ist einfach der Output q_o jedes einzelnen Unternehmens multipliziert mit der Anzahl der Unternehmen in der Branche.

Als Nächstes wollen wir uns darauf konzentrieren, dass jedes Unternehmen bei dem Marktpreis P_o einen Gewinn macht. Der Gewinn wird durch das grau unterlegte Rechteck in der rechten Grafik angezeigt (siehe Kapitel 10).

Dieser Gewinn ist wichtig, weil er ein Anreiz für weitere Unternehmen ist, in die Branche einzutreten. Sie erkennen, dass sie einen hübschen Gewinn erzielen können, wenn sie noch mehr identische Firmen gründen. Ökonomen sagen in diesem Fall, dass Gewinne Markteintreter anziehen.

Wie Extra-Gewinne durch Markteintreter reduziert werden

Abbildung 11.11 zeigt, was passiert, wenn die neuen Unternehmen in die Branche eintreten. Ihre neue Produktion steigert die allgemeine Produktion, sodass in der linken Grafik die gesamte Angebotskurve von S_0 nach S_1 verschoben wird. Damit sinkt der Marktgleichgewichtspreis von P_0 auf P_1.

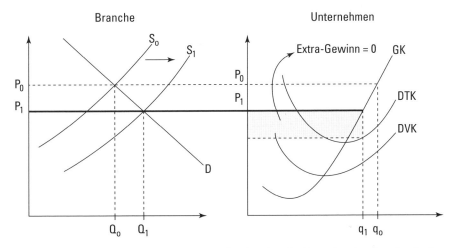

Abbildung 11.11: Neue Markteintreter steigern das Angebot der Branche, drücken den Preis nach unten und reduzieren die Gewinne.

Jedes mengenanpassende Unternehmen reagiert auf den niedrigeren Preis durch eine Verringerung der Produktionsmenge auf q_1 (siehe die rechte Grafik). Doch was wichtiger ist: Die Extra-Gewinne der Unternehmen sinken. Dies ist leicht zu erkennen, wenn Sie die grau unterlegten Gewinnrechtecke der Abbildungen 11.10 und 11.11 vergleichen.

Die Markteintreter reduzieren also die Gewinne. Die kleineren Gewinne sind für Unternehmer weniger attraktiv. Deswegen wird es zwar immer noch neue Markteintreter geben, weil immer noch Extra-Gewinne locken; die nicht nur die landesüblichen Sach-, Personal- und Finanzierungskosten decken, doch es wird nicht mehr so viele neue Markteintreter geben wie zu dem Zeitpunkt, an dem diese Extra-Gewinne größer waren.

Wie Extra-Gewinne durch Markteintreter gedrückt werden

Tatsächlich werden so lange neue Unternehmen in die Branche eintreten, bis alle Extra-Gewinne durch Preissenkungen beseitigt worden sind. Abbildung 11.12 zeigt diese Situation: Der neue Markteintreter hat das Angebot bis auf S_2 ausgeweitet. Deshalb sinkt der Marktpreis auf P_2, bei dem die Gewinne auf ein landesübliches Normalmaß gesunken sind. (Beachten Sie, dass es in der rechten Grafik kein grau unterlegtes Gewinnrechteck gibt.) Weil die Extra-Gewinne wegkonkurriert wurden, hören die Markteintritte auf.

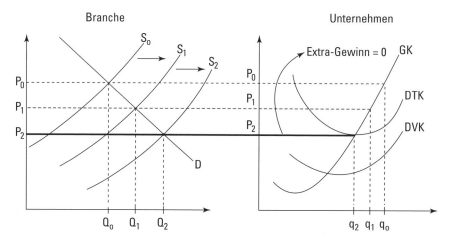

Abbildung 11.12: Letztlich drücken neue Markteintreter die Preise so weit, dass die Gewinne verschwinden.

Wie Extra-Gewinne von null auch minimale Produktionskosten bedeuten

Wenn die Extra-Gewinne durch den Markteintritt neuer Unternehmen auf null gedrückt worden sind, erreichen die Produktionskosten pro Einheit ihr Minimum. Dies lässt sich an der rechten Grafik von Abbildung 11.12 ablesen: Zum Preis P_2 produzieren die Unternehmen eine Menge, die die Produktionskosten pro Einheit minimiert.

Denn diese Outputmenge (q_2) liegt genau im Minimum der U-förmigen Kurve der durchschnittlichen Gesamtkosten (*DTK*). Bei dieser Produktionsmenge sind die durchschnittlichen totalen Kosten pro Einheit niedriger als bei allen anderen Produktionsmengen. Anders ausgedrückt: Jede andere Produktionsmenge führt zu höheren durchschnittlichen Gesamtkosten.

Dies ist ein erstaunlich wünschenswertes Ergebnis; denn es bedeutet, dass jedes Unternehmen so effizient wie möglich arbeitet und seinen Output zu den geringstmöglichen Kosten pro Einheit produziert. Außerdem produziert jedes Unternehmen freiwillig, das heißt ohne äußeren Druck, genau diese wünschenswerte Menge.

Hier funktionieren Gewinne als ein selbstkorrigierendes Feedback-Instrument. Hohe Extra-Gewinne ziehen automatisch neue Markteintreter an, wodurch automatisch das Angebot steigt und die Preise gesenkt werden. Dieser Prozess wird so lange fortgesetzt, bis es keine Extra-Gewinne mehr gibt und keine neuen Unternehmen in die Branche eintreten. Doch was wichtiger ist: Der Prozess wird so lange fortgesetzt, bis alle Unternehmen am effizientesten genau die Outputmenge produzieren, bei der die Produktionskosten ein Minimum erreichen. Dies zeigt wirklich die unsichtbare Hand von Adam Smith in Aktion.

Wie Verluste Marktaustritte von Unternehmen verursachen

Ein ähnliches Feedback-Instrument führt zu Gewinnen in Höhe von null und einer effizienten Produktion, wenn die Branche sich in einer Situation befindet, in der die Unternehmen Verluste erleiden. In Abbildung 11.13 in der linken Grafik sei S_3 die ursprüngliche Angebotskurve, die mit der Nachfragekurve D interagiert, um den sehr niedrigen Marktpreis P_3 zu produzieren.

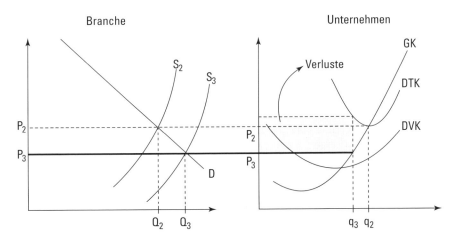

Abbildung 11.13: Niedrige Marktpreise führen zu Verlusten und Marktaustritten von Unternehmen.

Die rechte Grafik zeigt, dass alle Unternehmen der Branche zu diesem Marktpreis einen Verlust erleiden, der durch das grau unterlegte Rechteck repräsentiert wird.

Dieser Verlust entmutigt viele Unternehmen in der Branche, und die finanziell schwächsten Unternehmen beginnen, sich aus der Branche zurückzuziehen. Weil dadurch das Angebot abnimmt, wird die Angebotskurve der Branche in der linken Grafik nach links verschoben. Diese Verschiebung erhöht den Marktpreis und reduziert die Verluste der verbleibenden Unternehmen der Branche. Doch solange es Verluste gibt, werden weitere Unternehmen aus der Branche austreten, bis die Angebotskurve wieder S_2 erreicht hat. An diesem Punkt beträgt der Marktpreis P_2, und die Unternehmen machen wie in Abbildung 11.12 einen landesüblichen Normalgewinn.

Wenn der Marktpreis P_2 erreicht und die Unternehmen null Extra-Gewinne erzielen, hören die Marktaustritte der Unternehmen auf. Doch was wichtiger ist: Alle Unternehmen produzieren die Produktionsmenge q_2, bei der die Kosten ihr Minimum erreichen.

Markteintritte und Marktaustritte passieren nicht sofort

Die Marktkräfte drängen Unternehmen, die in vollkommenem Wettbewerb stehen, also immer zurück zu dem Punkt, an dem sie zu den geringstmöglichen Kosten pro Einheit produzieren. Dieses wünschenswerte Ergebnis stellt sich allerdings nicht über Nacht ein. Wenn Unternehmen Extra-Gewinne machen oder Verluste erleiden, dauert es eine gewisse Zeit, bis neue Unternehmen in die Branche eintreten (wenn es Extra-Gewinne gibt) oder vorhandene Unternehmen die Branche verlassen (wenn es Verluste gibt).

Je nach Branche dauern diese Anpassungsprozesse möglicherweise einige Wochen bis einige Jahre. Beispielsweise dauert es wenigstens ein Jahr, um ein neues Kraftwerk zu bauen. Ähnliches gilt für Agrarpreise: Wenn diese Preise fallen und die Bauern Verluste erleiden, warten die Bauern, die aus der Branche austreten, bis zur nächsten Anbausaison. Doch wenn andererseits plötzlich deutsche Fahnen zu einer Fußballweltmeisterschaft wirklich nachgefragt werden, werden sicher zahlreiche neue Unternehmen innerhalb von Wochen die Branche überschwemmen.

Der vollkommene Wettbewerb hat eine tolle Eigenschaft: Es gibt immer Marktkräfte, die die Unternehmen dazu drängen, zu den geringstmöglichen Kosten zu produzieren. Wie ich Ihnen in den nächsten Kapiteln zeigen werde, wird diese wünschenswerte Eigenschaft abgeschwächt oder aufgehoben, wenn Monopole, Oligopole, öffentliche Güter und andere Probleme einen vollkommenen Wettbewerb verhindern oder ausschließen.

Monopole: Wie schlecht würden Sie sich verhalten, wenn Sie keinen Wettbewerb hätten?

In diesem Kapitel

- Weniger produzieren und höhere Preise als bei vollkommenen Wettbewerb fordern
- Den Gewinn maximieren
- Der Gesellschaft (in gewissen Situationen) nutzen
- Regulierungen befolgen

Ein Unternehmen, das in seiner Branche keine Mitbewerber hat, wird als *Monopol* bezeichnet. Monopole werden oft als schädlich betrachtet, weil sie aus Gewinnmotiven heraus ihre Preise anheben und ihre Produktionsmengen verringern, um mehr Geld aus den Konsumenten herauszuholen. Folglich bemühen sich Regierungen normalerweise, Monopole zu zerschlagen und durch Wettbewerbsbranchen zu ersetzen, die niedrigere Preise und einen höheren Output produzieren.

Gleichzeitig jedoch schaffen Regierungen in anderen Situationen auch absichtlich Monopole. Beispielsweise erteilen Regierungen Patente, die den Erfindern das Monopolrecht einräumen, ihre Erfindungen zu verkaufen und zu vermarkten. Ähnlich sind auch viele kommunale Dienste wie die Wasserversorgung oder Müllabfuhr Monopole, die von staatlicher Seite aus geschaffen und durchgesetzt werden.

In diesem Kapitel erkläre ich, warum die Gesellschaft in einigen Situationen Monopole verbietet und in anderen fördert. Zunächst zeige ich Ihnen, dass gewinnmaximierende Monopole aus der Sicht der Gesellschaft unvorteilhafter sind als Wettbewerbsunternehmen (Unternehmen, die in einem vollkommenen Wettbewerb stehen), weil sie höhere Preise festsetzen und weniger Output produzieren als Wettbewerbsunternehmen. Dann erkläre ich, dass diese Probleme in bestimmten Fällen durch andere Faktoren aufgewogen werden – wie beispielsweise die Notwendigkeit, Erfindungen zu fördern, oder dass es seltsamerweise in einigen Fällen einfach ärgerlich ist, zu viele Konkurrenten zu haben.

Eine Analyse gewinnmaximierender Monopole

Im Wesentlichen ist dieses Kapitel eine Riesenübung in der Kosten-Nutzen-Analyse. Monopole sind nicht nur mit Nachteilen verbunden. Sie sind aber auch nicht absolut gut. Ob ein Monopol in einer speziellen Situation besser als vollkommener Wettbewerb ist, hängt davon ab, ob sein Nutzen die Kosten überwiegt.

In diesem Abschnitt gehe ich ausführlich auf die Kosten von Monopolen ein. Nach der Kostenanalyse untersuche ich den Nutzen von Monopolen. Am Ende dieses Kapitels werden Sie verstehen, warum eine Gesellschaft Monopole in einigen Branchen kompromisslos verbietet und in anderen Branchen nachhaltig begrüßt.

Probleme, die durch Monopole verursacht werden

In einer Branche, die nur aus einem Monopolunternehmen statt aus zahlreichen kleinen Wettbewerbsunternehmen besteht, stellen sich drei sozial schädliche Folgen ein:

- ✔ Das Monopolunternehmen produziert weniger Output, als es Unternehmen in einer Wettbewerbsbranche tun würden.

- ✔ Das Monopolunternehmen verkauft seinen Output zu einem höheren Preis als dem Marktpreis, der sich in einer Wettbewerbsbranche einstellen würde.

- ✔ Der Output des Monopolunternehmens wird weniger effizient und zu höheren Kosten produziert als der Output von Unternehmen in einer Wettbewerbsbranche.

Diese Folgen schaden zwar den Konsumenten, allerdings dürfen Sie nicht vergessen, dass Monopole dies nicht tun, weil sie gerne Schaden zufügen. Diese Ergebnisse folgen einfach daraus, wie sich Monopole verhalten, um ihre Gewinne zu maximieren – was natürlich auch Wettbewerbsunternehmen zu tun versuchen.

Deshalb haben die unterschiedlichen Folgen in einer Wettbewerbsbranche und einer Monopolbranche nichts mit böser Absicht zu tun, sondern sie zeigen an, dass Monopole nicht den Kräften unterworfen sind, die in Wettbewerbsbranchen zur Produktion der sozial optimalen Produktionsmenge führen (siehe Kapitel 11). Ohne diese Kräfte können Monopolunternehmen ihre Preise anheben und den Output einschränken, um ihre Gewinne zu steigern – was Wettbewerbsunternehmen auch lieber tun würden, aber nicht tun können.

Der fehlende Wettbewerbsdruck ist auch der Grund dafür, dass Monopolunternehmen teuer und ineffizient produzieren können. Dies ist ein echtes Problem, das Sie ernst nehmen sollten, wenn Sie überlegen, ob der Nutzen eines Monopols seine Kosten überwiegt. Mehr zu diesem Thema erfahren Sie später in diesem Kapitel.

Die Quelle des Problems: abnehmender Grenzerlös

Alle schlimmen Folgen eines Monopols werden durch einen Faktor verursacht: Im Gegensatz zu einem Wettbewerbsunternehmen, das es mit einer horizontalen Grenzerlöskurve (= Preis; sie müssen sich als Mengenanpasser verhalten) zu tun hat, muss der Monopolist mit einer abwärts geneigten Grenzerlöskurve arbeiten. (Der *Grenzerlös* ist der Betrag, um den der Gesamterlös beim Verkauf einer weiteren Produkteinheit steigt; siehe Kapitel 10.) Dies veranlasst Monopole, höhere Preise zu verlangen sowie weniger und zu höheren Kosten als Wettbewerbsunternehmen zu produzieren.

Wieso kann eine solch kleine Kurve so viel Unheil anrichten? Eine abwärts geneigte Grenzerlöskurve bedeutet: Jede zusätzliche verkaufte Einheit bringt dem Monopol einen geringeren Erlös als die vorangegangene Einheit. Wenn beispielsweise die zehnte verkaufte Einheit einen Erlös von 8 Euro bringt, erzielt die elfte möglicherweise nur noch 3 Euro. Offensichtlich verringert eine solche Situation den Anreiz, größere Outputmengen zu produzieren.

Diese Situation steht auch in einem starken Gegensatz zu der Grenzerlössituation von Wettbewerbsunternehmen. Wettbewerbsunternehmen haben es mit horizontalen Grenzerlöskurven zu tun. Dies bedeutet, dass jede Einheit denselben Erlös erzielt, egal ob das Unternehmen 11 oder 11.000 Einheiten verkauft (siehe Kapitel 11). Natürlich ist dies ein großer Anreiz, viel zu produzieren.

Preis, Produktionsmenge und Nachfrage

Warum besteht dieser Unterschied zwischen den Grenzerlöskurven von Monopolisten und Wettbewerbsunternehmen? Ein Monopol kann den Preis auf der Nachfragekurve seines Produktes frei wählen. Ein Wettbewerbsunternehmen muss dagegen den Marktpreis als gegeben hinnehmen (siehe Kapitel 11).

Ein Monopolunternehmen kann seinen Preis wählen, weil es das einzige Unternehmen in seiner Branche ist und damit den gesamten Output in dieser Branche kontrolliert. Folglich kann es einen relativ hohen Preis für die Produktion einiger weniger Einheiten oder einen relativ niedrigen Preis für die Produktion zahlreicher Einheiten festsetzen. Im Gegensatz dazu ist jedes Unternehmen in einer Wettbewerbsbranche so klein, dass sein Beitrag zum Gesamtoutput keine Preisänderungen verursachen kann. (In Kapitel 11 finden Sie weitere Gründe dafür, warum Wettbewerbsunternehmen die Preise nicht beeinflussen können.)

Weil ein Monopolist den Preis durch Änderung seiner Produktionsmenge kontrollieren kann, muss er überlegen, welche Produktionsmenge er produzieren sollte. Weil er seinen Gewinn maximieren will, muss er dabei offensichtlich herausfinden, mit welcher Outputmenge dies möglich ist.

Es zeigt sich, dass die gewinnmaximierende Produktionsmenge eines Monopolisten durch eine vergleichbare Bedingung definiert wird wie für ein Wettbewerbsunternehmen: Er sollte die Outputmenge an dem Punkt produzieren, an dem die Grenzerlöskurve die Grenzkostenkurve schneidet.

Um die Produktionsmenge eines Monopolisten herauszufinden, müssen wir deshalb zunächst seine Grenzerlöskurve ermitteln. Der Schnittpunkt dieser Kurve mit der Grenzkostenkurve des Monopolisten sagt uns dann, wie viel er produzieren wird.

Den Grenzerlös aus der Nachfragekurve ableiten

Die Grenzerlöskurve eines Monopols steht zu der Nachfragekurve seines Outputs in einer genauen Beziehung. Der Grenzerlös jeder zusätzlichen Outputeinheit ist kleiner als der Grenzerlös der vorangegangenen Outputeinheit, weil die Nachfragekurve nach unten geneigt ist. Wenn die Nachfragekurve eine gerade Linie ist, ist die Neigung der Grenzerlöskurve doppelt so steil wie die Neigung der Nachfragekurve. Dies bedeutet, dass der Grenzerlös ziemlich schnell abnimmt, wenn der Output größer wird.

Abbildung 12.1 stellt diese Beziehung grafisch dar: Sie enthält eine Nachfragekurve und die zugehörige Grenzerlöskurve.

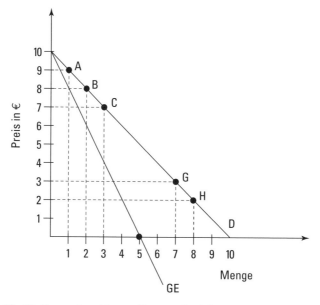

Abbildung 12.1: Die GE-Kurve eines Monopolisten verläuft bei einer geradlinigen Nachfragekurve doppelt so steil wie die Nachfragekurve.

Tabelle 12.1 enthält die Daten für diese beiden Kurven. Die erste Spalte enthält verschiedene Produktionsmengen von null bis zehn Einheiten. Die zweite Spalte zeigt den Preis pro Einheit, der bei der jeweiligen Produktionsmenge verlangt werden kann. Die dritte Spalte zeigt den Gesamterlös, den das Monopol für Produktion und Verkauf der Produktionsmenge erhalten würde (Preis pro Einheit mal Anzahl der Einheiten). Und die letzte Spalte enthält den Grenzerlös – die Änderung des Gesamterlöses –, wenn der Output um eine Einheit steigt.

Um zu verdeutlichen, dass der Grenzerlös die Änderung des Gesamterlöses repräsentiert, werden die Einträge in der Grenzerlösspalte zwischen den jeweiligen Zeilen mit den Gesamterlösen dargestellt. Beispielsweise steigt der Gesamterlös von

0 auf 9 Euro, wenn die Produktion von null auf eine Outputeinheit steigt. Deshalb steht der Grenzerlös von 9 Euro zwischen den Zeilen der Produktionsmengen 0 (Gesamterlös 0 Euro) und 1 (Gesamterlös 9 Euro).

Die Grenzerlöskurve (GE) in Abbildung 12.1 beginnt an demselben Punkt wie die Nachfragekurve, nimmt aber doppelt so schnell ab. Sie schneidet die horizontale Achse bei der Produktionsmenge $q = 5$, während die Nachfragekurve die Achse erst bei $q = 10$ schneidet.

Output	Verkaufspreis	Gesamterlös	Grenzerlös
0	10	0	
			9
1	9	9	
			7
2	8	16	
			5
3	7	21	
			3
4	6	24	
			1
5	5	25	
			−1
6	4	24	
			−3
7	3	21	
			−5
8	2	16	
			−7
9	1	9	
			−9
10	0	0	

Tabelle 12.1: Preis und GE für verschiedene Produktionsmengen der Nachfragekurve aus Abbildung 12.1

Die Beziehung zwischen Grenzerlös und Gesamterlös

Warum nimmt der Grenzerlös so schnell ab? Der Gesamterlös E hilft uns, diese Frage zu beantworten. Der Gesamterlös des Monopolisten ist einfach die Outputmenge multipliziert mit dem Verkaufspreis pro Einheit: $E = p \times q$. Doch der Preis, zu dem ein Monopolist verkaufen kann, hängt von seiner Angebotsmenge ab.

Die Beziehung zwischen der angebotenen Outputmenge und dem Preis, den der Monopolist erzielen kann, hängt von der Nachfragekurve ab. Betrachten Sie beispielsweise in Abbildung 12.1 Punkt A auf der Nachfragekurve. An diesem Punkt wird eine Einheit angeboten und kann für 9 Euro verkauft werden. Deshalb beträgt der Gesamterlös bei Punkt A 9 Euro. Bei Punkt B werden zwei Outputeinheiten angeboten und können pro Einheit für 8 Euro verkauft werden. Deshalb ist Gesamterlös 8 Euro × 2 = 16 Euro. Bei Punkt C können drei Einheiten für 7 Euro pro Stück verkauft werden, was einen Gesamterlös von 21 Euro ergibt.

Von A nach B nach C nimmt also der Gesamterlös zu, während zugleich der Output von einer auf zwei, dann auf drei Einheiten wächst. Der Gesamterlös wächst von 9 auf 16 Euro, dann auf 21 Euro. Offensichtlich steigt der Gesamterlös.

Doch die Wachstumsraten sind verschieden: Von A nach B wächst E um 7 Euro (von 9 auf 16 Euro), aber von B nach C wächst E nur um 5 Euro (von 16 auf 21 Euro). Jede weitere Steigerung des Gesamterlöses ist geringer als die vorangegangene Steigerung.

Steigende Produktion, sinkender Grenzerlös

Weil der Grenzerlös als die Änderung des Gesamterlöses definiert ist, wenn die Produktion um eine Einheit zunimmt, können wir das Phänomen aus dem vorangegangenen Abschnitt auch folgendermaßen beschreiben: Der Grenzerlös nimmt ab, wenn das Monopol die Produktion steigert.

Tabelle 12.1 zeigt, dass der Grenzerlös mit jeder zusätzlichen Einheit weiter abnimmt. Tatsächlich wird er für alle Einheiten nach der fünften negativ. Beispielsweise zeigen die Punkte G und H in Abbildung 12.1, warum dies so ist: Bei Punkt G kann der Monopolist sieben Outputeinheiten für 3 Euro pro Stück verkaufen. Das ergibt einen Gesamterlös von 21 Euro. Aber wenn der Output bei Punkt H auf acht Einheiten steigt, kann er diese Einheiten nur für 2 Euro pro Stück verkaufen. Damit sinkt der Gesamterlös auf 16 Euro.

Mit der Steigerung des Outputs von sieben auf acht Einheiten fällt der Gesamterlös von 21 auf 16 Euro. Anders ausgedrückt: Wenn der Monopolist von sieben auf acht Outputeinheiten geht, hat sein Grenzerlös einen *negativen* Wert von 5 Euro.

Auf der Nachfragekurve nach unten: Höherer Output, niedrigere Preise

Der Grenzerlös nimmt ab und wird sogar negativ, weil die Nachfragekurve abwärts geneigt ist. Dies bedeutet: Die einzige Möglichkeit, um Konsumenten zum Kauf von mehr Gütern zu bewegen, besteht darin, ihnen ein niedrigeren Preis anzubieten, und zwar nicht nur für die zusätzlichen Einheiten, sondern auch für alle vorangegangenen Einheiten.

Anders ausgedrückt: Wenn der Monopolist nur eine Einheit verkaufen will (siehe Punkt A), kann er dafür 9 Euro bekommen. Aber wenn er zwei Einheiten verkaufen will (siehe Punkt B), muss er den Preis auf 8 Euro pro Einheit senken, und zwar sowohl für die erste Einheit *als auch* die zweite Einheit.

Weil der Gesamterlös gleich Preis mal Menge ist ($E = p \times q$), muss der Monopolist ein Austauschverhältnis beurteilen, wenn er die Produktion steigert und sich auf der Nachfragekurve nach unten bewegt: Wenn er mehr produziert, nimmt q offensichtlich zu, während p fallen muss. Was mit dem Gesamterlös E passiert, hängt davon ab, ob die Steigerungen von q (Mengeneffekt) größer sind als die Abnahmen von p (Preiseffekte).

Tabelle 12.1 zeigt, dass der Gesamterlös bei einer Produktionssteigerung bei den ersten vier Einheiten zunimmt. Dies bedeutet, dass die Gewinne aus dem Verkauf weiterer Einheiten die Verluste aufgrund der Abnahme des Preises pro Einheit übersteigen. Bei der Outputmenge von fünf Einheiten heben sich die beiden Auswirkungen auf. Und bei höheren Outputmengen nimmt der Gesamterlös ab, weil die negativen Auswirkungen des niedrigeren Preises pro Einheit (der negative Preiseffekt) größer sind als die positiven Auswirkungen des Verkaufs weiterer Einheiten (des positiven Mengeneffekts).

Da Ihnen der Grenzerlös sagt, wie sich der Gesamterlös bei einer Steigerung des Outputs ändert, können Sie die Änderungen von E, die durch die Steigerung des Outputs verursacht werden, auch am GE ablesen. Abbildung 12.1 zeigt, dass der GE immer abnimmt. Denn der negative Preiseffekt der sinkenden Preise pro Einheit wird relativ zu dem positiven Mengeneffekt des Verkaufs weiterer Einheiten immer stärker.

Ich habe weiter oben in diesem Kapitel bereits erwähnt, dass bei geradlinigen Nachfragekurven wie aus Abbildung 12.1 die GE-Kurve ebenfalls geradlinig verläuft und doppelt so steil wie die Nachfragekurve ist. Wenn Sie die Differentialrechnung beherrschen, können Sie beweisen, dass die GE-Kurve doppelt so schnell abnimmt wie die Nachfragekurve, indem Sie von der Gleichung der Nachfragekurve aus Abbildung 12.1, $p = 10 - q$, ausgehen, sie in die Gleichung für den Gesamterlös, $E = p \times q$ einsetzen und dann die erste Ableitung nach der Outputmenge q bilden. Weil für den Grenzerlös dE/dq gilt, erhalten Sie $GE = 10 - 2q$. Dies bedeutet, dass GE denselben vertikalen Nulldurchgang wie die Nachfragekurve hat, aber doppelt so steil ist.

Jetzt kennen Sie die Grenzerlössituation eines Monopolisten und können sie mit seiner Grenzkostenkurve kombinieren, um seine gewinnmaximierende Produktionsmenge zu ermitteln. Ich werde Ihnen zeigen, dass diese Menge kleiner ist als die Menge, die ein Wettbewerbsunternehmen produzieren würde. Das Verhalten des Monopolisten verursacht also einen sozialen Schaden, der mit der Methode des Wohlfahrtsverlustes quantifiziert werden kann, die ich in Kapitel 11 ausführlich erklärt habe.

Eine Outputmenge zur Maximierung des Gewinns wählen

Bei den Kosten für die Produktion unterscheidet sich ein Monopol nicht von einem Wettbewerbsunternehmen. Ebenso wie dieses hat ein Monopol fixe Kosten, variable Kosten und Grenzkosten (siehe Kapitel 10). Und was wichtig ist: Diese Kosten verhalten sich bei einem Monopol alle genauso wie bei einem Wettbewerbsunternehmen. Dies bedeutet, dass wir den Entscheidungsprozess eines Monopols mit Hilfe der Kosten auf dieselbe Weise analysieren können wie den Entscheidungsprozess eines Wettbewerbsunternehmens.

Der entscheidende Unterschied besteht darin, dass das Monopol es mit einer abwärts geneigten Grenzerlöskurve zu tun hat. Wie ich Ihnen zeigen werde, veranlasst dieser Faktor ein gewinnmaximierendes Monopol dazu, weniger Output als ein gewinnmaximierendes Wettbewerbsunternehmen zu produzieren.

GE = GK für ein Monopol setzen

Ein Monopol maximiert seine Gewinne auf dieselbe Art wie ein Wettbewerbsunternehmen. Abbildung 12.2 zeigt, wieso. Die Abbildung enthält die folgenden Kurven eines Monopols: durchschnittliche Gesamtkosten (*DTK*), Grenzkosten (*GK*), Nachfragekurve (*D*) und Grenzerlöskurve (*GE*).

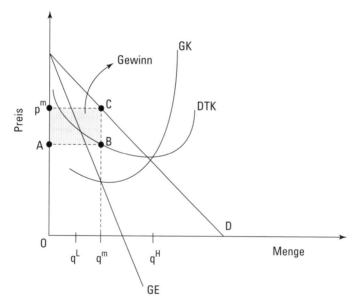

Abbildung 12.2: Ein Monopol produziert die Menge an dem Punkt, an dem seine GK-Kurve die GE-Kurve schneidet.

Die *DTK*-Kurve zeigt für jede Produktionsmenge q die durchschnittlichen Gesamt-Produktionskosten pro produzierter Outputeinheit an (siehe Kapitel 10). Diese Kurve ist U-förmig, weil die durchschnittlichen Gesamtkosten zunächst wegen der Fixkostendegression sinken und dann wegen der steigenden variablen Kosten wachsen (Sie erinnern sich an das Pflücken der Äpfel). Die Grenzkostenkurve zeigt die zusätzlichen Produktionskosten für jede weitere Outputeinheit an; sie gibt also an, um wie viel die Gesamtkosten steigen, wenn der Output um eine Einheit vergrößert wird.

Abbildung 12.2 zeigt, dass die gewinnmaximierende optimale Produktionsmenge q^m des Monopolisten an dem Punkt liegt, an dem sich die Kurven GE und GK schneiden. Wie bei einem Wettbewerbsunternehmen maximiert die Menge, an dem Grenzerlös und Grenzkosten gleich sind (GE = GK), entweder die Gewinne oder sie minimiert die Verluste, je nachdem, ob die Nachfrage groß genug ist, dass das Unternehmen einen Gewinn machen kann oder nicht (siehe Kapitel 10).

Dass q^m die optimale Menge ist, können wir erkennen, wenn wir uns zwei verschiedene Produktionsmengen q^L und q^H anschauen (L steht für *niedrig*, H steht für *hoch*):

✔ **Niedriger Output:** Wenn Sie bei der Produktionsmenge q^L vertikal nach oben gehen, sehen Sie, dass der GE bei dieser Outputmenge größer als die GK ist. Dies bedeutet, dass der Gewinn aus Produktion und Verkauf dieser Einheit höher ist als ihre Produktionskosten. Deshalb sollte diese Einheit produziert werden. Da Ähnliches für alle Produktionsmengen kleiner q^m gilt, sollte der Monopolist den Output bis q^m steigern.

✔ **Hoher Output:** Andererseits sollte der Monopolist seinen Output nicht über q^m hinaus steigern. Denn bei der Produktionsmenge q^H sind die Grenzkosten viel größer als der Grenzerlös. Das heißt, die Produktionskosten dieser Outputeinheit übersteigen den Erlös, der durch ihren Verkauf erzielt wird. Anders ausgedrückt: Wenn der Monopolist diese Einheit produziert, verliert er Geld.

Der Monopolist sollte also genau q^m Einheiten produzieren, weil der Grenzerlös für alle Einheiten bis q^m die Grenzkosten übersteigt. Das bedeutet, dass er mehr Geld für den Verkauf dieser Einheiten erhält, als er für ihre Produktion aufwenden muss.

Den Verkaufspreis ermitteln

Der Verkaufspreis für jede Outputeinheit kann mit der Nachfragekurve ermittelt werden. Gehen Sie bei der gewinnmaximierenden Produktionsmenge des Monopolisten vertikal nach oben bis zu der Nachfragekurve und dann horizontal nach links bis zur Y-Achse. Abbildung 12.2 zeigt, dass der Monopolist bei der Produktionsmenge q^m den Verkaufspreis p^m verlangen kann.

Ein Blick auf den Gewinn des Monopols

In Abbildung 12.2 wird der Gewinn des Monopolisten durch das grau unterlegte Rechteck (A, p^m, C, B) repräsentiert. Solche Gewinnrechtecke werden durch den Vergleich der beiden Rechtecke ermittelt, die den Gesamterlös beziehungsweise die Gesamtkosten repräsentieren (siehe die Beschreibung in Kapitel 10).

Denken Sie daran, dass die Fläche eines Rechtecks als Produkt aus seiner Länge und Breite definiert ist. Der Gesamterlös des Monopolisten, der seinen Gewinn maximiert, indem er q^m Einheiten produziert und für p^m Euro verkauft, beträgt also Preis mal Menge ($E = p^m \times q^m$). Deshalb entspricht der Gesamterlös der Fläche eines Rechtecks, dessen Länge gleich dem Preis und dessen Breite gleich der Menge ist. Das bedeutet: E ist die Fläche des Rechtecks (O, p^m, C, q^m).

Das Rechteck für die Gesamtkosten wird analog abgeleitet; denn die Gesamtkosten sind ebenfalls ein Produkt, und zwar aus den durchschnittlichen Kosten pro Einheit mal der Anzahl der Einheiten. Wenn Sie am Punkt q^m vertikal nach oben bis zu der *DTK*-Kurve gehen, kommen Sie zu Punkt *B*. Der vertikale Abstand bis zu Punkt *B* zeigt die Durchschnittskosten pro Einheit bei der Outputmenge q^m an. Wenn Sie also diesen Betrag mit der Outputmenge q^m multiplizieren, erhalten Sie die Gesamtkosten. Geometrisch werden die Gesamtkosten durch das Rechteck (O, A, B, q^m) repräsentiert.

In Abbildung 12.2 ist das Gesamterlös-Rechteck (O, p^m, C, q^m) größer als das Rechteck der Gesamtkosten (O, A, B, q^m). Dies bedeutet, dass das Monopol einen Gewinn macht. Dieser Gewinn entspricht dem grau unterlegten Rechteck (A, p^m, C, B), das den Unterschied der Rechteckflächen des Gesamterlöses und der Gesamtkosten repräsentiert.

Verstehen, dass ein Monopol keine Profitabilität garantiert

 Dass ein Unternehmen ein Monopol hat, garantiert nicht, dass es Gewinne macht. Wenn die Nachfrage zu schwach ist, werden die Preise zu niedrig sein, um Geld zu verdienen.

Abbildung 12.3 zeigt ein Beispiel für eine Situation mit einer sehr niedrigen Nachfrage. Die neue Nachfragekurve D_1 führt zu einer niedrigeren Grenzerlöskurve MR_1.

Das Monopol sucht wieder den Punkt, an dem der Grenzerlös gleich den Grenzkosten ist, um seine optimale Produktionsmenge $q^m{}_1$ zu ermitteln. Doch wegen der schwächeren Nachfrage arbeitet das Monopol mit einem Verlust, der durch die Fläche des grau unterlegten Rechtecks repräsentiert wird.

Dass dieses Rechteck einen Verlust repräsentiert, ergibt sich aus einem Vergleich des Gesamterlös-Rechtecks mit dem Rechteck der Gesamtkosten wie in Abbildung 12.2 im vorangegangenen Abschnitt. In diesem Fall ist das Rechteck der Gesamtkosten um die Fläche des grau unterlegten Rechtecks größer als das Gesamterlös-Rechteck.

 Der Verlust ergibt sich auch, wenn wir bei der Produktionsmenge $q^m{}_1$ die durchschnittlichen Gesamtkosten pro Einheit mit dem Preis pro Einheit vergleichen. Der Preis $p^m{}_1$ pro Einheit bei dieser Produktionsmenge ergibt sich, wenn Sie von $q^m{}_1$ auf der horizontalen Achse vertikal nach oben bis zu der Nachfragekurve D_1 gehen. Dass wir von dort noch weiter nach oben gehen müssen, um den Punkt *E* auf der *DTK*-Kurve zu erreichen, bedeutet, dass die durchschnittlichen Gesamtkosten pro Einheit bei dieser Produktionsmenge größer als der Preis pro Einheit sind, den wir durch den Verkauf dieser Einheiten erhalten. Dies zeigt, dass die Unternehmen Geld verlieren, wenn sie die Outputmenge q^m_1 produzieren.

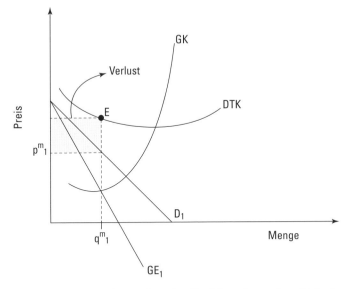

Abbildung 12.3: Ein Monopol mit schwacher Nachfrage kann einen Verlust erzielen. Ein Monopol zu sein, garantiert noch keinen Gewinn.

Wie ich in Kapitel 10 gezeigt habe, kann ein Unternehmen in einer solchen Situation nichts Besseres erreichen. Das bedeutet, dass jede andere Produktionsmenge außer q^m_1 einen noch größeren Verlust verursachen würde. Wenn das Monopol keine Möglichkeit findet, die Kosten zu reduzieren und/oder die Nachfrage zu steigern, wird es schnell Bankrott gehen.

Fazit: Selbst wenn Sie der einzige Anbieter in einer Branche sind, können Sie bei einer niedrigen Nachfrage Ihre Produktionskosten nicht decken und keinen Gewinn machen.

Monopole mit Wettbewerbsunternehmen vergleichen

In diesem Kapitel haben wir bisher untersucht, wie sich ein Monopol verhält, um seine Gewinne zu maximieren. Jetzt möchte ich ein gewinnmaximierendes Monopol mit einem gewinnmaximierenden Wettbewerbsunternehmen vergleichen. Dieser Vergleich fällt für das Monopol sehr schlecht aus, weil Wettbewerbsunternehmen sozial optimale Produktionsmengen erzeugen (siehe Kapitel 11). Weil Monopole letztendlich immer weniger als Wettbewerbsunternehmen produzieren, liegen ihre Produktionsmengen immer unter der sozial optimalen Produktionsmenge.

Produktionsmengen und Preise

Monopole produzieren weniger als Wettbewerbsunternehmen, weil sie andere Grenzerlöskurven haben. Wie ich weiter oben in diesem Kapitel gezeigt haben, sind die Grenzerlöskurven von Monopolen abwärts geneigt, während die Grenzerlöskurven von Wettbewerbsunternehmen wegen des vom Markt zu akzeptierenden Preises horizontal verlaufen.

Abbildung 12.4 zeigt diesen Vergleich in grafischer Form. Sie enthält sowohl die abwärts geneigte Grenzerlöskurve eines Monopols GE^m und die horizontale Grenzerlöskurve GE^c eines Wettbewerbsunternehmens. Außerdem zeigt die Grafik die Kurve der durchschnittlichen Gesamtkosten (DTK) und die Grenzkostenkurve GK.

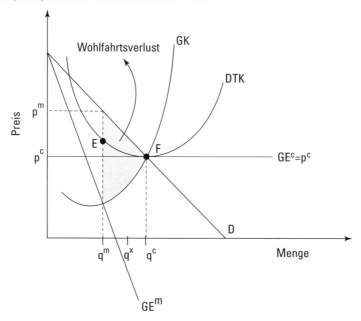

Abbildung 12.4: Wenn ein Monopol und ein Wettbewerbsunternehmen dieselbe Kostenstruktur haben, produziert das Monopol weniger, wodurch ein Wohlfahrtsverlust verursacht wird.

In Abbildung 12.4 wird vorausgesetzt, dass Wettbewerbsunternehmen und Monopole dieselbe Kostenstruktur haben. Deswegen enthält diese Abbildung nur eine GK-Kurve und eine DTK-Kurve. Aufgrund dieser Annahme können wir die Auswirkungen analysieren, die die unterschiedlichen Grenzerlöskurven auf die Produktionsentscheidungen der Unternehmen haben.

Gewinne für jedes Unternehmen maximieren

Die Grenzerlöskurve GE^c eines Wettbewerbsunternehmens ist eine horizontale Linie, deren Lage durch den Marktpreis p^c bestimmt wird (siehe Kapitel 11), weil das Unternehmen in seiner Branche so klein ist, dass es den Marktpreis nicht beeinflussen kann. Folglich kann es zum Preis p^c so viele oder wenige Einheiten verkaufen, wie es will. Dies bedeutet, dass der Grenzerlös jeder produzierten Einheit gleich p^c ist. Dies entspricht dem Punkt *F* in Abbildung 12.4, an dem für ein Wettbewerbsunternehmen $GE^c = p^c$ gilt.

Außerdem habe ich in Kapitel 11 gezeigt, dass die Marktkräfte Angebot und Nachfrage anpassen, bis der Marktpreis das Minimum der durchschnittlichen Gesamtkosten erreicht hat, zu denen ein Unternehmen produzieren kann. Geometrisch ist dies der Punkt, an dem die horizontale Linie $GE^c = p^c$ das Minimum der U-förmigen *DTK*-Kurve berührt.

Ich habe weiter oben in diesem Kapitel bereits erwähnt, dass Monopole und Wettbewerbsunternehmen eigentlich dieselbe Grundregel befolgen, um ihre Gewinne zu maximieren: Sie produzieren jeweils die Menge, bei der ihre Grenzerlöskurve ihre Grenzkostenkurve schneidet. Doch da sie in Abbildung 12.4 unterschiedliche Grenzerlöskurven haben, produzieren sie verschiedene Outputmengen. Das Wettbewerbsunternehmen produziert q^c, das Monopol dagegen q^m.

Verstehen, warum der Monopolist weniger produziert

Das Wettbewerbsunternehmen produziert also mehr als der Monopolist, weil es nicht befürchten muss, dass sein Erlös pro Einheit sinkt, wenn sein Output steigt. Unabhängig von seiner Produktionsmenge erhält es immer $GE^c = p^c$ pro verkaufter Einheit, weil sein Output relativ zum Gesamtoutput zu klein ist, um den Marktpreis zu beeinflussen.

Im Gegensatz dazu muss der Monopolist die Marktnachfragekurve berücksichtigen. Dies bedeutet, dass jede zusätzlich verkaufte Einheit den Preis pro Einheit verringert, den er für alle verkauften Einheiten erzielt. Geometrisch wird dies durch die abwärts geneigte Kurve GE^m dargestellt, die den Monopolisten veranlasst, seinen Output einzuschränken, weil er weiß, dass er umso weniger Geld pro Einheit bekommt, je mehr Einheiten er produziert.

Weil der Monopolist die Outputmenge im Vergleich zu einem Wettbewerbsunternehmen einschränkt, ist auch der Monopolpreis p^m höher als der Wettbewerbspreis p^c. Dies ist für die Konsumenten wirklich ärgerlich, aber wie ich Ihnen zeigen werde, wird der eigentliche Schaden durch die Reduzierung des Outputs verursacht.

Wohlfahrtsverluste: Den Schaden quantifizieren, der durch Monopole verursacht wird

Monopole verursachen Schaden, weil sie die Outputmenge so einschränken, dass sie unter der sozial optimalen Menge liegen, die von Wettbewerbsunternehmen produziert wird. Überlegen Sie anhand von Abbildung 12.4, ob es für die Gesellschaft gut wäre, wenn alle Outputeinheiten zwischen der Produktionsmenge q^m des Monopols und der Produktionsmenge q^c der Wettbewerbsunternehmen produziert werden würden.

Betrachten Sie beispielsweise die Menge q^x. Bei dieser Outputmenge liegt die Nachfragekurve über der Grenzkostenkurve, das heißt, dass die Konsumenten für diese Outputeinheit mehr zu zahlen bereit sind, als die Produktion kostet. Anders ausgedrückt: Der Nutzen dieser Outputeinheit übersteigt ihre Kosten. Da dies für alle Einheiten zwischen q^m und q^c gilt, schaden Monopole der Gesellschaft, weil sie Outputeinheiten nicht produzieren, deren Nutzen die Kosten übersteigt.

Dieser Schaden kann durch den vertikalen Abstand zwischen der Nachfragekurve und der Grenzerlöskurve über der Produktionsmenge q^x quantifiziert werden. Der Abstand gibt in Euro an, um wie viel der Nutzen die Kosten übersteigen würde, wenn diese Einheit produziert und konsumiert werden würde.

Wenn wir den Schaden für jede Einheit zwischen q^m und q^c summieren, erhalten wir den gesamten Schaden, den das Monopol verursacht, indem es diese Einheiten nicht produziert. Grafisch dargestellt entspricht dieser Schaden (gemessen in Euro) der grau unterlegten Wohlfahrtsverlust-Fläche aus Abbildung 12.4.

Mathematisch setzt sich die Wohlfahrtsverlust-Fläche aus den Einzelflächen zwischen der Nachfragekurve und der Grenzkostenkurve aller Einheiten zwischen q^m und q^c zusammen. Sie ergeben zusammen den Euro-Verlust, der durch die Einschränkung der Outputmenge durch das Monopol verursacht wird.

Die Wohlfahrtsverlust-Fläche zeigt, dass Monopole, die ihren Output einschränken, um ihre Gewinne zu maximieren, Einheiten *nicht* produzieren, deren Nutzen die Kosten übersteigt. Dies schadet der Gesellschaft. Im nächsten Abschnitt zeige ich, dass die Entscheidung, den Output einzuschränken, auch die Produktionskosten erhöht.

Der Einfluss des Monopols auf die Effizienz

Monopole haben außerdem das Problem, dass sie nicht effizient produzieren. Auch dies geht aus Abbildung 12.4 hervor.

Wettbewerbsunternehmen produzieren die Produktionsmenge q^c. Wenn Sie von dieser Produktionsmenge vertikal nach oben bis zu der *DTK*-Kurve gehen, kommen Sie zu Punkt *F*, dem Minimum der U-förmigen *DTK*-Kurve. Die Wettbewerbskräfte veranlassen Wettbewerbsunternehmen, die Produktionsmenge zu produzieren, bei der die U-förmige *DTK*-Kurve ihr Minimum hat (siehe Kapitel 10).

Diese Produktionsmenge minimiert die Produktionskosten pro Outputeinheit. Dies wird deutlich, wenn Sie q^c mit anderen Produktionsmengen vergleichen. Wenn das Unternehmen mehr oder weniger als q^c produziert, liegen die durchschnittlichen Kosten pro Einheit wegen der U-Form der *DTK*-Kurve höher.

Interessant ist insbesondere die Produktionsmenge q^m eines Monopols. Wenn Sie bei dieser Produktionsmenge vertikal nach oben bis zu der *DTK*-Kurve gehen, kommen Sie zu Punkt *E*. Weil der vertikale Abstand zwischen der horizontalen Achse und *E* größer als der vertikale

Abstand zwischen der horizontalen Achse und dem Punkt F ist, sind die Gesamtkosten pro Einheit bei der Produktionsmenge q^m des Monopols höher als die entsprechenden Kosten bei der Produktionsmenge q^c eines Wettbewerbsunternehmens. Deshalb produziert ein Monopolunternehmen seinen Output zu höheren Kosten als ein Wettbewerbsunternehmen.

Dieses unerwünschte Ergebnis ist eine weitere Manifestation dessen, dass die Grenzerlöskurven von Monopolisten abwärts geneigt sind. Ein Wettbewerbsunternehmen hat einen Anreiz, seinen Output bis zu q^c zu steigern, weil es dadurch seine Produktionskosten pro Einheit senken und damit seine Gewinne steigern kann. Derselbe Anreiz existiert auch für einen Monopolisten, aber dieser Anreiz wird durch die Verringerung des Erlöses mehr als aufgehoben, die das Monopolunternehmen durch eine Produktionssteigerung in Kauf nehmen müsste. Folglich maximiert der Monopolist seinen Gewinn bei q^m, obwohl q^c die Produktionsmenge mit den geringsten Kosten ist.

Beispiele für »gute« Monopole

Bis jetzt habe ich in diesem Kapitel gezeigt, dass ein Monopol im Vergleich zu einem Wettbewerbsunternehmen zu wenig mit zu hohen Kosten produziert und zu teuer verkauft. In Anbetracht dieser drei schlimmen Effekte würden Sie wahrscheinlich einfach gerne die rote Karte zeigen und Monopole ein für allemal abschaffen. Doch das wäre ein wenig voreilig. In einigen Fällen wiegt der Nutzen eines Monopols seine Kosten mehr als auf.

Erfindungen und Investitionen durch Patente anreizen

Der offensichtlichste Nutzen von Monopolen für die Gesellschaft zeigt sich bei den Patenten. Patente geben ihren Inhabern (Erfindern oder Leuten, die die Erfindung von dem ursprünglichen Erfinder erworben haben) das ausschließliche Recht, die Erfindungen 20 Jahre lang zu vermarkten oder zu verkaufen. Danach gehen die Erfindungen in öffentliches Eigentum über. Das bedeutet, dass Patente ihren Inhabern für 20 Jahre ein Monopolrecht einräumen.

In diesem Kontext sind Monopole so immens wichtig, weil ein Erfinder ohne sie wahrscheinlich nie einen finanziellen Nutzen aus seiner harten Arbeit ernten könnte, weil Nachahmer seine Idee einfach stehlen, den Markt mit Kopien überschwemmen und damit den Preis herunterdrücken würden. Deshalb würden in einer Welt ohne Patente viel weniger Menschen Zeit, Mühe und Geld aufwenden, um neue Dinge zu erfinden.

Deshalb räumen zivilisierte Nationen auf der ganzen Welt Erfindern Patentmonopole ein. Das Ergebnis ist eine schnellere Innovation, ein viel schnelleres wirtschaftliches Wachstum und ein viel schneller steigernder Lebensstandard. Tatsächlich ist es schwierig, Beispiele für Monopole zu finden, die sozial vorteilhafter als Patente sind.

Ärger mit redundanten Konkurrenten reduzieren

Gesellschaften haben auch Monopole in Situationen geschaffen, in denen Wettbewerb zu einer ärgerlichen Redundanz führt. Betrachten Sie die folgenden Beispiele:

✔ **Müllentsorgung:** Müllautos sind extrem laut und nervig. Wenn ein Unternehmen ein Monopol für die Müllentsorgung hat, müssen Sie ein lautes, nerviges Müllauto nur einmal pro Woche ertragen. Aber wenn beispielsweise sieben verschiedene Müllentsorger konkurrieren würden, müssten Sie möglicherweise jeden Tag ein Müllauto erdulden, wenn Sie und sechs Ihrer Nachbarn jeweils einen anderen Müllentsorger aussuchen und die Unternehmen verschiedene Wochentage auswählen würden.

✔ **Stromversorgung:** Wenn zehn verschiedene Kraftwerksbetreiber konkurrieren würden, müssten theoretisch zehn verschiedene Stromnetze verlegt werden – was sehr viel mehr als ein einziges Stromnetz kosten würde.

✔ **Erdgas:** Erdgas-Pipelines zu bauen ist teuer, und mehrere Pipeline-Netze in einem Gebiet zu bauen, würde Ressourcen verschwenden.

Deshalb sind diese Dienste in den meisten Kommunen entweder in öffentlicher Hand oder sie werden als Monopol an Privatunternehmen übergeben, die dann reguliert werden, um zu gewährleisten, dass sie ihre Position nicht zur Ausbeutung der Kunden ausnutzen. (Siehe den Abschnitt *Monopole regulieren* weiter unten.)

Die Kosten bei natürlichen Monopolen niedrig halten

Weitere Fälle, in denen eine Gesellschaft möglicherweise ein Monopol dem Wettbewerb vorzieht, sind die von Ökonomen so bezeichneten *natürlichen Monopolbranchen* oder *natürlichen Monopole*.

Eine Branche bildet ein natürliches Monopol, wenn ein großer Produzent Output zu niedrigeren Kosten produzieren kann als viele kleine Produzenten. Ein gutes Beispiel ist die Erzeugung von Elektrizität. Aufgrund technischer Faktoren kann ein Zehn-Megawatt-Kraftwerk Strom erheblich billiger produzieren als ein Ein-Megawatt-Kraftwerk.

Warum führt dies zu einem natürlichen Monopol? Stellen Sie sich vor, dass eine Stadt zehn Megawatt Strom benötigt und anfänglich von zehn kleinen Kraftwerken versorgt wird, die jeweils ein Megawatt produzieren. Aber dann tritt ein großes Unternehmen in die Branche ein und baut ein Zehn-Megawatt-Kraftwerk. Weil es zu niedrigeren Kosten produzieren kann als die kleineren, weniger effizienten Kraftwerke, bietet das große Unternehmen den Strom zu niedrigeren Preisen an und wirbt alle Kunden ab. Dies bedeutet, dass die kleineren Kraftwerke schnell Bankrott gehen.

Eine solche Branche wird als *natürliches Monopol* bezeichnet, weil sie im normalen Lauf der Zeit von einem einzigen, zu niedrigen Kosten produzierenden Unternehmen dominiert wird. Damit stellt sich für Politiker ein verblüffendes Problem: Was sollen sie mit einem natürlichen Monopol tun?

Einerseits ist jeder damit zufrieden, dass das große Kraftwerk viel effizienter arbeitet: Es verbraucht weniger Brennstoffe und verursacht weniger Umweltschäden. Doch weil es alle Wettbewerber in den Bankrott getrieben hat, müssen die Konsumenten jetzt fürchten, dass das neue Monopol hohe Preise verlangt und weniger produziert als die sozial optimale Produktionsmenge.

Diese widerstreitenden positiven und negativen Aspekte haben normalerweise zur Folge, dass Regierungen dem natürlichen Monopol erlauben, als einziges Unternehmen seiner Branche im Geschäft zu bleiben, es aber gleichzeitig regulieren, damit die Konsumenten keine hohen Preise und/oder niedrige Produktionsmengen fürchten müssen. Dadurch erhält die Gesellschaft den Nutzen, der mit der effizientesten Produktionsmethode verbunden ist, ohne die Probleme fürchten zu müssen, die ein unreguliertes Monopol mit sich bringen würde.

Monopole regulieren

Regierungen müssen entscheiden, wann sie Monopole unterstützen oder unterdrücken wollen. Beispielsweise unterstützt das Patentrecht das Monopol eines Erfinders, seine Erfindung 20 Jahre lang produzieren und verkaufen zu können. Danach werden Produktion und Verkauf der Erfindung dem Wettbewerb unterworfen.

In anderen Situationen sind verschiedene Regulierungsinstanzen entwickelt worden, die ein Monopol zerstören, indem sie es entweder zerschlagen oder regulieren, nachdem es als einziges Unternehmen seiner Branche übrig geblieben ist. In diesem Abschnitt beschreibe ich mehrere Regulierungsmethoden und wie sie das Verhalten von Monopolen verbessern.

Ein Monopol subventionieren, um den Output zu steigern

Weiter oben in diesem Kapitel habe ich erklärt, dass und warum ein gewinnmaximierendes Monopol weniger als die sozial optimale Menge produziert. Abbildung 12.4 weiter oben zeigt, dass ein gewinnmaximierendes Monopol die Menge an dem Punkt produziert, an dem seine abwärts geneigte Grenzerlöskurve GE^m seine aufwärts gerichtete Grenzkostenkurve GK schneidet. Diese Produktionsmenge q^m ist kleiner als die sozial optimale Produktionsmenge q^c, die von einem Wettbewerbsunternehmen produziert werden würde.

Eine Möglichkeit, das Monopol zu einer höheren Produktion zu veranlassen, besteht darin, seine Produktionskosten zu subventionieren, sodass seine Grenzkostenkurve vertikal nach unten verschoben wird. Dadurch schneiden sich die Kurven der Grenzkosten und Grenzerlöse bei einer höheren Outputmenge. Und wenn die Subventionen hoch genug sind, kann das Monopol veranlasst werden, seine Outputmenge bis auf q^c zu steigern.

Einige Regierungen verwenden diese Art von Subventionen, um die Mineralöl-, Elektrizitäts- und Telefonunternehmen zu veranlassen, mehr und insbesondere auch bedürftigen Menschen zu dienen. Wenn die Kosten eines Monopolunternehmens für die Akzeptanz von Kunden subventioniert werden, ist das Unternehmen bereit, mehr Kunden anzunehmen, als es dies ohne die Subventionen tun würde.

Einige Leute lehnen die Subventionierung von Monopolisten ab, sodass diese Lösung politisch nicht unbedingt besonders populär ist. Aber sie vergrößert den Output wirksam.

Mindestoutputmengen festlegen

Eine weitere Methode, ein Monopol zu einer höheren Produktion zu veranlassen, besteht einfach darin, ihm zu befehlen, mehr zu produzieren. Beispielsweise sind in den USA die Telefongesellschaften in vielen Gebieten verpflichtet, jedem Bürger Telefondienste zur Verfügung zu stellen – selbst für Bürger, die diese Dienste nicht selbst bezahlen können. (Dahinter steht die Idee zu gewährleisten, dass jeder bei einem Notfall Hilfe anfordern kann.) Dasselbe gilt oft für Betreiber von Heizkraftwerken im Winter; in einigen Urteilen wurde diesen Unternehmen verboten, die Wärme abzustellen, wenn jemand seine Heizrechnungen nicht bezahlt hatte.

Mindestoutputanforderungen können ein Monopol zwingen, eine sozial optimale Produktionsmenge zu produzieren. Sie sind politisch oft sehr populär, weil viele Menschen Monopolisten für böse und ausbeuterisch halten und nichts dagegen haben, wenn diese gezwungen werden, mehr zu produzieren.

Jede erzwungene Steigerung des Outputs reduziert auch den Gewinn des Monopols. Auch deshalb sind solche Programme sehr populär, denn viele Leute betrachten Monopolgewinne als unverdient, da die Unternehmen sie ohne Wettbewerb verdienen.

Regulatoren müssen aufpassen, die regulierten Monopole nicht in den Bankrott zu treiben. Je nach den Kostenkurven eines Monopols ist es durchaus möglich, ein Monopol zur Produktion einer Menge zu zwingen, bei der es Geld verliert. Weil die Regulatoren aber Monopole nicht in den Ruin treiben und damit den Konsumenten die Monopolgüter oder -dienste vorenthalten wollen, berücksichtigen sie auch die Kostenstruktur eines Monopols sorgfältig, wenn sie die Mindestoutputanforderungen festlegen.

Monopolpreise regulieren

Die vielleicht häufigste Methode zur Regulierung eines Monopols besteht darin, den Preis festzusetzen, zu dem es seine produzierten Outputeinheiten verkaufen kann. Dieser Ansatz funktioniert, weil es die Grenzerlöskurve des Monopolunternehmens so ändert, dass sie nicht mehr abwärts geneigt ist, sondern horizontal verläuft. Dadurch wird das übliche Problem des Monopols eliminiert, dass es bei höheren Angebotsmengen immer weniger pro Einheit verlangen kann.

Doch wie bei den Mengenanforderungen müssen die Regulatoren sorgfältig auf die Kostenstruktur eines Monopols achten, wenn sie den regulierten Preis festsetzen, um das Monopol nicht in den Ruin zu treiben.

12 ➤ Monopole: Wie schlecht würden Sie sich verhalten?

Das Problem des Regulators lässt sich aus den Kostenkurven des Monopols aus Abbildung 12.5 ablesen. Wenn das Monopol nicht reguliert wird, produziert es die gewinnmaximierende Produktionsmenge q^m, die durch den Schnittpunkt der *GE* mit den *GK* definiert wird. Die Nachfragekurve zeigt, dass das Unternehmen bei dieser Menge den Preis p^m pro Einheit verlangen kann. (Näheres über das Verhalten eines unregulierten Monopols finden Sie weiter oben im Abschnitt *Eine Outputmenge zur Maximierung des Gewinns wählen*.)

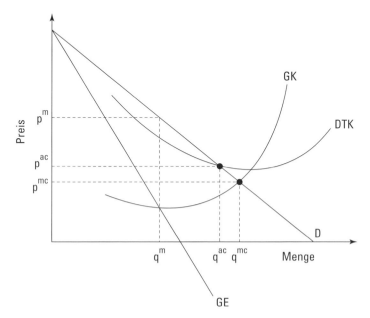

Abbildung 12.5: Ein Monopol mit durchschnittlichen und Grenzkosten über den Preis regulieren

Überlegen Sie als Nächstes, wie ein Regulator das Verhalten des Monopols ändern könnte. Beispielsweise könnte ein wohlmeinender Regulator das Monopol dazu bringen wollen, jede einzelne Outputeinheit zu produzieren, deren Nutzen die Kosten übersteigt. Abbildung 12.5 zeigt, dass dies die Produktionsmenge q^{mc} an dem Punkt wäre, an dem die abwärts geneigte Nachfragekurve die *GK*-Kurve schneidet.

Wie ich weiter oben im Abschnitt *Wohlfahrtsverluste: Den Schaden quantifizieren, der durch Monopole verursacht wird* erklärt habe, ist es sozial vorteilhaft, jede Einheit bis einschließlich q^{mc} zu produzieren, weil die Konsumenten bis zu dieser Einheit mehr bezahlen wollen, als die Produktion dieser Einheit kostet; denn bis zu diesem Punkt verläuft die Nachfragekurve oberhalb der *GK*-Kurve.

Folglich setzt der Regulator den Preis auf p^{mc} fest. Zu diesem Preis kaufen die Konsumenten laut Nachfragekurve q^{mc} Outputeinheiten. Und was noch besser ist: Das Monopol sollte diese Outputmenge anbieten, weil der Grenzerlös aus dem Verkauf jeder Einheit die Grenzkosten für ihre Produktion übersteigt.

Doch bei dieser Politik gibt es bei der gegebenen Kostenstruktur dieses Monopols ein großes Problem: Das Monopol wird Bankrott gehen. Denn bei der Produktionsmenge q^{mc} übersteigen die Gesamtkosten des Unternehmens seinen Gesamterlös.

Das Problem zeigt sich, wenn man bei der Produktionsmenge q^{mc} die durchschnittlichen Gesamtkosten pro Einheit (der vertikale Abstand von der horizontalen Achse bis zu der *DTK*-Kurve) mit dem vom Regulator vorgeschriebenen Erlös p^{mc} pro Einheit vergleicht: Weil die durchschnittlichen Gesamtkosten pro Einheit den Erlös pro Einheit übersteigen, arbeitet das Monopol mit Verlust. Und wenn der Regulator nicht nachgibt und einen höheren Preis erlaubt, wird das Monopol letztendlich Bankrott gehen, es sei denn, der Staat greift ein und subventioniert das Unternehmen so, dass sein Verlust ausgeglichen wird.

Die Methode der gerade beschriebenen Regulierung wird als *Preisbildung auf Grenzkostenbasis* bezeichnet, weil der regulierte Preis p^{mc} auf den Punkt festgesetzt wird, an dem die Grenzkostenkurve die Nachfragekurve schneidet. Doch weil diese Methode dazu führen kann, dass ein Monopol Geld verliert, ist die Alternative der *Preisbildung auf Durchschnittskostenbasis* gebräuchlicher, die den regulierten Preis auf dem Punkt festsetzt, an dem die Kurve der durchschnittlichen Gesamtkosten (*DTK*) die Nachfragekurve schneidet.

In Abbildung 12.5 würde ein Regulator nach der *Preisbildung auf Durchschnittskostenbasis* den Preis auf p^{ac} festsetzen. Zu diesem Preis fragen die Konsumenten laut Nachfragekurve q^{ac} Outputeinheiten nach. Das Monopol ist glücklich, diese Produktionsmenge anzubieten, weil der Grenzerlös (das heißt zugleich der regulierte Preis p^{ac} pro Einheit) für alle Einheiten bis q^{ac} die Grenzkosten überschreitet. Dies bedeutet, dass das Monopol mit jeder dieser Einheiten einen Gewinn macht.

Der Hauptvorteil dieses System liegt darin, dass Sie keinen Bankrott des Monopols fürchten müssen (oder sich sorgen müssen, wo das Geld für die Subventionen des Monopols herkommen soll, das bei der Preisbildung auf Grenzkostenbasis Pleite gehen würde). Die Preisbildung auf Durchschnittskostenbasis garantiert, dass das Monopol seinen Break-even-Punkt erreicht.

Diese Tatsache wird deutlich, wenn Sie die durchschnittlichen Gesamtkosten pro Einheit bei der Produktionsmenge q^{ac} mit dem Erlös pro Einheit bei dieser Produktionsmenge vergleichen. Die durchschnittlichen Gesamtkosten pro Einheit erhalten Sie, indem Sie vertikal nach oben bis zu der Kurve der durchschnittlichen Gesamtkosten gehen. Da dieser vertikale Abstand gleich dem regulierten Preis p^{ac} pro Einheit ist, wissen Sie, dass die durchschnittlichen Gesamtkosten pro Einheit gleich dem regulierten Preis pro Einheit sind, und damit muss das Unternehmen seinen Break-even-Punkt erreichen.

Die Preisbildung auf Durchschnittskostenbasis für dieses Monopol hat einen Nachteil: Alle sozial vorteilhaften Einheiten zwischen q^{ac} und q^{mc} werden nicht produziert. Andererseits wären Subventionen die einzige Möglichkeit, das Monopol mit einer Preisbildung auf Grenzkostenbasis zu veranlassen, diese Einheiten zu produzieren. Die Preisbildung auf Durchschnittskostenbasis eliminiert alle Sorgen, die mit der Vergabe von Subventionen verbunden sind. Insbesondere brauchen Sie nicht die möglichen negativen Auswirkungen zu befürchten, die entstünden, wenn Sie an anderer Stelle in der Wirtschaft die Steuern erhöhen, um das Monopol zu subventionieren.

Ein Monopol in mehrere Wettbewerbsunternehmen zerschlagen

Schließlich besteht eine weitere Lösung für das Monopolproblem darin, das Monopol in viele Wettbewerbsunternehmen zu zerschlagen. Der berühmteste Fall dieser Lösung war 1984 in den Vereinigten Staaten die Aufteilung der American Telephone and Telegraph Corporation (AT&T) in mehrere kleinere Wettbewerber.

 Vor 1984 war AT&T ein landesweit operierender Monopolist. Wenn Sie irgendjemanden in den USA anrufen wollten, ging dies nur über AT&T, weil es das einzige Telefonunternehmen im Land war. Das Unternehmen wurde streng reguliert; es gab sowohl Mengenanforderungen, um jeden Bürger mit einem Telefon zu versorgen, als auch Preisregulierungen, die dem Unternehmen Anreize gaben, zahlreiche Telekommunikationsdienste anzubieten. Doch es war immer noch ein Monopol, und 1984 entschied ein Richter, dass es in zahlreiche regionale Unternehmen zerlegt werden sollte, um den Wettbewerb zu fördern.

Diese politische Änderung funktionierte sehr gut. Bald gab es einen lebhaften Wettbewerbsmarkt für Telefondienste zwischen Unternehmen, die Teil von AT&T gewesen waren. Und in jüngerer Zeit hat sich der Wettbewerb in der Branche für Telekommunikationsdienste sogar noch verschärft, weil zahlreiche Mobilfunk-Unternehmen, Anbieter von Internet-Telefonie und sogar Kabel-TV-Unternehmen in den Markt eingetreten sind, um zusätzliche Telefondienste anzubieten. Der intensive Wettbewerb eliminiert die Probleme, die mit Monopolen verbunden sind, und gewährleistet, dass Telekommunikationsdienste zu niedrigen Kosten und in großem Umfang angeboten werden.

Wettbewerb herzustellen, ist auch deswegen eine praktische Methode zur Lösung eines Monopolproblems, weil diese die Kosten eliminiert, die mit einer laufenden Überwachung eines regulierten Monopols verbunden sind. Beim Wettbewerb werden ohne zentrale Steuerung automatisch die sozial optimalen Produktionsmengen hergestellt (siehe Kapitel 11). Dies steht in einem starken Gegensatz zu regulierten Monopolen, bei denen normalerweise teure Bürokratien erforderlich sind, um die Gesetze und Regulierungen durchzusetzen.

Oligopol und monopolistischer Wettbewerb: der Mittelbereich

In diesem Kapitel

- In einem Oligopol konkurrieren oder gemeinsame Sache machen
- Warum Absprachen zwischen Unternehmen den Konsumenten und der Gesellschaft schaden
- Das Modell des Gefangenendilemmas anwenden
- Untersuchen, warum einige Absprachen funktionieren und andere nicht
- Unternehmen regulieren, damit sie keine Absprachen treffen können
- Durch Produktdifferenzierung dem vollkommenen Wettbewerb entrinnen
- Gewinne im monopolistischen Wettbewerb begrenzen

In den Kapiteln 10 und 12 werden die beiden extremen Marktformen behandelt, die eine Branche annehmen kann: vollkommener Wettbewerb mit vielen kleinen Wettbewerbsunternehmen und das Monopol, bei dem es nur ein Unternehmen (und deshalb keinen Wettbewerb) gibt. In diesem Kapitel behandele ich zwei interessante Fälle zwischen diesen beiden Extremen.

Die erste Möglichkeit ist das Oligopol, eine Marktform, bei der es nur eine kleine Zahl von Unternehmen gibt – zwei, drei oder eine Hand voll. Das Word *Oligopol* stammt aus dem Griechischen und bedeutet *wenige Verkäufer*. Zahlreiche Branchen sind Oligopole: der Markt für Softdrinks, der Mineralölmarkt oder der Markt für Videospielgeräte. Beispielsweise dominieren Coca-Cola und Pepsi den Softdrink-Markt und verkaufen zusammen sehr viel mehr als andere Limonadenhersteller. Vergleichsweise produzieren nur drei oder vier Länder den größten Teil des Öls auf der Welt. Und nur drei Unternehmen produzieren und verkaufen praktisch alle Videospielkonsolen auf der Welt.

Oligopolistische Branchen sind interessant, weil ihre Unternehmen je nach den besonderen Umständen entweder kompromisslos konkurrieren oder sich zusammenschließen und fast genau so verhalten, wie es ein Monopol tun würde. Dies bedeutet, dass in einigen Fällen Oligopole sich selbst überlassen werden können, weil der Wettbewerb gewährleistet, dass sie die sozial optimalen Produktionsmengen produzieren, während in anderen Fällen staatliche Regulierungen erforderlich sind, um zu verhindern, dass sie sich wie Monopole und »unsozial« verhalten.

Die zweite Marktform, die zwischen den Extremen liegt, ist der so genannte *monopolistische Wettbewerb* – eine Art Hybrid zwischen dem vollkommenen Wettbewerb und einem Monopol.

Der wesentliche Faktor, der Unternehmen bei dieser Marktform von Unternehmen in einem vollkommenen Wettbewerb unterscheidet, ist die *Produktdifferenzierung* – das heißt jedes Unternehmen produziert etwas andere Produkte als die Mitbewerber.

Dieses Kapitel beginnt mit einer ausführlichen Beschreibung der Oligopole und der Entscheidungen, die Unternehmen bei dieser Marktform treffen müssen. Danach behandele ich den monopolistischen Wettbewerb und zeige, warum Produktdifferenzierungen nicht unbedingt zu ansehnlichen Gewinnen führen.

Konkurrieren oder Absprachen treffen

In Branchen, in denen nur einige Unternehmen operieren, können Unternehmen entscheiden, ob sie konkurrieren oder Absprachen treffen wollen. Diese Situation unterscheidet sich stark von dem vollkommenen Wettbewerb, den ich in Kapitel 11 beschrieben habe.

Bei vollkommenen Wettbewerbsmärkten gibt es so viele, relativ kleine Unternehmen, dass der Output eines einzelnen Unternehmens keine Auswirkung auf den Marktpreis hat. Folglich können Wettbewerbsunternehmen den Marktpreis einfach als gegeben hinnehmen und ihre Produktionsmengen entsprechend anpassen, um einen so großen Gewinn wie möglich zu erzielen.

Erkennen, dass oligopolistische Unternehmen sich strategisch gegenseitig beeinflussen

Doch in einem Markt, in dem es nur einige Anbieter gibt, trägt jeder Einzelne so viel zum Gesamtoutput bei, dass er den Marktpreis beeinflussen kann. Beispielsweise sind Coca-Cola und Pepsi in den USA die beiden Hauptproduzenten von Cola. Diese beiden Unternehmen produzieren so große Anteile des Gesamtoutputs, dass beide durch eine plötzliche Erhöhung ihres Angebots den Marktpreis für Cola drastisch senken könnten. Wenn ein Unternehmen seinen Output steigert, verursacht es eine Preissenkung, die auch die anderen Unternehmen in dem Markt beeinflusst.

Anders ausgedrückt: Falls Pepsi doppelt so viel produzieren und den Markt buchstäblich mit seinem Produkt überschwemmen würde, würde zunächst der Preis für Pepsi drastisch sinken. Doch weil die meisten Konsumenten nicht 100-prozentig markentreu sind, würden viele regelmäßige Coca-Cola-Konsumenten wegen des niedrigen Preises von Pepsi die Marke wechseln und Pepsi trinken. Als Folge davon wird auch der Preis von Coca-Cola sinken.

Die Unternehmen Pepsi und Coca-Cola befinden sich in einer Situation, in der die eigenen Angebotsentscheidungen nicht nur die eigenen Verkäufe, sondern auch die des Wettbewerbers beeinflussen. Ökonomen bezeichnen solche Situationen als *strategische Situationen*, weil das betreffende Unternehmen entscheiden muss, welche Strategie es verfolgen sollte. Insbesondere müssen sie entscheiden, ob sie konkurrieren oder sich mit den anderen Unternehmen absprechen sollten:

✔ Wenn sie Absprachen treffen, werden alle Unternehmen zusammen ihre Produktion zurückfahren, um die Preise nach oben zu treiben und ihre Gewinne zu steigern.

✔ Wenn sie konkurrieren, werden sie versuchen, sowohl die eigene Produktion zu steigern, um sowohl den anderen durch den Preis zu unterbieten, als auch so viele Kunden wie möglich zu gewinnen.

Die Folgen von Wettbewerb und Absprachen vergleichen

Diese beiden Strategien, Wettbewerb oder Absprachen, haben sowohl für Produzenten als auch für Konsumenten ganz unterschiedliche Folgen:

✔ Für Produzenten sind Absprachen besser als Wettbewerb, weil sie zu Gewinnen führen, die so lange fließen, wie sich die Unternehmen an die Absprachen halten.

✔ Für Konsumenten sind Absprachen schlechter als der Wettbewerb, weil sie zu höheren Preisen und einem niedrigeren Output führen.

Bei diesen Ergebnissen nehmen Sie möglicherweise an, dass Regierungseingriffe erforderlich sind, um Konsumenten vor Absprachen zu schützen. Aber solche Interventionen werden nur benötigt, wenn sich die Unternehmen tatsächlich absprechen.

Die Praxis hat eine faszinierende Eigenschaft: In vielen Branchen, in denen Sie eigentlich Absprachen erwarten würden, kommen keine Absprachen zustande. Beispielsweise sind Coca-Cola und Pepsi scharfe Konkurrenten, die pro Jahr mehrere Millionen US-Dollar für Werbung ausgeben, um sich gegenseitig Kunden abzujagen.

Ähnlich gibt es nur eine Hand voll konkurrierender Mobilfunkunternehmen. Doch statt sich abzusprechen, konkurrieren sie so kompromisslos miteinander, dass viele von ihnen ständig am Rande des Ruins stehen. Dasselbe gilt für die Luftverkehrsbranche, in der laufend Unternehmen Pleite gehen.

Die große Frage, die Ökonomen beantworten müssen, lautet: »Warum gibt es so wenige Absprachen in Branchen, in denen sie eigentlich zu erwarten wären?« In den nächsten Abschnitten erfahren Sie die Antworten der Ökonomen.

Kartellverhalten: der Versuch, Monopolisten zu imitieren

Eine Gruppe von Unternehmen, die Absprachen trifft und als ein einziges koordiniertes Ganzes handelt, wird als *Kartell* bezeichnet. Weil ein Kartell im Wesentlichen wie ein gigantisches Unternehmen agiert, machte es aus einer Reihe einzelner Unternehmen ein einziges großes Monopol.

Deswegen ist es leicht, das gewinnmaximierende Verhalten eines Kartells zu verstehen; denn das Verhalten unterscheidet sich nicht von dem eines Monopols und wird durch die Grafiken aus Kapitel 12 illustriert.

Ein gewinnmaximierendes Kartell produziert insbesondere die gewinnmaximierende Monopoloutputmenge von q^m Einheiten aus Abbildung 12.2. Bei dieser Produktionsmenge wird der kollektive Gewinn des Kartells maximiert, der durch die grau unterlegte Fläche in Abbildung 12.2 repräsentiert wird. Und was für das Kartell noch besser ist: Der Monopolgewinn wird so lange bestehen bleiben, wie die beteiligten Unternehmen kooperieren und zusammen den Output q^m produzieren.

Ein Kartell zu koordinieren, ist harte Arbeit

Leider ist es für die Unternehmen in einem Kartell oft sehr schwierig, alle Unternehmen zur Zusammenarbeit zu bewegen, damit sie zusammen die Monopoloutputmenge q^m produzieren. Um dieses Ziel zu erreichen, müssen sich die Unternehmen über zwei zusammengehörige Fragen einigen:

✓ **Verteilung der Gewinne:** Offensichtlich will jedes Unternehmen einen Anteil haben, der so groß wie möglich ist.

✓ **Produktionsquoten:** Die Unternehmen müssen sich einigen, welchen Anteil des Gesamtoutputs q^m jedes Unternehmen produzieren soll, und dann diese Absprache einhalten. Jedes Unternehmen wird permanent versucht sein, mehr als seine Quote zu produzieren, weil es dadurch einen höheren Erlös erzielen könnte.

Die OPEC als Beispiel für die Schwierigkeit, zusammenzuarbeiten

Die Schwierigkeiten, diese beiden Anforderungen zu erfüllen, lassen sich am Beispiel der OPEC studieren. OPEC steht für *Organization of the Petroleum Exporting Countries* und ist ein Kartell der Erdöl exportierenden Länder. Die OPEC ist eine sehr aktive Gruppe, die Saudi-Arabien, den Irak, Venezuela, Nigeria, Kuwait, Indonesien und mehrere andere Öl exportierende Schlüsselnationen umfasst.

Zusammen kontrollieren diese Nationen den überwiegenden Teil des Ölangebots auf der ganzen Welt. Da die Anzahl der Beteiligten relativ klein ist, handelt es sich also um ein Oligopol. Wegen der geringen Zahl von Unternehmen könnten sie ein Kartell bilden und versuchen, Monopolmengen zu produzieren und Monopolgewinne zu erzielen. Schaffen sie das?

Alles in allem: Nein! Ich sage »Alles in allem«, weil sie zwar laufend neue Absprachen über die Ölproduktion aushandeln, aber diese Absprachen auch immer wieder brechen. Nehmen Sie beispielsweise an, dass die Monopoloutputmenge, die den kollektiven Gewinn der OPEC maximiert, 20 Millionen Barrel pro Tag beträgt und dass der Preis für Öl bei dieser Produktionsmenge bei 60 Euro pro Barrel liegt.

Um diesen gemeinschaftlichen Output zu produzieren, muss sich die OPEC auf die Produktionsquoten für jedes Land einigen. Beispielsweise könnte Saudi-Arabien vier Millionen Barrel

13 ➤ Oligopol und monopolistischer Wettbewerb: der Mittelbereich

pro Tag produzieren, während Venezuela möglicherweise eine Quote von nur zwei Millionen Barrel pro Tag erhält, sodass für die anderen Länder zusammen 14 Millionen Barrel pro Tag übrig bleiben.

Leider hat die OPEC keine Möglichkeiten, die Quoten durchzusetzen. Insbesondere kann niemand Venezuela davon abhalten, mehr als seine zwei Millionen Barrel pro Tag zu fördern und den Überschuss auf dem Weltmarkt für Öl zu verkaufen. Viele OPEC-Länder brechen das Abkommen und fördern mehr.

Die Versuchung durch den hohen Preis für Öl ist einfach zu verführerisch. Wenn sich beispielsweise alle anderen Länder an die Absprache halten und den Preis für Öl in die Höhe treiben, ist es für Venezuela sehr verlockend, mehr als seine Quote zu produzieren, weil jedes zusätzliche geförderte Barrel einen beträchtlichen Gewinn bringt.

Leider sind auch alle anderen Länder dieser Versuchung ausgesetzt, sodass fast alle ihre Quoten überschreiten. Das zusätzliche Angebot aufgrund des dieses Verhaltens überschwemmt den Markt und drückt den Preis weit unter den Betrag, den die Länder hätten erzielen können, wenn sie bei ihren jeweilgen Quoten geblieben wären.

Etwas anders ausgedrückt: Die Anreize eines Kartells sind selbstzerstörerisch. Je besser sie funktionieren und Monopolgewinne erzielen, desto größer wird die Versuchung für die Kartellmitglieder zu betrügen. Im Fall der OPEC sind diese Versuchungen so stark, dass die OPEC nur temporär als wirksames Kartell agieren konnte.

Im folgenden Abschnitt behandele ich ein Modell aus der Spieltheorie: das so genannte *Gefangenendilemma*, das den Kern des Problems modelliert, warum Unternehmen in Kartellen betrügen und warum es in vielen Fällen fast unmöglich ist, sie davon abzuhalten.

Das Modell des Gefangenendilemmas

Das Verhalten von Kartellen und deren Anreize zu betrügen lässt sich am besten anhand eines sehr berühmten Modells aus der Spieltheorie erklären, das als *Gefangenendilemma* (»Prisoner's Dilemma«) bezeichnet wird.

Die *Spieltheorie* ist ein Zweig der Mathematik, der untersucht, wie sich Menschen in strategischen Situationen verhalten – Situationen, in denen ihr Handeln oder ihr erwartetes Handeln von anderen Menschen berücksichtigt wird, die dann ihr eigenes Handeln entsprechend anpassen.

Beispielsweise sind Schach und Dame strategische Situationen, weil mein gegenwärtiger Zug die künftigen Züge meines Gegenspielers ändert. Was noch wichtiger ist: Was ich *meine*, wie mein Gegenspieler auf meinen nächsten möglichen Zug reagieren wird, hilft mir zu entscheiden, welcher Zug für mich am besten ist. Das bedeutet, dass ich seine Reaktionen auf jeden meiner möglichen Züge berücksichtige, bevor ich den für mich besten Zug auswähle.

Kartelle sind ebenfalls strategische Situationen, weil jedes Unternehmen berücksichtigen muss, was die anderen Unternehmen seiner Meinung nach tun werden, bevor es entscheidet, was es selbst tun sollte. Deshalb eignen sich spieltheoretische Modelle am besten, um die Motive und Versuchungen zu verstehen, die das Verhalten von Kartellmitgliedern leiten.

Um die Dinge zu vereinfachen, wollen wir ein *Duopol* betrachten, eine Branche, in der es nur zwei Unternehmen gibt. Sie könnten ein Kartell bilden, sich wie ein Monopol verhalten und einen Monopolgewinn erzielen, den sie sich dann teilen. Doch tun sie dies auch? Das hängt ganz davon ab, ob ein Unternehmen (oder beide) gegen die Kartellvereinbarung verstoßen.

Um die Versuchungen jedes Unternehmens zu verstehen, studieren wir am besten zuerst das Gefangenendilemma. Es handelt sich um ein »Spiel«, in dem zwei kriminelle Partner individuell (jeder für sich) entscheiden müssen, ob sie eine gemeinsam getroffene Verabredung, zu schweigen und der Polizei nichts von ihren illegalen Aktivitäten zu erzählen, brechen sollten.

Ein lebensnahes Gefangenendilemma

Zwei Kriminelle namens Jesse und James haben gerade eine Bank ausgeraubt. Die Polizei weiß dies, kann aber keine schlüssigen Beweise gegen sie vorweisen. Deshalb besteht die einzige Möglichkeit, sie zu überführen, darin, einen oder beide Bankräuber zu einem Geständnis zu bewegen und gegen den anderen auszusagen.

Glücklicherweise kann die Polizei einen gewissen Druck auf die Bankräuber ausüben, weil sie Jesse und James schon früher bei anderen, kleineren und einzeln verübten Straftaten dingfest machen konnte. Diese anderen Straftaten würden jedem eine Gefängnisstrafe von einem Jahr einbringen. Die Polizei hofft, dieses eine Jahr im Gefängnis als Druckmittel verwenden zu können, um einen oder beide Bankräuber dazu zu veranlassen, seinen Partner zu beschuldigen und dafür selbst freizukommen.

Einige Tage zuvor haben sich Jesse und James hoch und heilig geschworen, sich niemals gegenseitig zu verraten; doch wir wollen sehen, was passiert, wenn es hart auf hart kommt.

Die Vorteile eines Geständnisses und des Schweigens vergleichen

Die Polizei folgt ihren Standardprozeduren und verhört Jesse und James getrennt in separaten Verhörräumen. Die Polizei bietet beiden an, gegen den anderen auszusagen und dafür selbst freizukommen.

Das Problem für jeden Einzelnen besteht darin, dass sein künftiges Schicksal nicht nur von seinem eigenen Handeln, sondern auch von dem Handeln seines Partners abhängt. Jeder kann ein Geständnis gegen die eigene Immunität eintauschen, aber dieser Handel kommt nur zustande, wenn sein Partner in dem anderen Verhörraum nicht gleichzeitig ein Geständnis ablegt.

13 ➤ Oligopol und monopolistischer Wettbewerb: der Mittelbereich

Vier Ergebnisse sind möglich:

- ✔ Wenn sich beide Männer an ihren Pakt zu schweigen halten und keiner den Bankraub gesteht, bekommt jeder nur ein Jahr Gefängnis für seine kleineren Straftaten.
- ✔ Wenn Jesse gesteht und gegen James aussagt, während James schweigt, kommt Jesse wegen seiner Kooperation mit der Polizei frei, aber James kommt wegen Bankraub für zehn Jahre ins Gefängnis.
- ✔ Wenn James aussagt, während Jesse schweigt, kommt James frei, während Jesse für zehn Jahre ins Gefängnis geht.
- ✔ Wenn beide den Bankraub gestehen, bekommen beide fünf Jahre Gefängnis. Warum nur fünf Jahre? Wenn beide gestehen, muss die Polizei keinen so großzügiges Angebot machen; sie muss nicht beiden Immunität gewähren, um eine Aussage gegen den anderen zu bekommen. Andererseits will die Polizei jedem Kriminellen einen Anreiz geben zu gestehen; deshalb bietet sie jedem an, nur fünf Jahre ins Gefängnis zu gehen statt der zehn Jahre, die er bekommen würde, wenn er schweigen würde, während sein Partner aussagt.

Die Vorteile zum Zweck des Vergleichs in eine Matrix eintragen

Abbildung 13.1 zeigt eine so genannte *Payoff-Matrix* (»Ergebnismatrix«). Sie stellt die Dauer des Gefängnisaufenthalts zusammen, die die beiden Bankräuber in Abhängigkeit davon erwarten, wer gesteht oder schweigt.

	Jesses Optionen	
James' Optionen	Geständnis	Schweigen
Geständnis	Jesse bekommt 5 Jahre / James bekommt 5 Jahre	Jesse bekommt 10 Jahre / James bekommt 0 Jahre
Schweigen	Jesse bekommt 0 Jahre / James bekommt 10 Jahre	Jesse bekommt 1 Jahr / James bekommt 1 Jahr

Abbildung 13.1: Die Payoff-Matrix mit der jeweiligen Dauer des Gefängnisaufenthalts, die Jesse und James erwarten

Die Spalten zeigen die Optionen von Jesse, wenn er gesteht oder schweigt. Die Zeilen zeigen die Optionen von James; sie sind dieselben wie die von Jesse. Jedes der vier Rechtecke in der

Matrix zeigt die Gefängniszeiten, die sich aus den vier möglichen Kombinationen der Einzelentscheidungen (zu gestehen oder zu schweigen) ergeben.

Beispielsweise zeigt das obere linke Rechteck, was passiert, wenn beide gestehen. Das Feld wird diagonal in zwei Hälften geteilt: Die grau unterlegte obere Hälfte zeigt, dass Jesse in diesem Fall fünf Jahre ins Gefängnis gehen muss. Die untere Hälfte zeigt, dass James dasselbe Schicksal erwartet. Ähnlich zeigt das obere rechte Rechteck, dass Jesse zehn Jahre ins Gefängnis geht, wenn er schweigt, während James gesteht. Dafür kommt James frei, weil er gegen Jesse ausgesagt hat.

Die dominante Strategie für jeden Gefangenen bestimmen

Das Gefangenendilemma ist berühmt, weil es eine ganz bestimmte Situation illustriert: Die Polizei hat einen Kontext geschaffen, in dem die möglichen Vorteile (Payoffs) beiden Kriminellen einen Anreiz geben zu gestehen – unabhängig davon, was der andere Kriminelle tut.

Nehmen wir beispielsweise James. Sollte er gestehen oder schweigen? Fragen wir zunächst, welche Option für ihn besser ist, wenn sein Partner in dem anderen Verhörraum gesteht. Das obere linke Rechteck in der linken Spalte der Payoffs zeigt, dass James fünf Jahre bekommt, wenn er gesteht und Jesse auch gesteht. Andererseits zeigt das untere linke Rechteck, dass James zehn Jahre bekommt, wenn er schweigt und Jesse gesteht.

Deshalb ist es für James offensichtlich das Beste, auch zu gestehen, falls Jesse gesteht. Sollte er gestehen oder schweigen? Aber was soll er tun, wenn Jesse in dem anderen Verhörraum schweigt? Das obere rechte Rechteck zeigt, dass James freikommt, wenn er gesteht und Jesse schweigt. Im Gegensatz dazu zeigt das untere rechte Rechteck, dass James ein Jahr ins Gefängnis geht, wenn er schweigt und Jesse ebenfalls schweigt. Wenn Jesse schweigt, ist es für James deshalb offensichtlich am besten zu gestehen und freizukommen, statt ein Jahr ins Gefängnis zu gehen.

Anders ausgedrückt: Es ist für James *immer* besser zu gestehen. Wenn James gesteht, wenn Jesse gesteht, bekommt James fünf Jahre statt zehn. Und wenn James gesteht, wenn Jesse schweigt, bekommt James null Jahre statt ein Jahr. Deshalb sollte James *immer* gestehen, egal was Jesse der Polizei in dem anderen Raum sagt oder nicht sagt.

Weil es sich für James immer besser auszahlt zu gestehen als nicht zu gestehen, bezeichnen Spieltheoretiker das Geständnis als die *dominante Strategie* von James; sie meinen damit die bessere oder überlegene Strategie.

Die Payoffs aus der Perspektive von Jesse ergeben ein ähnliches Ergebnis: Auch für Jesse ist das Geständnis die dominante Strategie; denn unabhängig vom Verhalten von James ist es für Jesse besser zu gestehen als zu schweigen.

Deshalb ist das Geständnis für beide Spieler eine dominante Strategie; Sie sollten deshalb erwarten, dass beide getrennt gestehen. Wenn sie dies tun, landen sie im oberen linken Feld der Payoff-Matrix und gehen beide für fünf Jahre ins Gefängnis.

Erkennen, dass die dominante Strategie für beide Spieler zu einem erbärmlichen Ergebnis führt

Die Polizei möchte natürlich, dass beide Kriminelle getrennt gestehen und für fünf Jahre ins Gefängnis gehen; deshalb trennt sie die Gefangenen und schafft den Kontext, den ich gerade beschrieben habe.

Jesse und James haben sich vorher gegenseitig versprochen, nicht mit der Polizei zu kooperieren, aber da die Payoffs so strukturiert sind, dass das Geständnis die dominante Strategie ist, bringt diese Strategie beide in eine Zwickmühle. Jeder hält entweder sein Versprechen und riskiert eine lange Gefängnisstrafe, wenn sein Partner gesteht, oder er bricht sein Versprechen, um seine eigene potenzielle Gefängniszeit zu verkürzen. Diese schwere Entscheidung ist der Grund dafür, warum diese Situation als das *Gefangenendilemma* bezeichnet wird.

Normalerweise werden beide Männer ihre dominante Strategie verfolgen und gestehen. Aber weil beide separat gestehen, bekommen sie beide fünf Jahre Gefängnis. Dieses Ergebnis ist viel schlechter, als wenn sie ihr Versprechen zu schweigen eingehalten hätten; denn dann wären sie nur für ein Jahr ins Gefängnis gegangen. Doch die Logik der dominanten Strategie ist so zwingend, dass beide das Versprechen brechen und fünf Jahre ins Gefängnis gehen statt nur eins.

Wie ich weiter unten in diesem Kapitel zeigen werde, befinden sich Kartellmitglieder ebenfalls in einem Gefangenendilemma, weil sie entscheiden müssen, ob sie die Kartellvereinbarung einhalten (den Output auf die Monopolmenge zu reduzieren) oder betrügen und mehr produzieren sollen. Wie Sie sehen werden, ist die Versuchung für die Kartellmitglieder, mehr zu produzieren und die Mengenabsprache des Kartells zu brechen, genauso stark wie die Versuchung für die Gefangenen zu gestehen und ihre Verabredung zu brechen, nicht mit der Polizei zu kooperieren.

Das Gefangenendilemma durch das Gesetz der Omerta lösen

Ich liebe die Filme *Der Pate I bis III*, aber nicht wegen der Schauspielkunst, der Drehbücher oder weil ich ihren Regisseur Francis Ford Coppola zufällig auf einem Flug nach Paris getroffen habe, sondern weil Mafia-Filme ein blutrünstiges, aber wirksames System illustrieren, das Verbrecherorganisationen entwickelt haben, um zu verhindern, dass gefangene Mitglieder gestehen.

Das System wird als *Omerta* bezeichnet. Dies ist das sizilianische Wort für »Schweigen«. Im Grunde schreibt die Mafia die Payoff-Matrix des Gefangenendilemmas so um, dass die dominante Strategie nicht mehr das Geständnis, sondern das Schweigen ist. Die Methode ist einfach: Die Mafia macht ihren Mitgliedern klar, dass jeder, der mit der Polizei redet oder jemanden verpfeift, stirbt.

Durch diese Drohung wird die Payoff-Matrix des Gefangenendilemmas vollkommen umgebaut. Statt wie in Abbildung 13.1 nur Gefängniszeiten zu vergleichen, geht es jetzt für die Gefangenen um Leben und Tod (siehe Abbildung 13.2). Abbildung 13.2 zeigt, dass die dominante

Strategie für beide Spieler jetzt darin besteht zu schweigen, weil die Mafia unabhängig vom Verhalten des anderen jeden, der redet, jagt und umbringt. Deshalb werden sowohl Jesse als auch James nur ein Jahr ins Gefängnis gehen, weil beide ihren Mund halten werden.

	Jesses Optionen	
	Geständnis	Schweigen
Geständnis (James' Optionen)	Jesse stirbt / James stirbt	Jesse bekommt 10 Jahre / James stirbt
Schweigen	Jesse stirbt / James bekommt 10 Jahre	Jesse bekommt 1 Jahr / James bekommt 1 Jahr

Abbildung 13.2: Die dominante Strategie in dem Gefangenendilemma ändert sich, wenn ein Geständnis mit dem Tod »belohnt« wird.

Paradoxerweise nutzt die Todesdrohung beiden Kriminellen. Obwohl die Todesdrohung sowohl Jesse als auch James Angst einjagt, dient sie tatsächlich ihren eigenen Interessen; denn sie bedeutet, dass sie beide nur ein Jahr statt fünf ins Gefängnis gehen. Wenn Sie Karriere als Krimineller machen wollen, sollten Sie sich einer kriminellen Organisation anschließen, die stark genug ist, Sie einzuschüchtern und davon abzuhalten, Absprachen mit Ihren kriminellen Kollegen zu brechen.

Dieses Konzept eines starken und glaubwürdigen Durchsetzers ist entscheidend. Sie werden in den folgenden Abschnitten sehen, dass eine Möglichkeit, um Unternehmen zur Einhaltung von Kartellabsprachen zu veranlassen, darin besteht, Betrüger und Abtrünnige des Kartells auf ähnliche Art durch starke Sanktionen zu bedrohen, wie die Mafia jeden umzubringen droht, der gegen das Gesetz der *Omerta* verstößt, niemals mit der Polizei zu reden.

Das Gefangenendilemma auf Kartelle anwenden

Um zu sehen, wie das Gefangenendilemma auf Kartelle anwendbar ist, wollen wir eine Duopol-Branche – eine Branche mit nur zwei Unternehmen – betrachten. Die fragliche Branche soll der Schnellimbissmarkt in einer kleinen Stadt namens Schweinheim sein. Dei beiden einzigen Anbieter von Snacks heißen Pommes-Paul und Fritten-Fritz.

13 ➤ Oligopol und monopolistischer Wettbewerb: der Mittelbereich

Die Unternehmen können entweder aggressiv miteinander konkurrieren oder das Angebot einschränken, um die Preise hoch zu halten und große Monopolgewinne zu machen. Stellen Sie sich der Einfachheit halber vor, dass die Manager beider Unternehmen nur zwei Preise verlangen können: 3 Euro pro Portion oder 2 Euro pro Portion.

Abbildung 13.3 zeigt die Payoff-Matrix beider Unternehmen bei beiden Preisen. Die Payoffs geben den Gewinn jedes Unternehmens pro Tag an. Die Werte für Pommes-Paul sind grau unterlegt.

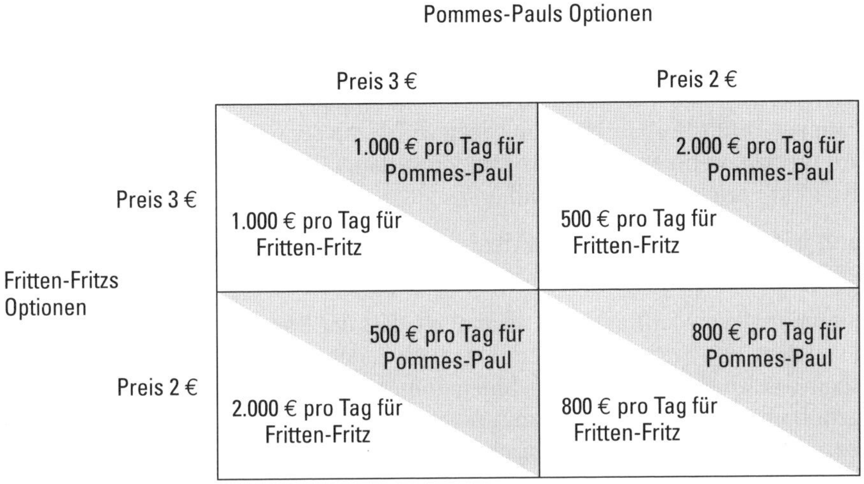

Pommes-Pauls Optionen

	Preis 3 €	Preis 2 €
Fritten-Fritzs Optionen Preis 3 €	1.000 € pro Tag für Pommes-Paul 1.000 € pro Tag für Fritten-Fritz	2.000 € pro Tag für Pommes-Paul 500 € pro Tag für Fritten-Fritz
Preis 2 €	500 € pro Tag für Pommes-Paul 2.000 € pro Tag für Fritten-Fritz	800 € pro Tag für Pommes-Paul 800 € pro Tag für Fritten-Fritz

Abbildung 13.3: Jeder Unternehmensgewinn hängt nicht nur von den eigenen Preisentscheidungen ab, sondern auch von denen des anderen Unternehmens.

Beispielsweise verdient jedes Unternehmen in dem oberen linken Rechteck, wo beide 3 Euro pro Portion verlangen, pro Tag 1.000 Euro. Wenn sie dagegen beide nur 2 Euro pro Portion verlangen, fällt der tägliche Gewinn bei beiden auf nur 800 Euro, wie das untere rechte Rechteck zeigt.

Offensichtlich können beide Unternehmen jeweils 200 Euro pro Tag mehr verdienen, wenn sie sich absprechen und 3 Euro statt 2 Euro pro Portion verlangen. Sie könnten also einen gemeinsamen Monopolgewinn von 400 Euro pro Tag (200 Euro für jeden) erzielen. Ihr Problem besteht darin, ein wirksames Kartell zu bilden, mit dem sie diesen Monopolgewinn tatsächlich erzielen können.

Es wird schwer sein, ein solches Kartell beizubehalten, weil für jeden eine Versuchung besteht zu betrügen. Beispielsweise zeigen die beiden anderen Rechtecke (oben rechts und unten links), was passiert, wenn ein Unternehmen 3 Euro verlangt, während das andere nur 2 Euro verlangt: Das Unternehmen, das nur 2 Euro verlangt, nimmt dem Unternehmen, das 3 Euro verlangt, Kunden weg und macht einen viel höheren Gewinn. Tatsächlich macht das Unternehmen, das 2 Euro pro Portion verlangt, einen Gewinn von 2.000 Euro pro Tag, während das

Unternehmen, das 3 Euro pro Portion verlangt, nur einen Gewinn von 500 Euro erzielt, weil ein Teil seiner Kunden zu dem billigeren Konkurrenten abwandert.

Eine Analyse der Anreize jedes Unternehmens zeigt, dass die dominante Strategie für beide Unternehmen darin besteht, den niedrigeren Preis von 2 Euro pro Portion zu verlangen. Betrachten Sie beispielsweise die Payoffs von Fritten-Fritz. Wenn Pommes-Paul 3 Euro pro Portion verlangt, ist es für Fritten-Fritz besser, 2 Euro pro Portion zu verlangen. Dies zeigt der Vergleich seines Gewinns von 1.000 Euro pro Tag in dem oberen linken Rechteck mit seinem Gewinn von 2.000 Euro pro Tag in dem unteren linken Rechteck.

Ein ähnliches Ergebnis ergibt der Vergleich des oberen rechten mit dem unteren rechten Rechteck: Hier ist es für Fritten-Fritz das Beste, ebenfalls 2 Euro pro Portion zu verlangen, wenn Pommes-Paul 2 Euro pro Portion haben will. Denn der Gewinn von Fritten-Fritz beträgt 500 Euro pro Tag, wenn er 3 Euro pro Portion verlangt, dagegen 800 Euro pro Tag, wenn er ebenfalls 2 Euro pro Portion haben will.

Insgesamt bedeutet dies für Fritten-Fritz, dass es für ihn unabhängig davon, welchen Preis Pommes-Paul verlangt, immer besser ist, nur 2 Euro pro Portion zu berechnen.

Ein weiterer Vergleich der Rechtecke zeigt auch, dass der Preis von 2 Euro pro Portion unabhängig von dem, was Fritten-Fritz verlangt, auch die dominante Strategie für Pommes-Paul ist. Deshalb werden sich beide Unternehmen immer dafür entscheiden, 2 Euro pro Portion zu verlangen. Damit nutzen sie ihre Chance nicht, ihre Kräfte zu bündeln, die Preise nach oben zu treiben und Monopolgewinne zu machen.

Wenn beide Unternehmen irgendwie einen Weg finden könnten, um sich wirklich auf einen Preis von 3 Euro pro Portion festzulegen, würden sie in dem oberen linken Rechteck landen und 1.000 Euro pro Tag verdienen. Aber ohne eine solche Festlegung wird jeder seine dominante Strategie verfolgen, 2 Euro pro Portion zu verlangen und in dem unteren rechten Rechteck zu landen, wo er nur 800 Euro pro Tag verdient. Weil sie es nicht schaffen, zusammenzuarbeiten, verlieren die Unternehmen 200 Euro pro Tag an Gewinnen.

Natürlich ist diese Situation für die Konsumenten in Schweinheim ideal, die natürlich lieber nur 2 Euro pro Portion Fritten bezahlen. Sie sollten sich also merken, dass die dominante Strategie, den niedrigeren Preis zu verlangen, zum Nutzen der Konsumenten und der Gesellschaft insgesamt arbeitet. Deshalb muss sich die Gesellschaft nicht darum kümmern, Oligopol-Branchen zu regulieren. Dank des Gefangenendilemmas schaffen es Kartelle sehr oft nicht, die Preise in die Höhe zu treiben.

Wie die OPEC in einem Gefangenendilemma steckt

Die Grundversion des Gefangenendilemmas, die ich Ihnen im vorangegangenen Abschnitt gezeigt habe, betrifft nur zwei Personen oder Unternehmen. Mathematiker haben auch fortgeschrittenere Versionen des Gefangenendilemmas entwickelt, um das Verhalten einer größeren

Zahl von Teilnehmern zu analysieren. Diese Modelle haben einen unschätzbaren Wert, um Oligopol-Branchen mit mehreren Unternehmen zu verstehen und die Anreize zu analysieren, die für Unternehmen in solchen Branchen bestehen, wenn sie versuchen, Kartelle zu bilden. Aus diesen Multi-Unternehmensmodellen lässt sich im Wesentlichen schließen, dass die dominante Strategie normalerweise darin besteht, gegen die Kartellabsprachen zu verstoßen.

Dieses Ergebnis leistet einen großen Beitrag zur Erklärung, warum das Öl-Kartell der OPEC es so schwer hat, wenn es versucht, die Öl-Preise in die Höhe zu treiben, indem es die Öl-Produktion reduziert. Denn ein Verstoß gegen die Absprachen des OPEC-Kartells ist ganz einfach für die OPEC-Mitgliedsländer eine dominante Strategie.

Um zu sehen, wie dies abläuft, müssen Sie zunächst wissen, dass die OPEC regelmäßig zusammenkommt, um zu entscheiden, wie viel Öl insgesamt produziert werden soll und welchen Anteil an dieser allgemeinen Produktion jedes Land leisten soll. Bei diesen Treffen erhält jedes Land eine *Förderquote* – die maximale Menge, die es produzieren soll. Beispielsweise könnte Saudi-Arabien eine Quote von zehn Millionen Barrel pro Tag erhalten, während Venezuela möglicherweise eine Quote von einer Million Barrel pro Tag zugesprochen wird.

Die Probleme setzen nach den Treffen ein, wenn alle wieder zu Hause sind. Jedes Land erkennt, dass seine beste Strategie darin besteht, mehr als seine Quote zu produzieren, egal was die anderen Länder tun. Beispielsweise ist es für Venezuela besser, mehr als seine Quote von einer Million Barrel pro Tag zu produzieren, egal was die anderen Länder tun.

- ✔ Wenn sich die anderen Länder an ihre Quoten halten, ist es für Venezuela besser, mehr als seine Quote zu produzieren, weil es mehr Öl zu einem hohen Preis verkaufen kann. (Der hohe Preis wird dadurch verursacht, dass sich die anderen Länder an ihre Quoten halten.)

- ✔ Wenn die anderen Länder ihre Quoten ebenfalls brechen und mehr produzieren, sinkt der Preis für Öl; dies bedeutet, dass Venezuela ebenfalls mehr als seine Quote produzieren sollte. Es gibt keinen Grund, die Quote einzuhalten, wenn der Preis niedrig ist, weil alle anderen die Absprache gebrochen haben.

Weil jedes Land vor derselben Versuchung steht, mehr als seine Quote zu produzieren, funktioniert das OPEC-Kartell normalerweise nicht sehr gut. Die Überproduktion ist eine dominante Strategie, und der mögliche Gewinn ist einfach zu verlockend, um zu widerstehen.

Den OPEC-Mitgliedern mit einem Vollstrecker helfen, ihre Quoten einzuhalten

In dem Abschnitt *Das Gefangenendilemma durch das Gesetz der Omerta lösen* weiter oben habe ich erklärt, wie die Mafia ihre Mitglieder mit Todesdrohungen dazu bringt, niemals mit der Polizei zu reden. Die Todesdrohung ändert die Payoffs so stark, dass die dominante Strategie in dem Gefangenendilemma vom Geständnis zum Schweigen umspringt.

Ähnlich könnte auch die OPEC davon profitieren, wenn sie eine Möglichkeit hätte, ihre Mitglieder zu sanktionieren, wenn sie gegen ihre Quoten verstoßen. Weil die Mitgliedsländer souveräne Nationen sind, sind Todesdrohungen keine Option. Stattdessen hat Saudi-Arabien manchmal versucht, Verstöße gegen die Quotenregelung durch wirtschaftliche Sanktionen zu maßregeln.

Die wirtschaftliche Drohung besteht in außergewöhnlich niedrigen Öl-Preisen. Saudi Arabien befindet sich aus zwei Gründen in der besten Position, um eine solche Drohung auszusprechen:

- ✔ **Saudi-Arabien ist der größte Öl-Produzent der Welt.** Saudi-Arabien produziert etwa 25 Prozent des gesamten auf der Welt geförderten Öls.

- ✔ **Saudi-Arabien fördert Öl zu den niedrigsten Kosten auf der Welt.** Saudi-Arabien kann auch dann noch gewinnbringend produzieren, wenn der Preis für Öl auf 3 Euro pro Barrel sinkt. (Normalerweise kostet Öl etwa 30 bis 40 Euro pro Barrel, und andere Länder brauchen einen Preis von wenigstens 10 Euro pro Barrel, um ihren Break-even-Punkt zu erreichen. Stand der Daten: 2004.)

Das bedeutet, dass Saudi-Arabien theoretisch seine Öl-Förderung so steigern könnte, dass der Preis für Öl sehr tief fallen würde, wenn andere Länder gegen die Quotenabsprachen verstoßen. Nehmen Sie beispielsweise an, dass der Preis auf 3 Euro pro Barrel fallen würde. Dann wäre Saudi-Arabien das einzige OPEC-Mitglied, das bei diesem Preis einen Gewinn machen könnte; alle anderen Länder würden Geld verlieren.

Saudi-Arabien scheint demnach in der Lage zu sein, anderen OPEC-Mitgliedern damit zu drohen, sie in den Ruin zu treiben, wenn sie ihre Quoten verletzen. Leider funktioniert diese Drohung in der Praxis nicht sonderlich gut.

Das Problem liegt darin, dass Saudi-Arabien nur über eine begrenzte Förderkapazität verfügt. Das Land könnte möglicherweise zusätzlich 10 oder 20 Prozent mehr Öl pro Tag produzieren, als es normalerweise tut, diese Steigerung würde aber nicht ausreichen, um den Preis auf 3 Euro pro Barrel zu senken und die anderen OPEC-Nationen in den Bankrott zu treiben.

Folglich ist die Drohung von Saudi-Arabien nicht stark genug, um die dominante Strategie von einem Quotenverstoß zu einer Quotenkonformität umzudrehen. Und weil die OPEC noch nie eine Möglichkeit gefunden hat, Quotenverstöße wirksam zu sanktionieren, funktioniert das Kartell nicht besonders gut.

Oligopole regulieren

In den vorangegangenen Abschnitten habe ich erklärt, warum es Unternehmen in vielen Oligopol-Branchen aufgrund des Gefangenendilemmas schwer haben, wirksame Kartelle zu bilden. Doch in einigen Branchen gibt es funktionierende Kartelle, die den Output reduzieren und die Preise in die Höhe treiben. Normalerweise handelt es sich um Branchen, in denen ein Unternehmen groß und leistungsstark genug ist, um anderen Unternehmen mit Bankrott zu drohen.

Mit dominanten Unternehmen umgehen

In der US-Geschichte dominierte die Standard Oil Company von John D. Rockefeller im 19. Jahrhundert eine Oligopol-Branche. Das Unternehmen kontrollierte etwa 90 Prozent des Öls, das in den Vereinigten Staaten verkauft wurde, und wenn ein Konkurrent nicht tat, was Rockefeller wollte, trieb er dieses Unternehmen einfach in den Ruin, indem er Öl so lächerlich billig anbot, dass der Konkurrent nicht mit diesem Preis mithalten konnte.

Rockefeller verlor zwar mit dieser Strategie zeitweilig Geld, aber dadurch, dass er die Konkurrenten, die sich nicht an die Regeln hielten, in den Ruin trieb, konnte er die verbleibenden Unternehmen dazu bringen, ihm bei der Einschränkung des Outputs zu helfen und riesige Gewinne zu machen. Weil Standard Oil so viel Kontrolle ausüben konnte, war die Branche tatsächlich eher ein Monopol als ein Oligopol.

Doch Rockefeller war in dieser Hinsicht zu effizient und forderte staatliche Antimonopolmaßnahmen heraus. Standard Oil wurde in Dutzende kleinere, unabhängige Öl-Unternehmen zerschlagen, die alle nicht groß und leistungsstark genug waren, um die Branche zu dominieren und wie früher Standard Oil die Einhaltung von Absprachen durchzusetzen.

Antitrust-Gesetze anwenden

Im 19. Jahrhundert wurden Kartelle als *Trusts* bezeichnet – beispielsweise der Sugar Trust, der Steel Trust und der Railroad Trust. Deshalb wurden die Gesetze, mit denen Monopole und Kartelle zerschlagen wurden, als *Antitrust-Gesetze* bezeichnet. Das berühmteste dieser Gesetze in den Vereinigten Staaten war der Sherman Anti-Trust Act, und die meisten anderen Länder verfügen heute über ähnliche Gesetze, um Monopole und Kartelle zu zerschlagen.

Bei Antitrust-Gesetzen gibt es ein großes Problem: die Entscheidung, wann Oligopole reguliert oder zerschlagen werden sollten, um den Wettbewerb zu fördern. Das erste Anzeichen dafür, dass möglicherweise ein Kartell existiert, ist natürlich, dass es in einer Branche nur einige wenige Unternehmen gibt. Doch wegen des Gefangenendilemmas können in einigen Fällen sogar Branchen mit nur zwei Unternehmen kein wirksames Kartell bilden. Deshalb müssen die Kartellwächter normalerweise mehr vorweisen, als auf die geringe Anzahl der Unternehmen in einer Branche hinzuweisen.

Normalerweise müssen konkrete Beweise für Absprachen vorliegen. Anders ausgedrückt: Wenn eines Tages alle Unternehmen in einem Oligopol unkoordiniert beschließen, ihren Output zu halbieren und damit die Preise zu erhöhen, ist dies möglicherweise nicht illegal. Doch wenn nur eine einzige E-Mail von einem Manager eines Unternehmens an einen Manager eines anderen Unternehmens gefunden wird, in der das Unternehmen aufgefordert wird, einem Kartell beizutreten, ist dies illegal und reicht den Kartellwächtern aus, daraus einen Fall zu machen.

In einigen Fällen werden die Unternehmen der Branche in noch mehr Unternehmen zerlegt, um den Wettbewerb zu fördern, aber in anderen Fällen wird möglicherweise eine Regulierungsbehörde eingerichtet, die die Preise und/oder Mengen reguliert, die die Unternehmen berechnen oder produzieren dürfen. Die jeweilige Politik hängt oft eng mit den Umständen der Unternehmen in der Branche und den Auffassungen der Politiker ab, wie die allgemeine Wohlfahrt am besten gefördert werden sollte.

Eine hybride Marktform: Monopolistischer Wettbewerb

Eine interessante Form des Wettbewerbs in einigen Branchen hat den seltsamen Namen *monopolistischer Wettbewerb*. Der Markt in solchen Branchen hat Eigenschaften von Monopolen (siehe Kapitel 12) und Wettbewerbsunternehmen (siehe Kapitel 11).

Vorteile der Produktdifferenzierung

Wie bei Wettbewerbsunternehmen auf freien Märkten gibt es bei einem monopolistischen Wettbewerb in einer Branche zahlreiche miteinander konkurrierende Unternehmen. Doch im Gegensatz zu den freien Wettbewerbsmärkten, auf denen alle Unternehmen identische Produkte verkaufen, unterscheiden sich bei einem monopolistischen Wettbewerb die Produkte aller Unternehmen in gewissem Maße.

Betrachten Sie den Markt für Benzin. In jeder größeren Stadt gibt es Dutzende, wenn nicht sogar Hunderte von Tankstellen, die alle Benzin verkaufen, das im Wesentlichen gleich ist. Doch von einer etwas höheren Warte unterscheidet sich das angebotene Produkt geringfügig von Tankstelle zu Tankstelle.

Beispielsweise haben einige Tankstellen Zapfsäulen, die Kreditkarten annehmen, während andere kostenlos Luftdruckpumpen für die Autoreifen oder Seifenwasser zur Reinigung der Autofenster zur Verfügung stellen. Ein weiterer Faktor ist besonders wichtig: Die Tankstellen unterscheiden sich durch ihren Standort, der sie von allen anderen Tankstellen unterscheidet. Denn der Standort ist einzigartig und für viele Menschen in der Nachbarschaft sehr wichtig.

Ökonomen verwenden den Terminus *Produktdifferenzierung*, um die Faktoren zu beschreiben, die zu geringfügigen Unterschieden zwischen den Produkten eines Unternehmen und denen seines Konkurrenten führen. Allgemein führen diese Unterschiede dazu, dass der Wettbewerb um diese Produkte etwas entschärft wird. Beispielsweise kann die Tankstelle in Ihrer Nachbarschaft ein oder zwei Cent mehr pro Liter als ihre Konkurrenten verlangen, wenn ihr Service gut und die nächste konkurrierende Tankstelle mehrere Kilometer entfernt ist.

Demgegenüber ist der Wettbewerbsdruck in der Branche immer noch sehr hoch. Während die Tankstelle in Ihrer Nachbarschaft möglicherweise aufgrund ihrer einzigartigen Eigenschaften etwas höhere Preise verlangen kann, dürfen die Preise nicht wesentlich höher als bei den anderen Tankstellen sein; denn dann würden Sie bei den Konkurrenten kaufen.

Ähnlich müssen sich alle Restaurants in der Nachbarschaft um die Preise der anderen Restaurants kümmern, selbst wenn sich diese auf eine ganz andere Küche spezialisiert haben. Denn während Sie möglicherweise bereit sind, 20 Prozent mehr für etwas Exotisches zu zahlen, wären Sie wahrscheinlich nicht bereit, 90 Prozent mehr als beim Wettbewerber zu zahlen. Die Produktdifferenzierung verringert den Wettbewerb, schafft ihn aber nicht ab.

Mit begrenzten Gewinnen umgehen

Möglicherweise glauben Sie, dass Unternehmen in einem monopolistischen Wettbewerb aufgrund der einzigartigen Eigenschaften ihrer Produkte die Preise so anheben können, dass sie garantiert Gewinne machen. Schließlich sinken bei einem vollkommenen Wettbewerb, bei dem Unternehmen alle dasselbe Produkt verkaufen und sich nicht von ihren Konkurrenten abheben können, die Preise so tief, dass die Unternehmen nur noch einen minimalen Gewinn erzielen (siehe Kapitel 11). Wenn Unternehmen im monopolistischen Wettbewerb den Preis über den Wettbewerbspreis anheben können, scheint es auf der Hand zu liegen, dass sie garantiert Übergewinne machen sollten.

Leider (für die Unternehmen) ist dies nicht der Fall.

Die Ökonomin Joan Robinson aus Cambridge wies in 1930er-Jahren darauf hin, dass Unternehmen in einem monopolistischen Wettbewerb immer noch im Wettbewerb stehen. Insbesondere müssen sie, wenn sie ansehnliche Gewinne machen, damit rechnen, dass diese Übergewinne neue Unternehmen anlocken, die in ihre Branche eintreten. Wenn die neuen Markteintreter ihre Produktion aufnehmen, nehmen sie den vorhandenen Unternehmen einen Teil des Geschäfts weg und ruinieren ihre zuvor ansehnlichen Übergewinne. Und wirklich treten so lange neue Unternehmen in den Markt ein, bis die Gewinne wieder auf ein Minimum zurückgedrückt worden sind.

Mit einer abwärts gerichteten Nachfrage umgehen

Robinson konnte zeigen, wie dieser Prozess funktioniert, indem sie das Monopolmodell leicht modifizierte, das ich in Kapitel 12 eingeführt habe. Abbildung 13.4 zeigt, was sie getan hat. Die Abbildung modelliert ein einzelnes Unternehmen in einem monopolistischen Wettbewerb, das anfänglich einen Gewinn macht, und zeigt seine Grenzkostenkurve GK, die Kurve seiner durchschnittlichen Gesamtkosten DTK sowie seine Nachfragekurve D_1 und die zugehörige Grenzerlöskurve GE_1.

Wegen der Produktdifferenzierung ist die Nachfragekurve D_1 des Unternehmens aus Abbildung 13.4 abwärts geneigt, weil es wie ein Monopol eine gewisse Kontrolle über seinen Preis hat. Die Produktdifferenzierung bedeutet, dass es entscheiden kann, einen höheren oder niedrigeren Preis zu verlangen. Zu einem höheren Preis nimmt die nachgefragte Menge seines Produkts ab, weil einige Kunden nicht glauben werden, dass die einzigartigen Eigenschaften des Produktes den höheren Preis wert sind. Bei einem niedrigeren Preis steigt die Nachfragemenge, weil das Unternehmen seinen Konkurrenten mit dem niedrigeren Preis Kunden abwirbt.

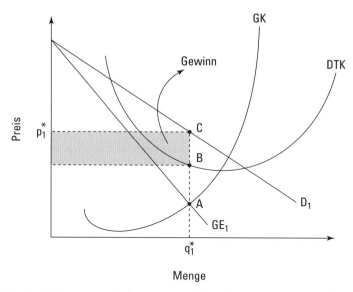

Abbildung 13.4: Ein Unternehmen in einem monopolistischen Wettbewerb erzielt einen Gewinn, der der Fläche des grau unterlegten Rechtecks entspricht.

Im Gegensatz dazu können Wettbewerbsunternehmen, die identische Produkte verkaufen, den Preis nicht nach Belieben festsetzen (siehe Kapitel 11). Da Wettbewerbsunternehmen identische Produkte verkaufen, interessiert die Konsumenten nur der niedrigste Angebotspreis für dieses (homogene) Produkt. Deshalb müssen alle Unternehmen zu demselben Preis, dem Marktpreis, verkaufen, der an dem Punkt liegt, an dem die allgemeine Angebotskurve der Branche die Nachfragekurve der Branche schneidet. Die Nachfragekurve für das Produkt eines einzelnen Wettbewerbsunternehmens ist eine horizontale Linie auf der Höhe des Marktpreises (siehe Kapitel 11). Diese steht in einem scharfen Gegensatz zu der abwärts geneigten Nachfragekurve eines Unternehmens in einem monopolistischen Wettbewerb (siehe Abbildung 13.4).

Die abwärts geneigte Nachfragekurve D_1 hat eine wichtige Konsequenz: Die zugehörige Grenzerlöskurve GE_1 ist ebenfalls abwärts geneigt. Warum? Der Grenzerlös, den das Unternehmen durch den Verkauf einer zusätzlichen Outputeinheit erzielt, ist kleiner als der Grenzerlös, den es durch den Verkauf der vorangegangenen Einheit erzielt hat.

Der abnehmende Grenzerlös ist eine natürliche Folge einer abwärts geneigten Nachfragekurve (siehe Kapitel 12). Weil die einzige Möglichkeit, Konsumenten zum Kauf von mehr Produkten zu veranlassen, darin besteht, sie mit einem niedrigeren Preis anzulocken, muss der Grenzerlös für zusätzlich verkaufte Einheiten immer weiter fallen.

Ein Unternehmen in einem monopolistischen Wettbewerb optimiert seinen Gewinn, indem es die Menge am Punkt A produziert, an dem die abwärts geneigte Grenzerlöskurve GE_1 die aufwärts geneigte Grenzkostenkurve GK schneidet. Die entsprechende Produktionsmenge q^*_1 wird entweder den Gewinn des Unternehmens maximieren (falls es einen Gewinn machen kann) oder seinen Verlust minimieren. Ob es einen Gewinn machen kann, hängt von der Position der Nachfragekurve des Unternehmens ab – das heißt von der Höhe der Nachfrage nach seinem Produkt.

In Abbildung 13.4 ist die Nachfrage groß genug, sodass das Unternehmen Gewinn macht. Dies ergibt sich aus einem Vergleich der durchschnittlichen Gesamtkosten pro Einheit bei der Produktionsmenge q^*_1 mit dem Verkaufspreis pro Einheit bei dieser Produktionsmenge. Die durchschnittlichen Gesamtkosten pro Einheit werden durch den Punkt B auf der DTK-Kurve bestimmt, der vertikal über der Produktionsmenge q^*_1 auf der horizontalen Achse liegt. Der Preis pro Einheit, den das Unternehmen bei der Produktionsmenge q^*_1 verlangen kann, wird durch den Punkt C auf der Nachfragekurve bestimmt, der auf derselben Vertikalen noch höher liegt.

Da der vertikale Abstand bis Punkt C größer als der vertikale Abstand bis Punkt B ist, liegt der Verkaufspreis pro Einheit über den Gesamtkosten pro Einheit, was bedeutet, dass das Unternehmen mit jeder verkauften Einheit einen Gewinn macht. Die Größe seines gesamten Gewinns über alle Einheiten ist der Gewinn pro Einheit mal der gesamten Zahl der verkauften Einheiten. Dies entspricht der Fläche des grau unterlegten Rechtecks aus Abbildung 13.4: Breite q^*_1 mal dem Gewinn pro Einheit, das heißt dem vertikalen Abstand der Punkte B und C.

Ein Gleichgewicht finden: Markteintritte und Marktaustritte

Joan Robinson erkannte, dass dieser Übergewinn neue Unternehmen zum Eintritt in die Branche mit dem monopolistischen Wettbewerb lockt. Jeder Markteintreter nimmt den etablierten Unternehmen Kunden weg. Grafisch ausgedrückt bedeutet dies, dass sich die Nachfragekurve für jedes vorhandene Unternehmen (wie aus Abbildung 13.4) nach unten und links verschiebt. Zu jedem möglichen Verkaufspreis verkauft das Unternehmen weniger Einheiten als vorher, weil einige seiner alten Kunden zu dem neuen Markteintreter abgewandert sind.

Außerdem werden so lange neue Unternehmen in die Branche eintreten und die Nachfragekurven nach unten und links verschieben, bis alle Übergewinne verschwunden sind. Erst dann hören die Markteintritte neuer Unternehmen auf.

Abbildung 13.5 zeigt diese Art von Gleichgewicht. Die Nachfragekurve wurde ganz bis D_2 verschoben, wo sie die DTK-Kurve bei Punkt B nur noch tangiert. Wenn sich die Nachfragekurve nach links verschiebt, wandert die Grenzerlöskurve ebenfalls nach links und liegt jetzt bei GE_2. Deshalb produziert das Unternehmen, wenn es seine Produktionsmenge optimiert, indem es die Menge an dem Schnittpunkt der GK-Kurve und der Kurve GE_2 herstellt, jetzt die Produktionsmenge q^*_2.

Bei dieser Produktionsmenge sind die Übergewinne null und die durchschnittlichen Gesamtkosten pro Einheit bei der Produktionsmenge q^*_2 sind gleich dem Preis pro Einheit, zu dem das Unternehmen diese Einheiten verkaufen kann. Der Punkt B, der vertikal über dem Punkt q^*_2 auf der horizontalen Achse liegt, liegt sowohl auf der Nachfragekurve $D2$ als auch auf der Kurve DTK der durchschnittlichen Gesamtkosten. Das bedeutet, dass der vertikale Abstand zwischen Punkt B und Punkt q^*_2 auf der horizontalen Achse sowohl die durchschnittlichen Gesamtkosten pro Einheit als auch den Preis pro Einheit repräsentiert. Da beide Abstände gleich sind, macht das Unternehmen keinen Übergewinn.

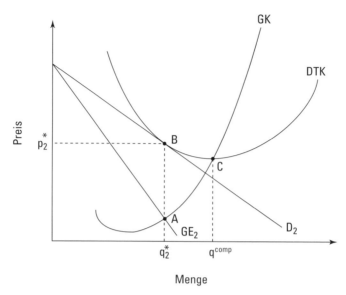

Abbildung 13.5: Ein Unternehmen in einem monopolistischen Wettbewerb macht null Übergewinne, wenn der Eintritt (oder Austritt) anderer Unternehmen seine Nachfragekurve so weit verschoben hat, dass es seine DTK-Kurve nur noch tangiert.

Wenn die Unternehmen in einer Branche mit monopolistischem Wettbewerb aus irgendeinem Grund Verluste machen, werden einige Unternehmen die Branche verlassen. Mit jedem Austritt gewinnen die verbleibenden Unternehmen einige Kunden hinzu, und ihre Nachfragekurven verschieben sich nach oben und rechts. Die Marktaustritte setzen sich so lange fort, bis sie ein Gleichgewicht wie aus Abbildung 13.5 erreichen, in dem kein Unternehmen einen Übergewinn macht.

Ineffizient produzieren

Das Gleichgewicht aus Abbildung 13.5 zeigt einen wesentlichen Aspekt dieser Marktform: Jedes Unternehmen produziert weniger effizient, als es Unternehmen in einer Wettbewerbsbranche tun würden. Dies lässt sich am besten durch einen Vergleich der Gleichgewichtsproduktionsmengen q^*_2 von Unternehmen in einem monopolistischen Wettbewerb mit der Produktionsmenge q^{comp} erkennen, die von einem Unternehmen mit denselben Kostenkurven produziert werden würde, das in einem vollkommenen Wettbewerb arbeitet, bei dem alle Unternehmen ein identisches Produkt verkaufen.

In Kapitel 11 habe ich erklärt, wie die Marktkräfte Wettbewerbsunternehmen immer dazu drängen, die Menge q^{comp} zu produzieren und warum dies genau die Outputmenge ist, bei der die DTK-Kurve ihr Minimum hat – das heißt, q^{comp} ist die Produktionsmenge am tiefsten Punkt der U-förmigen DTK-Kurve. Dies hat eine sozial signifikante Implikation: Wettbewerbsunternehmen produzieren zu den geringstmöglichen durchschnittlichen Gesamtkosten pro Einheit. Dass macht sie im Hinblick auf die Produktionskosten pro Einheit so effizient wie möglich.

13 ▸ Oligopol und monopolistischer Wettbewerb: der Mittelbereich

Kommunismus, Wendy's Hamburger und die Produktdifferenzierung

Einer der lustigsten TV-Werbespots, der jemals produziert wurde, wurde 1987 auf der Höhe der Macht der ehemaligen kommunistischen Sowjetunion erstmals ausgestrahlt. Darin ging es um eine kommunistische Modenschau. Ein Frau geht in der schäbigen grauen Uniform einer Fabrikarbeiterin den Laufsteg entlang, während der Ansager verkündet: »Tageskleidung!« Dann geht sie in demselben Outfit wieder den Laufsteg entlang, diesmal mit einer Taschenlampe. Der Ansager verkündet: »Abendkleidung!« Als Nächstes marschiert sie ein drittes Mal den Laufsteg hinunter – immer noch in derselben Uniform – und hält einen aufblasbaren Gummiball im Arm: »Badekleidung!«

Der Spot machte sich darüber lustig, dass die Zentralplaner in den kommunistischen Ländern sich wenig Gedanken über eine Produktdifferenzierung machten. Normalerweise entwarfen sie nur ein Design eines Produktes, um es in Massenproduktion zu den geringstmöglichen Kosten herstellen zu können. Das Ergebnis war eine Gesellschaft, in der die Eintönigkeit so groß war, dass der Werbespot von Wendy's nur eine milde Übertreibung darstellte.

Dieser Werbespot trug dazu bei, den US-Konsumenten eindringlich klar zu machen, dass sie die Tatsache willkommen heißen sollten, dass die Nahrungsmittel von Wendy's anders waren als die seiner Hauptkonkurrenten McDonald's und Burger King. Im Gegensatz zu der rigide geplanten Sowjetwirtschaft bot der freie Markt des US-Kapitalismus riesige Möglichkeiten zur Produktdifferenzierung.

Im Gegensatz dazu produziert ein Unternehmen in einem monopolistischen Wettbewerb, das aufgrund der Produktdifferenzierung die Preise zu einem gewissen Grad beeinflussen kann, letztendlich zu höheren durchschnittlichen Gesamtkosten pro Einheit. Dies zeigt der Punkt B aus Abbildung 13.5: Der vertikale Abstand von Punkt B zur horizontalen Achse fällt nicht mehr mit dem vertikalen Abstand von Punkt C zu der horizontalen Achse zusammen. Dies bedeutet, dass Unternehmen in einem monopolistischen Wettbewerb nicht so effizient sind wie Unternehmen in Wettbewerbsbranchen.

Manche Menschen schließen aus diesem Ergebnis, dass die Gesellschaft besser dastehen würde, wenn sie den monopolistischen Wettbewerb in einen vollkommen Wettbewerb umwandeln würde. Aber die Kostenersparnisse rechtfertigen möglicherweise nicht den Verlust der Produktdifferenzierung.

Letztlich gibt Vielfalt dem Leben Würze. Möchten Sie wirklich, dass alle Restaurants in jeglicher Hinsicht identisch sind und dieselben Gerichte in derselben Art von Raum unter derselben Beleuchtung und mit einer identischen Möblierung servieren? Ich will das auf keinen Fall. Und wenn die Kosten der Vielfalt darin bestehen, dass Unternehmen in einem monopolistischen Wettbewerb ihren Output zu höheren Kosten als Unternehmen in Wettbewerbsbranchen produzieren, wäre ich normalerweise bereit, diese höheren Kosten im Interesse der größeren Vielfalt zu tragen.

Doch Sie müssen für sich selbst entscheiden, ob die hohen Kosten der Vielfalt für Sie akzeptabel sind – und in welchen Situationen. Während Sie die Kosten bei Restaurants möglicherweise tolerieren, denken Sie vielleicht anders, wenn es um die Produktdifferenzierung an Tankstellen geht.

Eigentumsrecht und -unrecht

In diesem Kapitel

- Einen idealen Markt definieren
- Erkennen, wie externe Effekte sozial ineffiziente Folgen erzeugen
- Maßnahmen ergreifen, um Probleme zu beseitigen, die durch externe Effekte verursacht worden sind
- Ressourcen im Gemeineigentum ausbeuten und erschöpfen

In Kapitel 11 erkläre ich die *unsichtbare Hand* von Adam Smith – die Idee, dass korrekt funktionierende Märkte dafür sorgen, dass die Ressourcen zur Förderung des Gemeinwohls alloziert werden, selbst wenn Einzelpersonen ihre eigenen Interessen verfolgen. Adam Smith war sich sehr wohl bewusst, dass sich dieses wünschenswerte Ergebnis nur dann einstellt, wenn die Eigentumsrechte in der Gesellschaft korrekt geregelt sind, bevor auf Märkten der Handel mit Gütern und Diensten beginnt. Tatsächlich behandelt er in einem ansehnlichen Teil seines berühmten Werkes *The Wealth of Nations* die Frage, wie Regierungen die Eigentumsrechte korrekt definieren müssen, wenn sie erreichen wollen, dass Märkte zu sozial vorteilhaften Ergebnissen führen.

Der wesentliche Aspekt dieses Problems lautet folgendermaßen: Wenn die Eigentumsrechte nicht korrekt definiert und implementiert werden, wird eine Person nicht voll berücksichtigen, wie ihre Aktionen andere Menschen beeinflussen. Betrachten Sie beispielsweise zwei Grundstücke. Das eine befindet sich in Privateigentum, während das andere »Wildnis« ist und das niemandem gehört und das jeder betreten kann. Wenn Sie Ihren Müll auf Privateigentum entsorgen wollen, müssen Sie den Eigentümer dafür bezahlen, dies tun zu dürfen. (Anders ausgedrückt: Der Eigentümer betreibt eine Müllhalde.) Dagegen können Sie eigentlich, wie jeder andere auch, in der Wildnis Ihren Müll kostenlos entsorgen, weil niemand das Recht hat, Sie daran zu hindern.

Natürlich führt dieser Unterschied der Eigentumsrechte an diesen beiden Grundstücken dazu, dass die Menschen viel mehr Müll in der Wildnis entsorgen, weil dies für jeden persönlich mit weniger Kosten verbunden ist. Aber darin liegt das Problem: Während es für jeden einzelnen persönlich billiger ist, werden andere dadurch mit erheblichen Kosten belastet. Beispielsweise ist das, was ein sehr schöner Park sein könnte, jetzt eine stickende Müllhalde. Unzureichend konstruierte Eigentumsrechte haben also negative Folgen.

In diesem Kapitel stelle ich positive und negative *externe Effekte* vor – Situationen, in denen das Verhalten einer Person anderen Menschen entweder zusätzlichen Nutzen oder zusätzliche Kosten verursacht, aber in denen die Eigentumsrechte so unzureichend definiert sind, dass die Kosten und Nutzen nicht angemessen berücksichtigt oder zugerechnet werden. (Negative externe Effekte führen zu schwer wiegenden Problemen wie die Umweltverschmutzung oder die globale Erwärmung.) Ich zeige Ihnen auch, wie die meisten Fälle bedrohter oder ausgestorbener Arten die Folge von nicht existierenden Eigentumsrechten sind und wie eine Umdefinition der Eigentumsrechte das Artensterben verhindern kann.

Märkten ermöglichen, sozial optimale Ergebnisse hervorzubringen

 Damit Märkte sozial optimale Folgen hervorbringen können, müssen sie alle Kosten und Nutzen berücksichtigen, die mit einer Aktivität verbunden sind, und zwar unabhängig davon, wer die Auswirkungen dieser Kosten und Nutzen fühlt. Wenn Märkte dies tun, spiegelt die Nachfragekurve den gesamten Nutzen und die Angebotskurve die gesamten Kosten wider, und die Marktgleichgewichtsmenge stellt sicher, dass nur weitere Outputeinheiten produziert werden, bei denen der zusätzliche Nutzen größer als die zusätzlichen Kosten ist.

In Kapitel 11 wird in allen Einzelheiten beschrieben, wie Angebot und Nachfrage sozial optimale Folgen hervorbringen, aber ich möchte hier noch einmal eine kurze Zusammenfassung präsentieren. Abbildung 14.1 zeigt eine Nachfragekurve und eine Angebotskurve für Eis. Die Marktgleichgewichtsmenge ist q^*, und der Marktgleichgewichtspreis ist P^*.

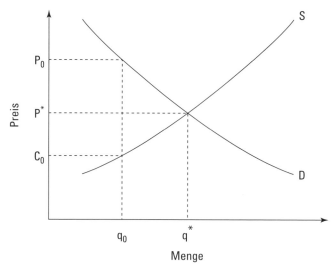

Abbildung 14.1: Bei vollen und umfassenden Eigentumsrechten ist die produzierte Marktmenge q^* sozial optimal.

Diese Abbildung zeigt den folgenden wichtigen Aspekt: Es ist sozial vorteilhaft, jede Einheit bis einschließlich q^* zu produzieren. Denn wenn Sie die Einheit q_0 betrachten, sehen Sie anhand der Nachfragekurve, dass die Käufer bereit sind, für diese Einheit den Preis P_0 zu bezahlen, aber dass es die Anbieter nur C_0 kostet, diese Einheit q_0 zu produzieren.

Was bedeutet das? Das allgemeine Glück der Gesellschaft wird verbessert, wenn die Einheit q_0 hergestellt wird, weil es den Menschen deutlich mehr wert ist, diese Menge zu haben, als die Ressourcen kosten, um sie herzustellen. Weil die Nachfragekurve für alle Einheiten bis einschließlich q^* über der Angebotskurve liegt, ist es bei allen diesen Einheiten sozial vorteilhaft, sie zu produzieren.

Wie ich in Kapitel 11 erkläre, haben Märkte die wundervolle Eigenschaft, dass Angebot und Nachfrage sich genau so ausgleichen, dass die sozial optimale Produktionsmenge q^* produziert wird. Dies passiert alleine dadurch, dass Menschen ihre eigennützigen Interessen verfolgen, die Märkte so erstaunlich macht. Es ist, als ob die unsichtbare Hand eines »Marktgeistes« auf magische Weise die Verfolgung eigennütziger Ziele auf ein sozial optimales Ergebnis umlenkt.

Als Nächstes möchte ich Ihnen zeigen, dass dieses wünschenswerte Ergebnis nur eintritt, wenn die Eigentumsrechte *vollständig und umfassend* sind. Dies bedeutet, dass die Nachfragekurve den Gesamtnutzen wiedergibt, für den Menschen zu zahlen bereit sind, und dass die Angebotskurve alle Kosten enthält, die mit der Produktion verbunden sind. Wie Sie sehen werden, bringen Märkte, wenn die Eigentumsrechte nicht vollständig und umfassend sind, nicht die sozial optimale Produktionsmenge q^* hervor. In solchen Fällen ist die unsichtbare Hand *wirklich* unsichtbar – weil sie überhaupt nicht vorhanden ist!

Externe Effekte: Kosten und Nutzen, die andere aufgrund unserer Aktionen tragen oder haben

Eigentumsrechte geben Eigentümern die Kontrolle über ihr Eigentum. Beispielsweise kann ich mein Auto in jeder Farbe streichen, die mir gefällt. Ich kann den Motor tunen und Chromspoiler anbringen, um zu kaschieren, dass ich, wie die meisten Ökonomen, nicht mehr so recht auf dem Laufenden bin.

Andererseits sind die Eigentumsrechte nicht vollkommen uneingeschränkt. Die Gesellschaft schränkt ein, was ich mit meinem Auto tun kann. Beispielsweise darf ich den Auspuff nicht abmontieren und die Umwelt nicht übermäßig verschmutzen. Ich muss bestimmte Geschwindigkeitsbegrenzungen einhalten. Und ich darf meine 2.000-Watt-Stereoanlage nicht mitten in der Nacht mit voller Lautstärke laufen lassen.

Der Grund für diese gesetzlichen Beschränkungen liegt darin, dass ich nicht alleine auf einer Insel lebe, sondern zusammen mit vielen anderen Menschen in einer Gemeinschaft, und durch großen Lärm oder zu schnelles Autofahren die Lebensqualität anderer Menschen beeinträchtigen würde. Ökonomen beschreiben solche Situation mit einem speziellen Terminus: Sie sagen, dass meine Aktionen *externe Effekte* auslösen.

Positive und negative externe Effekte definieren

Ein *externer Effekt* ist ein Nachteil (Kosten) oder ein Vorteil (Nutzen), von dem Personen betroffen sind, die an einer Aktivität nicht direkt beteiligt sind. Externe Effekte können positiv oder negativ sein:

- ✔ Ein *positiver externer Effekt* (*externer Nutzen*) ist ein Vorteil, der einer Person zugute kommt, die nicht direkt an einer Aktivität beteiligt ist. Betrachten Sie beispielsweise einen Bienenzüchter. Er züchtet Bienen, um den Honig zu verkaufen, aber nebenbei fliegen die Bienen umher und befruchten die Blüten der Pflanzen und Bäume der Bauern. Sie vergrößern damit deren Ernteerträge und leisten ihnen einen positiven externen Nutzen.

- ✔ Ein *negativer externer Effekt* (*externe Kosten*) besteht aus Kosten, die eine Person tragen muss, die an einer Aktivität nicht direkt beteiligt ist. Betrachten Sie beispielsweise ein Stahlwerk, das als Nebenwirkung der Stahlproduktion große Mengen an Ruß und Rauch produziert. Die Umweltverschmutzung ist ein negativer externer Effekt, der Smog verursacht und die Luft verschmutzt, die von jedem eingeatmet wird, der in der Nähe der Fabrik lebt.

Die Auswirkungen externer Kosten erkennen

Der Schlüssel, um die negativen externen Effekte zu verstehen, liegt darin, dass es eine Überproduktion der Güter und Dienste gibt, die andere mit externen Kosten belasten. Dies passiert, weil die negativen externen Effekte, das heißt die Kosten, die sie anderen auferlegen, nicht berücksichtigt werden, wenn Manager Entscheidungen über die Produktionsmengen treffen.

Die Kosten für andere nicht berücksichtigen

In Falle des Stahlwerks, das die Luft verschmutzt, berücksichtigen die Manager des Stahlwerks nur ihre privaten Kosten für das Rohmaterial und den Betrieb der Fabrik, weil die herrschenden Eigentumsrechte unzureichend sind.

Falls jemand Eigentümer der Atmosphäre wäre, müssten die Manager des Stahlwerks für das Recht bezahlen, die Luft zu verschmutzen. Und falls die Atmosphäre allen gehören würde, die diese verschmutzte Luft einatmen müssen, wäre das Unternehmen gezwungen, alle für das Recht zu bezahlen, die Luft zu verschmutzen, und müsste den Schaden berücksichtigen, den die Umweltverschmutzung allen diesen Menschen zumutet.

Aber weil niemand Eigentümer der Atmosphäre ist und Unternehmen nicht dafür bezahlen müssen, die Luft zu verschmutzen, gibt es kein Instrument, um die Manager des Stahlwerks zu veranlassen, die Kosten der Umweltverschmutzung zu berücksichtigen, die von den Mitgliedern der größeren Gemeinschaft getragen werden. Deshalb produziert das Unternehmen zu viel Stahl.

Warum kommt es zu dieser Überproduktion? In Kapitel 10 erkläre ich, dass die Angebotskurve eines Unternehmens im Wettbewerb gleich seiner Grenzkostenkurve ist. Weil das Stahlwerk die Grenzkosten nicht berücksichtigt, die seine Stahlproduktion anderen auferlegt, ist seine Grenzkostenkurve (seine Angebotskurve) zu niedrig und führt zu einer Überproduktion an Stahl.

Abbildung 14.2 illustriert diese Situation. Sie enthält zwei Angebotskurven: Die untere Angebotskurve, *Private GK*, ist die private Grenzkostenkurve des Unternehmens, die nur die eigenen Kosten des Unternehmens für Stahlproduktion enthält.

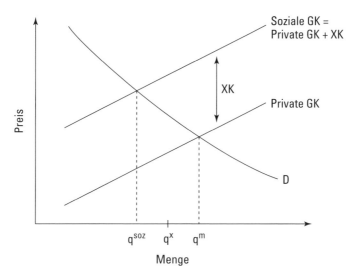

Abbildung 14.2: Der Markt erzeugt eine Überproduktion eines Gutes, das einen negativen externen Effekt hat.

Doch die obere Kurve, *Soziale GK*, enthält nicht nur die privaten Kosten des Unternehmens, sondern auch die externen Kosten der Umweltverschmutzung, die ich mit XK (für *externe Kosten*) bezeichnet habe. Diese soziale Grenzkostenkurve enthält also *alle* Kosten der Stahlproduktion: die *privaten* Kosten des Unternehmens und die *externen* Kosten, die anderen als negative externe Effekte auferlegt werden.

Überproduktion von Gütern, die negative externe Effekte erzeugen

Warum also wird zu viel Stahl produziert? Das Marktgleichgewicht befindet sich an dem Punkt, an dem die Nachfragekurve *D* die *Private GK*-Kurve schneidet. Das Gleichgewicht führt zur Produktion der Stahlmenge q^m (*m* steht für Markt).

Anders sieht es mit der sozial optimalen Stahlmenge q^{soz} (*soz* steht für *sozial*) aus. Die sozial optimale Menge wird durch den Punkt bestimmt, an dem die *Soziale GK*-Kurve die Nachfragekurve schneidet. Sie können erkennen, dass q^{soz} sozial optimal ist, weil die Nachfragekurve für jede Einheit bis einschließlich q^{soz} über der *Soziale GK*-Kurve liegt, was bedeutet, dass der Nutzen der Produktion dieser Einheiten die Kosten ihrer Produktion übersteigt. Dies gilt, wenn nicht nur *private* Kosten, sondern auch die *externen* Kosten für dritte Parteien berücksichtigt werden.

Das Problem bei der Produktion aller Einheiten von q^{soz} bis q^m liegt darin, dass deren Nutzen zwar die privaten Produktionskosten des Unternehmens, nicht aber die Gesamtkosten übersteigt, wenn auch *XK*, die Kosten der negativen externen Effekte, berücksichtigt werden.

Schauen Sie sich beispielsweise die Produktionsmenge q^x an, die zwischen q^{soz} und q^m liegt. Wenn Sie von q^x vertikal nach oben bis zu der Nachfragekurve gehen, können Sie sehen, dass der Marktpreis, den die Menschen für diese Outputmenge zu zahlen bereit sind, die privaten Grenzkosten der Produktion übersteigt. (Das bedeutet, dass die Nachfragekurve bei der Produktionsmenge q^x über der *Private GK*-Kurve liegt.) Aber wenn Sie noch weiter nach oben gehen, sehen Sie, dass die Menschen für diese Outputmenge tatsächlich weniger zu zahlen bereit sind, als die gesamten sozialen Kosten für die Produktion dieser Outputmenge ausmachen. (Das bedeutet, dass die *Soziale GK*-Kurve bei der Produktionsmenge q^x über der Nachfragekurve liegt.)

Die Produktionsmenge q^x sollte nicht produziert werden, weil die Gesamtkosten ihrer Produktion höher als der Betrag sind, den jemand dafür bezahlen möchte. Deswegen ist es nachteilig, dass die Produktionsmenge q^m in einer Marktwirtschaft tatsächlich produziert wird. Bei jeder Outputeinheit, die über die Produktionsmenge q^{soz} hinaus produziert wird, übersteigen die Gesamtkosten den Nutzen.

Erkennen, dass positive Mengen negativer externer Effekte wünschenswert sind

In diesem Zusammenhang müssen Sie eine sehr wichtige Sache erkennen: Die übliche Reaktion auf negative externe Effekte – sie gesetzlich zu verbieten –, ist fast niemals sozial optimal. Wenn Sie sich noch einmal Abbildung 14.2 anschauen, sehen Sie, dass die sozial optimale Produktionsmenge q^{soz} eine positive Zahl ist. Das bedeutet, dass es sozial optimal ist, Stahl zu produzieren, obwohl damit auch eine gewisse Umweltverschmutzung produziert wird.

Um diese Begründung zu verstehen, denken Sie an Autos. Autos verschmutzen die Luft. Und die einzige Möglichkeit, diese Umweltverschmutzung vollkommen zu verhindern, bestünde darin, den Gebrauch von Autos in der Gesellschaft vollkommen zu verbieten. Aber wollen Sie das wirklich?

Es stimmt zwar, dass große, Benzin fressende Autos ohne einen rechtfertigenden Nutzen erheblich zur Umweltverschmutzung beitragen, aber wollen Sie deshalb wirklich alle Autos abschaffen, einschließlich der Krankenwagen und Feuerwehrautos? Bestimmt nicht! Denn obwohl diese Fahrzeuge ebenfalls zur Umweltverschmutzung beitragen, werden die dadurch für die Gesellschaft verursachten Kosten durch den sozialen Nutzen dieser Fahrzeuge – ihre lebensrettenden Funktionen – mehr als aufgewogen.

Dasselbe gilt für die Umweltverschmutzung bei einer Stahlproduktion der Menge q^{soz}. Die einzige Möglichkeit, um die Umweltverschmutzung der Stahlfabrik vollkommen zu eliminieren, bestünde darin, die Fabrik zu schließen. Aber das würde bedeuten, der Gesellschaft den Nutzen des Stahls vorzuenthalten wie beispielsweise erdbebensichere Gebäude oder unfallsichere Sicherheitskäfige in Autos.

Das Ziel besteht nicht darin, negative externe Effekte zu eliminieren, sondern zu gewährleisten, dass nach Abwägung aller Kosten und aller Nutzen der Nutzen der produzierten Outputeinheiten die Kosten ihrer Produktion überwiegen – einschließlich der Kosten der negativen externen Effekte. In Abbildung 14.2 ist der gesamte Nutzen für alle Outputeinheiten bis einschließlich q^{soz} wenigstens so groß wie die Gesamtkosten. Das bedeutet, dass die Gesellschaft insgesamt davon profitiert, dass diese Einheiten produziert werden.

Als Nächstes muss das Problem gelöst werden, wie zu gewährleisten ist, dass nur q^{soz} Einheiten produziert werden, wenn der Markt, wie ich im vorangegangenen Abschnitt gezeigt habe, zu einer Überproduktion von Gütern mit negativen externen Effekten führt.

Mit negativen externen Effekten umgehen

Es gibt im Grunde drei Möglichkeiten, um mit negativen externen Effekten umzugehen:

✔ Gesetze erlassen, um die Aktivitäten zu verbieten oder einzuschränken, die die negativen externen Effekte verursachen. Beispielsweise ist es heute in den meisten Städten verboten, seinen Müll selbst zu verbrennen.

✔ Gesetze erlassen, die direkt auf den negativen externen Effekt selbst gerichtet sind (statt auf die zugrunde liegende Aktivität, die zu diesem externen Effekt führt). Beispielsweise müssen Stahlwerke heute entsprechende Filter einbauen, die den größten Teil der Schadstoffe herausfiltern, bevor diese in die Atmosphäre gelangen.

✔ Den Managern oder Unternehmen, die die negativen externen Effekte verursachen, Kosten wie zum Beispiel Steuern auferlegen. Beispielsweise können Regierungen Unternehmen für jede Tonne Schadstoffe, die sie ausstoßen, einen bestimmten Betrag abverlangen.

Die letzte dieser drei Lösungen ist für Ökonomen attraktiv, weil sie mit der höchsten Wahrscheinlichkeit zu der Produktion der sozial optimalen Produktionsmenge führt.

Anhand von Abbildung 14.2 können Sie sehen, warum Ökonomen eine Steuer auf die Umweltverschmutzung für richtig halten. Sie erinnern sich, dass *XK* die externen Kosten der Umweltverschmutzung des Stahlwerks bezeichnet, die dieses auf andere abwälzt. Wenn der Staat jede produzierte Einheit Stahl des Unternehmens mit *XK* Euro besteuert, verschiebt die Steuer die Kostenkurve des Unternehmens vertikal von *Private GK* nach oben zu *Soziale GK*.

Das heißt, wenn die Schadstoffsteuer genau *XK* Euro beträgt, entspricht die Grenzkostenkurve des Unternehmens genau der *Soziale GK*-Kurve. Weil die Grenzkostenkurve eines Unternehmens seine Angebotskurve ist, wird jetzt durch das Zusammenspiel von Nachfrage und Angebot die sozial optimale Produktionsmenge q^{soz} produziert.

Das bedeutet, wenn der Staat den Stahl in genau der richtigen Höhe besteuert, kann er sich zurücklehnen und dem Markt den Rest überlassen. Dies macht diese Art der Schadstoff reduzierenden Politik im Vergleich zu anderen potenziellen Lösungen attraktiv.

Vergleichen Sie diese Lösung mit einem System, in dem die Unternehmen gesetzlich verpflichtet werden, Rußfilter einzubauen, um die Umweltverschmutzung zu reduzieren. In einem solchen System müssen Sie Inspektoren einstellen, die laufend überprüfen, ob die Fabriken nicht betrügen. Es wäre viel teurer, ein solches System einzurichten, als nur den einfach zu messenden Stahloutput des Stahlwerks zu besteuern und es dann dem Zusammenspiel von Angebot und Nachfrage zu überlassen, die sozial optimale Produktionsmenge zu erzeugen.

Andererseits kann es möglicherweise schwierig sein, die genaue Höhe der Besteuerung XK herausfinden, sodass die Lösung einer Besteuerung der Schadstoffe auch nicht problemlos ist.

Die Folgen positiver externe Effekte berechnen

Externe Effekte können sowohl positiv als auch negativ sein. Der Schlüssel, um positive externe Effekte zu verstehen, liegt darin, dass Güter und Dienste, die andere Menschen positive externe Effekte bringen, letztlich *nicht* produziert werden.

Unterproduktion von Gütern, die positive externe Effekte verursachen

Um zu verstehen, warum Güter, die positive externe Effekte haben, in zu geringer Menge produziert werden, betrachten wir die Bienenzüchterin Sally. Sie züchtet Bienen, damit sie den Honig verkaufen und damit Geld verdienen kann. Die Konsumenten, die ihren Honig kaufen, tun dies, weil ihnen der Honig Nutzen bringt, wenn sie ihn essen. Doch weil die Bienen von Sally herumfliegen und die Blüten der Pflanzen der Bauern bestäuben, haben auch diese Bauern einen Vorteil von ihrer Bienenzucht.

Aber – und dies ist der entscheidende Punkt – die Bauern bezahlen Sally nicht für den Nutzen, den ihre Bienen ihnen bringen; die Bienen fliegen einfach über ihre Felder, und es gibt keine Möglichkeit, diesen Vorgang zu überwachen. Deshalb zieht Sally weniger Bienenstöcke groß, als sie es tun würde, wenn die Bauern sie für den Nutzen bezahlen würden, den ihnen die Bienen bringen.

Abbildung 14.3 zeigt, wie diese Situation funktioniert. Die Angebotskurve $S = GK$ von Sally ist ihre Grenzkostenkurve. Die Kundennachfrage nach Honig wird durch die Nachfragekurve *Private Nachfrage* angezeigt. Der Schnittpunkt der Angebotskurve und der *Private Nachfrage*-Kurve bestimmt die Marktgleichgewichtsmenge q^m an Honig.

Aber diese Produktionsmenge berücksichtigt nicht den Nutzen, den die Bienen den Bauern bringen. Nehmen Sie an, dass dieser Nutzen einen monetären Wert von *XN* (für *externer Nutzen*) hat. Dann wird die gesamte soziale Nachfrage nach Sallys Honig von der *Soziale Nachfrage*-Kurve angegeben. Sie entsteht durch eine Verschiebung der *Private Nachfrage*-Kurve vertikal nach oben um *XN* Euro, um zu berücksichtigen, dass die Honigproduktion sowohl den Bauern als auch Sallys Honig-Kunden Nutzen bringt.

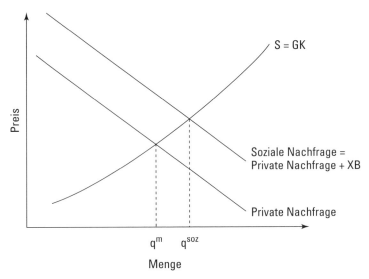

Abbildung 14.3: Der Markt erzeugt eine Unterproduktion eines Gutes, das einen positiven externen Effekt hat.

Die sozial optimale Produktionsmenge q^{soz} würde an dem Punkt liegen, an dem die *Soziale Nachfrage*-Kurve die Angebotskurve von Sally schneidet, weil für jede Outputeinheit bis einschließlich q^{soz} der gesamte soziale Vorteil wenigstens so groß ist wie Sallys Produktionskosten.

Wie Sie sehen, ist die produzierte Marktgleichgewichtsmenge q^m kleiner als die sozial optimale Produktionsmenge q^{soz}. Anders ausgedrückt: Weil der Marktmechanismus den positiven externen Effekt nicht berücksichtigen kann, produziert Sally weniger Honig, als es sozial optimal wäre.

 Eine Unterproduktion ist typisch für Güter, die positive externe Effekte verursachen. Weil die Eigentumsrechte so konstruiert sind, dass die Nutznießer der positiven externen Effekte nicht dafür bezahlen müssen, haben die Produzenten des Gutes mit den positiven externen Effekte keinen Anreiz, zusätzliche Outputeinheiten dieses Gutes für die Nutznießer der externen Effekte zu erzeugen, sondern produzieren den Output nur für Menschen, die direkt für das Produkt bezahlen können.

Güter subventionieren, die positive externe Effekte verursachen

Weil Märkte tendenziell zu wenig von den Gütern und Diensten mit positiven externen Effekten produzieren, sind Möglichkeiten entwickelt worden, um die Produktion anzuregen.

Die häufigste Methode, um die Produktion von Gütern mit positiven externen Effekten anzuregen, sind Subventionen. Im Fall von Sallys Bienenzucht könnte der Staat beispielsweise den Honig mit 20 Cent pro Pfund subventionieren, um ihr einen Anreiz zu geben, mehr Bienenstöcke aufzustellen. Dann würden mehr Bienen mehr Blumen bestäuben, was die landwirtschaftliche Produktion vergrößern würde. In der Tat könnte der Staat sogar die Bauern besteuern, um das Geld für die Subvention von Sallys Honig aufzutreiben. Damit würde sich das Programm von selbst bezahlen.

Auf ähnliche Weise subventioniert der Staat oft auch das Anpflanzen von Bäumen in und am Rand von Städten. Diese Subvention ist erforderlich, weil viele der angenehmen Auswirkungen von Bäumen – wie Schatten, Kühlung, sauberere Luft und weniger Bodenerosion. – positive externe Effekte sind, die von den Märkten nicht berücksichtigt werden. Ohne Subventionen würden weniger Bäume gepflanzt werden, als es für alle optimal wäre.

Das Dilemma des Gemeineigentums (Tragedy of the Commons)

Ein wichtiges wirtschaftliches Problem, das eine Folge unzureichend definierter Eigentumsrechte ist, die die negativen externen Effekte nicht berücksichtigen, wird von Ökonomen als die *Das Dilemma des Gemeineigentums* bezeichnet Die folgenden Abschnitte untersuchen dieses Problem ausführlich.

Eine Kuh halten: Eine Gemeinschaftsweide übergrasen

Um das *Dilemma des Gemeineigentums* zu verstehen, stellen Sie sich ein Dorf vor, in dem sich die meisten Grundstücke in Privateigentum befinden. Doch es gibt eine große Weide, das *Gemeineigentum*, auf dem jeder sein Vieh weiden kann. Wir wollen überlegen, wie groß der Unterschied zwischen der Anzahl der Kühe, die auf einer privaten Weide, und der Anzahl der Tiere, die auf dem Gemeindeland weiden, ist.

Bei einem Privatgrundstück hat der Eigentümer einen Anreiz, die Anzahl der Kühe zu begrenzen, die er grasen lässt. Denn wenn er zu viele Tiere weiden lässt, fressen sie schnell das Gras auf und ruinieren die Weide für spätere »Graser«. Deshalb schickt der Eigentümer einer privaten Weide nur einige Stück Vieh auf seine Weide. Dadurch reduziert er seinen kurzfristigen Gewinn (weil er die gegenwärtige Anzahl von Kühen beschränkt), aber er maximiert seine langfristigen Gewinne (weil die Weide in einem guten Zustand bleibt und er sein Vieh auch in Zukunft dort grasen lassen kann).

Überlegen Sie dagegen, welche Anreize die Bauern haben, wenn es um die Weide, die sich in Gemeineigentum befindet, geht, auf dem jeder seine Kühe weiden lassen kann. Weil die Weide in Gemeineigentum ist, muss niemand für das Recht bezahlen, eine Kuh dort grasen zu lassen. Deshalb wird jeder einige Kühe auf diese Weide treiben, weil er dafür überhaupt keine persönlichen Kosten tragen muss.

Doch weil jeder dasselbe denkt, ist die Weide bald mit Kühen überlaufen und wird überweidet, wenn diese das gesamte Gras auffressen und die Weide in einen Sumpf verwandeln. Deshalb gibt es zwar keine persönlichen Kosten, um eine Kuh auf dem Gemeineigentum grasen zu lassen, wohl aber soziale Kosten. Jede zusätzliche Kuh schädigt der Weide – und reduziert damit deren künftige Produktivität.

Der Differenz zwischen dem, was mit der privaten Weide im Gegensatz zu der Weide im Gemeineigentum passiert, ist ganz und gar auf die unterschiedlichen Eigentumsrechte zurückzuführen, die für die beiden Eigentumsarten gelten. Bei Weiden im Privateigentum haben die Bauern einen Anreiz, die Kosten und den Nutzen abzuwägen, wenn sie überlegen, wie viele Kühe sie auf die Weide treiben sollten. Insbesondere berücksichtigen sie, wie stark ihre künftigen Gewinne reduziert werden, wenn die Weide gegenwärtig übergrast und damit seine künftige Nutzbarkeit zerstört wird.

Bei der Weide, die sich in Gemeineigentum befindet, hat jedoch niemand einen persönlichen Anreiz, dessen künftige Nutzbarkeit zu erhalten. Tatsächlich sind die Anreize unlogisch: Denn wenn diese Weide gegenwärtig in einem sehr guten Zustand ist, haben sie einen Anreiz, so viele eigene Kühe so schnell wie möglich zum Grasen auf diese Weide zu schicken, bevor sie überweidet ist. Und weil jeder die Situation gleich einschätzt, gibt es einen irrsinnigen Wettlauf, so schnell wie möglich so viele Kühe wie möglich auf diese Weide zu treiben. Natürlich wird die Weide dadurch sehr schnell überweidet – und damit für jeden nicht mehr nutzbar.

Man kann das *Dilemma des Gemeineigentums* als einen Fall von negativen externen Effekten auffassen. Wenn ich das herrliche Gras auf der Gemeinschaftsweide sehe, beeile ich mich, so viele meiner Kühe wie möglich dort grasen zu lassen, ohne den Schaden zu berücksichtigen, den dieses Übergrasen der Weide zufügen wird. Dasselbe gilt für alle anderen auch. Niemand kümmert sich um den negativen externen Effekt einer unbrauchbaren Weide, weil kein Einzelner Eigentümer dieser Weide ist und persönlich leidet, wenn es zerstört wird.

Wenn die Weide in Privateigentum ist, hat dies den wünschenswerten Nebeneffekt, dass der Eigentümer die Kosten berücksichtigt, die damit verbunden sind, die Weide durch Übergrasen zu ruinieren. Und deshalb wird er es nicht so weit kommen lassen.

Artensterben durch unzureichende Eigentumsrechte

Viele Umweltprobleme werden durch Situationen verursacht, die durch das *Dilemma des Gemeineigentums* beschrieben werden und in denen niemand die Eigentumsrechte an einer gegebenen Ressource innehat. Insbesondere sind die meisten Fälle von Artensterben die Folge fehlender Eigentumsrechte.

Betrachten Sie den Tunfischfang in den offenen Weltmeeren. Aufgrund internationaler Vereinbarungen gehören die offenen Weltmeere niemandem. Deshalb gehört auch der Tunfisch in den offenen Weltmeeren niemandem.

Wenn Sie einen Tunfisch fangen und in Ihr Boot ziehen, werden Sie zu seinem Eigentümer und können ihn gegen Geld verkaufen. Das bedeutet, die einzige Möglichkeit, einen ökonomischen Vorteil aus einem Tunfisch zu ziehen, besteht darin, ihn zu töten.

Deshalb sind Tunfisch und viele andere Fischarten überfischt und befinden sich am Rande der Ausrottung. Denn jeder Fischer hat den Anreiz, so viele Fische so schnell wie möglich zu fangen, bevor jemand anderer sie fangen kann. Dieses führt schnell zu einer Ausrottung von Arten, und Fischer sind sich dieses Problems sehr bewusst.

Doch die Eigentumsrechte sind in diesem Fall so konstruiert, dass kein einzelner Fischer irgendetwas tun kann, um diese Katastrophe zu verhindern. Denn wenn ein einzelner Fischer beschließt, sich zurückzuhalten und weniger Fisch zu fangen, in der Hoffnung, dass so die Arten überleben werden, kommt ein anderer Fischer und fängt den Fisch, den er hat schwimmen lassen. Die Arten werden also trotzdem aussterben. Folglich hat niemand einen Anreiz, sich zurückzuhalten.

Ökonomen, die derartige Probleme analysieren, kommen zu dem Schluss, dass die einzige Möglichkeit, sie zu verhindern oder aufzuhalten, darin besteht, die Eigentumsrechte so zu ändern, dass Menschen sowohl Eigentümer von lebendem Fisch als auch Eigentümer von totem Fisch sein können. Insbesondere wenn Sie Eigentümer einer Schule von lebenden Tunfischen sind, haben Sie ganz andere Anreize. Sie wollen die Art erhalten, statt sie auszurotten; denn wenn Sie die Art erhalten und Fisch in nachhaltig akzeptablen Mengen fangen, profitieren Sie nicht nur dieses Jahr, sondern immer.

 Deshalb besteht die erste Reaktion eines Ökonomen, wenn er eine *Situation* erkennt, die durch das *Dilemma des Gemeineigentums* beschrieben wird, darin, die Eigentumsrechte für die fragliche Ressource zu ändern. Anstelle von Gemeineigentum, bei dem jeder einen Anreiz hat, so viel wie möglich von der Ressource zu verbrauchen, bevor jemand anderer dies tut, schlägt der Ökonom eine Umwandlung in Privateigentum vor, damit es einen Anreiz gibt, die Ressource zu erhalten.

Im Fall der Überfischung ist eine Lösung entwickelt worden, den Fischern private Eigentumsrechte an einem ganzen Fischgrund zu geben – das heißt an allen lebenden Fischen in einem Gebiet. Dies gibt den neuen Eigentümern den passenden Anreiz, die Bestandsgrößen auf einer nachhaltigen Basis zu verwalten. Wenn außerdem nur eine Person das Recht hat, in einem gegebenen Gebiet zu fischen, gibt es keine verrückten Wettbewerbe zwischen konkurrierenden Fischern mehr, so viel Fisch wie möglich zu fangen, bevor ein anderer Fischer dies tut.

Für Fischarten, die wandern, ist eine andere Lösung entwickelt worden. In solchen Fällen legen Meeresbiologen zunächst die maximale Menge Fisch fest, die nachhaltig jedes Jahr gefangen werden kann. Der Staat versteigert dann Fangrechte für genau diese Menge Fisch.

Diese Methode verhindert das Gemeineigentums*dilemma*, indem sie eine neue Art von Eigentumsrecht schafft – die *Fangquote*. Dieses Eigentumsrecht hat außerdem einen angenehmen Nebeneffekt: ein staatliches Programm, das sich selbst finanziert. Das Geld, das durch die Versteigerung der Fangquoten eingenommen wird, kann verwendet werden, um Kontrolleure anzustellen, die eine unlizenzierte Fischerei verhindern, und um Programme zur Hege und Pflege anderer wilder Tiere zu finanzieren.

Marktversagen: Asymmetrische Information und öffentliche Güter

In diesem Kapitel

- Erkennen, dass Märkte von vollkommenen Informationen abhängen
- Sehen, wie Geheimnisse einen Markt ruinieren können
- Märkte für Gebrauchtwagen und Versicherungen untersuchen
- Verstehen, dass Märkte nicht immer öffentliche Güter bereitstellen werden
- Öffentliche Güter von Regierungen und Philanthropen bekommen

Märkte stellen fast alles zur Verfügung, was wir konsumieren. Aber Märkte stellen auch viele Dinge, die wir konsumieren möchten, *nicht* zur Verfügung. Ökonomen bezeichnen solche Situationen als ein *Marktversagen*. In diesem Kapitel beschreibe ich zwei der interessantesten und häufigsten Ursachen für Marktversagen: asymmetrische Information und öffentliche Güter.

Asymmetrische Information ist eine Situation, in der entweder der Käufer oder der Verkäufer mehr über den Gegenstand weiß, über den verhandelt wird, als die Gegenpartei. Das klassische Beispiel ist die gute Qualität eines Gebrauchtwagens: Der Eigentümer, der versucht, das Auto zu verkaufen, kennt die gute Qualität und Zuverlässigkeit des Autos ganz genau, aber der potenzielle Käufer kann ihn nur beim Wort nehmen.

Weil der potenzielle Käufer keinen Grund hat, den Zusicherungen des Verkäufers zu vertrauen, dass das Auto wirklich keine Mängel hat, geht er vom Schlimmsten aus und bietet für den Fall, dass sich der Wagen als Rostlaube entpuppt, einen niedrigen Preis an. Aber weil der Eigentümer weiß, dass das Auto keine Mängel hat, weist er das niedrige Angebot zurück, und der Wagen wird nicht verkauft – und alles nur, weil es keine billige und leichte Methode gibt, um dem potenziellen Käufer die tatsächliche Qualität des Autos zu beweisen.

Öffentliche Güter machen den Markt auf andere Weise kaputt. Denn gerade die spezielle Natur öffentlicher Güter macht es für private Verkäufer extrem schwierig, von den Nutzern dieser Güter einen adäquaten Gegenwert zu kassieren. Das klassische Beispiel ist ein Leuchtturm. Sobald er in Betrieb genommen wird, profitieren alle Schiffe in der Nachbarschaft von ihm unabhängig davon, ob sie für diesen Dienst bezahlen oder nicht.

Da dies der Fall ist, versuchen alle Schiffseigner, eine Bezahlung dieses Dienstes in der Hoffnung zu vermeiden, dass jemand anderer dafür bezahlen wird. Aber wenn jeder Eigner nicht bezahlt, weil er auf andere hofft, geht der Leuchtturm bald Bankrott, und der Gesellschaft geht ein wertvoller Dienst verloren.

In Rest dieses Kapitels gehe ich auf diese beiden Ursachen von Marktversagen ausführlicher ein, zeige Ihnen, wie weit verbreitet sie sind, und beschreibe einige raffinierte Lösungen, die Menschen erfunden haben, um diese Probleme zu beheben. Rechnen Sie also hier nicht mit asymmetrischer Information – ich werde gewährleisten, dass Sie hinterher genau so viel wissen wie ich.

Das Problem asymmetrischer Informationen

Es gibt viele Situationen im wirklichen Leben, in denen Käufer und Verkäufer nicht über dieselben Informationen verfügen. Je nach Situation ist möglicherweise der Käufer oder der Verkäufer besser informiert.

Beispielsweise wissen die Verkäufer von Gebrauchtwagen viel mehr über die eigentliche Qualität der Wagen als die Käufer. Wenn es dahingegen um Krankenversicherungen geht, sind die Käufer von Versicherungspolicen viel besser informiert, weil sie mehr über ihren Körper und ihre Gesundheit wissen.

Unabhängig davon, welche Partei besser informiert ist, bezeichnen Ökonomen derartige Situationen als Fälle von *asymmetrischer Information*, weil eine Seite über mehr Informationen verfügt als die andere.

Erkennen, dass asymmetrische Information den Handel begrenzt

Asymmetrische Information ist in der realen Welt sehr wichtig, weil sie die Märkte einschränkt, und zwar aus dem folgenden wesentlichen Grund: Wenn Sie wissen, dass Ihr Verhandlungspartner besser informiert ist, haben Sie Angst, dass er Sie mit seinen Informationen übervorteilt.

Im Falle von Gebrauchtwagen befürchten die Käufer, dass die Verkäufer, die wissen, welche Mängel ihre Autos haben, dies für sich behalten und versuchen, so hohe Preise wie für mängelfreie Autos auszuhandeln. Im Falle von Versicherungen befürchten Versicherungsunternehmen, dass Menschen, die wissen, dass sie ein hohes Versicherungsrisiko darstellen, vorgeben, ein niedriges Versicherungsrisiko zu sein, um niedrigere Prämien zahlen zu müssen.

Wenn die Lücke der asymmetrischen Information sehr gravierend ist, können Märkte möglicherweise sogar komplett zusammenbrechen. Das bedeutet, wenn Sie Angst haben, dass der Verkäufer des Gebrauchtwagens möglicherweise den Wert des Autos weit übertreibt, das er Ihnen zu verkaufen versucht, werden Sie wahrscheinlich nicht kaufen. Diese Entscheidung sieht recht vernünftig aus, aber sie verhindert den Verkauf einwandfreier Autos, weil jeder Angst hat, eine Schrottkarre zu bekommen. Ähnlich ist es bei Versicherungsunternehmen: Wenn diese keinen Weg finden, um gute von schlechten Versicherungsrisiken zu unterscheiden, verlangen sie möglicherweise von jedem Antragsteller so hohe Prämien, als würde er ein hohes Risiko darstellen. Und das veranlasst Menschen, die ein geringes Risiko darstellen, normalerweise dazu, die Versicherung nicht abzuschließen, weil sie wissen, dass das Unternehmen zu hohe Prämien von ihnen verlangt.

Deshalb sollten Sie sich merken, dass asymmetrische Information zu dem führen kann, was Ökonomen als *Marktversagen* bezeichnen – Situationen, in denen es keinen Markt für ein Gut oder einen Dienst gibt. In diesem Fall gibt es keinen Markt, weil die Menschen davon abgeschreckt worden sind, dass andere Marktteilnehmer besser informiert sind und möglicherweise diese Informationen verwenden, um sie zu übervorteilen.

Das Problem der »Zitronen«: der Gebrauchtwagenmarkt

Der Ökonom George Akerlof aus Berkeley bekam 2002 den Nobelpreis in Ökonomie für einen berühmten Aufsatz mit dem Titel *The Market for Lemons* (dt. *Der Markt für Zitronen*). Der Aufsatz behandelt das Problem der asymmetrischen Information und das Marktversagen; er ist deswegen besonders bemerkenswert, weil Professor Akerlof den Markt für Gebrauchtwagen als Hauptbeispiel verwendete.

Der Gebrauchtwagenmarkt ist spannend, weil er unter einer interessanten Form des Marktversagens leidet: Fast alle zum Verkauf angebotenen Gebrauchtwagen sind ziemlicher Schrott. Akerlof erklärte korrekt, dass Autos mit einer schlechten Qualität (im Englischen als *Zitronen* bezeichnet) den Markt dominierten, weil aufgrund der asymmetrischen Information fast alle Verkäufer vertrieben werden, die Gebrauchtwagen von hoher Qualität verkaufen wollen.

Um den Gedankengang hinter diesem Ergebnis nachzuvollziehen, stellen Sie sich vor, dass nur drei Arten von Gebrauchtwagen zum Verkauf angeboten werden: gute, akzeptable und schlechte. Von außen sehen sie alle gleich aus, und selbst bei Testfahrten verhalten sie sich ziemlich gleich, aber sie unterscheiden sich im Wesentlichen darin, wie viel länger ihre Maschine noch halten wird. Weil die Motoren eine unterschiedliche Qualität und zu erwartende Lebensdauer haben, werden gute Autos mit 15.000 Euro, akzeptable Autos mit 10.000 Euro und schlechte Autos mit 5.000 Euro bewertet.

Das Problem, das zu dem Marktversagen führt, ist die asymmetrische Information, die zwischen Käufern und Verkäufern existiert. Insbesondere weil jeder Verkäufer weiß, wie gut die Maschine seines Autos ist, während der Käufer darüber gar nichts weiß.

Der Käufer könnte natürlich den Verkäufer bitten, ihm ehrlich Auskunft über die Qualität seines Autos zu geben, und zweifellos würden viele Verkäufer – wahrscheinlich die meisten – die Wahrheit sagen. Aber es gibt keine Methode um festzustellen, ob ein Verkäufer die Wahrheit sagt. Wenn Ihnen deshalb ein bestimmter Verkäufer sagt, dass sein Auto gut sei, sind Sie immer noch unsicher, ob Sie nicht doch betrogen werden.

Wie ich Ihnen gleich zeigen werde, führt diese sehr vernünftige Furcht dazu, dass fast alle guten und akzeptablen Autos vom Markt verschwinden. Das Ergebnis ist ein Gebrauchtwagenmarkt, der von schlechten Autos dominiert wird; Akerlof drückte es so aus, dass der Gebrauchtwagenmarkt letztlich zu »einem Markt für Zitronen beziehungsweise Rostlauben« wird.

Verstehen, wie mängelfreie Gebrauchtwagen vom Markt vertrieben werden

Stellen Sie sich vor, dass Sie einen Gebrauchtwagen kaufen, aber nicht zu viel dafür bezahlen wollen. Sie wissen, dass es nur drei Arten von Autos gibt: gute, akzeptable und schlechte. Außerdem haben Sie gehört, dass ein Drittel aller Gebrauchtwagen gut ist, ein Drittel akzeptabel und ein Drittel schlecht ist. Wie viel wären Sie für einen Gebrauchtwagen bereit zu zahlen?

Nun, da gute Autos 15.000 Euro, akzeptable Autos 10.000 Euro und schlechte Autos 5.000 Euro wert sind und da Sie nicht wissen, welches Auto welche Qualität hat, nehmen wir an, dass Sie nicht mehr als 10.000 Euro zu zahlen bereit sind.

Warum 10.000 Euro? Weil dies der Wert eines akzeptablen Gebrauchtwagens – also eines Autos von durchschnittlicher Qualität – ist.

Weil Verkäufer keine Möglichkeit haben, zu beweisen, wie gut ihre Autos sind, ist es vernünftig anzunehmen, dass ein Gebrauchtwagen, der Ihnen angeboten wird, von durchschnittlicher Qualität ist und deshalb 10.000 Euro wert ist. Also bieten Sie 10.000 Euro für das Auto. Dasselbe tun alle anderen Käufern auch, denen Gebrauchtwagen angeboten werden, weil sie in derselben Situation wie Sie sind und ebenfalls die Qualität von Gebrauchtwagen nicht unterscheiden können.

Betrachten Sie jetzt, wie verschiedene Verkäufer abhängig von der wahren Qualität ihres Fahrzeugs auf das Angebot von 10.000 Euro reagieren:

- ✔ Wenn ein Verkäufer weiß, dass sein Auto schlecht und deshalb nur 5.000 Euro wert ist, nimmt er Ihr Angebot glücklich an.
- ✔ Wenn ein Verkäufer weiß, dass sein Auto akzeptabel ist, nimmt er Ihr Angebot ebenfalls an, weil dies dem tatsächlichen Wert des Autos entspricht.
- ✔ Wenn ein Verkäufer ein gutes Auto hat, nimmt er Ihr Angebot nur an, wenn er das Geld unbedingt braucht. Er weiß, dass das Auto 15.000 Euro wert ist, deshalb nimmt er Ihr Angebot von 10.000 Euro nur an, wenn er wirklich dringend Bargeld braucht (vielleicht weil er seine Spielschulden bei einem Kerl namens Macheten-Klaus bezahlen muss).

Folglich werden fast alle guten Autos vom Markt zurückgezogen, sodass nur die schlechten und akzeptablen Autos übrig bleiben. Überlegen Sie jetzt, wie diese Situation die Summe beeinflusst, die die Käufer bereit sind zu bieten.

Wenn alle guten Autos vom Markt zurückgezogen werden, ist die Chance jetzt 50:50, dass ein Auto akzeptabel oder schlecht ist. Wie viel würden Sie in einem solchen Fall als Käufer anbieten? Nun, bei einer 50:50-Chance ist das Auto entweder 10.000 Euro oder 5.000 Euro wert, sodass Sie wahrscheinlich den Durchschnitt dieser beiden Werte, 7.500 Euro, anbieten werden. Aber wenn Sie dies tun, wird die Funktion des Marktes noch stärker gestört.

Denn wie werden letztlich die Verkäufer von akzeptablen Autos auf das Angebot von 7.500 Euro reagieren? Sie werden das Angebot ablehnen und ihre Fahrzeuge ebenfalls vom Markt zurückziehen.

Das traurige Ergebnis ist: Wenn erst die guten Autos und dann die akzeptablen vom Markt zurückgezogen werden, bleiben nur die schlechten Autos übrig, die Zitronen. Wegen des Problems der asymmetrischen Information ist aus dem Gebrauchtwagenmarkt ein Markt für Zitronen geworden.

Käufer wissen dies, sodass sie für jedes Auto auf dem Markt nur 5.000 Euro anbieten. Und weil nur schlechte Autos angeboten werden, akzeptieren die Verkäufer die 5.000 Euro. Auf diese Weise werden zwar schlechte Autos zum korrekten Preis auf dem Gebrauchtwagenmarkt verkauft, aber es existiert kein Markt für Gebrauchtwagen, die gut oder sogar akzeptabel sind.

Dies ist ein Problem, weil Menschen – sowohl Käufer als auch Verkäufer – mit guten und akzeptablen Autos handeln wollen und viel glücklicher wären, wenn sie es auch könnten. Aber solange das Problem der asymmetrischen Information nicht gelöst wird, bleiben sie alle im Regen stehen.

Lösungen für das Zitronenproblem

Das grundlegende Problem dieses Zitronenmarktes liegt darin, dass die Verkäufer brauchbarer und akzeptabler Autos keine Möglichkeit haben, Käufer davon zu überzeugen, dass die Autos so gut sind, wie die Verkäufer wissen. Das ganze Problem könnte gelöst werden, wenn eine Möglichkeit gefunden werden könnte, um Käufer davon zu überzeugen, dass ein gutes Auto tatsächlich ein gutes und ein akzeptables Auto tatsächlich ein akzeptables Auto ist.

In den folgenden drei Abschnitten beschreibe ich Möglichkeiten, um dieses Ziel zu erreichen. Diese Methoden sind nicht perfekt, aber weil sie den Käufern eine gewisse Sicherheit bieten, sind diese bereit, genügend anzubieten, um die Verkäufer zu veranlassen, auch Autos von höherer Qualität anzubieten.

Eine Garantie anbieten

Eine Möglichkeit, wie ein Verkäufer einen Käufer überzeugen kann, dass er wirklich ein gutes Auto bekommen hat, besteht darin, dem Käufer eine Garantie anzubieten. Eine Garantie ist deshalb überzeugend, weil nur ein Verkäufer eines guten Autos bereit ist, eine Garantie anzubieten. Der Verkäufer weiß, dass sein gutes Auto nicht liegen bleiben wird, nachdem Sie es gekauft haben, das heißt, dass er niemals für eine Reparatur bezahlen muss.

Andererseits würde ein Verkäufer eines schlechten Autos niemals eine Garantie anbieten, weil er weiß, dass sein Auto wahrscheinlich liegen bleiben wird und dass er für die Reparatur bezahlen muss.

Falls also jemand bereit ist, eine Garantie anzubieten, hat er fast mit Sicherheit ein gutes

Auto. Deshalb bieten so viele Gebrauchtwagenhändler Garantien auf die Fahrzeuge an, die sie verkaufen. Wenn keine Garantien angeboten würden, würde schnell das Zitronenproblem auftauchen, und die Preise würden so weit sinken, dass auf dem Gebrauchtwagenmarkt nur schlechte Autos gehandelt werden würden.

Eine Reputation aufbauen

Eine weitere Möglichkeit, das Zitronenproblem zu lösen, besteht darin, den Käufern Sicherheit zu geben, indem ein Markt so eingerichtet wird, dass Verkäufer eine Reputation für Ehrlichkeit und faires Verhalten aufbauen können. Deshalb werden die meisten guten Gebrauchtwagen über Gebrauchtwagenhändler und nicht direkt zwischen Einzelpersonen verkauft.

Vergleichen Sie einen Gebrauchtwagenhändler mit einer Person, die ihren Gebrauchtwagen im Internet verkauft. Wer hat einen größeren Anreiz, Ihnen die Wahrheit über die Qualität des Autos zu sagen?

Der Gebrauchtwagenhändler verdient seinen Lebensunterhalt mit dem Verkauf von Gebrauchtwagen; das heißt, wenn er einen Kunden übervorteilt, indem er ein schlechtes Auto als ein gutes Auto verkauft, gerät er bald in Schwierigkeiten. Wenn sich die ersten Probleme mit dem Auto einstellen, wird der Käufer ärgerlich und erzählt allen seinen Freunden, dass er von eben diesem Händler betrogen wurde. Und dieser Verlust an Reputation verringert die künftigen Verkäufe des Händlers. In der Tat wird er schnell Bankrott gehen, wenn er in den Ruf kommt zu lügen.

Im Gegensatz dazu muss eine Einzelperson, die ihren Gebrauchtwagen verkauft, nicht fürchten, in den Ruf zu lügen zu geraten. Ihre Haupteinkommensquelle ist nicht der Verkauf von Autos. Wenn der Verkäufer Sie betrügt und Sie zornig werden und dies allen Ihren Freunden sagen, hat dies keinen großen Einfluss auf den Verkäufer, weil er weiter nichts mit dem Verkauf von Gebrauchtwagen zu tun hat.

Folglich hat eine Einzelperson einen viel größeren Anreiz zu lügen als der Gebrauchtwagenhändler, der um seinen guten Ruf fürchten muss. Folglich werden die meisten guten Gebrauchtwagen über Gebrauchtwagenhändler verkauft. (Aber selbst bei Gebrauchtwagenhändlern benötigen die Menschen immer eine zusätzliche Sicherheit; deswegen bieten die meisten Gebrauchtwagenhändler auch Garantien.)

Das Urteil eines Gutachters einholen

Weil die asymmetrische Information der Kern des Zitronenproblems ist, kann das Problem auch so gelöst werden, dass der skeptische Käufer einen Experten beauftragt, die benötigten Informationen zu beschaffen, um gute, akzeptable und schlechte Autos zu unterscheiden. Viele Autokäufer verwenden diese Strategie, wenn sie die Ehrlichkeit eines Verkäufers anzweifeln.

Für eine relativ geringe Gebühr kann ein Käufer einen Gutachter – beispielsweise einen Automechaniker – engagieren, um das Fahrzeug zu untersuchen und eine Liste der Reparaturen zu erstellen, die sehr wahrscheinlich in naher Zukunft erforderlich sein werden. Auf diese Weise kann sich der Käufer ein besseres Bild von der Qualität des Autos und dem gerechten Preis machen.

Doch möglicherweise kann mit dieser Methode das Problem der asymmetrischen Information nicht vollständig gelöst werden, weil der Gutachter wahrscheinlich *nicht alle Mängel* des Autos entdecken kann. In dem Maße, wie dies gilt, bleiben Käufer möglicherweise immer noch misstrauisch, sodass es möglicherweise immer noch zu einem Marktversagen kommen kann. Deshalb werden vom Käufer angeregte Inspektionen mit anderen Methoden wie Garantien und Kauf bei renommierten Händlern kombiniert, um die asymmetrische Information zu beseitigen.

Versicherungen abschließen, wenn man die Risiken nicht unterscheiden kann

Ein Versicherungsunternehmen steht vor einem speziellen Problem asymmetrischer Information. Sein Problem besteht darin, dass die potenziellen Versicherungsnehmer mehr über das Versicherungsrisiko wissen als das Versicherungsunternehmen.

Betrachten Sie beispielsweise die Kfz-Versicherung. Wer braucht sie dringender: gute Fahrer, die kaum Unfälle verursachen, oder schlechte Fahrer, die in zahlreiche Unfälle verwickelt werden? Nun wollen (müssen) natürlich auch gute Fahrer eine Versicherung abschließen, weil sie manchmal schuldlos in Unfälle verwickelt werden. Aber schlechte Fahrer brauchen die Versicherung viel dringender, um zumindest für einen Teil der Kosten für all die Unfälle aufkommen zu können, die sie, wie sie wissen, wegen ihrer mangelhaften Fahrkünste verursachen werden. (Anmerkung des Übersetzers: Dies gilt streng genommen nur für die USA. In Deutschland ist es Pflicht, eine Kfz-Versicherung abzuschließen, und es gibt einen so genannten Schadenfreiheitsrabatt. Dies ändert aber nichts an der hier vorgebrachten Argumentation.)

Das Problem der asymmetrischen Information, vor dem die Versicherungsunternehmen stehen, liegt darin, dass ein einzelner Fahrer weiß, ob er gut oder schlecht fährt, dass aber das Versicherungsunternehmen dies nicht so einfach feststellen kann. Wenn sie es *könnten*, würden Versicherungsunternehmen einfach dem guten Fahrer eine niedrige Versicherungsprämie und dem schlechten Fahrer eine hohe Prämie berechnen.

Aber weil sie gute und schlechte Fahrer nicht unterscheiden können, laufen Versicherungsunternehmen ernsthaft Gefahr, Bankrott zu gehen. Warum? Stellen Sie sich vor, dass Versicherungsunternehmen jedem Interessenten dieselbe niedrige Prämie anbieten würden, als ob es nur gute Fahrer gäbe. Dieses würde bald zu einem Bankrott führen, weil das Versicherungsunternehmen nicht genügend Prämien einnehmen würde, um den Schaden zu bezahlen, der von den schlechten Fahrern verursacht wird.

Um zu vermeiden, Bankrott zu gehen, könnte das Versicherungsunternehmen das andere

Extrem versuchen und jedem Interessenten dieselbe hohe Prämie abverlangen, als ob es nur schlechte Fahrer gäbe. Aber dann würden die guten Fahrer keine Versicherung abschließen, weil die Prämien für sie zu hoch wären. Folglich würden nur schlechte Fahrer eine Versicherung abschließen.

Dieses Ergebnis ist sozial sehr unerwünscht, weil jeder eine Versicherung zu der Prämie kaufen können sollte, die seine Fahrfähigkeiten fair widerspiegelt. Gute Fahrer sollten eine gerechte Versicherungsprämie zahlen müssen. Und weil gute Fahrer in der Wirklichkeit den größten Teil der Fahrer ausmachen, verlieren Versicherungsunternehmen zahlreiche potenzielle Gewinne, wenn sie nicht eine Methode finden, um gute Fahrer von schlechten Fahrern zu unterscheiden.

Einzelpersonen anhand ihrer Gruppenzugehörigkeit unterscheiden

Versicherungsunternehmen haben eine paradoxe Methode entwickelt, da sie nicht unterscheiden können, ob ein einzelner Fahrer gut oder schlecht ist. Statt sich auf den einzelnen Fahrer zu konzentrieren, suchen sie nach Merkmalen, um den Einzelnen einer bestimmten Gruppe zuordnen zu können. Dadurch bekommen Versicherungsunternehmen oft ein ziemlich gutes Bild davon, ob der Einzelne ein guter oder schlechter Fahrer ist.

Beispielsweise ist bekannt, dass Männer unter 25 in viel mehr Unfälle verwickelt werden als Frauen unter 25. Wenn also zwei Personen zu einem Versicherungsunternehmen gehen und eine von ihnen ist 23 Jahr alt und männlich und die andere 22 Jahre alt und weiblich, besteht die Wahrscheinlichkeit, dass der Mann ein viel schlechterer Fahrer als die Frau ist. Deshalb berechnen sie dem Mann eine höhere Versicherungsprämie als der Frau.

Diese Situation hat eine angenehme Nebenwirkung: Sie gewährleistet, dass sich jeder zu einem Preis versichern kann, der *wahrscheinlich* gerecht ist, wenn man berücksichtigt, dass Männer unter 25 durchschnittlich viel mehr Unfälle verursachen als Frauen unter 25.

In Wirklichkeit ist nicht dieses angenehme Ergebnis der zwingende Grund, warum sich Versicherungsunternehmen bemühen, so viel wie möglich über ihre Kunden zu erfahren, indem sie deren Gruppenzugehörigkeit untersuchen. Diese Unternehmen haben wirklich keine Wahl; der Wettbewerb *zwingt* sie dazu.

Wie das ist das zu verstehen? Betrachten Sie zwei Versicherungsunternehmen, von denen nur eines die Informationen über die Gruppenzugehörigkeit nutzt, um die Prämien festzulegen. Das Unternehmen, das diese Informationen nicht verwendet, muss sehr hohe Prämien festsetzen, weil es befürchtet, dass alle seine Kunden möglicherweise schlechte Fahrer sind. Damit vertreibt es jedoch alle guten Fahrer, die für ihre Versicherung nicht die Prämien für schlechte Fahrer bezahlen wollen.

Aber das Unternehmen, das mit Gruppeninformationen arbeitet, kann gestaffelte Prämien anbieten: hohe für junge Männer und niedrige für junge Frauen. Damit kann das Unternehmen viele gute Fahrer für sich gewinnen, die sich nicht bei dem ersten Versicherungsunternehmen versichern wollen, das nur eine hohe Prämie für alle verlangt. Deshalb suchen Versicherungsunternehmen immer nach Möglichkeiten, das unbekannte Risiko eines Einzelnen abzuschätzen, indem sie die gut bekannten Risikoprofile der Gruppen heranziehen, zu denen der potenzielle Versicherungsnehmer gehört.

Dieser Prozess kann zu einigen ziemlich unfairen Folgen führen. Die seltsamste Folge ist, dass gut fahrende junge Männer nur deshalb höhere Prämien zahlen müssen als schlecht fahrende junge Frauen, weil die Versicherungsunternehmen ihre Prämien nur auf der Basis des Geschlechts festsetzen.

Aber ein solches System ist immer noch besser als die noch unfairere Alternative, bei der alle guten Fahrer die Prämien für schlechte Fahrer zahlen müssten, was passieren würde, wenn den Versicherungsunternehmen verboten würde, zu versuchen, ihre Kunden anhand von Informationen über deren Gruppenzugehörigkeit zu unterscheiden. Je besser Versicherungsunternehmen gute und schlechte Fahrer aufgrund ihrer Gruppenzugehörigkeit unterscheiden können, desto gerechter werden die Prämien sein.

Denken Sie daran, dass die Fahrer, bei denen die Versicherungsunternehmen am ehesten Informationen über die Gruppenzugehörigkeit heranziehen müssen, neue Fahrer sind. Weil die Versicherungsunternehmen noch keine Statistiken über die Unfälle oder Verkehrsverstöße der neuen Fahrer haben, müssen sie dringend versuchen, gute und schlechte Fahrer aufgrund von Informationen über deren Gruppenzugehörigkeit zu unterscheiden. Je mehr Erfahrungen die Fahrer machen, desto mehr Informationen über die Unfälle oder Verkehrsverstöße können die Versicherungsunternehmen sammeln und damit gute von schlechten Fahrern unterscheiden.

Adverse Auslese vermeiden

Das Versicherungsrisiko einer einzelnen Person anhand ihrer Gruppenzugehörigkeit abzuschätzen, löst das Problem der asymmetrischen Information zwischen Versicherungsunternehmen und Kunden nur teilweise.

Offensichtlich gibt es innerhalb einer Gruppe immer noch erhebliche Unterschiede. Selbst wenn junge Frauen durchschnittlich besser fahren als junge Männer, fahren einige junge Frauen schlecht. Dies führt zu dem sehr schwierigen Problem der so genannten *adversen Auslese*.

Wenn ein Versicherungsunternehmen eine Prämie für junge Frauen auf der Basis festsetzt, wie oft junge Frauen *durchschnittlich* in Unfälle verwickelt werden, sind Versicherungen für junge Frauen, die wirklich schlecht fahren, attraktiver als für junge Frauen, die wirklich gut fahren.

Folglich werden schlecht fahrende junge Frauen eher geneigt sein, eine Versicherung abzuschließen als gut fahrende junge Frauen. Diese Tendenz wird als *adverse Auslese* bezeichnet, weil es gewissermaßen automatisch die schlechten oder adversen Versicherungsrisiken anlockt, Versicherungspolicen zu kaufen. Das Ergebnis ist eine Kundschaft, die eine überproportional hohe Anzahl schlechter Fahrer enthält.

> ### Gruppendiskriminierung, individuelle Identifikation
>
> Die Idee, Einzelpersonen zum Zweck der Unterscheidung zu gruppieren, wird nicht nur bei Versicherungen verwendet. Beispielsweise suchen Unternehmen einsatzwillige Arbeitskräfte, können aber anhand von Einstellungsgesprächen nicht unterscheiden, ob ein Bewerber tatsächlich einsatzwillig ist. Deshalb versuchen sie, dessen Willigkeit anhand seiner Gruppenzugehörigkeit abzuschätzen.
>
> Beispielsweise sind fast alle Studenten mit Spitzennoten einsatzwillig. Deshalb wird ein Unternehmen Sie viel eher einstellen, wenn Sie Spitzennoten vorzuweisen haben. Möglicherweise sind Sie aber in Wirklichkeit faul; wenn sich das Unternehmen an Ihrer Gruppenzugehörigkeit orientiert, verbessert es dennoch seine Chancen, dass sie es nicht sind.
>
> Das Verfahren, anhand von Informationen über die Gruppenzugehörigkeit etwas über die persönlichen Eigenschaften einer einzelnen Person herauszufinden, wird als *statistische Diskriminierung* bezeichnet. Während dieses Verfahren normalerweise das wirtschaftliche Ergebnis verbessert, müssen Sie selbst entscheiden, ob – und in welchen Fällen – Sie dieses Verfahren für fair oder unfair halten.

Die adverse Auslese ist ein großes Problem, weil sie sich selbst verstärkt. Das Versicherungsunternehmen muss die Prämien erhöhen, um zu berücksichtigen, dass schlechte Fahrer eher einen Vertrag abschließen als gute Fahrer. Aber wenn das Unternehmen die Prämien erhöht, verschlimmert sich das Problem nur, weil die höheren Prämien die Versicherung für gute Fahrer noch unattraktiver machen. Dies bedeutet, dass die Kundschaft überproportional noch stärker von schlechten Fahrern dominiert wird.

Eine Lösung für das Problem der Gegenauslese besteht darin, dass ein Versicherungsunternehmen einer großen Gruppe von Menschen eine einzige Prämie anbietet – unter der Bedingung, dass sich niemand entziehen kann. Beispielsweise bietet unsere Krankenversicherung an der Schule, an der ich unterrichte, der Schule eine niedrige Prämie für alle Angestellten unter der Bedingung an, dass jeder Angestellter die Versicherung abschließt. Wenn jeder in die Versicherung einbezogen wird, besteht nicht die Gefahr, dass der Versicherungspool von Kranken dominiert wird, weil es alle Gesunden abgelehnt haben, die Versicherung abzuschließen.

Das subjektive Risiko verringern

Das andere große Problem der Versicherungsunternehmen wird als *subjektives Risiko* bezeichnet. Subjektive Risiken entstehen, weil der Kauf einer Versicherung tendenziell das Verhalten des Versicherungsnehmers ändert. Wenn ich beispielsweise keine Kfz-Versicherung hätte, würde ich viel langsamer fahren, weil ich weiß, dass ich jeden Schaden, den ich verursachen könnte, von meinem eigenen Geld bezahlen müsste. Doch weil ich versichert bin, fahre ich schneller und aggressiver, weil ich weiß, dass die Versicherung bezahlen wird, falls etwas passieren sollte.

(Wenn ich in diesem Beispiel das Wörtchen *ich* verwende, meine ich natürlich nicht tatsächlich mich. Ich möchte nur niemandem zu nahe treten ...)

Kfz-Versicherungen versuchen das Problem des subjektiven Risikos zu beherrschen, indem sie den so genannten *Selbstbehalt* (oder die *Selbstbeteiligung*) im Austausch gegen Prämienrabatte anbieten. Wenn ich einen Selbstbehalt von 1.000 Euro gewählt habe und in einen Unfall verwickelt werde, muss ich von den Kosten, die durch den Unfall verursacht werden, die ersten 1.000 Euro selbst bezahlen.

Der Selbstbehalt ist ein starker Anreiz für mich, ein subjektives Risiko zu vermeiden und nicht aggressiv zu fahren. Und weil das Versicherungsunternehmen weiß, dass mein hoher Selbstbehalt den größten Teil des Problems meines subjektiven Risikos löst, ist es bereit, mir eine niedrigere Prämie einzuräumen als bei einem Selbstbehalt von nur 100 Euro.

Der Selbstbehalt ist ein kluges Instrument, um das Problem des subjektiven Risikos zu verringern, und trägt dazu bei, die Versicherungskosten für verantwortungsbewusste Fahrer zu senken.

Öffentliche Güter zur Verfügung stellen

Öffentliche Güter sind Dinge, die von privaten Unternehmen nicht gewinnbringend produziert werden können, weil es keine Möglichkeit gibt, die Konsumenten, die nicht für die Nutzung dieser Dinge zahlen wollen, von deren Nutzung auszuschließen. Die Unfähigkeit privater Unternehmen, öffentliche Güter gewinnbringend zu produzieren, leitet sich daraus ab, dass diese Güter über zwei sehr spezielle Eigenschaften verfügen: Nicht-Rivalität und Nicht-Ausschließbarkeit:

- ✔ *Nicht-Rivalität* bedeutet, dass eine Person, die das Gut nutzt, nicht die Fähigkeit einer anderen Person einschränkt, das Gut ebenfalls zu nutzen. Beispiele sind: ein Feuerwerk, eine Statue in einem öffentlichen Park oder eine Fernsehsendung. Ihr Konsum dieses Gutes verringert den Konsum dieses Gutes durch andere in keinster Weise. Dieses steht in starkem Gegensatz zu den meisten Gütern, bei denen weniger für andere bleibt, wenn Sie mehr davon essen. (Denken Sie beispielsweise an eine Tafel Schokolade.)

- ✔ *Nicht-Ausschließbarkeit* bedeutet, dass es schwer zu verhindern ist, dass Leute, die nicht dafür bezahlen, das Gut oder den Dienst konsumieren. Wenn Sie beispielsweise ein Feuerwerk veranstalten, kann jeder in der Nachbarschaft kostenlos zuschauen, egal wie viel Sie ihm dafür berechnen würden. Ein ernster zu nehmendes Beispiel ist eine Armee: Wenn sie aufgestellt ist, um das Land zu verteidigen, stellt sie die Landesverteidigung für jeden zur Verfügung, auch für die, die sich nicht an den Kosten für den Unterhalt der Armee beteiligen wollen.

Die Eigenschaften der Nicht-Rivalität und Nicht-Ausschließbarkeit der öffentlichen Güter machen es für private Unternehmen sehr schwierig, mit ihrer Produktion Geld zu verdienen. Was passiert wohl, wenn Sie versuchen würden, den Leuten Eintrittskarten für ein Feuerwerk zu verkaufen? Weil sie wissen, dass sie das Feuerwerk kostenlos sehen können, werden sie keine Tickets kaufen; und weil sie keine Tickets kaufen werden, gibt es keine Möglichkeit, das Geld einzukassieren, um das Feuerwerk zu veranstalten.

Dieses Henne-und-Ei-Paradoxon ist frustrierend: Einerseits wollen die Menschen nicht für etwas, was sie kostenlos bekommen können, bezahlen, andererseits mögen sie Feuerwerke – das heißt, sie wären im Grunde bereit, für ein Feuerwerk zu zahlen. Das Problem besteht darin, einen Weg zu finden, sie zum Zahlen zu bewegen.

Bereitstellung öffentlicher Güter durch Besteuerung

Die gebräuchlichste Lösung für das Problem, wie öffentliche Güter bereitgestellt werden können, war und ist eine Besteuerung durch den Staat, um das Geld zu erheben, mit dem diese Güter dann bezahlt werden. Weil fast jeder Feuerwerke liebt, gibt es in diesem Fall kaum ein Problem, genügend politische Unterstützung dafür zu finden, Steuergelder für Feuerwerke auszugeben. Und da sie durch die Steuer finanziert worden sind, kann jeder sie genießen.

Die Landesverteidigung ist in der Vergangenheit immer vom Staat zur Verfügung gestellt worden, weil sie ebenfalls als öffentliches Gut mit den Eigenschaften der Nicht-Ausschließbarkeit und Nicht-Rivalität ausgestattet ist. Weil beispielsweise der Schutz vor militärischen Angriffen nicht auszuschließen ist, besteht immer die Versuchung, nicht zum Unterhalt der Armee beizutragen, weil Sie wissen, dass Sie kostenlos vor Invasoren geschützt werden, wenn andere dafür bezahlen. Und weil Landesverteidigung nicht rivalisierend ist, wissen Sie, dass die Sicherheit, die Sie genießen, ebenso hoch ist wie die Sicherheit aller anderen. Auch dies verringert Ihren Anreiz zu zahlen. Folglich zwingen Regierungen die Menschen, ihren Anteil an den Kosten der Landesverteidigung zu tragen, indem sie Steuern erheben.

Steuern und ein guter Teil der Staatsausgaben werden oft (und oft auch zu Recht) als verschwenderisch abgewertet; doch denken Sie daran, dass Steuern in vielen Fällen die einzige Möglichkeit sind, um die Vielfalt öffentlicher Güter zu finanzieren, die wir genießen. Es mag zwar niemand Steuern, dennoch möchten Sie wohl nicht eine geringere Steuerlast gegen eine Situation eintauschen, in der es die folgende Dinge nicht mehr gibt: öffentliche Parkanlagen, öffentliche Sicherheit, öffentliche Feuerwerke, öffentliche Straßen, öffentliche Abwässerkanäle usw. Ohne die Fähigkeit des Staates, Menschen zwingen zu können, für diese Dinge zu bezahlen, würden wir sie wahrscheinlich nicht haben – wenigstens nicht in der Menge und Vielfalt, die wir gegenwärtig als selbstverständlich empfinden.

Bereitstellung öffentlicher Güter durch Philanthropen

Während die meisten öffentlichen Güter durch staatlich erhobene Steuern finanziert werden, werden einige privat finanziert. Mitten in Los Angeles, wo ich aufgewachsen bin, befindet sich ein riesiger und wunderschöner Bergpark: der Griffith Park. Der Boden für diesen Park wurde von einem Millionär namens Griffith J. Griffith gespendet. Das bedeutet, er stellte ein öffentliches Gut auf persönlichen Kosten zur Verfügung.

Im alten Griechenland und Rom ging die öffentliche Philanthropie sogar noch weiter: Reiche Aristokraten bauten Straßen, Wasserleitungen und Tempel für den öffentlichen Gebrauch. In einigen Fällen bezahlten reiche Männer sogar ganze Armeen, die entsendet wurden, um das Land in Kriegszeiten zu verteidigen.

Deshalb sollten Sie bitte nicht glauben, dass Regierungen unbedingt erforderlich sind, um öffentliche Güter zur Verfügung zu stellen. Das sind sie nicht. Aber sie sind sehr viel verlässlicher, um öffentliche Güter zur Verfügung zu stellen, weil sie nicht auf die philanthropische Großzügigkeit der Reichen angewiesen sind, die keinerlei Verpflichtung haben, ihre Vermögen für öffentliche statt für private Güter auszugeben.

In demselben Sinne sollten Sie nicht in den üblichen Fehler verfallen zu denken, dass öffentliche Güter als *öffentlich* bezeichnet werden, weil sie normalerweise vom Staat statt von dem privaten Sektor zur Verfügung gestellt werden. Ökonomen bezeichnen sie als *öffentliche Güter*, weil private Unternehmen sie nicht gewinnbringend produzieren können, nicht weil sie vom Staat produziert werden müssen. Private Philanthropie kann öffentliche Güter ohne jede Hilfe vom Staat produzieren.

Ein öffentliches Gut durch den Verkauf eines verwandten privaten Gutes zur Verfügung stellen

Fernsehen ist ein öffentliches Gut. Wenn ein Signal eines TV-Programms per Funk ausgestrahlt worden ist, ist es nicht rivalisierend: Mein Empfang des Programms verringert nicht die Fähigkeit anderer Leute, das Programm ebenfalls einzuschalten. Es ist auch nicht ausschließbar: Es gibt keine Möglichkeit, jemanden mit einem Fernseher daran zu hindern, das Programm einzuschalten. Da also Fernsehprogramme die Eigenschaften eines öffentlichen Gutes erfüllen, warum werden dann zahlreiche Fernsehprogramme von privaten Fernsehsendern produziert und ausgestrahlt?

Die Antwort ist, dass der Teil der Fernsehbranche, der Programme (im Gegensatz zum öffentlich-rechtlichen Fernsehen) ausstrahlt, herausgefunden hat, dass zwar Fernsehen selbst ein öffentliches Gut ist, aber dass die Werbespots, die die Fernsehprogramme begleiten, sehr wohl private Güter sind, für die sie viel Geld verlangen können. Das bedeutet, wenn ein Autohersteller oder Bierproduzent oder Verleger eines revolutionären neuen Buches über Wirtschaft mit einem gelb-schwarzen Umschlag seinen Werbespot Millionen von Zuschauern zeigen will, die das kostenlose öffentliche Gut genannt Fernsehen empfangen, muss das Unternehmen für die Sendezeit des Werbespots bezahlen.

Der Trick beim Fernsehen besteht darin, dass das privat verkaufte Gut namens Werbung die Kosten für das kostenlos zur Verfügung gestellte öffentliche Gut namens Fernsehprogramm trägt. Im geringerem Maße arbeiten Zeitungen und Zeitschriften nach derselben Methode: Während sie einen Teil des Geldes von Abonnenten oder am Zeitungsstand einnehmen, stammt ein riesiger Teil ihrer Einnahmen aus dem Verkauf von Werbeplätzen.

Neue Technologie als öffentliches Gut einstufen

Wir leben in einem Zeitalter eines sehr schnell steigenden Lebensstandards. Warum ist dies der Fall? Weil Institutionen die Erfindung und Entwicklung immer neuer und besserer technischer Verfahren fördern, die es uns erlauben, mit denselben alten Ressourcen immer mehr Güter und Dienste zu produzieren, oder sogar vollkommen neue, die früher gar nicht hergestellt werden konnten.

Der technologische Fortschritt ist ein öffentliches Gut. Und weil dies so ist, hat die Gesellschaft Methoden entwickelt, um zu gewährleisten, dass es technischen Fortschritt geben kann; denn tatsächlich haben private Einzelpersonen und Unternehmen meist nur wenig Anreiz, neue technische Verfahren zu erfinden.

 Um zu verstehen, in welcher Hinsicht neue technische Verfahren öffentliche Güter sind, betrachten Sie die Erfindung des Buchdrucks mit beweglichen Lettern durch Gutenberg 1435. Vor Gutenberg wurden Bücher handschriftlich kopiert. Aber nachdem er die Druckerpresse erfunden hatte, war es viel billiger, neue Bücher durch Drucken zu produzieren.

Überlegen Sie außerdem, wie einfach die Technik wirklich ist. Die Druckerpresse ist im Grunde nur eine große Version der Gummistempel, mit denen kleine Kinder gern spielen. Die Erfindung war sofort für jeden verständlich, der davon hörte; dies bedeutete, dass jeder seine eigene Druckerpresse herstellen konnte, sobald er davon hörte.

Wie also erfüllt diese Erfindung die Eigenschaften eines öffentlichen Gutes?

- ✔ Sie ist nicht rivalisierend, weil die Druckerpresse, die ich mir baue, in keiner Weise Ihre Fähigkeit einschränkt, ebenfalls eine Druckerpresse zu bauen und zu verwenden.

- ✔ Sie ist im Grunde nicht ausschließbar, weil die Kosten, um die neue Idee anderen mitzuteilen, sehr gering sind – ein kurzes Gespräch reicht.

Dies hat zur Folge, dass es keinen großen Gewinnanreiz gibt, mit Erfindungen seinen Lebensunterhalt zu verdienen, wenn nicht die Gesellschaft eine Institution schafft, um die Entwicklung neuer Ideen zu belohnen. Tatsächlich passierte es Gutenberg, dass jeder seine Idee kopierte und ihm nichts dafür bezahlte. Wenn Sie also keinen Weg finden, um neue Erfindungen finanziell zu belohnen, werden Sie wahrscheinlich nicht viele Erfindungen sehen.

Öffentliche Güter durch Patente in private Güter umwandeln

 Die Lösung war die Erfindung von Patenten. Patente geben Erfindern das ausschließliche Recht, ihre Erfindungen für 20 Jahre zu vermarkten und zu verkaufen, und so stellen sie einen finanziellen Anreiz dar, die erforderliche Zeit und Energie zu investieren, um neue technische Verfahren zu entwickeln, die allen zugute kommen. Es ist kein Zufall, dass das wirtschaftliche Wachstum rasant zunahm, als Patente im 18. Jahrhundert in Westeuropa eingeführt und von staatlicher Seite durchgesetzt wurden.

Die Erforschung technischer Verfahren subventionieren, die nicht patentiert werden können

Doch selbst heute kann nicht jede neue Erfindung patentiert werden. Denn man kann nur etwas patentieren, das man erfindet, nicht was man entdeckt. Wenn Sie sich eine chemische Verbindung ausdenken, die vorher noch niemals existierte, und Sie sie dann künstlich herstellen, können Sie sie patentieren lassen. Aber wenn Sie nur eine bereits vorhandene chemische Verbindung entdecken, die im Meerwasser gelöst oder im Boden zu finden ist, können Sie sie nicht patentieren lassen.

Dies stellt für Dinge wie die Krebsforschung ein großes Problem dar, weil viele potenzielle Heilmittel chemische Verbindungen enthalten, die von Pflanzen und Tieren abgeleitet wurden und schon seit ewigen Zeiten in der Natur existiert haben. Diese chemischen Verbindungen haben einen riesigen potenziellen Nutzen, aber weil sie nicht patentiert werden können, hat niemand einen starken finanziellen Anreiz zu versuchen, sie zu entdecken.

Folglich unterstützen der Staat und viele private philanthropische Gruppen die Forschung in Bereichen der Wissenschaft, in denen das Problem der öffentlichen Güter andernfalls die Forschung hemmen würde.

Diese Lösung ist für einen Ökonomen sehr wichtig, weil die Bereitstellung öffentlicher Güter ein wirtschaftliches Problem ist, das Märkte und die unsichtbare Hand nicht lösen können. Für andere Arten von Marktversagen wie asymmetrische Information gibt es ziemlich vernünftige Lösungen des privaten Sektors (siehe weiter oben in dem Kapitel den Abschnitt *Lösungen für das Zitronenproblem*, in dem ich einige Lösungen beschreibe).

Aber wenn eine Gesellschaft keine brauchbaren Möglichkeiten findet, öffentliche Güter zur Verfügung zu stellen, muss sie auf deren Nutzen permanent verzichten. Bei öffentlichen Gütern wie Feuerwerken spielt dies kaum eine Rolle; aber bei technischen Innovationen wie der Heilung von Krebs ist dies buchstäblich eine Frage von Leben und Tod.

Teil IV

Der Top-Ten-Teil

In diesem Teil ...

Die Kapitel in diesem Teil bieten eine etwas leichtere Kost. Kapitel 16 behandelt das Leben und die Ideen einiger bedeutender Ökonomen. Kapitel 17 entlarvt zehn sehr verbreitete, aber grundfalsche ökonomische Vorstellungen – von der Art, wie sie immer wieder in Talkshows und Reden von Politikern verbreitet werden. Kapitel 18 enthält zehn richtige und wirklich wichtige wirtschaftliche Ideen, die Sie als Richtschnur verwenden können, wenn Sie über die Politik und die beste Wirtschaftsordnung nachdenken.

Zehn (plus zwei) berühmte Ökonomen

In diesem Kapitel

- Erkennen, dass kein Ökonom isoliert arbeitet
- Einige bemerkenswerte Ökonomen hervorheben

In diesem kurzen Kapitel beschreibe ich Ihnen kurz und prägnant die Ideen von zwölf der allerbesten und einflussreichsten Ökonomen. (Zehn waren einfach nicht genug!) Jeder hat entweder die Art, wie Ökonomen die Welt sehen, oder die Methoden, wie Politiker und Staatsbeamte öffentliche Politik formulieren, radikal geändert.

Sie dürfen aber nicht einen Augenblick lang annehmen, dass diese Wissenschaftler dies alles allein aus sich heraus geschaffen haben. Wie in jeder Wissenschaft baut der Durchbruch einer einzelnen Person auch in den Wirtschaftswissenschaften auf den Grundlagen auf, die von Hunderten von Beiträgen ungezählter anderer Forscher gelegt wurden.

Anders ausgedrückt: Es gibt sehr viel mehr als zehn – oder auch zwölf – großartige Ökonomen. Vielleicht hat dieses Buch Ihr Interesse entfacht, mehr über Wirtschaftswissenschaften zu lernen, sodass Sie irgendwann auch die bahnbrechenden Ideen der vielen großartigen Ökonomen kennen lernen, die nicht in diesem Kapitel genannt werden.

Adam Smith

Adam Smith (1723 bis 1790) entwickelte das Konzept, dass Unternehmen, solange sie durch einen robusten Wettbewerb eingeschränkt sind, durch ihr eigennütziges Gewinnstreben unvermeidlich so handeln, dass das Ergebnis sozial optimal ausfällt – so, als würden sie von einer *unsichtbaren Hand* gelenkt, das Richtige zu tun.

Aber Smith war nicht naiv. Er glaubte, dass sich Geschäftsleute, wann immer das möglich ist, lieber insgeheim absprechen, statt zu konkurrieren, und dass Regierungen eine sehr wichtige wirtschaftliche Rolle dabei spielen, den funktionierenden Wettbewerb herzustellen und zu erhalten, der erforderlich ist, damit die unsichtbare Hand ihre magische Arbeit vollbringen kann. Er glaubte auch, dass Regierungen viele unverzichtbare öffentliche Güter wie die Landesverteidigung bereitstellen müssen, die von dem privaten Sektor nicht ohne weiteres bereitgestellt werden.

David Ricardo

David Ricardo (1772 bis 1823) entdeckte den komparativen Vorteil und plädierte richtigerweise dafür, dass der internationale Handel für die beteiligten Länder eine Win-win-Situation ist. Der komparative Vorteil zerstörte das intellektuelle Ansehen des *Merkantilismus*, der falschen Theorie hinter dem Kolonialismus, die Handel als einseitige Angelegenheit betrachtete und folglich dafür plädierte, den Handel so einzurichten, dass das Mutterland auf Kosten seiner Kolonien von ihm profitiert.

Außerdem analysierte Ricardo korrekt das wirtschaftliche Phänomen der abnehmenden Erträge, das erklärt, warum die Kosten tendenziell steigen, wenn die Produktionsmenge zunimmt. Er war auch ein entschiedener früher Befürworter der Quantitätstheorie des Geldes, der Auffassung, dass bei einer Ausweitung der Geldmenge die Preise steigen werden.

Karl Marx

Karl Marx (1818 bis 1883) war der herausragendste Ökonom der Sozialisten des 19. Jahrhunderts. Keiner hält seine hauptsächlichen ökonomischen Theorien heute noch für gültig, aber weil die Anhänger marxistischer Ideen im 20. Jahrhundert in Dutzenden von Ländern an die Macht kamen, ist Marx sicher einer der einflussreichsten Ökonomen, die je gelebt haben. (Der Beitrag über Marx ist hier nicht deshalb der längste, weil er der wichtigste Ökonom in diesem Kapitel ist, sondern weil ich seine Ideen erklären will, bevor ich sie verwerfe. Die Ideen der anderen Ökonomen in diesem Kapitel wurden bereits ausführlich an anderen Stellen in diesem Buch erklärt.)

Der bedeutenste Beitrag von Marx ist seine Auffassung, dass der Kapitalismus eine historisch einzigartige Form der sozialen und produktiven Organisation darstellt. Im *Kapital* analysierte er den Kapitalismus als eine brandneue Form der sozialen und wirtschaftlichen Organisation, die auf der Kapitalakkumulation und fabrikmäßigen Produktion beruht. Er bezeichnete die Eigentümer der Fabriken als *Kapitalisten* und argumentierte, dass sie wegen ihrer Gewinnorientierung gezwungen wären, die Arbeitskräfte auszubeuten, die in ihren Fabriken arbeiteten.

Insbesondere glaubte er, dass nur die Kapitalisten überleben und ihre Unternehmen vergrößern könnten, die ihren Arbeitskräften gerade mal den Mindestlohn bezahlen, den die Arbeiter zum Überleben benötigen. Deshalb würden die Arbeiter, selbst wenn Produktivität und Output sehr schnell steigen, dauerhaft in einer niederdrückenden Armut leben, aus der sie sich nur würden befreien können, wenn sie die Kapitalisten mit Gewalt verjagen würden – ein Umsturz, bei dem die Arbeiter die Kontrolle über die Fabriken erlangen würden.

Marx behauptete, dass dieser gewaltsame Umsturz durch eine seiner Meinung nach zwangsläufige Tendenz zur Konzentration und Monopolisierung erleichtert werden würde. Wenn es dann nur ein Monopolunternehmen in jeder Branche geben würde, wäre es viel leichter für die Arbeiter, sich zu erheben und das System zu übernehmen.

Eineinviertel Jahrhunderte später wissen wir, dass Marx ökonomisch falsch gedacht hat. Insbesondere *steigen* die Arbeitslöhne im Zeitablauf – tatsächlich steigen sie durchschnittlich so schnell wie die Produktivität aufgrund technischer Innovationen. Denn die Kapitalisten konkurrieren um das begrenzte Angebot an Arbeitskräften, und ein Kapitalist erhöht seine Lohnangebote so schnell, wie es ihm aufgrund von Produktivitätssteigerungen möglich ist, um Arbeitskräfte von anderen Kapitalisten abzuwerben.

Außerdem führt Wettbewerb *nicht* dazu, dass jede Branche von einem einzigen Monopolunternehmen dominiert wird, sondern der Wettbewerb bleibt in den meisten Branchen funktionsfähig und liefert folglich all den Nutzen der unsichtbaren Hand von Adam Smith.

Alfred Marshall

Alfred Marshall (1842 bis 1924) erfand die Angebot-und-Nachfrage-Methode zur Analyse von Märkten. Er wendete die Mathematik auf die ökonomische Theorie an und unterschied klar zwischen *Verschiebungen* der Nachfrage- und Angebotskurven und den Bewegungen *auf* den Nachfrage- und Angebotskurven. Damit korrigierte er ein zweitausend Jahre altes, falsches Denken. Er machte auch die revolutionäre Vorhersage, dass der Marktpreis an dem Punkt liegt, in dem sich die Nachfrage- und Angebotskurven schneiden.

Dann ging Marshall einen Schritt weiter und erkannte, dass man, wenn man Punkte auf den Nachfrage- und Angebotskurven mit dem Marktpreis verglich, den Nutzen quantifizieren könnte, den Konsumenten und Produzenten bei Markttransaktionen erzielen. Der Nutzen ist die Konsumentenrente und die Produzentenrente; ihre Summe bildet den gesamten wirtschaftlichen Überschuss.

Diese Methode, den Nutzen der Produktion und des Konsums zu quantifizieren, wird heute immer noch verwendet und bildet die Grundlage der so genannten *Wohlfahrtsökonomie*, die Kosten und Nutzen wirtschaftlicher Aktivitäten studiert. Diese Methode illustriert auch in einer sehr einfachen grafischen Form den Wirkmechanismus der unsichtbaren Hand von Adam Smith. Das freie Marktgleichgewicht, in dem sich Nachfrage und Angebot schneiden, ist genau der Punkt, den ein wohlmeinender Sozialplaner wählen würde, wenn er versuchen würde, die gesellschaftliche Wohlfahrt durch eine Maximierung des gesamten wirtschaftlichen Überschusses zu maximieren. Anders ausgedrückt: Ein freier Markt verhält sich tatsächlich so, als würde er von einer unsichtbaren Hand gelenkt werden, um das Allgemeinwohl zu fördern.

John Maynard Keynes

John Maynard Keynes (1883 bis 1946) erfand die moderne Makroökonomik und entwickelte die Idee, durch wirtschaftspolitische Anreize des Staates Rezessionen zu überwinden. Ein großer Teil der Makroökonomik des restlichen 20. Jahrhunderts bestand aus Reaktionen auf seine bahnbrechenden Ideen.

Seine berühmtesten Ideen wurden als Reaktion auf das lange Leiden der Weltwirtschaftskrise in den 1930er-Jahren entwickelt. Keynes stellte zunächst fest, dass die Weltwirtschaftskrise die Folge eines Zusammenbruchs der Ausgaben für Güter und Dienste war. Dann stellte er fest, dass die Geldpolitik es nicht geschafft hatte, den Rückgang der Ausgaben zu bekämpfen. Und schließlich schloss er daraus, dass aufgrund des Scheiterns der Geldpolitik nur die Finanzpolitik einen Weg aus dieser misslichen Lage weisen könnte. Insbesondere glaubte Keynes, dass die Ausgaben unter solch schrecklichen Umständen nur dadurch wirksam gesteigert werden könnten, dass der Staat in großem Umfang Güter und Dienste kaufen würde, um die Wirtschaft wieder in Gang zu setzen.

Die politischen Rezepte von Keynes wurden während der Weltwirtschaftskrise in vielen Ländern einschließlich der Vereinigten Staaten übernommen. Und während viele seiner speziellen Ideen über die Ursache der Weltwirtschaftskrise und die besten politischen Maßnahmen zur Überwindung von Rezessionen heute nicht mehr geteilt werden, hat seine zugrunde liegende Idee, dass Regierungen verantwortlich dafür sind, den Konjunkturzyklus zu zähmen, nichts von ihrer Kraft verloren.

Kenneth Arrow und Gerard Debreu

Kenneth Arrow (geboren 1921) und Gerard Debreu (1921 bis 2004) haben mathematisch bewiesen, dass die Überlegungen von Adam Smith über die unsichtbare Hand tatsächlich korrekt waren. Konkurrierende Unternehmen versorgen eine Gesellschaft nicht nur mit der den Nutzen maximierenden Kombination von Gütern und Diensten, sondern tun dies auch effizient zu minimalen Kosten. Seit dieser Beweis in den 1950er-Jahren veröffentlicht wurde, diente er dazu, die Behauptungen totalitärer und kommunistischer Regimes zu widerlegen, dass Zentralplanwirtschaften produktiver oder effizienter als Marktwirtschaften arbeiten würden.

Milton Friedman

Milton Friedman (geboren 1912) überzeugte Ökonomen davon, dass die Quantitätstheorie des Geldes tatsächlich wahr ist: Länger dauernde Inflationen sind die Folge eines zu starken Ansteigens der Geldmenge (zu viel Geld drucken). Diese Einsicht schränkte die Geldpolitik als Mittel zur Anregung der Wirtschaft ein.

Friedman behauptete auch, dass die Weltwirtschaftskrise hauptsächlich ein monetäres Desaster und ihre Schwere die Folge einer grauenhaft knappen Geldmenge gewesen wäre, die die realen Zinssätze viel zu hoch gehalten hätte. Diese Diagnose der Ursache der Weltwirtschaftskrise wird heute als deren Standarderklärung akzeptiert; dies bedeutet, dass die intellektuelle Munition zur Bekämpfung von Rezessionen à la Keynes – eine erhebliche Steigerung der Staatsausgaben – viel von ihrer früheren Durchschlagskraft verloren hat. Friedmanns These hat Ökonomen auch zu dem Schluss geführt, dass die Geldpolitik wichtiger als die Finanzpolitik sei, um die Wirtschaft zu regulieren und Rezessionen zu verhüten.

16 ➤ Zehn (plus zwei) berühmte Ökonomen

Paul Samuelson

Paul Samuelson (geboren 1915) hat viele Beiträge zu den Wirtschaftswissenschaften geleistet. Der vielleicht wichtigste war die Herausarbeitung der Idee, dass das gesamte wirtschaftliche Verhalten durch Konsumenten und Unternehmen erklärt werden kann, die unter gewissen Beschränkungen entweder ihren Nutzen oder ihre Gewinne maximieren. Diese Idee der *eingeschränkten Maximierung* ist zum vorherrschenden Paradigma geworden, unter dem Ökonomen wirtschaftliches Verhalten betrachten.

Samuelson entwickelte auch eine vernünftige Kombination der Keynesianischen und klassischen Vorstellungen über den richtigen Einsatz von staatlichen Eingriffen in die Wirtschaft. Keynes plädierte für umfangreiche staatliche Eingriffe, um Rezessionen zu bekämpfen. Klassische Ökonomen wie Smith und Ricardo plädierten für minimale Regierungseingriffe, weil sie fürchteten, dass sie die Dinge tendenziell noch schlechter machen.

Die so genannte *neoklassische Synthese* von Samuelson propagiert, dass der Staat während einer Rezession bereit sein sollte, große Eingriffe in die Wirtschaft vorzunehmen, um sie wieder in Gang zu setzen. Doch wenn die Wirtschaft wieder mit ihrem vollen Potenzial arbeitet, besteht die angemessene Rolle des Staates darin, öffentliche Güter bereitzustellen und sich um externe Faktoren zu kümmern. Viele Ökonomen unterstützen diese Auffassung von der Stellung des Staates in der Wirtschaft.

Robert Solow

Robert Solow (geboren 1924) hat große Beiträge geleistet, um wirtschaftliches Wachstum und die Steigerung des Lebensstandards zu verstehen. Er hat innovative Modelle für das Wachstum von Wirtschaften im Zeitablauf entwickelt. Außerdem hat er gezeigt, dass das wirtschaftliche Wachstum langfristig durch technische Innovationen angetrieben wird.

Vor Solow glaubten die Ökonomen, dass Steigerungen des Outputs die Folge von Steigerungen des Inputs wären. Insbesondere waren die Steigerungen des Outputs nur die Folge davon, entweder mehr Arbeitskräfte oder mehr Kapital (wie beispielsweise größere Fabriken) einzusetzen. Solow zeigte, dass *höchstens* 50 Prozent des langfristigen Wachstums des Lebensstandards durch einen höheren Einsatz von Arbeit und Kapital erklärt werden konnte. Der Rest musste die Folge technischer Innovationen sein.

Diese Einsicht verursachte einen riesigen Paradigmenwechsel in der Ökonomie, der zu einem systematischen Studium von technischen Innovationen sowie der Möglichkeiten führte, sie durch staatliche Maßnahmen und Gesetze wie Patente und Urheberrechte zu fördern. Sie eröffnet uns auch die erfrischende Perspektive, dass wir unseren Lebensstandard durch technische Innovationen permanent steigern können, ohne laufend mehr Ressourcen der Erde zu verbrauchen.

Gary Becker

Gary Becker (geboren 1930) hat einen sehr großen Einfluss gehabt, weil er die Wirtschaftswissenschaften in Bereichen angewendet hat, die vor ihm als immun gegen wirtschaftliches Denken galten.

In seinem ersten Hauptbeitrag lieferte er Argumente dafür, dass freie Märkte tendenziell mehr Gleichheit schaffen und *gegen* eine Diskriminierung aufgrund von Rasse oder Geschlecht arbeiten. Die Überlegung ist einfach: Unternehmen, die es wegen Rasse oder Geschlecht ablehnen, die Arbeitskräfte einzustellen, die am besten qualifiziert sind, schaffen sich selbst einen Wettbewerbsnachteil gegenüber Unternehmen ohne Vorurteile. Becker belegte diese Überlegungen, indem er zeigte, dass wettbewerbsfähigere Branchen tatsächlich mehr Minderheiten und Frauen beschäftigten.

Ein weiterer bedeutender Beitrag von Becker war sein Familienmodell. Danach agieren Familien als wirtschaftliche Einheiten, in denen das Verhalten der Familienmitglieder tendenziell auf der Kosten-Nutzen-Analyse basiert. Beispielsweise wenn Gesellschaften reicher werden und mehr bezahlte Beschäftigungen angeboten (und höher entlohnt) werden, würden nach Becker mehr Frauen sich dafür entscheiden, lieber zu arbeiten als zu Hause zu bleiben. Becker liefert eine wirtschaftliche Erklärung für eine riesige Änderung des Arbeitspotenzials, die andernfalls nur durch soziologische Überlegungen (wie beispielsweise den Wandel der Geschlechterrollen) hätten erklärt werden können.

Auch war Becker der erste, der kriminelles Verhalten unter dem Aspekt analysierte, wie Kriminelle die potenziellen Kosten beziehungsweise den potenziellen Nutzen eines Verbrechens abschätzen. Wenn der erwartete Nutzen die erwarteten Kosten übersteigt, wird der Kriminelle die Straftat höchstwahrscheinlich begehen. Diese Theorie des kriminellen Verhaltens unterscheidet sich radikal von vorangegangenen Erklärungen. Sie hat Becker veranlasst, die sehr einflussreiche Idee vorzuschlagen, dass die beste Methode, Verbrechen zu verhüten, darin bestehen würde, die Kosten des Verbrechens relativ zu seinem Nutzen zu erhöhen.

Robert Lucas

Robert Lucas (geboren 1937) zeigte, dass Menschen gewiefte Planer sind, die laufend ihre optimalen Strategien modifizieren, um auf Änderungen der Regierungspolitik zu reagieren. Wenn Sie annehmen, dass Menschen ihr Verhalten als Reaktion auf politische Maßnahmen nur sehr langsam ändern, überschätzen Sie die Auswirkungen dieser Maßnahmen.

Insbesondere die Geldpolitik verliert den größten Teil ihrer Wirksamkeit, wenn sich die Menschen rational auf politische Maßnahmen einstellen. Nehmen Sie an, dass der Staat ankündigt, dass er in drei Monaten die Geldmenge verdoppeln wird, um zu versuchen, die Käufe von Gütern und Diensten anzuregen. Wenn Ladeninhaber ihre Preise konstant halten, obwohl mehr Geld unterwegs ist, wird die Wirtschaft angeregt, weil die Menschen dann mit dem vielen neuen Geld viel mehr Güter kaufen können.

Aber wenn die Ladeninhaber stattdessen rational auf die Ankündigung reagieren, werden sie ihre Preise in Erwartung des neuen Geldes erhöhen, das in ihren Läden ausgegeben werden wird. Damit verringern sie die Menge erheblich, um die die Verkäufe von Gütern und Diensten steigen werden, wenn die Menschen beginnen, das ganze neue Geld auszugeben.

Insbesondere wenn die Ladeninhaber ihre Preise in Erwartung der doppelten Geldmenge verdoppeln, wird die politische Maßnahme die verkaufte Menge an Gütern und Diensten überhaupt nicht steigern. Bei doppelt so hohen Preisen und doppelt so viel Geld können die Kunden nur genau so viel kaufen wie zuvor.

Die Idee von Lucas ging unter dem Terminus *rationale Erwartungen* in die Ökonomie ein. Sie führte zu einer neuen Bescheidenheit, was die Möglichkeiten regierungspolitischer – speziell geldpolitischer – Maßnahmen anging, die Welt zu beeinflussen.

Zehn verführerische wirtschaftliche Trugschlüsse

In diesem Kapitel
- Logische Trugschlüsse vermeiden, auf die intelligente Menschen hereinfallen
- Fehlerhaftes ökonomisches Denken vermeiden

In diesem kurzen Kapitel umreiße ich die anziehendsten und überzeugendsten falschen Ideen in den Wirtschaftswissenschaften. Einige sind logische Trugschlüsse. Einige sind kurzsichtige Meinungen, die das große Bild nicht berücksichtigen. Und andere sind Beispiele für ein schlecht durchdachtes wirtschaftliches Denken. Alle sollten vermieden werden.

Der Irrglaube der Arbeitsmenge

Das Argument, dass es eine feststehende Menge an Arbeit gebe, die man auf so viele Menschen verteilen kann, wie man will, wird oft als Mittel gegen Arbeitslosigkeit vorgebracht. Die Idee ist simpel: Wenn man eine Arbeitswoche von 40 Stunden in eine Arbeitswoche von 20 Stunden umwandelt, muss das Unternehmen doppelt so viele Arbeitskräfte einstellen. Beispielsweise reduzierte Frankreich vor kurzem seine Arbeitswoche auf nur 35 Stunden in der Hoffnung, dass Unternehmen mehr Arbeitskräfte einstellen und damit Frankreichs dauerhaftes Arbeitslosigkeitsproblem lösen würden.

Es funktionierte nicht; solche politischen Entscheidungen haben nur selten funktioniert. Ein Problem liegt darin, dass die Einstellung von Arbeitskräften mit hohen Fixkosten verbunden ist einschließlich der Kosten für Schulung und Einarbeitung sowie für die Sozialversicherung. Deshalb kostet die Beschäftigung von zwei Arbeitskräften, die jeweils 20 Stunden pro Woche arbeiten, mehr als die Beschäftigung einer Arbeitskraft, die 40 Stunden pro Woche arbeitet. Hinzu kommt, dass die beiden 20-Stunden-Arbeitskräfte keinen größeren Output produzieren als eine 40-Stunden-Arbeitskraft.

Wenn also Gesetze erlassen werden, die die Unternehmen zwingen, von einer 40-Stunden-Arbeitswoche auf eine 20-Stunden-Arbeitswoche überzugehen, würden die Unternehmen ihre Belegschaften nicht verdoppeln. Sie würden weniger als doppelt so viele Arbeitskräfte einstellen, weil ihre Kosten steigen würden.

Doch selbst wenn die Halbierung der Arbeitswoche tatsächlich die Zahl der beschäftigten Arbeitskräfte verdoppeln würde, wäre dadurch das allgemeine Arbeitslosigkeitsproblem nur verdeckt, da es auf mehr Betroffene verteilt wird. Denn wenn 100 Prozent der Arbeitskräfte nur die Hälfte der Zeit arbeiten, sind sie alle zu 50 Prozent unterbeschäftigt. Diese Situation ist nicht wesentlich besser als eine Situation, in der 50 Prozent der Bevölkerung Vollzeitarbeit haben und 50 Prozent arbeitslos sind.

In Wirklichkeit wollen Sie eine Situation herstellen, in der alle Arbeitskräfte, die eine Vollzeitarbeit suchen, diese auch finden. Mit einer Verkürzung der Arbeitswoche erreichen Sie dieses Ziel nicht.

Die Welt hat ein Überbevölkerungsproblem

Seit dem späten 18. Jahrhundert, als Thomas Malthus erstmals diese These formulierte, sind immer wieder diverse Versionen dieses Mythos aufgetaucht. Danach kann der Lebensstandard nicht permanent steigen, weil ein höherer Lebensstandard die Menschen veranlasst, sich schneller zu vermehren. Malthus glaubte, dass die Bevölkerung schneller wachsen würde als unsere Fähigkeit, mehr Nahrungsmittel zu produzieren, sodass wir verdammt wären, zu einer Ernährung und einem Lebensstandard auf dem Existenzminimum zurückzukehren.

Selbst zu der Zeit, als Malthus diese Idee zum ersten Mal veröffentlichte, ließen zahlreiche Erfahrungswerte darauf schließen, dass sie Unsinn war. Über Generationen hinweg ist der Lebensstandard gestiegen, während die Geburtenraten gefallen sind. Und weil sich dieser Trend bis zur heutigen Zeit fortgesetzt hat, werden wir uns nicht so stark vermehren, dass wir nur noch am Rand des Existenzminimums existieren können.

In Wirklichkeit stehen viele Nationen heute vor einem Problem der *Überalterung und Bevölkerungsschrumpfung*. In den Industrienationen sind die Geburtsraten unter die Reproduktionsrate gefallen, die erforderlich ist, um die Population stabil zu halten. Folglich werden ihre Populationen bald anfangen, dramatisch zu schrumpfen. Und weil die Geburtenraten auf der ganzen Welt schnell fallen, wird vorausgesagt, dass die gesamte menschliche Bevölkerung um 2050 ein Maximum von etwa neun Milliarden Menschen erreichen wird, bevor sie anfängt, dramatisch zu sinken.

Ein weiteres damit verbundenes Problem ist, dass die rasant fallenden Geburtenraten staatlich geförderte Alterssicherungssysteme ruinieren, weil es nicht genügend junge Arbeitskräfte gibt, um die ganzen Abgaben zu zahlen, die zur Bezahlung der Renten und Pensionen benötigt werden. Verzweifelt gehen einige Länder so weit, Müttern Geldprämien für jedes Neugeborene zu zahlen.

Viele Länder mit relativ hohen Geburtenraten haben Probleme mit Armut und Unterernährung, dennoch glauben die Ökonomen heute, dass die Schuld nicht bei den hohen Geburtenraten liegt, sondern normalerweise schlechte regierungspolitische Entscheidungen das Problem sind. Wenn diese politischen Entscheidungen verbessert werden, steigt der Lebensstandard, die Geburtenraten fallen und vorher scheinbar existierende Bevölkerungskrisen verschwinden schnell.

Der Trugschluss, zeitliche Folgen mit Kausalbeziehungen zu verwechseln

Post hoc ergo propter hoc ist ein lateinischer Ausdruck, der etwa Folgendes bedeutet: »Weil Sie sehen, dass eine Sache einer anderen vorausgeht, glauben Sie, dass sie die andere Sache verursacht hat.« Anders ausgedrückt: Wenn A vor B passiert, nehmen Sie an, dass A die Ursache von B ist.

Ein solcher Schluss ist falsch, weil zwischen A und B oft keinerlei Beziehung besteht. Beispielsweise regnet es morgens manchmal, und ich bekomme nachmittags Kopfschmerzen. Dies bedeutet nicht, dass der Regen meine Kopfschmerzen verursacht hat.

Politiker versuchen immer wieder, diesen logischen Trugschluss für ihre Zwecke zu nutzen, wenn sie über die Wirtschaft diskutieren. Nehmen Sie beispielsweise an, dass Politiker A gewählt wird und einige Monate später eine Rezession eintritt. Höchstwahrscheinlich haben beide Ereignisse nichts miteinander zu tun, aber Sie können sicher sein, dass im nächsten Wahlkampf ein Gegner von Politiker A behaupten wird, die Rezession wäre die Folge der politischen Entscheidungen von Politiker A gewesen. Der einzige Beweis, den er dafür anführt, ist die Tatsache, dass das eine Ereignis vor dem anderen passiert ist.

Protektionismus ist die beste Lösung bei ausländischer Konkurrenz

Gewerkschaftler und viele Politikern plädieren oft für Handelsbarrieren und Steuern auf Importe und begründen dies damit, dass diese politischen Entscheidungen den Bürgern zugute kommen und den Export von Arbeitsplätzen verhindern würden. Das Problem liegt darin, dass diese Argumente nur den Nutzen des Protektionismus, nicht aber seine Kosten berücksichtigen.

Handelsbarrieren und Steuern auf Importe *schützen* tatsächlich die Arbeitsplätze, die sie schützen sollen. Doch dabei werden oft andere Arbeitsplätze geopfert.

Beispielsweise schützen höhere Zölle auf ausländische Kohle die Arbeitsplätze der einheimischen Bergleute. Aber eine solche Politik führt zu höheren Energiekosten in der ganzen Wirtschaft. Einheimische Produzenten müssen höhere Energiekosten zahlen, als wenn sie die billigere ausländische Kohle nutzen könnten, sodass sie die Preise der produzierten Güter erhöhen müssen. Folglich nimmt die Nachfrage nach diesen Gütern ab, und die Produzenten brauchen nicht so viele Arbeitskräfte.

Ein weiteres Problem des Protektionismus liegt darin, dass die Bürger sowohl Konsumenten als auch Produzenten sind. Wenn der Staat beispielsweise den Import preiswerter, qualitativ besserer ausländischer Autos verhindert, erhält er Arbeitsplätze in der einheimischen Autoindustrie. Aber deshalb steigen die Kosten für die einheimischen Konsumenten.

Unproduktive Branchen zu schützen, die dem ausländischen Wettbewerb ausgesetzt sind, ermöglicht es diesen Branchen nur, weiterhin Ressourcen zu nutzen, die andernfalls von wettbewerbsfähigeren Branchen besser genutzt werden könnten. Arbeitskräfte, die andernfalls zu Arbeitsplätzen in innovativen, hoch produktiven neuen Branchen abwandern würden, bleiben stattdessen in einer Branche hängen, die so unproduktiv ist, dass sie nur mit staatlicher Intervention in dem Markt überleben kann.

Zugegeben, der Wechsel aus einer sterbenden Branche in eine innovative neue Branche kann für eine einzelne Arbeitskraft eine nur schwer zu bewältigende Herausforderung sein. Aber statt die Notwendigkeit einer Änderung zu umgehen, indem unproduktive Branchen geschützt werden, kann der Staat einheimischen Arbeitskräften mit Umschulungsprogrammen effizienter helfen. (Im Fall älterer Arbeitskräfte, die nur noch einige Jahre arbeiten müssen, ist eine Frührente möglicherweise vorteilhafter als eine Umschulung.)

Der Trugschluss der Verallgemeinerung

Anzunehmen, was für eine Person gut ist, müsse auch gleichzeitig für alle gut sein, ist ein weiterer häufiger Trugschluss. Wenn Sie beispielsweise ein ausverkauftes Sportereignis besuchen und eine bessere Sicht haben wollen, ist es eine gute Idee aufzustehen – aber nur, wenn Sie die einzige Person sind, die aufsteht. Falls alle anderen auch aufstehen, kann jeder genauso gut oder schlecht sehen wie vorher, als alle saßen (aber jetzt bekommt jeder müde Beine). Deshalb ist das, was für Sie alleine vorteilhaft war, tatsächlich für alle schlimmer, wenn sie es gleichzeitig ebenfalls tun.

Der Trugschluss der Verallgemeinerung ist falsch, weil einige Dinge im Leben von der relativen Position abhängen. Wenn Sie beispielsweise als niedrig bezahlter Angestellter Ihres Unternehmens anfangen, dann aber 50 Prozent Gehaltserhöhung bekommen, während niemand sonst eine Gehaltserhöhung bekommt, verbessert sich Ihre relative Position innerhalb des Unternehmens. Doch wenn jeder gleichzeitig 50 Prozent Gehaltserhöhung erhält, sind Sie immer noch die am niedrigsten bezahlte Person des Unternehmens. Wenn für Sie Ihre relative Position innerhalb des Unternehmens wichtig ist, werden Sie nicht glücklicher, wenn Sie dieselbe Gehaltserhöhung wie jeder andere erhalten. (Wenn Sie dagegen mehr daran interessiert sind, wie Sie relativ zu den Menschen stehen, die in anderen Unternehmen arbeiten, sind die 50 Prozent Gehaltserhöhung für Sie gut, selbst wenn jeder andere in Ihrem Unternehmen ebenfalls eine solche Erhöhung bekommt!)

17 ➤ Zehn verführerische wirtschaftliche Trugschlüsse

Was wert ist, getan zu werden, sollte 100-prozentig getan werden

Wir alle schätzen Sicherheit. Aber war es wirklich vernünftig, dass ein berühmter US-Politiker sagte, wir sollten so viel Geld wie nötig ausgeben, um Flugzeuge »so sicher wie möglich« zu machen?

Ökonomen würden sagen: »Nein!« Das Problem liegt darin, dass der Versuch, kommerzielle Flugreisen »so sicher wie möglich« zu machen, bedeuten würde, das Fliegen so teuer zu machen, dass kaum noch jemand mit dem Flugzeug reisen würde. Sicherheit ist nützlich, aber das Erreichen einer kompletten Sicherheit ist kein erstrebenswertes Ziel, wenn dadurch das Fliegen so teuer wird, dass es sich nur extrem Vermögende leisten können.

Der Politiker hat es versäumt, *marginalistisch* zu denken, das heißt, er hat nicht erkannt, dass die beste Methode, ein solches Problem zu analysieren, darin besteht, den Grenznutzen mit den Grenzkosten zu vergleichen. Wenn Sie die Sicherheit des Fliegens marginalistisch betrachten, erkennen Sie, dass das Ziel, Fliegen »so sicher wie möglich« zu machen, zu Verschwendung führt.

Die ersten Sicherheitsinnovationen für Flugzeuge (wie beispielsweise Sitzgurte und Radar) sind vernünftig, weil der zusätzliche Vorteil (der Grenzvorteil) der jeweiligen Maßnahme größer als die zusätzlichen Kosten (die Grenzkosten) ist, die dafür aufgewendet werden müssen. Aber nach den ersten wenigen Sicherheitsinnovationen werden weitere Innovationen immer teurer und weniger wirksam. Es kommt der Punkt, an dem die zusätzlichen Innovationen nur einen kleinen Grenznutzen an Sicherheit bringen, während die Grenzkosten sehr hoch werden.

Wenn die Kosten für die zusätzlichen Sicherheitsinnovationen ihren Nutzen überschreiten, sollten sie *nicht* implementiert werden. Sie sollten die Sicherheitsmaßnahmen nur so lange erweitern, wie der Grenznutzen die Grenzkosten übersteigt – was bedeutet, dass Sie normalerweise lange vor dem Punkt aufhören werden, neue Sicherheitsmaßnahmen einzuführen, an dem die Dinge »so sicher wie möglich« sind.

Freie Märkte sind gefährlich instabil

Freie Märkte sind veränderlich, weil sich Angebot und Nachfrage oft sehr schnell ändern und schnelle Änderungen der Gleichgewichtspreise und -mengen auslösen (siehe Kapitel 8). Doch schnelle Änderungen sind kein Problem. Die Reaktionsfähigkeit von Märkten ist tatsächlich einer ihrer großen Vorteile. Im Gegensatz zu einer staatlichen Bürokratie, die auf nichts schnell genug reagiert, können sich Märkte oft in Minuten an riesige Änderungen der Weltereignisse anpassen.

Die neuen Gleichgewichtspreise und -mengen sorgen dafür, dass die Ressourcen bestmöglich verwendet werden und dass die Gesellschaft weder unter Knappheiten noch unter Überangeboten zu leiden hat. Deshalb sollten Märkte nicht als *instabil*, sondern als *reagibel* bezeichnet werden.

Niedrige ausländische Löhne bedeuten, dass die reichen Länder nicht konkurrieren können

Sie hören oft, dass deutsche Unternehmen nicht mit Unternehmen in Entwicklungsländern konkurrieren können, weil sich die Stundenlöhne erheblich unterscheiden. Um den Fehler in dieser Denkweise aufzudecken, wollen wir eine Fabrik in Deutschland mit einer Fabrik in einem Entwicklungsland vergleichen.

Nehmen wir an, dass das deutsche Unternehmen seinen Arbeitskräften 20 Euro pro Stunde bezahlt, während das Unternehmen in dem Entwicklungsland 4 Euro pro Stunde bezahlt. Daraus schließen viele Menschen fälschlicherweise, dass ausländische Unternehmen aufgrund ihrer erheblich niedrigeren Arbeitskosten das deutsche Unternehmen leicht unterbieten können. Aber dieses Argument berücksichtigt zwei Dinge nicht:

✔ Tatsächlich zählen nicht die Arbeitskosten pro *Stunde*, sondern die Arbeitskosten pro *Einheit*.

✔ Unterschiede in der Produktivität bedeuten normalerweise, dass die Arbeitskosten pro Einheit oft fast identisch sind, obwohl sich die Arbeitskosten pro Stunde erheblich unterscheiden.

Um zu sehen, was ich meine, vergleichen Sie, wie produktiv die beiden Unternehmen sind. Da das deutsche Unternehmen eine viel fortschrittlichere Technik verwendet, kann eine Arbeitskraft pro Stunde 20 Outputeinheiten produzieren. Die deutsche Arbeitskraft erhält 20 Euro pro Stunde, sodass die Arbeitskosten pro *Outputeinheit* 1 Euro betragen. Das Unternehmen in dem Entwicklungsland ist viel weniger produktiv; eine Arbeitskraft dort produziert nur vier Einheiten pro Stunde. Bei dem ausländischen Lohn von 4 Euro pro Stunde betragen die Arbeitskosten pro Outputeinheit in dem Entwicklungsland ebenfalls 1 Euro.

Offensichtlich wird der niedrigere Lohn *pro Stunde* in dem Entwicklungsland nicht in niedrigere Arbeitskosten *pro Einheit* umgesetzt – das bedeutet, dass das ausländische Unternehmen seinen deutschen Konkurrenten nicht unterbieten kann.

Menschen, die sich ausschließlich auf den Unterschied der Arbeitskosten pro Stunde konzentrieren, erwähnen nie die Produktivitätsunterschiede, die normalerweise zu den gleichen Arbeitskosten pro Einheit führen. Und Sie sollten nicht annehmen, dass mein Beispiel günstig gewählte Zahlen enthält. Lohnunterschiede in verschiedenen Ländern können tatsächlich auch die unterschiedliche Produktivität aufzeigen.

 Denken Sie daran, dass Regierungen dieses System mit seinen etwa gleich hohen Arbeitskosten pro Einheit ernsthaft durcheinander bringen können, wenn sie künstlich niedrige Handelskontingente festlegen. Wenn beispielsweise bei einem Austauschverhältnis von 8 chinesischen Yuan zu 1 Euro die Arbeitskosten pro Einheit gleich sind, könnte die chinesische Regierung die Arbeitskosten pro Einheit für deutsche Konsumenten künstlich niedrig aussehen lassen, wenn sie für ihre Währung ein Umtauschverhältnis von 16 Yuan zu 1 Euro festlegen würde.

In solchen Situationen ist die Unfähigkeit der deutschen Arbeitskräfte, mit den chinesischen Arbeitskräften zu konkurrieren, auf die Währungsmanipulation und nicht auf den niedrigeren Stundenlohn in China zurückzuführen.

Steuersätze beeinflussen die Arbeitsanstrengung nicht

Einige Politiker plädieren dafür, die Einkommensteuern zu erhöhen, als ob die einzige Auswirkung dieser Maßnahme nur darin bestehen würde, mehr Geld für den Staat zu bekommen. Es ist aber immer wieder demonstriert worden, dass Menschen, die über einen bestimmten Punkt hinaus besteuert werden, darauf so reagieren, dass sie weniger oder an der Steuer vorbei »schwarz« arbeiten. Und diese Verringerung der Arbeit enthält der Gesellschaft den ganzen Nutzen vor, der durch diese zusätzliche Arbeit erbracht worden wäre. (Weil die Menschen weniger arbeiten, bringt der höhere Steuersatz auch nicht annähernd so viel Geld wie erwartet.)

Wenn Sie also einen Politiker hören oder sehen, der für eine Steigerung der Einkommensteuern plädiert, sollten Sie sich die Details genau anschauen, um sich zu überzeugen, dass die abschreckenden Auswirkungen der Steuererhöhung nicht mehr Schaden anrichten als der Nutzen, der erzielt wird, wenn das durch die Steuererhöhung zusätzlich eingenommene Geld ausgegeben wird.

Vergessen, dass auch die Politik unbeabsichtigte Folgen haben kann

Bei der Beurteilung politischer Maßnahmen tendieren die Leute dazu, sich darauf zu konzentrieren, wie diese Maßnahme einige spezielle Probleme beheben wird, während sie die möglichen anderen Auswirkungen ignorieren oder herunterspielen. Ökonomen bezeichnen diese Situation oft als *Das Gesetz der unbeabsichtigten Folgen*.

Nehmen Sie an, dass Sie einen Zoll auf Importstahl erheben, um die Arbeitsplätze der einheimische Stahlarbeiter zu schützen. Wenn der Zoll hoch genug ist, werden deren Arbeitsplätze wirklich vor dem Wettbewerb ausländischer Stahlunternehmen geschützt. Aber eine unbeabsichtigte Folge ist, dass die Arbeitsplätze einiger Automobilarbeiter an den ausländischen Wettbewerb verloren gehen. Warum? Der Zoll, der die Stahlarbeiter schützt, erhöht den Preis des Stahls, den die einheimischen Automobilhersteller benötigen, um ihre Autos zu bauen. Folglich müssen die einheimischen Automobilhersteller die Preise ihrer Autos anheben, wodurch diese im Vergleich zu ausländischen Autos weniger attraktiv werden. Die gestiegenen Preise reduzieren tendenziell die Verkäufe einheimischer Wagen, was wiederum dazu führt, dass einige einheimische Automobilarbeiter ihre Arbeitsplätze verlieren.

Unbeabsichtigte Folgen sind viel zu verbreitet. Achten Sie darauf, wenn ein Politiker versucht, Sie zu überzeugen, die Dinge auf seine Art zu sehen. Es besteht die Gefahr, dass er nur die guten Folgen einer bestimmten Politik erwähnt; möglicherweise hat er gar nicht über ihre nicht so guten Nebenwirkungen nachgedacht.

Zehn wirtschaftliche Ideen, die Ihnen lieb und teuer sein sollten

In diesem Kapitel

- Grundlegende ökonomische Prinzipien verstehen
- Sich gegen die wirtschaftlichen Torheiten von Politikern wappnen

In diesem Kapitel beschreibe ich zehn wirtschaftliche Ideen, die alle informierten Menschen verstehen und ständig parat haben sollten, um die politischen Vorschläge von Politikern zu bewerten. Einige dieser Ideen gelten nicht unbedingt in allen Situationen; aber weil sie normalerweise richtig sind, sollten Sie auf der Hut sein, wenn ein Bauernfänger Ihnen weismachen will, dass sie in einer speziellen Situation nicht passen. Fordern Sie ihn auf, seinen Standpunkt zu begründen, denn es kann durchaus sein, dass er Unrecht hat.

Der Gesellschaft geht es besser, wenn die Menschen ihre eigenen Interessen verfolgen

Dieses Konzept ist im Grunde die berühmte unsichtbare Hand von Adam Smith. Wenn alle wirtschaftlichen Interaktionen in einer Gesellschaft von allen beteiligten Parteien freiwillig vollzogen werden, werden nur solche Transaktionen stattfinden, bei denen beide Parteien das Gefühl haben, einen Vorteil zu erzielen.

Wenn ich beispielsweise mein Gold gegen Brot eintausche, das ein anderer anbietet, können Sie sicher sein, dass ich dies tue, weil ich sein Brot höher schätze als mein Gold. Ich tausche, weil ich nach dem Tausch besser dastehe. Desgleichen können Sie sicher sein, dass der andere mein Gold höher schätzt als sein Brot. Deshalb steht auch er nach dem Tausch besser da. Wenn jeder seine eigenen Interessen verfolgt, stehen wir beide besser da.

Dieses Konzept, dass der Eigennutz das Verhalten der Menschen motiviert, bedeutet nicht, dass karitative Handlungen schlimm für die Gesellschaft sind, sondern dass selbst die Philanthropie dem Eigennutz entspringt. Menschen spenden, weil sie sich gut fühlen, wenn sie anderen helfen. Dadurch stehen sowohl sie als auch die Menschen, denen geholfen wird, besser da.

Freie Märkte erfordern Regulation

Ökonomen sind der festen Überzeugung, dass freiwillige Transaktionen auf freien Märkten tendenziell das Allgemeinwohl fördern. Sie glauben aber auch, dass fast jeder Marktteilnehmer das System nur zu gerne zu seinem eigenen Nutzen manipulieren würde. Insbesondere Adam Smith wies oft auf diesen Punkt hin. Damit Märkte funktionieren und dem Allgemeinwohl dienen können, so plädierte er, müsse der Staat Monopole, Absprachen und andere Versuche bekämpfen, die einen richtig funktionierenden Wettbewerb verhindern wollen, in dem Unternehmen intensiv miteinander konkurrieren, um den Konsumenten das, was sie wollen, zum geringstmöglichen Preis anzubieten.

Wirtschaftliches Wachstum hängt von Innovationen ab

Zu jedem gegebenen Zeitpunkt gibt es eine fixe Menge an Vermögen, das zu gleichen Teilen auf alle Menschen aufgeteilt werden könnte – vergleichbar einem Kuchen, der in gleich große Stücke zerschnitten wird, damit jeder ein gleich großes Stück erhält. Aber wenn der Lebensstandard weiter steigen soll, muss der Kuchen, den Sie verteilen wollen, größer werden. Kurzfristig können Sie einen größeren Kuchen bekommen, indem Sie härter arbeiten oder Ihre Ressourcen schneller aufbrauchen. Aber die einzige Möglichkeit, ein stetiges Wachstums zu schaffen, besteht darin, effizientere technische Verfahren zu entwickeln, die es ermöglichen, mit dem begrenzten Angebot an Arbeit und physischen Ressourcen immer produktiver zu produzieren.

Freiheit und Demokratie machen uns reicher

Es gibt sehr gute moralische und ethische Gründe dafür, Freiheit und Demokratie zu bevorzugen. Aber der eigentliche Grund ist »handfesterer«: Freiheit und Demokratie fördern die freie Entwicklung und den freien Austausch von Ideen; deshalb gibt es in freien Gesellschaften mehr Erfindungen und folglich ein schnelleres wirtschaftliches Wachstum.

Bildung steigert den Lebensstandard

Menschen mit einer höheren Schulbildung produzieren produktiver als ungelernte Arbeitskräfte und erhalten deshalb höhere Gehälter. Doch was noch wichtiger ist: Sie produzieren innovative neue technische Verfahren. Nachhaltiges wirtschaftliches Wachstum und ein ständig steigender Lebensstandard sind nur möglich, wenn die Bürger eines Staates eine gute Ausbildung erhalten. Es gibt natürlich andere gute Gründe für eine gute Bildung einschließlich der Fähigkeit, Kunst und Literatur zu schätzen; aber wenn Sie in einem Land leben möchten, in dem der Lebensstandard ständig steigt, sollten Sie sich bemühen, die Ausbildung in Wissenschaft und Technik zu fördern, das heißt in den Sektoren, in denen revolutionäre technische

Verfahren entwickelt werden. (Beachten Sie, dass ich nicht sage, dass viele Menschen Ökonomen werden sollten. Es gibt kaum Belege dafür, dass Ökonomen viel mehr für Wachstum tun können, als andere dazu zu drängen, Ingenieur zu werden!)

Der Schutz des Rechts am geistigen Eigentum fördert Innovationen

Menschen brauchen Anreize, damit sie mutiger werden, Risiken einzugehen. Eines der größten Risiken, die Sie auf sich nehmen können, besteht darin, einen sicheren Arbeitsplatz aufzugeben, um ein neues Unternehmen zu gründen oder an der Entwicklung einer großartigen neuen Idee zu arbeiten. Rechte am geistigen Eigentum wie beispielsweise Patente und Urheberrechte garantieren, dass allein Sie Geld mit Ihrer harten, innovativen Arbeit verdienen. Ohne diese Sicherheit wären weniger Menschen bereit, die persönlichen Risiken auf sich zu nehmen, die erforderlich sind, um die Gesellschaft mit innovativen technischen Verfahren und Produkten zu versorgen.

Schwache Eigentumsrechte verursachen Umweltprobleme

Menschen müssen die Umwelt immer etwas verschmutzen. Denn selbst wenn Sie verhindern wollen, dass Benzin fressende Geländewagen durch die Städte rasen und die Luft verschmutzen, wollen Sie wahrscheinlich nicht auf Krankenwagen oder Feuerwehrautos verzichten, obwohl auch diese die Umwelt verschmutzen. Der Unterschied besteht darin, dass bei diesen Fahrzeugen für Notfälle der allgemeine Nutzen für die Gesellschaft die Kosten der Umweltverschmutzung überwiegt, was bei Geländewagen nicht der Fall ist.

Unter diesem Aspekt hat die Gesellschaft nicht das Ziel, die Umweltverschmutzung komplett zu vermeiden, sondern sicherzustellen, dass der Nutzen die Kosten bei jeder Art von Umweltverschmutzung übersteigt. In Kapitel 14 beschreibe ich, dass starke Eigentumsrechte der Schlüssel dafür sind, um zu gewährleisten, dass Menschen die Gesamtkosten und den Gesamtnutzen der Umweltverschmutzung gegeneinander abwägen. Eigentumsrechte zwingen Menschen, nicht nur ihre persönlichen Kosten des Umweltverschmutzens zu berücksichtigen, sondern auch die Kosten, die ihre Aktionen anderen auferlegen.

Weil beispielsweise niemand Eigentümer der Atmosphäre ist, müssen Sie niemanden für das Recht bezahlen, sie zu verschmutzen. Die Luftverschmutzung ist tatsächlich kostenlos – dies führt zu einer viel zu großen Luftverschmutzung.

Im Gegensatz dazu darf ich nicht einfach meinen Müll irgendwo abladen, weil jedes Stück Boden auf der ganzen Welt jemandem gehört. Wenn ich meinen Müll auf dem Grundstück entsorgen will, das jemandem gehört, muss ich den Eigentümer entweder für seine Erlaubnis bezahlen oder ich riskiere eine Geldstrafe (oder sogar eine Gefängnisstrafe), weil ich den Müll ohne Erlaubnis entsorge. Weil ich außerdem für die Müllabfuhr bezahlen muss, habe ich noch einen Anreiz, so wenig Müll wie möglich zu erzeugen.

Alle Umweltprobleme sind auf unzureichend definierte oder nichtexistente Eigentumsrechte zurückzuführen, die es den Verschmutzern ermöglichen, die Kosten zu ignorieren, die sie anderen auferlegen. Deshalb favorisieren Ökonomen die Schaffung und Durchsetzung von Eigentumsrechtssystemen, die die Menschen zwingen, alle Kosten zu berücksichtigen.

Internationaler Handel ist nützlich

Das eigene Land für den internationalen Handel zu öffnen, bedeutet, das eigene Land für neue Ideen und Innovationen zu öffnen. Wettbewerb mit ausländischen Konkurrenten zwingt einheimische Unternehmen zu Innovationen, mit denen sie weltweit wettbewerbsfähig sind.

Es ist ganz einfach: Im Laufe der Geschichte sind die reichsten und dynamischsten Gesellschaften die gewesen, die sich dem internationalen Handel und dem damit verbundenen Wettbewerb geöffnet haben. Länder, die sich vom internationalen Handel abschotten, bleiben wirtschaftlich stehen und fallen schnell zurück. Natürlich denken Ökonomen an die *Freihandelsbewegung*, wenn sie vom Nutzen des internationalen Handels sprechen. Dabei konkurrieren Unternehmen grenzübergreifend, um die Menschen zu den niedrigsten Preisen mit den besten Gütern und Diensten zu versorgen. Ökonomen verurteilen die vielen Regierungssubventionen und Handelsrestriktionen scharf, die die Freihandelsbewegung behindern und die versuchen, den Handel im Interesse des eigenen Landes zu manipulieren.

Freie Unternehmen haben es schwer, öffentliche Güter bereitzustellen

Private Unternehmen können Güter und Dienste nur dann zur Verfügung stellen, wenn sie dabei wenigstens ihren Break-even-Punkt erreichen. Um diesen Punkt zu erreichen (oder einen Gewinn zu erzielen), muss das, was ein Unternehmen verkauft, *ausschließbar* sein; dies bedeutet, dass nur derjenige die Güter oder Dienste erhält, der dafür bezahlt.

In Kapitel 15 erkläre ich, dass einige Güter und Dienste nicht ausschließbar sind. Beispielsweise stellt ein Leuchtturm seine Warndienste allen Schiffen in der Umgebung unabhängig davon zur Verfügung, ob sie den Leuchtturmwärter bezahlen oder nicht. Weil jedes Schiff weiß, dass es den Dienst bekommen kann, ohne dafür zu bezahlen, geht der private Leuchtturm schnell Bankrott, weil nur einige Schiffe ehrlich sind und für diesen Dienst zahlen.

Güter und Dienste, die nicht ausschließbar sind, werden als *öffentliche Güter* bezeichnet, weil sie im Wesentlichen öffentlich sind und nicht nur privat zugänglich gemacht werden können.

Weil private Unternehmen mit der Produktion öffentlicher Güter keinen Gewinn machen können, müssen diese Güter normalerweise vom Staat zur Verfügung gestellt werden. Im Gegensatz zu privaten Unternehmen können Regierungen die Menschen zwingen, für öffentliche Güter zu bezahlen. Sie tun dies, indem sie Steuern und Gebühren erheben und aus den Erträgen öffentliche Güter wie beispielsweise die öffentliche Sicherheit, die Polizei, Leuchttürme, Feuerwerke und wissenschaftliche Grundlagenforschung bezahlen.

Ökonomen betrachten die Existenz öffentlicher Güter als eine der wichtigsten Rechtfertigungen für Regierungseingriffe in die Wirtschaft. Private Philanthropen können zwar ebenfalls einige öffentliche Güter zur Verfügung stellen, viele öffentliche Güter sind aber so teuer, dass es sie nur dann gibt, wenn der Staat sein Recht zur Besteuerung verwendet, um sie zu finanzieren. Deshalb werden öffentliche Güter normalerweise vom Staat zur Verfügung gestellt.

Inflation zu verhindern, ist einfach

Hohe Inflationsraten werden immer dadurch verursacht, dass der Staat die Geldmenge zu schnell ausweitet. Eine wachsende Wirtschaft hat immer eine wachsende Nachfrage nach Geld; denn wenn mehr Güter angeboten werden, wird mehr Geld gebraucht, um sie zu kaufen. Wenn das allgemeine Preisniveau konstant bleiben soll, besteht die richtige Reaktion darin, die Geldmenge um dieselbe Rate zu steigern, mit der die Nachfrage zunimmt. Wenn das Angebot an Geld schneller steigt als die Nachfrage nach Geld, nimmt der Wert des Geldes ab und eine Inflation entsteht. (Anders ausgedrückt: Es wird mehr Geld nachgefragt und umgeschlagen, um dieselbe Menge an Gütern wie vorher zu kaufen, was bedeutet, dass die Preise steigen.)

Um eine Inflation zu verhindern, muss sichergestellt werden, dass der Staat die Geldmenge um dieselbe Rate steigert, mit der die Nachfrage nach Geld wächst. Moderne Zentralbanken wie die Europäische Zentralbank können dies recht einfach tun, sodass es keine Entschuldigung für hohe Inflationsraten gibt.

Teil V

Anhang

Glossar

Abnehmender Ertrag: Eine Situation, in der die zusätzliche Einheit einer Ressource, die in einem Produktionsprozess eingesetzt wird, einen geringeren Output erbringt als die vorangegangene Einheit.

Abnehmender Grenznutzen: Eine Situation, in der jede zusätzliche oder marginale Einheit der Güter oder Dienste, die Sie konsumieren, einen geringeren *Nutzen* bringt als die vorangegangene Einheit.

Abschreibung: Einen Verringerung des Wertes der Kapitalgüter einer Wirtschaft aufgrund der Abnutzung und des technischen Fortschritts.

Aggregierte Nachfrage: Die gesamte Nachfrage nach Gütern und Diensten in einer Wirtschaft.

Aggregiertes Angebot: Das gesamte Angebot an Gütern und Diensten in einer Wirtschaft.

Allokationseffizienz: Die Situation an dem Punkt, an dem die begrenzten Ressourcen einer Wirtschaft so alloziert sind, dass die Güter und Dienste produziert werden, die die Konsumenten am stärksten zu konsumieren begehren.

Angebot und Nachfrage: Ein ökonomisches Modell von Märkten, bei dem Käufer und Verkäufer getrennt werden und dann das Verhalten jeder Gruppe mit einer einzigen Linie in einer Grafik zusammengefasst wird. Das Verhalten der Käufer wird durch die *Nachfragekurve* erfasst; das Verhalten der Verkäufer wird durch die *Angebotskurve* erfasst. Wenn diese beiden Kurven zusammen in einer Grafik dargestellt werden, lässt sich zeigen, wie Käufer und Verkäufer auf Märkten interagieren, um die Verkaufspreise und Verkaufsmengen von Produkten zu bestimmen.

Angebotskurve: Eine Linie auf einer Grafik, die repräsentiert, wie viele Güter oder Dienste Verkäufer zu verschiedenen Preisen produzieren werden.

Antikartellgesetze: Gesetze, die *Monopole* und *Kartelle* regulieren (in Deutschland: Gesetz gegen Wettbewerbsbeschränkungen; GWB)

Asymmetrische Information: Situationen, in denen entweder der Käufer oder der Verkäufer mehr über die Qualität des Gutes weiß, über das verhandelt wird, als die Gegenpartei.

Aufschwung: Die Periode in einem Konjunkturzyklus, in der der Gesamtoutput einer Wirtschaft zunimmt.

Bruttoinlandsprodukt (BIP): Der Wert aller Güter und Dienste, die in einer Volkswirtschaft in einer gegebenen Zeitspanne (normalerweise ein Quartal oder ein Jahr) produziert werden.

Deflation: Situation, in der das allgemeine Preisniveau der Wirtschaft fällt.

Ertragszuwachs: Eine Situation, in der jede zusätzliche Einheit einer Ressource, die in einem

Produktionsprozess verwendet wird, eine größere Menge an Output hervorbringt als die vorangegangene Einheit.

Externer Effekt: Kosten oder Nutzen, die beziehungsweise der nicht auf die Person(en) fällt, die direkt an einer Aktivität beteiligt ist (sind), sondern auf andere. Externe Effekte können positiv oder negativ sein.

Finanzmärkte: Märkte, auf denen Menschen und Institutionen entweder mit Eigentumsrechten an Vermögensgegenständen (wie Immobilien oder Aktien) handeln oder auf denen Sparer Geld an Kreditnehmer verleihen.

Fiskalpolitik: Oberbegriff für die wirtschaftspolitisch motivierte Steuer- und Ausgabenpolitik einer Regierung. Höhere Staatsausgaben und/oder niedrigere Steuersätze können dazu beitragen, Rezessionen zu bekämpfen.

Fixe Kosten: Kosten, die bezahlt werden müssen, selbst wenn ein Unternehmen nichts produziert.

Gefangenendilemma: Eine Situation, in der zwei Gefangene (oder Unternehmen) entscheiden müssen, ob sie kooperieren sollten oder nicht. Das Dilemma besteht darin, dass es einzelne Anreize gibt, die gegen eine Kooperation sprechen, aber dass es beiden Beteiligten besser ginge, wenn sie einen Weg finden könnten zusammenzuarbeiten.

Geldpolitik: Mit Änderungen der Geldmenge Änderungen der Zinssätze herbeiführen, um die wirtschaftliche Aktivität anzuregen oder abzuschwächen.

Gesamtrente: Die Summe der *Produzentenrente* und der *Konsumentenrente*.

Grenzkosten: Der Betrag, um den die Gesamtkosten steigen, wenn eine zusätzliche Output-Einheit produziert wird.

Grenznutzen: Die Änderung des Gesamtnutzens, die durch den Konsum einer zusätzlichen Einheit von Gütern oder Diensten verursacht wird. Der Grenznutzen kann positiv oder negativ sein.

Höchstpreis: Eine Marktintervention, mit der der Staat sicherstellt, dass der Preis von Gütern oder Diensten unter dem freien Marktpreis bleiben.

Humankapital: Die Kenntnisse und Fähigkeiten, die Menschen einsetzen, um Output zu produzieren.

Hyperinflation: Eine Situation, in der die Inflationsrate 20 oder 30 Prozent pro Monat übersteigt.

Inflation: Eine Situation, in der das allgemeine Preisniveau der Wirtschaft ansteigt.

Inflationsrate: Ein Maß dafür, wie stark sich das allgemeine Preisniveau der Wirtschaft im Zeitablauf ändert. Wenn die Inflationsrate positiv ist, steigen die Preise. Wenn sie negativ ist, fallen die Preise.

Investition: Jede Steigerung des Kapitalstocks der Wirtschaft.

Kapital: Maschinen, Fabriken und Infrastruktur, die verwendet werden, um Output zu produzieren.

Kartell: Eine Gruppe von Unternehmen, die zusammenarbeiten und als ein einzelnes koordiniertes Ganzes agieren, um den Output einzuschränken und die Preise in Höhe zu treiben; frühere Bezeichnung: *Trust*.

Knappheit: Die Tatsache, dass wir nicht genügend Ressourcen haben, um alle unsere Bedürfnisse zu befriedigen; dieses Phänomen schafft den Bedarf an einer *Wirtschaftswissenschaft*.

Komparativer Vorteil: Das Argument, das von David Ricardo entwickelt worden ist, nach dem sich jedes Land auf die Produktion der Güter und Dienste spezialisieren sollte, die es zu relativ niedrigeren Kosten als andere Länder liefern kann. Dadurch wird der gesamte weltweite Output gesteigert und der Lebensstandard angehoben.

Konsumentenrente: Der Nutzen, den Konsumenten erzielen, wenn sie etwas für einen Betrag kaufen können, der unter dem maximalen Betrag liegt, den zu zahlen sie bereit sind.

Kurzfristige Betriebsschließungssituation: Eine Situation, in der die gesamten Erträge eines Unternehmens unter seinen *variablen Kosten* liegen und das Unternehmen besser dasteht, wenn es seinen Geschäftsbetrieb sofort einstellt und nur seine *fixen Kosten* verliert.

Langfristiger Marktaustritt: Eine Situation, in der die Gesamteinnahmen eines Unternehmens seine *variablen Kosten* überschreiten, aber geringer sind als seine Gesamtkosten. Das Unternehmen wird so lange arbeiten, bis die (langfristigen) Verträge für seine *fixen Kosten* auslaufen.

Makroökonomik: Das Studium der Wirtschaft insgesamt; die Makroökonomik konzentriert sich auf wirtschaftsweite Faktoren wie Zinssätze, Inflation und Arbeitslosigkeit. Sie umfasst auch das Studium des wirtschaftlichen Wachstums und der Maßnahmen, die Regierungen ergreifen, um beispielsweise mit der Geld- und Fiskalpolitik zu versuchen, den Schaden zu verringern, der durch Rezessionen verursacht wird.

Marktversagen: Situationen, in denen Märkte zu sozial unerwünschten Ergebnissen führen. Zwei verbreitete Ursachen für Marktversagen sind *asymmetrische Informationen* und *öffentliche Güter*.

Marktwirtschaft: Eine Wirtschaft, in der fast die gesamte wirtschaftliche Aktivität auf Märkten erfolgt und der Staat nicht oder nur in geringem Umfang in das Wirtschaftsgeschehen eingreift; ein solches wirtschaftliches System wird oft als ein *Laissez Faire*-System bezeichnet (aus dem Französischen: »in Ruhe lassen«).

Mengenanpasser: Bezeichnung für Anbieter und Nachfrager, die bei vollkommenem Wettbewerb den Markpreis als gegeben hinnehmen müssen und nur durch Änderungen ihrer Produktions- beziehungsweise Nachragemengen reagieren können (siehe auch *Preisnehmer*).

Mikroökonomik: Der Teil der Wirtschaftswissenschaften, der das wirtschaftliche Verhalten einzelner Menschen und Unternehmen studiert. Bei Menschen untersucht sie, wie diese sich verhalten, wenn sie entscheiden müssen, wofür sie ihr Geld ausgeben oder wie sie ihre

Ersparnisse investieren. Bei Unternehmen untersucht sie, wie sich gewinnmaximierende Unternehmen einzeln verhalten und wie sie sich verhalten, wenn sie auf Märkten miteinander konkurrieren.

Mindestpreis: Eine Marktintervention, mit der der Staat sicherstellt, dass der Preis von Gütern oder Diensten über dem freien Marktpreis bleiben.

Monopol: Eine Situation, in der ein Unternehmen in seiner Branche keine Konkurrenz hat. Es produziert weniger Output, hat höhere Kosten und verkauft seinen Output zu einem höheren Preis, als wenn es durch Wettbewerb eingeschränkt wäre. Diese negativen Folgen führen normalerweise zu staatlichen Regulierungen.

Monopolistischer Wettbewerb: Eine Situation, in der viele Unternehmen mit geringfügig unterschiedlichen Produkten konkurrieren. Die Produktionskosten sind höher, als sie bei vollkommen konkurrierenden Unternehmen sein könnten, aber die Gesellschaft profitiert von der Produktdifferenzierung.

Nachfrage: Die Gesamtheit der Mengen, die eine Person mit gegebenem Einkommen und gegebenen Präferenzen zu verschiedenen möglichen Preisen nachfragen wird.

Nachfragegesetz: Die Tatsache, dass bei den meisten Gütern und Diensten die Preise und Nachfragemengen in einer umgekehrten Beziehung zueinander stehen.

Nachfragekurve: Eine Linie in einer Grafik, die darstellt, wie viele Güter oder Dienste Käufer zu verschiedenen Preisen konsumieren werden.

Nachfragemenge: Die Menge an Gütern oder Diensten, die ein Konsument zu einem bestimmten Preis bei gegebenem Einkommen und Präferenzen nachfragen wird.

Natürliches Monopol: Eine Branche, in der ein großer Produzent den Output zu niedrigeren Kosten produzieren kann als viele kleine Produzenten. Er unterbietet seine Konkurrenten und überlebt als einziges Unternehmen seiner Branche.

Nominaler Preis: Geldpreis, der sich im Zeitablauf aufgrund von Inflation ändern kann (siehe auch *realer Preis*).

Nominaler Zinssatz: Zinssatz, der die Rendite eines Kredits in Form eines Geldbetrags misst (Betrag des aufgenommenen Kredits und Betrag des zurückgezahlten Geldes; im Gegensatz zum *realen Zinssatz*).

Nominallohn: Lohn, der in Geld gemessen wird (siehe auch *Reallohn*).

Nutzen: Ein Maß für das Glück; Ökonomen nehmen an, dass Menschen alle möglichen Dinge ihres Erfahrungsbereiches anhand ihres Nutzens vergleichen.

Öffentliche Güter: Güter oder Dienste, die von privaten Unternehmen nicht gewinnbringend produziert werden können, weil es unmöglich ist, sie nur für bestimmte Personen zur Verfügung zu stellen; wenn diese Güter einer Person zur Verfügung gestellt werden, müssen sie auch allen anderen zur Verfügung gestellt werden. Weil jeder Konsument hofft, dass jemand anderer für öffentliche Güter bezahlen wird, damit er selbst sie unentgeltlich bekommt, wird letztlich niemand dafür bezahlen.

Oligopol: Eine Branche mit nur einigen wenigen Unternehmen. Wenn sie zusammenarbeiten, bilden sie ein *Kartell*, um wie ein *Monopol* den Output zu reduzieren und die Gewinne in die Höhe zu treiben.

Opportunitätskosten: Der Wert der nächstbesten Alternative, die Sie hätten wählen oder tun können. Sie messen, was Sie aufgegeben haben, um das Beste zu tun.

Planwirtschaft: Eine Wirtschaft, in der alle wirtschaftlichen Aktivitäten vom Staat gelenkt werden.

Preisnehmer: Bezeichnung für den Status von Anbietern und Nachfragern, die bei vollkommenem Wettbewerb den Marktpreis als gegeben hinnehmen müssen (siehe auch *Mengenanpasser*).

Produktionseffizienz: Eine Situation, in der Unternehmen Güter und Dienste zu den geringstmöglichen Kosten produzieren.

Produktionsfaktoren: Inputs (Ressourcen), die verwendet werden, um Güter und Dienste zu erzeugen; zu den Produktionsfaktoren gehören: Boden, Arbeit, Kapital und Unternehmertum.

Produktionsmöglichkeitenkurve (Transformationskurve): Ein Graph, mit dem Ökonomen die Auswirkungen von abnehmenden Erträgen visualisieren und die Kompromisse zeigen, die sie machen, wenn sie Inputs von der Produktion eines Gutes abziehen und der Produktion eines anderen Gutes zuweisen.

Produzentenrente: Der Gewinn, den Produzenten zusätzlich erzielen, wenn sie ihren Output zu einem Preis verkaufen können, der höher als der Mindestpreis ist, zu dem sie bereit sind, das Produkt anzubieten.

Quantitätstheorie des Geldes: Die Theorie, dass das allgemeine Preisniveau der Wirtschaft proportional zur Menge des in der Wirtschaft umlaufenden Geldes ist.

Rationale Erwartungen: Die Theorie, dass Menschen ihr Verhalten als Reaktion auf politische Maßnahmen optimal ändern werden. Je nach der Situation können ihre Verhaltensänderungen die Wirksamkeit politischer Maßnahmen erheblich einschränken.

Realer Preis: Die Menge einer Sache (beispielsweise Arbeitsstunden), die Sie unabhängig von den *nominalem Preis* aufgeben müssen, um ein Gut oder einen Dienst zu bekommen.

Realer Zinssatz: Zinssatz, der einen Inflationsausgleich enthält, indem er die Rendite eines Kredits in Mengeneinheiten der ausgeliehenen und der zurückgegebenen Güter misst (im Gegensatz zum *nominalen Zinssatz*).

Reallohn: Lohn, der nicht (im Gegensatz zum *Nominallohn*) in Geld, sondern in Kaufkraft (wie viel Output das Geld kaufen kann) gemessen wird.

Rezession: Die Periode in einem Konjunkturzyklus, in der der Gesamtoutput einer Wirtschaft abnimmt.

Sozial optimale Produktionsmenge: Die Produktionsmenge, die den Nutzen der Gesellschaft maximiert, den sie mit ihrem begrenzten Angebot an Ressourcen erzielen kann.

Starrer Preis: Preis, die sich nur langsam an Schocks anpasst. Preisstarrheit kann dazu führen, dass Rezessionen länger dauern.

Tragedy of the Commons (Dilemma des Gemeineigentums): Wenn eine Ressource für den öffentlichen Gebrauch freigegeben ist, wird sie normalerweise sehr schnell erschöpft oder ruiniert, weil jede Person das Ziel verfolgt, sie aufzubrauchen, bevor jemand anderer dies tut. Dieses Problem wird durch private Eigentumsrechte gelöst, die Eigentümern einen Anreiz geben, die Ressource zu konservieren und in vertretbaren Mengen zu ernten.

Unsichtbare Hand: Die berühmte, von Adam Smith formulierte Idee, nach der die Gier einzelner Unternehmen, die durch Wettbewerb eingeschränkt sind, diese so handeln lässt, dass der soziale Nutzen optimal gefördert wird, so als ob sie durch eine unsichtbare Hand angeleitet würden, das Richtige zu tun.

Unternehmergewinn: Siehe *Wirtschaftlicher Gewinn*.

Variable Kosten: Kosten, die mit der Menge des produzierten Outputs variieren.

Verbraucherpreisindex: Der *Warenkorb* des Statistischen Bundesamtes, mit dem die Änderungen der Preise von Gütern und Diensten gemessen werden, die üblicherweise von privaten Haushalten gekauft werden.

Vollbeschäftigungsoutput (Y^*): Der Output, der in der Wirtschaft produziert wird, wenn auf dem Arbeitsmarkt Vollbeschäftigung herrscht.

Vollkommener Wettbewerb: Eine Situation, in der in einer Branche zahlreiche kleine Unternehmen identische Produkte produzieren und miteinander konkurrieren. Er führt dazu, dass Unternehmen die *sozial optimale Produktionsmenge* zum möglichen Minimum der Kosten pro Einheit produzieren.

Warenkorb: Eine Zusammenstellung von Gütern und Diensten, mit deren Hilfe die Inflation gemessen wird. Ökonomen definieren einen Warenkorb wie beispielsweise den für den *Verbraucherpreisindex* und überwachen dann von Periode zu Periode, wie viel Geld erforderlich ist, um diesen Warenkorb zu kaufen.

Wirtschaftlicher Gewinn: Alle Gelder, die von einem Unternehmen eingenommen werden und den Betrag übersteigen, der erforderlich ist, um das Interesse eines Unternehmer-Eigentümers wach zu halten, sein Unternehmen fortzuführen (auch *Unternehmergewinn*).

Wirtschaftliche Kosten: Gesamtkosten, die zur Produktion aufgewendet werden und die *Opportunitätskosten*.

Wirtschaftswissenschaft: Die Wissenschaft, die studiert, wie Menschen knappe Ressourcen bei alternativen Verwendungsmöglichkeiten allozieren.

Wohlfahrtsverlust: Die Menge, um die der *gesamte Überschuss* reduziert wird, wenn der Output kleiner als die *sozial optimale Produktionsmenge* ist.

Zinssatz: Der Preis, den Sie zahlen müssen, um einen Kredit aufzunehmen.

Stichwortverzeichnis

A

Abnehmender Ertrag 58, 60, 233, 375
Abnehmender Grenzerlös
    Monopole 276
Abnehmender Grenznutzen 52, 209, 210, 375
Abschreibung 92, 375
Abschwung 124
Absoluter Vorteil 100
Absprachen
    bei Oligopolen 299
aggregate demand 128
Aggregierte Angebotskurve 123
Aggregierte Nachfrage 152, 375
Aggregierte Nachfragekurve 123, 128
    verschieben 154
Aggregiertes Angebot 375
Akerlof, George 335
Aktivposten 85
Allgemeine Preisänderung 114
Allokation
    optimale 61
    von Ressourcen 61
Allokationseffizienz 39, 58, 66, 375
Altruismus 47, 226
Angebot 181
    Begriff 189
    Geld 104
    Marktgleichgewicht 199
    Produktionskosten 191
    Sinken 200
    Verkaufspreise 191
    vollkommen elastisches 195
    vollkommen unelastisches 194
Angebot-und-Nachfrage-Modell 353
Angebotselastizität 194
Angebotskurve 375
    aggregierte 123
    grafisch darstellen 190
    Kostenänderungen 192
    kurzfristige aggregierte 132
    langfristige aggregierte 128

Preisänderungen 191
    Verschiebung 193
Angebot und Nachfrage 375
Anreize vorwegnehmen 159
Antikartellgesetze 375
Antitrust-Gesetze 311
Arbeit 59
    Löhne 84
Arbeitsangebot 156
Arbeitsanstrengung
    und Steuern 365
Arbeitskosten 156
Arbeitslosenquote 152
Arbeitslosigkeit 359
    friktionelle 125
Arbeitsmarkt
    durch Inflation 161
Arbeitsmenge 359
Armut 34
Arrow, Kenneth 354
Artensterben
    und Eigentumsrecht 329
Asymmetrische Information 333, 334, 375
    Experten 338
    Garantien 337
    Reputation 338
AT&T 295
Aufschwung 124, 375
Ausgaben
    autonome 145
    geplante 143, 145
    tatsächliche 143
Ausgeglichener Haushalt 94
Ausländische Konkurrenz 361
Ausschließbarkeit 370
Automarkt
    Gebrauchtwagenmarkt 335
Autonome Ausgaben 145
Autonomer Konsum 92

B

Bargeldhaltung
    und Zinssatz 169
Becker, Gary 356
Befehlswirtschaft 74
Befriedigung
    Nutzen 47
Begrenztes Budget
    Entscheidungen treffen 212
beschränkte Optimierung 208
Beschränkungen 48
    natürliche Ressourcen 49
    Stand der Technik 50
    technisches Wissen 49
    Zeit 50
Besserverdienende
    Besteuerung 72
Bestandsgröße 86
Besteuerung
    Besserverdienende 72
Betriebswirtschaftslehre 32
Bevölkerungsschrumpfung 360
Bi-metallischen Standard 109
Bildung 34
    und Lebensstandard 368
Bodenrenten 84
Break-even-Punkt 229
Bruttoinlandsprodukt 36, 81, 375
    Ausgaben 143
    etwas einrichten 88
    Gleichung 89, 144
    Kreislauf 83
    messen 83
    Moral 89
    Transaktionen 82
Buchgewinn 230
Budget
    begrenztes 212
business cycle 124

C

C - Konsum 90, 91
Carlyle, Thomas 181
China
    Papiergeld 107

Coca-Cola 298
Corn Laws 99
Couponzahlungen 170

D

Debreu, Gerard 354
Defizite 164
Deflation 375
Demokratie 33
    Wohlstand 368
Depression 124
DFK 234
Dilemma des Gemeineigentums 328
    Negative externe Effekte 329
Diskrete Güter 257
Disponibles Einkommen 91
Dominante Strategie 304
Drogen 70
Duopol 302
Durchschnittliche fixe Kosten 234
Durchschnittliche totale Kosten 235
Durchschnittliche variable Kosten 234
Durchschnittskosten 56

E

Effizienz
    bei monopolistischem Wettbewerb 316
    Monopole 288
Eigennutz 46, 367
    und Altruismus 47
    und Gemeinwohl 48
Eigenpreiseffekt 223
Eigentumsrecht 39, 319, 321
    Artensterben 329
    Umweltprobleme 369
    und Wohlstand 369
Einkommen
    disponibles 91
    Haushalt 84
    Kategorien 84
    verfügbares 91
Einkommensteuer 365
Einkommensungleichheit 70
Einkommensverwendung
    Einflussfaktoren 46

Elastizität 188
    Angebot 194
    Nachfrage 188
Entlassungen
    bei Rezessionen 136
Entscheiden 45
Entscheidungsmodell 51
    Annahmen 53
    Irrationalität 54
    ökonomisches 53
Entscheidungsverhalten 45
    bei unvollkommener Information 54
    künftiges 46
    Kosten-Nutzen-Modell 51
Erfinder
    durch Patente schützen 34
Erholung 124
Erlöse 232
Erträge 232
    abnehmende 233
Ertragsgesetz 36, 60
Ertragsrückgang 233
Ertragszuwachs 233, 375
Erwartete Inflationsrate 119
Europäische Zentralbank 172
Expansion 124
Experten 338
Exporte 95
Externer Effekt 319, 321, 376
    negative 322, 325
    positive 322, 326
Externe Kosten 322
    Umweltverschmutzung 322
Externer Nutzen 322

F

Fähigkeiten
    Humankapital 59
Faktormärkte 86
Fangquoten 331
Fehlschlüsse
    ökonomische 54
Feste Preise 131
Fiat-Geld 108, 168
Fiat-System 108
Finanzmärkte 87, 376

Finanzwissenschaft 32
Fisher, Irving 120
Fisher-Gleichung 120
Fiskalpolitik 37, 151, 162, 376
Fixe Kosten 231, 234, 376
Flussgröße 86
Forschung 347
Freie Märkte 252
    Effizienz 254
    Regulation 368
    sozial optimale Produktionsmenge 256
    Stabilität 363
    Voraussetzungen 252
Freier Wettbewerb 251
Freihandelsbewegung 99, 101, 370
Freiheit
    Wohlstand 368
Friedman, Milton 354
Friktionelle Arbeitslosigkeit 125
Förderquoten 309

G

G - Staatsausgaben 90, 94
Garantien 337
Gebrauchtwagenmarkt 335
Gefangenendilemma 301, 376
    auf Kartelle anwenden 306
    auf OPEC anwenden 308
    Beispiel 302
    durch Omerta lösen 305
Gegenauslese 341
Geld
    Angebot 104
    Begriff 104
    Bi-metallischen Standard 109
    drucken 163, 165
    Goldstandard 167
    im Wirtschaftskreislauf 86
    Metallstandard 167
    Nachfrage 104, 105, 176
    Papiergeld 167
    Gold 107, 167
    Wert 105
Geldarten 105
    Geschichte 105
Geldfunktionen 111

Recheneinheit 112
Schuldentilgungsmittel 112
Tauschmittel 112
Wertaufbewahrungsmittel 111
Geldmenge 104, 111
   ändern 172
   Geldpolitik 168
   Offenmarktgeschäfte 172
   Zinssätze ändern 172
Geldmengenkurve 169
Geldmengenvermehrung
   grafisch 175
Geldnachfragekurve 169
Geldpolitik 37, 110, 151, 166, 376
   Funktionsweise 174
   Geldmenge 168
   Inflationserwartungen 176
   und rationale Erwartungen 175
Geldfunktion
   Schuldentilgungsmittel 110
Gemeineigentum 328
Gemeinwohl
   und Eigennutz 48
Geplante Ausgaben 143, 145
Geplante Investition 144
Gerechtigkeit
   des Marktes 70
Gesamterlös 243
Gesamtkosten 235
Gesamtnutzen 52
   maximieren 214
Gesamtrente 376
Gesamtwohlfahrt 256
   Bedeutung 261
   berechnen 261
Geschäftszyklus 124
Gesetz von den abnehmenden Erträgen 36
Gewinn 229
   Buchgewinn 230
   bei Monopolen 283
   Einkommen des Unternehmertums 84
   grafisch darstellen 242
   rechnerische Gewinn 230
   ökonomischer Gewinn 230
Gewinnmaximierung 38, 226
Gleichgewicht 195
   bei starren Preisen 139
   grafisch darstellen 147
   Modell von Keynes 146
   stabiles 147, 197
Gleichgewichtseinkommen 149
Gleichgewichtsmenge 196
Gleichgewichtsoutput 147
   Staatsausgaben 149
Gleichgewichtspreis 196
Gleichgewichtspreisniveau 128
Gleichgewichtsproduktionsmenge 147
Gleichgewichtszinssatz 169, 170
Glück
   anhand des Nutzens messen 208
   messen 207, 208
Glücksmaßstab 47
Glücksmaximierung 45, 46, 57
Gold
   und Geld 107, 167
Goldstandard 107, 167
Great Depression *siehe* Weltwirtschaftskrise
Grenzerlös 240
   bei Monopolen 278
   und Grenzkosten 239
Grenzkosten 56, 236, 376
   und Grenzerlös 239
   und Produktionsmenge 240
Grenznutzen 51, 56, 376
   abnehmender 52, 209, 210
   ausgleichen 216
   Nachfragekurve 219
   optimieren 212
Grenzoutput 232
Gruppendiskriminierung 342
Gruppenziele 48
Gruppenzugehörigkeit 340
Güter
   Austauschverhältnisse 186
   diskrete Güter 257
   inferiore 183
   Komplementärgüter 223
   normale 183
   öffentliche Güter 333, 343
   Substitutionsgüter 223
   teilbare Güter 258
Gütermärkte 87

H

Haftungsbeschränkung 33
Handel
    asymmetrische Information 334
    internationaler 96
Handelsüberschuss 96, 97
Handelsbarrieren 361
Handelsbilanz 96
Handelsdefizit 96, 97
Handelskrieg 99
Haushalt
    ausgeglichener 94
    Einkommen 84
Haushaltsüberschuss 94
Haushaltsdefizit 94, 164
Hedonismus 47
Hochkonjunktur 124
Höchstpreise 202, 262, 376
Humankapital 59, 376
    Fähigkeiten 59
    Wissen 59
Hyperinflation 103, 108, 376

I

I - Investition 90, 92
Importe 95
Ineffizienz
    Staatseingriffe 73
Inferiore Güter 183
Inflation 36, 103, 165, 376
    Arbeitsmarkt 161
    durch Überstimulation erzeugen 154
    Folgen 111
    Hyperinflation 103
    messen 113
    und Allokation 219
    und Politik 110
    verhindern 371
    Versuchung 106
    Wirtschaft anregen 110
Inflationserwartung
    und Geldpolitik 176
    und Zinssätze 176
Inflationsrate 36, 115, 376
    erwartete 119

Inflationssteuer 113
Inflexibilität
    Staatseingriffe 73
Innovationen 77, 368
Institutionen 33
Internationaler Handel 96, 370
    komparativer Vorteil 99
    Spezialisierung 99
Interventionen 67
Investition 90, 92, 376
    geplante 144
    tatsächliche 144
Investitionsausgaben 93
Irrationalität 54

K

Kapital 59, 377
    Zinsen 84
Kapital, Das 352
Kapitalismus 225
Kapitalisten 352
Kardinaler Nutzen 208
Kartell 299, 377
    und Gefangenendilemma 306
Kartellverhalten 299
Kausalbeziehungen 361
Keynes, John Maynard 37, 139, 353
    Keynes-Modell 139
    Keynesianismus 141
    Standardmodell 89
Knappheit 35, 45, 377
Kollektive Wohlfahrt 48
Kolonialismus 352
Kommunismus 71, 352
    Produktdifferenzierung 317
Komparativer Vorteil 99, 352, 377
Komplementärgüter 223
Konjunktur
    Wachstumstrend 124
Konjunkturzyklus 124
    Abschwung 124
    Aufschwung 124
    Depression 124
    Erholung 124
    Expansion 124
    Hochkonjunktur 124

Kontraktion 124
  Rezession 124
Konkurrenz
  ausländische 361
  um begrenzte Ressourcen 45
Konsum 90, 91
  autonomer Konsum 92
  Mindestkonsum 92
Konsumenten
  Nachfragekurve 41
  Verhalten 41
Konsumentenrente 256, 258, 377
Konsumentenverhalten 45
Konsumfunktion 145
Konsumneigung 92
Konsumquote 92
Kontraktion 124
Kosten 230, 232
  durchschnittliche fixe Kosten 234
  durchschnittliche totale Kosten 235
  durchschnittliche variable Kosten 234
  externe 322
  fixe Kosten 231, 234
  Gesamtkosten 235
  Gleichgewichtsmenge 201
  Grenzkosten 236
  nominale 117
  ökonomische Kosten 231
  reale 117
  totale Kosten 235
  variable Kosten 231, 234
  versenkte 55
Kosten-Nutzen-Modell 51
Kostenänderungen
  Angebotskurve 192
Kostenstruktur 231
Kredite 87
  aufnehmen 163, 164
Kreditgeber 110
Kreditnehmer 110
Kreislauf 83
Kreuzpreiseffekt 223
Krösus 107
Kurve der geplanten Ausgaben 145
Kurzfristige aggregierte Angebotskurve
  siehe SRAS-Kurve
Kurzfristige Produktionseinstellung 246

L

Lagerbestände 141
  Sollmengen 142
  und Produktionsmengen 142
Lagerinvestition 144
Laissez-Faire 75
Landesüblicher Unternehmergewinn 268
Langfristige aggregierte Angebotskurve
  siehe LRAS
Langfristige Produktionseinstellung 248
Langfristiger Marktaustritt 248, 377
Langfristiges Wachstum 125
Lebenserwartung 32
Lebensstandard 32
  realer 117
  und Bildung 368
  und Preisindex 117
  Ursachen für die Verbesserung 33
  Wachstum 75
Littlefield, Henry 109
Lobbyismus 73
Löhne 84
  Bewegungen 156
  Nominallöhne 157
  Reallöhne 156, 157
  Rezessionsauslöser 136
Lohnkonkurrenz mit dem Ausland 364
Long Run 127
LRAS 128, 129, 133, 152
Lucas, Robert 356

M

Makroökonomie
  Keynesianismus 141
  Modell 127
Makroökonomik 35, 36, 81, 353, 377
Malthus, Thomas 360
Marco Polo 107
Marginale Konsumneigung 92
Marginale Konsumquote 92
Marginalistisch denken 363
Marknachfragekurve 228
Markt
  Drogen 70
  für Produktionsfaktoren 86

Stichwortverzeichnis

Gerechtigkeit 70
Mängel 70
Staatseingriffe 67
und Einkommensungleichheit 70
Vermögensverteilung 70
Vorteile 69
Wettbewerbsmarkt 68
Marktaustritt 248, 269, 377
    aufgrund von Verlusten 273
    bei monopolistischem Wettbewerb 315
    langfristige 248
Märkte 181, 182
    Angebot und Nachfrage 181
    freie 252
    Kosten und Nutzen erfassen 253
    sozial optimale Produktion 320
Markteintritt 269
    aufgrund von Extra-Gewinnen 270
    bei monopolistischem Wettbewerb: 315
Marktformen 227
    Monopol 227, 275
    monopolistischer Wettbewerb 227, 297, 312
    Oligopol 227, 297
    unvollkommener Wettbewerb 227
    vollkommener Wettbewerb 227
    vollständige Konkurrenz 227
    vollständiger Wettbewerb 227
Marktgleichgewicht 195
    Angebot anpassen 199
    Hindernisse 202
    Nachfrage anpassen 199
Marktgleichgewichtsmenge 320
Marktgleichgewichtspreis 320
Marktinterventionen 205
Marktmenge 196
Marktnachfragekurve 228
Marktpreis 196, 252
    bei vollkommenem Wettbewerb 248
Marktproduktion 68
Marktversagen 40, 251, 333, 335, 377
Marktwirtschaft 69, 74, 377
Marshall, Alfred 353
Marx, Karl 352
Maximaler Output 125
Mengenanpasser 228, 252, 267, 377
Menschliches Verhalten 45
Merkantilismus 352

Metallstandard 167
Midas 107
Mikroökonomik 35, 38, 180, 377
Mindestkonsum 92
Mindestoutputmengen
    bei Monopolen festlegen 292
Mindestpreise 204, 378
Mischwirtschaft 74
Modell
    des menschlichen Verhaltens 45
    in den Wirtschaftswissen 40
    von Angebot und Nachfrage 182
    wirtschaftliches 40
Modell der Makroökonomie 127
Modell von Keynes
    Gleichgewicht 146
Monopol 39, 227, 275, 378
    abnehmender Grenzerlös 276
    Analyse 277
    Gewinne 283
    Gewinnmaximierung 282
    Grenzerlös und Gesamterlös 279
    gute Monopole 289
    Mindestoutputmengen festlegen 292
    natürliche Monopole 290
    negative Folgen 276
    Preisermittlung 283
    Probleme 276
    redundante Konkurrenz 290
    regulieren 291
    subventionieren 291
    und Effizienz 288
    und Patente 289
    und Wettbewerbsunternehmen 285
    Wohlfahrtsverlust 287
    zerschlagen 295
Monopolist 279
Monopolistischer Wettbewerb 227, 297, 312, 378
    Effizienz 316
    Marktaustritt 315
    Markteintritt 315
Monopolpreise regulieren 292

N

Nachfrage 104, 181, 378
    aggregierte 152
    Begriff 182
    Gleichgewichtsmenge 201
    Marktgleichgewicht 199
    nach Geld 105
    private 326
    soziale 327
    Steigerung 199
    und Preis 41
    vollkommen elastische 189
    vollkommen unelastische 188
Nachfrageelastizität 188
Nachfragegesetz 41, 378
Nachfragekurve 41, 43, 207, 378
    aggregierte 123, 128
    bei Monopolen 278
    grafisch darstellen 42, 184
    Grenznutzen 219
    Neigung 186
    Nutzenmaximierung 216
    Preisänderungen 185
    Verschiebung 134, 185
    Vorhersagen machen 43
Nachfragemenge 41, 183, 378
    Einflussfaktoren 183
Nachfragemengen
    und Preisänderungen 220
Nachfrageschock 130, 152
    kurzfristige Anpassung 134
    Nachfragekurve 133
    negativer 130
Nachfrageverschiebung 186
National Bureau of Economic Research 140
Nationale Schuld 164
Nationalökonomie 32
Naturaltausch 104
Natürliche Ressourcen 49
Natürliches Monopol 290, 378
Negative externe Effekte
    Dilemma des Gemeineigentums 329
Negativer Nachfrageschock 130
    Folgen 153
Neoklassische Synthese 355
Nettoexport 90, 95
Nicht-Ausschließbarkeit 343
Nicht-Rivalität 343
Nominale Kosten 117
Nominaler Preis 117, 378
Nominaler Zinssatz 119, 378
Nominallohn 157, 378
    bei fixierten Preisen 157
Nominalzahlung 170
Normale Güter 183
Nullkuponanleihe 171
Nutzen 47, 207, 378
    als Glücksmaßstab 47, 208
    Begriff 47
    externer 322
    Gesamtnutzen 52, 214
    Grenznutzen 51
    kardinaler 208
    optimieren 212
    ordinaler 208
Nutzeneinheit 208
Nutzenmaximierung
    Nachfragekurve 216
Nutzenpreis 213
NX - Nettoexport 90, 95

O

Offenmarktgeschäfte 172
Öffentliche Güter 333, 343, 378
    Landesverteidigung 344
    Nicht-Ausschließbarkeit 343
    Nicht-Rivalität 343
    Philanthropie 345
    und Patente 347
    und private Unternehmen 370
Ökonomen, berühmte 351
Ökonomische Fehlschlüsse 54
Ökonomische Kosten 231
Ökonomischer Gewinn 230
Oligopol 39, 227, 297, 379
    Absprachen 299
    Gefangenendilemma 301
    Kartellverhalten 299
    OPEC 300
    regulieren 310
    Wettbewerb 299
Omerta 305

Stichwortverzeichnis

OPEC 300
    Durchsetzungsprobleme 309
    und Gefangenendilemma 308
Opportunitätskosten 49, 50, 64, 230, 379
Optimale Allokation 61
Optimale Produktionsmenge 240
Optimierung 208
Ordinaler Nutzen 208
Output
    maximaler 125
Outputmenge
    Produktionskosten 193

p

P 240
P* - Gleichgewichtspreisniveau 128
P* - Marktpreis 196
Papiergeld
    Deckung 168
    Erfindung 107
    Nutzen 167
Patente
    und Monopole 289
    und öffentliche Güter 347
Patentrecht 34
Patentwesen 77
    Wirtschaftswachstum 77
Payoff-Matrix 303
Pepsi 298
Philanthropie 345
Planer
    zentraler 71
Planwirtschaft 71, 74, 379
Politik der Inflation 110
Politische Ökonomie 32
Politischer Prozess 76
Post hoc ergo propter hoc 361
Preis
    bei Monopolen 283
    und Nachfrage 41
Preisänderung
    allgemeine 114
    Angebotskurve 191
    Nachfrageelastiziät 188
    Nachfragekurve 185
    relative 114

und Nachfragemengen 220
Preisanpassung 126
    kurzfristige 131
    langfristige 129
Preisbildung
    auf Durchschnittskostenbasis 294
    auf Grenzkostenbasis 294
Preise
    Eigenpreiseffekt 223
    feste 131
    Kreuzpreiseffekt 223
    nominale 117
    Nutzenpreis 213
    reale 117
    starre 136
Preisindex 116
    Lebensstandard 117
Preisindices 113
    Probleme 118
Preisnehmer 228, 252, 379
Preisniveau 103, 116
Preisniveauindex 116
Preisobergrenzen 202
Preisstützung 204
Preisstarrheit
    nach oben 159
    nach unten 159
Preissystem 69
Preisuntergrenzen 204
Prisoner's Dilemma 301
Private Grenzkosten 323
Private Haushalte 84
Private Nachfrage 326
Private Unternehmen
    öffentliche Güter 370
Probleme
    Armut 34
    Erschöpfung von Ressourcen 34
    Umweltverschmutzung 34
Produktdifferenzierung 312
    Kommunismus 317
    und Wettbewerb 312
Produktionseffizienz 39, 57, 66, 379
Produktionseinstellung 246
    kurzfristige 246
    langfristige 248
Produktionsfaktoren 59, 379

Arbeit 59
Boden 59
Humankapital 59
Kapital 59
Produktionskosten 191
Outputmenge 193
Produktionsmenge
optimale 240
und Grenzkosten 240
und Lagerbestände 142
Produktionsmöglichkeitenkurve 61, 379
Produzentenrente 256, 259, 379
Produzieren
was und wieviel 58
Protektionismus 361

Q

Q* - Marktmenge 196
Quantitätstheorie des Geldes 106, 354, 379

R

Rationale Erwartungen 38, 161, 357, 379
und Geldpolitik 175
Reale Kosten 117
Realer Lebensstandard 117
Realer Preis 117, 379
Realer Zinssatz 119, 379
Reallohn 156, 157, 379
Recheneinheit 112
Rechnerischer Gewinn 230
Redundante Konkurrenz
Monopole 290
Regierungseingriffe
bei Rezessionen 138
Regulierung
freie Märkte 368
von Monopolen 291
von Monopolpreisen 292
von Oligopolen 310
Relative Preisänderung 114
Rendite
einer Schuldverschreibung 171
Renten 86
Reputation 338

Ressourcen
allozieren 61
Erschöpfung 34
Konkurrenz um begrenzte R. 45
Wirtschaftskreislauf 84
Rezession 37, 123, 124, 379
abschwächen 151
Dauer 153
durch Staatsausgaben bekämpfen 163
Faktoren 140
Fiskalpolitik 151
Geldpolitik 151
Lagerbestände 141
Regierungseingriffe 138
Stagflation 177
starre Lohnkosten 136
starre Preise 136
und Gewinne 137
Ricardo, David 352
Robinson, Joan 315
Rockefeller, John D. 311

S

Samuelson, Paul 355
Schock 123
Long Run 127
Reaktionen 126, 127
Short Run 127
Schulden-Rollover 165
Schuldenüberwälzung 165
Schuldentilgungsmittel 110, 112
Schuldverschreibung 164, 170
Couponzahlungen 170
Nominalzahlung 170
Nullkuponanleihe 171
Offenmarktgeschäfte 172
Preis einer S. 171
Rendite 171
und Zinssätze 171
Schutzzoll 361
Sektoren
VGR 82
Selbstbehalt 343
Selbstbeteiligung 343
Short Run 127

Smith, Adam   39, 48, 319, 351
    unsichtbare Hand *siehe* unsichtbare Hand
Sollmengen
    Lagerbestände   142
Solow, Robert   355
Soziale Gerechtigkeit   48
Soziale Grenzkosten   323
Soziale Nachfrage   327
Sozialismus   352
Sozial optimale Produktion
    durch Märkte   320
Sozial optimale Produktionsmenge   251, 379
    bestimmen   255
Sozialökonomik   32
Sparer   87
Spieltheorie   301
SRAS-Kurve   132, 153
Staat   90
    Schuldverschreibungen   164
Staatsausgaben   94, 162
    finanzieren   163
    Geld drucken   163, 165
    Gleichgewichtsoutput   149
    Kredite aufnehmen   163, 164
    Rezessionen bekämpfen   163
    Steuern anheben   163
Staatseingriffe
    Argumente dafür   72
    Argumente dagegen   73
    in den Markt   67
    Ineffizienz   73
    Inflexibilität   73
    Lobbyismus   73
Staatseinnahmen   162
Staatsverschuldung   164
Staatswirtschaftslehre   32
Stabiles Gleichgewicht   147, 197
Stagflation   177
Standardmodell von Keynes   89
Standard Oil Company   311
Stand der Technik   50
Starrer Preis   136, 380
Statistisches Bundesamt   114
Steuererträge
    künftige   165
Steuern
    anheben   163
    Wohlfahrtsverlust   263
Strategie
    dominante   304
Strategische Situation   298
Stufenfunktion   257
Subjektives Risiko   342
Substitutionsgüter   223
Subventionen   72, 328
    für Monopole   291
Sunk Cost *siehe* versenkte Kosten

T

Tatsächliche Ausgaben   143
Tatsächliche Investition   144
Tauschhandel   104
Tauschmittel   104, 112
Tauschwirtschaft   104
Technischer Fortschritt   33, 50, 77
    ausgewogener   65
    Patentwesen   77
    Transformationskurve   65
    verzerrter   65
Technisches Wissen   49
Technologie
    als öffentliches Gut   346
Teilbare Güter   258
The Wealth of Nations   319
Totale Kosten   235
Traditionelle Wirtschaft   74
Tragedy of the Commons   380
    siehe Dilemma des Gemeineigentums
Transformationskurve   61, 63, 379
    technischer Fortschritt   65
Trugschlüsse, wirtschaftliche   359
Trusts   311

U

Überalterung   360
Überangebot   197
Überbevölkerungsproblem   360
Übernachfrage   199
Überproduktion
    negative externe Effekte   323
Überstimulation   154

Umweltprobleme
  Eigentumsrecht 369
Umweltverschmutzung 34, 369
  externe Kosten 322
Unbeabsichtigten Folgen 365
Unsichtbare Hand 39, 48, 319, 351, 367, 380
Unterbevölkerung 360
Unternehmen 84
  Gewinnmaximierung als Ziel 226
  Haftungsbeschränkung 33
  im Wettbewerb 39
  Kostenstruktur 231
  modellieren 225
Unternehmergewinn 380
  landesüblicher 268
Unternehmertum
  Gewinne 84
Unterproduktion 326
Unvollkommene Information 54
Unvollkommener Wettbewerb 227
Urheberrecht 76, 77
Util 208

V

Variable Kosten 231, 234, 380
Verallgemeinerung
  Trugschluss der V. 362
Verbraucherpreisindex 114, 380
Verfügbares Einkommen 91
Verhalten
  Eigennutz 46
Verhaltensmodell 45
  Glücksmaximierung 46
Verkaufspreise 191
Verkehrswirtschaft 74
Verlust 229
  grafisch darstellen 244
Vermögensgegenstand 85, 167
Vermögensverteilung 70
Verschiebung der Angebotskurve 193
Verschiebung der Nachfragekurve 185
Versenkte Kosten 55
Versicherungen 339
  Gegenauslese 341
  Gruppendiskriminierung 342
  Gruppenzugehörigkeit 340

Selbstbehalt 343
Selbstbeteiligung 343
subjektives Risiko 342
Verteilungseffizienz 58
Volkswirtschaftliche Gesamtrechnung 81, 82
Vollbeschäftigung 125
Vollbeschäftigungsmenge 152
Vollbeschäftigungsoutput 125, 152, 155, 380
Vollkommener Wettbewerb 227, 380
  Folgen 267
  Kennzeichen 267
  Marktpreis 248
  Prozess 268
  Ursachen 267
Vollständige Konkurrenz 227
Vollständiger Wettbewerb 227
Vorhersagen
  Genauigkeit 120
  mit der Nachfragekurve 43
Vorteil
  absoluter 100
  komparativer 99

W

Wachstum
  langfristiges 125
Wachstumstrend 124
Wahlverhalten 45
Warenkorb 114, 380
  Alterung 118
  Produktqualität 118
  Zusammensetzung 118
Weltwirtschaftskrise 139, 354
Wertaufbewahrungsmittel 111
Wert des Geldes 105
Wertminderungen 92
Wettbewerb 38, 39
  bei Oligopolen 299
  bei Produktdifferenzierung 312
Wettbewerbsmarkt 68
Wettbewerbsunternehmen
  und Monopole 285
Wirtschaft
  durch Inflation anregen 110
  Reaktion auf Schocks 123
Wirtschaftliche Kosten 380

Wirtschaftlicher Gewinn 380
Wirtschaftlicher Schock 126
Wirtschaftliches Modell 40
Wirtschaftliches Wachstum 368
Wirtschaftliche Trugschlüsse 359
Wirtschaftsgeschichte 32
Wirtschaftskreislauf 84
    Diagramm 87
    Geld 86
Wirtschaftslehre
    Wahlverhalten
    45
Wirtschaftstypen 74
    Befehlswirtschaft 74
    Laissez-Faire 75
    Marktwirtschaft 74
    Mischwirtschaft 74
    Planwirtschaft 74
    Traditionelle Wirtschaft 74
    Verkehrswirtschaft 74
    Zentralverwaltungswirtschaft 74
    Zwangswirtschaft 74
Wirtschaftswachstum
    Patentwesen 77
Wissen
    Humankapital 59
Wohlfahrt
    Gesamtwohlfahrt 256
Wohlfahrtsverlust 262, 380
    durch Höchstpreise 262
    durch Steuern 263
    Monopole 287

Wohlfahrtsökonomie 353
Wohlstand
    und Demokratie 368
    und Eigentumsrecht 369
    und Freiheit 368

Y

Y^* 380
Y^*- Vollbeschäftigungsoutput 125, 152
Y - BIP 90

Z

Zeit
    als Beschränkung 50
Zentralbank 172
Zentraler Planer 71
Zentralverwaltungswirtschaft 71, 74
Zinsen
    Einkommen des Kapitals 84
Zinssatz 87, 380
    Bargeldhaltung 169
    Bedeutung 93
    Inflationserwartungen 176
    Investitionsausgaben 93
    nomialer 119
    realer 119
    und Geldmenge 172
    Wirtschaft anregen 174
Zwangswirtschaft 74

IHR WEG ZUM ERFOLG IM BUSINESS

Balanced Scorecard für Dummies
ISBN 978-3-527-70450-7

Beratung und Consulting für Dummies
ISBN 978-3-527-70516-0

Businessplan für Dummies
ISBN 978-3-527-70178-0

BWL für Dummies
ISBN 978-3-527-70437-8

Controlling für Dummies
ISBN 978-3-527-70153-7

Erfolgreiches Stressmanagement
für Dummies
ISBN 978-3-527-70362-3

Management für Dummies
ISBN 978-3-527-70240-4

Projektmanagement für Dummies
ISBN 978-3-527-70345-6

Prozessmanagement für Dummies
ISBN 978-3-527-70371-5

Strategische Planung für Dummies
ISBN 978-3-527-70365-4

Zeitmanagement für Dummies
ISBN 978-3-527-70363-0

FÜR EINEN ERFOLGREICHEN BERUFSEINSTIEG

Börse für Dummies
ISBN 978-3-527-70367-8

Businessplan für Dummies
ISBN 978-3-527-70178-0

Erfolgreich bewerben für Dummies
ISBN 978-3-527-70325-8

Existenzgründung für Dummies
ISBN 978-3-527-70341-8

Journalismus für Dummies
ISBN 978-3-527-70415-6

Körpersprache für Dummies
ISBN 978-3-527-70449-1

Neue deutsche Rechtschreibung
für Dummies
ISBN 978-3-527-70351-7

Top-Antworten im Bewerbungsgespräch
für Dummies
ISBN 978-3-527-70422-4

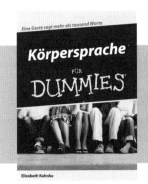

Ein Bart macht noch lange keinen Philosophen!

ISBN 978-3-527-70095-0

Philosophie ist eigentlich ziemlich interessant, aber viele trauen sich nicht so recht heran. »Philosophie für Dummies« ist eine Einführung in die Gedanken großer Denker, aber vor allem auch eine Ermunterung, sich selbst Gedanken zu machen: über den Sinn des Lebens, ethische Vorstellungen und die Frage, was wir überhaupt wissen können.

ISBN 978-3-527-70328-9

Das Buch erklärt anschaulich und humorvoll, was kluge Männer wie Platon, Kant oder Heidegger, aber auch weniger bekannte Philosophen erdacht haben. Es geht chronologisch auf die philosophischen Theorien der einzelnen Epochen ein und bietet damit einen wunderbaren Überblick über die Geschichte der Philosophie von den Anfängen bis zur Gegenwart.

ISBN 978-3-527-70426-2

Horst Herrmann stellt in diesem Buch die ganze Bandbreite des Agnostizismus vor und erklärt Denkmodelle vom Kritischen Rationalismus bis zur Erkenntnistheorie. So ist das Buch ein Ratgeber für Freidenker, ein Reiseführer durch das Dickicht aus Glauben, Wissen, Hoffen, Dogma und Freiheit. Für alle, die nur wissen nichts zu wissen.

ISBN 978-3-527-70143-8

Wie hieß er doch gleich, der Meeresgott bei den Griechen? Was waren bloß die zehn Aufgaben des Herkules? Mythologie ist spannender als jeder Krimi, grausamer als jeder Horrorfilm und leidenschaftlicher als jeder Liebesroman! Der Schwerpunkt des Buches liegt auf der griechischen und römischen Mythologie.

Die Anatomie des Denkens

ISBN 978-3-527-70313-5

ISBN 978-3-527-70382-1

Ein gutes Gedächtnis ist ein Segen und vereinfacht das Leben in Schule, Studium und Beruf erheblich. Die Dinge gehen leichter von der Hand und man fühlt sich im Alltag sicherer. Dieses Buch erklärt, wie Kurz- und Langzeitgedächtnis funktionieren, wie bestimmte Informationen gespeichert werden und mit welchen Techniken das eigene Gedächtnis trainiert werden kann.

Logik ist nicht nur ein wesentlicher Bestandteil von Mathematik und Philosophie, sondern die Basis jeden wissenschaftlichen Denkens. »Logik für Dummies« führt systematisch in diesen scheinbar komplizierten Bereich ein: vom Paradoxon über symbolische Logik bis zur Syllogistik. Anschaulich wird gezeigt, wie man Argumente prüft.

Qualität ist der Schlüssel

ISBN 978-3-527-70429-3

ISBN 978-3-527-70207-7

Was ist Qualität? Welche Bedeutung haben Qualitätsstandards? Wie kann die Prozessqualität messbar gemacht und verbessert werden? In »Qualitätssicherung für Dummies« geben die Autoren Antworten auf diese und weitere Fragen. Sie führen in die Grundlagen des Qualitätsmanagements ein und zeigen, wie verschiedene Methoden und Instrumente zur Problemlösung und Qualitätssicherung eingesetzt werden können.

Six Sigma ist eine auf Effizienz ausgerichtete Qualitätssicherungsmethode, mit deren Hilfe die Fehlerabweichung von einem genau definierten Ziel minimiert werden soll. Sie wird bereits von vielen Unternehmen erfolgreich eingesetzt, sei es zur Verbesserung eines Produktionsprozesses oder der Kundenorientierung. Was genau Six Sigma ist und wie man die Vorteile der Methode für sich nutzen kann, erklärt dieses Buch.

ISBN 978-3-527-70450-7

Die Balanced Scorecard hat sich in den letzten Jahren zu einem beliebten Führungsinstrument entwickelt. In »Balanced Scorecard für Dummies« erklären die Autoren zunächst die Grundlagen der Balanced Scorecard und zeigen auf, wie eine Balanced Scorecard geplant, eingeführt und umgesetzt wird.

AUF DEN SPUREN DER GESCHICHTE

Britische Geschichte für Dummies
ISBN 978-3-527-70507-8

Das Alte Ägypten für Dummies
ISBN 978-3-527-70421-7

Das Mittelalter für Dummies
ISBN 978-3-527-70446-0

Deutsche Geschichte für Dummies
ISBN 978-3-527-70322-7

Die Römer für Dummies
ISBN 978-3-527-70383-8

Freimaurer für Dummies
ISBN 978-3-527-70268-8

Irische Geschichte für Dummies
ISBN 978-3-527-70506-1

Schweizer Geschichte für Dummies
ISBN 978-3-527-70440-8

Tempelritter für Dummies
ISBN 978-3-527-70353-1

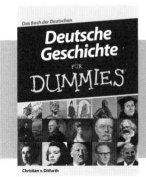

Statistik – Kein Buch mit sieben Siegeln!

ISBN 978-3-527-70108-7

Statistik kann auch Spaß machen! Dieses Buch vermittelt das notwendige Handwerkszeug, um einen Blick hinter die Kulissen der so beliebten Manipulation von Zahlenmaterial werfen zu können: von der Stichprobe, Wahrscheinlichkeit und Korrelation bis zu den verschiedenen grafischen Darstellungsmöglichkeiten.

ISBN 978-3-527-70413-2

Statistik ist nicht jedermanns Sache, weiterführende Statistik erst recht nicht. In diesem Buch erklärt die Autorin verständlich, wann und wie Varianzanalyse, Chi-Quadrat-Test, Regressionen und Co. eingesetzt werden. Denn die nächste Prüfung kommt bestimmt!

ISBN 978-3-527-70390-6

Übung macht den Meister. Ob bei der Vorbereitung auf eine Prüfung oder einfach aus Spaß an der Freude: Wer Statistik richtig verstehen und anwenden möchte, sollte üben, üben, üben. Dieses Buch bietet Hunderte von Übungen zur Festigung des Lernstoffs, natürlich mit Lösungen und Ansätzen zum Finden des Lösungswegs.

ISBN 978-3-527-70432-3

SPSS ist das am häufigsten eingesetzte Softwaretool zur statistischen Datenanalyse. Ansprechend geschrieben, führt dieses Buch in die unzähligen Möglichkeiten des Programms ein. Damit werden ungeordnete Datenmengen zu wichtigen Informationsquellen und zur Basis fundierter Entscheidungen.